WENN TAG UND NACHT VERGEHEN

Eine prophetische Sicht über die Ereignisse in der Welt und auf welche Weise Prophetie über Israel die Nationen, die Gemeinde und uns betrifft

RAMON BENNETT

CKV
Christliche Kommunikation und Verlagsgesellschaft Lübeck

ISBN 3-86098-161-7

2. Auflage 1996

Titel der israelischen Originalausgabe:
When Day and Night Cease
Erschienen bei Arm of Salvation, Jerusalem, ISRAEL

Christliche Kommunikation und Verlagsgesellschaft
Mühlenstraße 50
23552 Lübeck
Bundesrepublik Deutschland
Gedruckt in Deutschland
Übersetzung: Stefanie Kaufmann

Soweit nicht anders angegeben, wurden die Bibelzitate der Lutherbibel in der revidierten Fassung von 1984 entnommen.

"So spricht der HERR, der die Sonne dem Tage zum Licht gibt und den Mond und die Sterne der Nacht zum Licht bestellt; der das Meer bewegt, daß seine Wellen brausen - HERR Zebaoth ist sein Name -: Wenn jemals diese Ordnungen vor mir ins Wanken kämen, spricht der HERR, so müßte auch das Geschlecht Israels aufhören, ein Volk zu sein vor mir ewiglich"

(Jer 31,35.36).

WIDMUNG

Dieses Buch ist dem jüdischen Volk gewidmet, dem die Welt auf den Gebieten der Wissenschaft, Medizin und Kunst so viel zu verdanken hat. Durch die Juden ist die Bibel entstanden, die die heidnische Welt über ihren Gott, den Gott Abrahams, Isaaks und Jakobs, den Heiligen Israels, unterrichtet hat. Und durch die Juden ist auch der Messias, die Hoffnung Israels und die Hoffnung jedes wahren Christen, gekommen.

DANK

Ich bin dankbar für den Dienst großer Männer Gottes wie Oswald Chambers, A.W. Tozer, Charles Finney, Andrew Murray, G. Campbell Morgan und anderer, die *"noch reden, obwohl sie gestorben sind" (Hebr 11,4)*, und mich so in meinem täglichen Wandel mit Christus herausfordern und ermutigen.

Ich bin ebenso dankbar für Marilyn Bryant, die zu diesem Buch so viel beigetragen hat; ihre redaktionelle Mitarbeit, ihr Rat und ihre Ermutigung waren für mich von unermeßlichem Wert. Ebenso möchte ich Kathy Kist danken, die sich selbst sowie ihre Fachkenntnis so großzügig zur Verfügung gestellt hat, und Frank Gill, der sich freundlicherweise trotz seines überfüllten Terminkalenders uneigennützig die Zeit genommen hat, die zweite Ausgabe zu überarbeiten. Der Beitrag dieser Menschen ist so wichtig und wertvoll gewesen, daß ich dieses Buch genauso als das ihre wie das meine betrachte.

Ich möchte all den wunderbaren Menschen, die mir ihre Häuser geöffnet haben, um mich zwischen Vorträgen in den Vereinigten Staaten ungestört arbeiten zu lassen, meine volle Anerkennung ausdrücken. Besonders hervorheben möchte ich hier Charlotte und Teddy aus New York und Ella und Joe aus Tennessee. Ebenso unvergeßlich werden für mich unsere Freunde Roy und Ella-Jane sein, die so weite Herzen haben, daß sie nur mit großer Mühe durch Türen hindurchpassen. Ella-Jane hat sich außerdem als die beste Köchin erwiesen, die ich in all den Jahren auf meinen Reisen kennengelernt habe.

Am meisten von allen möchte ich jedoch Zipporah, meiner lieben Begleiterin, Freundin, Frau und Geliebten danken, die während der Monate, in denen ich mich der Arbeit an diesem Buch gewidmet habe, mit großer Geduld den Mangel an Austausch und Gespräch getragen hat.

INHALTSVERZEICHNIS

VORWORT

Könnten wir einen Einblick in die geistliche Welt bekommen, würden wir uns mit geistlichen Scheuklappen herumlaufen sehen. Normalerweise sind diese zwei Lederklappen am Zaumzeug eines Pferdes befestigt, um dessen seitliches Sichtvermögen einzuschränken. Geistlich gesehen beeinträchtigen sie unsere Sicht für jegliches Handeln Gottes, das sich nicht genau in unserem beschränkten Sichtbereich befindet. Diese Scheuklappen tragen wir aus verschiedenen Gründen. Kulturelle, rassistische, lehr- oder glaubensbedingte Vorurteile sind nur einige davon. Aber aus welchem Grund auch immer: Wir tragen sie alle zu einem gewissen Grad. Im Markusevangelium finden wir ein Beispiel dafür, wie diese Scheuklappen von religiösen Leuten getragen werden:

"Da traten die Sadduzäer zu ihm, die lehren, es gebe keine Auferstehung; die fragten ihn und sprachen: Meister, Mose hat uns vorgeschrieben: 'Wenn jemand stirbt und hinterläßt eine Frau, aber keine Kinder, so soll sein Bruder sie zur Frau nehmen und seinem Bruder Nachkommen erwecken.' Nun waren sieben Brüder. Der erste nahm eine Frau; der starb und hinterließ keine Kinder. Und der zweite nahm sie und starb und hinterließ auch keine Kinder. Und der dritte ebenso. Und alle sieben hinterließen keine Kinder. Zuletzt nach allen starb die Frau auch. Nun in der Auferstehung, wenn sie auferstehen: wessen Frau wird sie sein unter ihnen? Denn alle sieben haben sie zur Frau gehabt. Da sprach Jesus zu ihnen: Ist's nicht so? Ihr irrt, weil ihr weder die Schrift kennt noch die Kraft Gottes. Wenn sie von den Toten auferstehen werden, so werden sie weder heiraten noch sich heiraten lassen, sondern sie sind wie die Engel im Himmel. Aber von den Toten, daß sie auferstehen, habt ihr nicht gelesen im Buch des Mose, bei dem Dornbusch, wie Gott zu ihm sagte und sprach: 'Ich bin der Gott Abrahams und der Gott Isaaks und der Gott Jakobs'? Gott ist nicht ein Gott der Toten, sondern der Lebenden. Ihr irrt sehr" (Mk 12,18 - 27).

Die Sadduzäer glaubten nicht an die Auferstehung. Sie stellten eine andere Lehre als Wahrheit hin, die nicht in der Wahrheit gegründet war. Die Tatsache, daß sie einer Lüge anhingen und diese auch lehrten, veränderte jedoch in keiner Weise die Wahrheit der Auferstehung. Die Sadduzäer trugen geistliche Scheuklappen, die ihr geistliches Wahrnehmungsvermögen beeinträchtigten, und erfanden abwegige Beispiele, um die Gültigkeit ihrer besonderen Irrlehre unter Beweis zu stellen, so wie es bereits oft im Laufe der Zeit vorgekommen ist. Jesus umging diese Falle, die dem Unvorsichtigen und Uneingeweihten galt, und machte klar, daß

a) sie sich im Irrtum befanden,
b) sie sich im Irrtum befanden, weil sie die Schrift nicht kannten,
c) sie sich im Irrtum befanden, weil sie die Kraft Gottes nicht kannten.

Da ich als Bibellehrer mittlerweile viele Länder bereist habe, habe ich eine beträchtliche Anzahl von Irrtümern in den gängigen christlichen Lehren kennengelernt. Wir sind diesen Irrtümern aus dem gleichen Grund wie die Sadduzäer der damaligen Zeit verfallen, weil wir nämlich weder die Schrift noch die Macht Gottes kennen.

Ich erinnere mich, daß während des Unterrichtes an einer Bibelschule in der neuseeländischen Stadt Christchurch die Klasse, die ich damals leitete, plötzlich in einen Tumult über das Thema, das gerade besprochen wurde, ausbrach. Die Teilnehmer waren nahe daran, sich gegenseitig anzuschreien, und jeder versuchte, seine eigene Sicht in jener Streitfrage fast gewaltsam zum Ausdruck zu bringen. Ich spürte, wie der Herr zu mir sagte: "Frage sie, wie viele von ihnen die Bibel schon einmal ganz durchgelesen haben!" Nachdem ich schließlich ihre Aufmerksamkeit wiedererlangt hatte, stellte ich ihnen diese Frage. Zu meiner größten Verwunderung hatte nicht eine einzige Person in der ganzen Klasse die gesamte Bibel gelesen; und dennoch stritten sie mit einer solchen Inbrunst über eine Frage, die sie noch nicht einmal ganz verstanden hatten.

Der Irrtum, der in der christlichen Lehre über Israel und das jüdische Volk verbreitet ist, ist unglaublich groß. Ich bringe dieses Buch in der Hoffnung heraus, daß ein Teil dieser falschen Anschauungen korrigiert wird. Mein Wunsch und mein Gebet ist es, daß vielen die Augen für die Dinge geöffnet werden mögen, die Gott heute an dem Volk seines Bundes tut und die mit Sicherheit Gottes größtes Werk in der Geschichte der Juden darstellen.

"Was verborgen ist, ist des HERRN, unseres Gottes; was aber offenbart ist, das gilt uns und unsern Kindern ewiglich, daß wir tun sollen alle Worte dieses Gesetzes" (5. Mose 29,28).

Auch wenn wir der geoffenbarten Wahrheit keinen Glauben schenken wollen, bleibt diese dennoch als Wahrheit bestehen - nur wir bleiben weiterhin die Unverständigen.

Ramon Bennett

"Ich merkte, daß alles, was Gott tut, das besteht für ewig; man kann nichts dazutun noch wegtun. Das alles tut Gott, daß man sich vor ihm fürchten soll. Was geschieht, das ist schon längst gewesen, und was sein wird, ist auch schon längst gewesen; und Gott holt wieder hervor, was vergangen ist" (Pred 3,14.15).

EINLEITUNG

Es gibt Hunderte oder sogar Tausende von Büchern über Israel. Ich habe nur wenige davon gelesen. An den Inhalt einiger dieser Bücher kann ich mich nicht mehr erinnern; viele waren fragwürdig, und die meisten beschäftigten sich nur mit geschichtlichen Tatsachen, vernachlässigten jedoch die geistliche Sicht. Mein Interesse gilt weiterhin hauptsächlich der Bibel, die ich für das entscheidende Buch über Israel halte. Ich habe dieses faszinierende und geistlich erleuchtende "Buch der Bücher" seit dem Zeitpunkt, an dem ich mein Leben Christus übergeben habe, viele Male gelesen.

Die Absicht, die ich mit diesem Buch verfolge, besteht daher darin, eine These aufzustellen, die sich von allem, was ich in den letzten 25 Jahren gehört oder gelesen habe, unterscheidet. Mit diesem Buch möchte ich eine von der ersten bis zur letzten Seite fortschreitende Entfaltung offenbarter Tatsachen bieten. Verzichten Sie also darauf, das Vorwort zu lesen, so könnte dies bedeuten, daß Sie versäumen, etwas zu erkennen, das helfen könnte, von lehrmäßigen Bindungen frei zu werden und in die herrliche Freiheit, zu der Sie berufen sind, zu gelangen.

Jedes Kapitel kann für sich alleine stehen. Jedes einzelne enthält eine eigene Aussage und führt zugleich zum folgenden Kapitel hin, bis wir das Ziel erreicht haben - die verherrlichte Gemeinde, die die Erntefelder der Welt aberntet. In den ersten Kapiteln werde ich einige grundsätzliche Wahrheiten aufzeigen, ohne die wir keine feste Struktur aufbauen könnten.

Es werden keine Zitate aus dem hebräischen oder griechischen Text der Bibel angeführt, um das Lesen nicht unnötig zu erschweren. Wer sich in den Originalsprachen der Bibel nicht auskennt, wird die wenigen Umschreibungen, die ich eingefügt habe, leicht nachvollziehen können.

Mir wurde zu diesem Buch die Frage gestellt: "Welche Bücher hast du zum Nachschlagen verwendet?" Meine Antwort darauf lautete: "Sehr wenige!" Der Grund dafür: Ich möchte nur die Dinge, die mir offenbart worden sind, weitergeben und nicht einfach einen aufgewärmten Eintopf aus bereits bekannten Büchern. Meine diesem Buch vorausgehende Lektüre beschränkte sich jedoch mit Sicherheit nicht auf die im "Verzeichnis ausgewählter Literatur" genannten Bücher. Vielmehr ist dieses Buch das Ergebnis von beinahe 30 Jahren Bibelstudium, Meditation, Gebet und dem Lesen vielleicht Tausender von Büchern, Zeitungen, Zeitschriften und gesammelten Artikeln. Ich habe zum größten Teil auf der besten und genauesten Quelle von allen - der Bibel - aufgebaut und zahlreiche Ausschnitte aus der Nachrichtenwelt eingefügt, um das, was ich aussagen wollte, zu untermauern. Einige der wenigen Bücher, denen ich Informationen oder Zitate entnommen habe, sind bereits lange Zeit vergriffen. Eine beträchtliche Menge zusätzlicher Informationen, zu denen ich für die erste Ausgabe noch keinen Zugang hatte, ist hinzugefügt worden. Das verändert jedoch keinesfalls die Fakten oder die Aussagen der vorigen Ausgabe, sondern es bestätigt diese Fakten und verleiht der Botschaft dieses Buches größeres Gewicht. Von daher ist diese zweite Ausgabe eine ausführlichere Darstellung des Inhaltes der ersten Ausgabe, und wir haben außerdem versucht, alle Fehler zu berichtigen.

Wenn ich in diesem Buch auch viel über Israel geschrieben habe, ist der Mittelpunkt meines Lebens dennoch Jesus Christus - nicht Israel. Und so wie Jesus der Brennpunkt meines Lebens ist, ist er auch der Brennpunkt all dessen, was Israel betrifft. Die zentrale Stellung Christi kann an jedem Punkt, an dem wir die Geschichte der Nation Israel betrachten, mit Leichtigkeit festgestellt werden. Während des Passafestes wurde zum Beispiel Blut an die Türpfosten der Häuser der Kinder Israels gestrichen; genauso befindet sich das Blut Jesu auf unseren Herzen, damit Gottes Zorn am Tag seines Gerichts auch an uns vorübergeht. Heute können wir auf die Zeit des Passafestes zurückblicken, um das vollbrachte Werk am Kreuz von Golgatha zu verstehen. Das damals in Ägypten vergossene Blut deutete auf Jesus voraus, und wir blicken auf Jesus, den Mittelpunkt, zurück, um verstehen zu können. Gott hat Jesus die zentrale Stellung, den Dreh- und Angelpunkt, mit der Absicht übergeben,

"... daß alles zusammengefaßt würde in Christus" (Eph 1,10).

"Denn von ihm und durch ihn und zu ihm sind alle Dinge. Ihm sei Ehre in Ewigkeit! Amen" (Röm 11,36).

Israel und das jüdische Volk werden in der Bibel ganz besonders hervorgehoben. Das Israel des Alten Testaments hat den damals bekannten Teil der Welt stark beeinflußt. Nationen und Weltreiche sind aufgestiegen oder gefallen, je nach dem, wie sie das von Gott auserwählte Volk beurteilt oder behandelt haben. So wie es in der Bibel verheißen wird, gibt es heute wieder einen Staat Israel. Und dieses kleine Land mit seiner zahlenmäßig geringen Bevölkerung erregt nun noch einmal den Zorn vieler Nationen. Dieser winzige Fleck auf der Weltkarte kann und wird nicht unbeachtet bleiben. Israel erzwingt unsere Aufmerksamkeit. Die Tatsache, daß es unabänderlich fortbesteht, wird mit jedem Tag offensichtlicher. Ob wir es wahrhaben wollen oder nicht: Israel betrifft auch Sie und mich, unsere Eltern, unsere Kinder und Kindeskinder. Die Bibel lehrt, daß das moderne Israel für jede Nation, ob groß oder klein, von Bedeutung sein wird; ob zum Guten oder Schlechten, hängt von unserer Haltung Israel gegenüber ab und ebenso von der Beziehung, die wir zu dem Gott Israels und seinem Sohn Jesus Christus haben oder auch nicht haben. Israel geht die ganze Welt etwas an und bestimmt den Lauf der Geschichte.

Ich schreibe aus einer prophetischen Perspektive, nicht aus einer vergeistlichenden. Meine Absicht ist, die biblische Prophetie hinsichtlich Israel zu untersuchen, um zu erkennen, wo Israel sich heute im Lichte dieser Prophetie befindet, und inwieweit das für uns von Bedeutung ist.

Die Bibel ist eine Liebesgeschichte; keine aus der Trivialliteratur, sondern eine klassische. Sie beruht nicht einfach auf Tatsachen, sondern sie selbst ist

Tatsache. Die handelnden Personen waren und sind Wirklichkeit. Jeder Akt und jede Szene ist wahr, und es wurden keine Namen geändert, um einzelne Personen oder Nationen zu schützen.

Ein großer Teil der Bibel handelt von der unglücklichen Ehe eines verschmähten Ehemannes, nämlich des HERRN, und seiner untreuen Ehefrau, der Nation Israel. Diese schmutzige Geschichte ist aufgeschrieben worden, um sie vor aller Augen aufzudecken. Weder die Affären der Frau noch der Zorn des tief verletzten, eifersüchtigen Ehemannes werden dem Leser vorenthalten. In dieser Geschichte wird alles beschrieben - alle Ehebruchszenen ebenso wie der ganze Schmerz und das Leiden einer tief verletzten Liebe.

Die Geschichte nimmt jedoch ein gutes Ende. Dennoch wird dies von den meisten Christen nicht so verstanden, wie es geschrieben steht. Einige von ihnen wollen es wahrscheinlich nicht verstehen, denn Vorurteile wiegen meist stärker als Tatsachen. Andere wiederum können es nicht begreifen aufgrund ihrer besonderen lehrmäßigen Sicht der Dinge, die sie, wenn sie ehrlich sind, nie ernsthaft hinterfragt, sondern einfach nur naiv angenommen haben. Es gibt in der Apostelgeschichte einen Bericht, in dem es um die Ankunft von Paulus und Silas in Beröa geht, nachdem sie aus Thessalonich gekommen waren. Als erstes gingen die beiden zu der Synagoge des Ortes und predigten den dort versammelten Juden das Evangelium. Danach heißt es:

"Diese aber waren edler gesinnt als die zu Thessalonich, indem sie das Wort mit aller Bereitwilligkeit aufnahmen und täglich in der Schrift forschten, ob es sich also verhalte" (Apg 17,11; Schlachter).

Ein großer Mann Gottes, G. Campbell Morgan, hat einmal gesagt: "Die ganze Wahrheit liegt nicht in den Worten 'es steht geschrieben', sondern in den Worten 'und wiederum steht geschrieben'." Nur die ganze Wahrheit ist die eigentliche Wahrheit. Jede Teilwahrheit kann zum Irrtum führen. Wir sollten niemals das, was man uns auf einem Teller vorsetzt, ohne jegliche Überprüfung annehmen, sondern "edler gesinnt" sein, indem wir den Beröern nacheifern und täglich in der Schrift forschen.

Israel hat damals seine Auserwählung für Gottes Pläne mißverstanden in der Annahme, sie sei einfach eine Begünstigung.

"... sie hat ihr Ende nicht bedacht; unversehens ist sie gestürzt" (Klgl 1,9; Schlachter).

Israel hat weder damals noch heute sein Ende bedacht. Geistlich gesehen ist es immer noch blind. Seine endgültige Bestimmung steht ihm immer noch bevor. In jeder Generation hat es jemanden gegeben, der Israel zerstören wollte: einen Joseph Stalin, Adolf Hitler oder Saddam Hussein. Der Grund für das einzigartige Überleben der Juden ist der, daß Gottes Pläne noch durch sie erfüllt werden müssen. Aus diesem Grund wird Israel noch stärker bekämpft werden. Satan wird noch härter gegen diese Nation angehen und sie in noch schwerere Konflikte hineinziehen. Und dasselbe wird auch jede wichtige theologische oder lehrmäßige Wahrheit erleiden.

Ich habe seit vielen Jahren eine Last für eine geistliche Erweckung innerhalb der Gemeinde. Israel und das jüdische Volk sind ein Schlüssel zu dieser Erweckung. In diesem Buch werden wir uns mit Gottes Absichten für Israel und für die Gemeinde beschäftigen. Israel spielt ebenso wie die Gemeinde eine entscheidende und genau festgelegte Rolle in Gottes Plan der Weltevangelisation. Weder Israel noch die Gemeinde kann diese Bestimmung getrennt vom anderen erfüllen, da ihre jeweilige Bestimmung mit der des anderen verflochten ist. Im Moment besteht ein breiter Abgrund zwischen ihnen; aber wie wir auf den folgenden Seiten sehen werden, wird der Tag kommen, an dem diese beiden zusammen der *eine neue Mensch* Gottes sein werden (siehe Eph 2,15). Anzeichen für den Anbruch dieses Tages wurden bereits von vielen wahrgenommen, die nach dem Morgenstern Ausschau halten. Durch die Liebe Jesu verbunden, werden Israel und die Gemeinde gemeinsam vorangehen und die größte geistliche Ernte, die man sich vorstellen kann, einbringen. Es wird nicht mehr länger "die beiden" heißen, sondern "sie", die strahlend schöne und makellose Braut Christi. Es ist mein Gebet, daß der Herr der Herrlichkeit dieses Buch dazu gebrauchen möge, um diesen Tag schneller herbeizuführen.

"Gott hat sich eine bestimmte Nation als sein Eigentum auserwählt, und durch diese Nation wird alle Welt seine Erlösung erkennen. Die Geschichte dieser Nation besteht aus einer langen Liste von abscheulichem Götzendienst und Abfall; sie sind weder den Propheten Gottes noch Gott selbst treu gewesen. Doch trotz allem steht die Erfüllung von Gottes Ratschluß für die Nation seiner Erwählung fest. Die Erwählung dieser Nation durch Gott geschah nicht zur Errettung einzelner Menschen; die erwählte Nation sollte das Werkzeug der Erlösung für die ganze Welt sein. Die Geschichte ihres Leidens hat ihre Ursache einzig in ihrer bewußten Entscheidung, sich für einen anderen als den von Gott bestimmten Zweck gebrauchen zu lassen."

Oswald Chambers: So I Send You
(Christian Literature Crusade, Pennsylvania 1930).

Teil I

GRUNDLAGEN

"Ich nach Gottes Gnade, die mir gegeben ist, habe den Grund gelegt als ein weiser Baumeister; ein anderer baut darauf. Ein jeder aber sehe zu, wie er darauf baut" (1. Kor 3, 10).

1 WER HAT JESUS CHRISTUS GETÖTET?

Antisemitismus macht unrein. Er verunreinigt sowohl diejenigen, die Opfer einer solchen Diskriminierung sind, als auch die, die andere diskriminieren. "Die Juden haben Jesus getötet - sie verdienen daher all das, was ihnen widerfährt!" Wenn diese Behauptung auch für manche von uns unglaublich klingen mag, so findet sie doch die Zustimmung von Menschen in allen Teilen der Gemeinde und spiegelt damit die Haltung vieler bekennender Christen wider. Der Antisemitismus existiert seit Jahrtausenden, und es gibt kein Anzeichen dafür, daß er in irgendeiner Weise abnimmt. Mit großer Wahrscheinlichkeit hat heute die Mehrheit der Nichtjuden einen tief sitzenden Groll gegen Juden. Dieser Groll ist mit einem scheinbar untätigen Vulkan zu vergleichen, der plötzlich mit furchtbarer Gewalt ausbricht und allen, die in seinem Umkreis leben, Tod und Verderben bringt. Seit nahezu 2.000 Jahren haben die Juden verbale und reale Gewalt durch die "christliche Welt" erlitten, weil sie angeblich "Christusmörder" sind.

Wenn sich ausschließlich nicht wiedergeborene Menschen in dieser Arena des Hasses befänden, so könnte man dies vielleicht noch verstehen. Es war der nicht wiedergeborene Kain, der seinen Bruder Abel aus Eifersucht tötete; und wahrscheinlich sogar aus einem geringeren Beweggrund bringt ein nicht wiedergeborener Mensch des 20. Jahrhunderts seinen Bruder um. Es ist jedoch eine weitaus größere Schande, wenn die erlösten, wiedergeborenen Glieder der Gemeinde Jesu, die den Namen Christi tragen, Haß und Vorurteile in ihrem Herzen hegen. Was für eine Schande ist dadurch über die Gemeinde und über den Namen Jesu gekommen, der doch die Liebe und Barmherzigkeit in Person ist! Diese Schmach und Schande ist durch diejenigen entstanden, die Jesu Namen und sein Wesen bekennen und dennoch voller Haß und Vorurteile gegen diejenigen sind, denen sie ihre Bibel und ihren Herrn zu verdanken haben. Ist es wirklich möglich, den König der Juden zu lieben und gleichzeitig seine

Familie nach dem Fleisch zu hassen? Die Bibel sagt, daß es nicht möglich ist.

Es war die Sünde, die das irdische Leben Jesu beendete, nicht die jüdische Nation. Es war unsere Sünde - Ihre und meine. Der Sohn Gottes kam, um unsere Herzen von Trug und Haß zu befreien und ebenso von Groll und Neid, die wir anderen gegenüber in uns tragen. Er kam, um die sündige Natur wegzunehmen, die von dem Moment unserer Empfängnis im Mutterleibe an in uns ist. Die Sünde hat Regierungen korrupt werden lassen und Städte zu Orten der Sittenlosigkeit gemacht, in denen Frauen und Kinder nicht mehr sicher leben können. Jesus kam wegen der Sünde, die sogar bekennende, wiedergeborene Christen dazu verleitet, ihre Arbeitgeber zu bestehlen oder bei der Steuererklärung zu schwindeln. Als einmal ein Pastor eine Verwarnung erhielt, weil er die Geschwindigkeitsbeschränkung auf den Straßen von Kalifornien gebrochen hatte, erwiderte er: "Wer hört, wenn ein Baum im Wald hinfällt?" Gott hört es! Und aus diesem Grund hat er Seinen Sohn gesandt, um für Sie und mich zu sterben. Es war nicht so, daß Jesus in eine dunkle Ecke gedrängt wurde und jemand ihm das Leben nahm; vielmehr hat er es als Liebesopfer für die Welt gegeben.

"Darum liebt mich mein Vater, weil ich mein Leben lasse, daß ich's wiedernehme. Niemand nimmt es von mir, sondern ich selber lasse es. Ich habe Macht, es zu lassen, und habe Macht, es wiederzunehmen. Dies Gebot habe ich empfangen von meinem Vater" (Joh 10,17.18).

Kein aufrichtiger, geistig gesunder und halbwegs gebildeter Mensch würde die Verwicklung der Juden in die Kreuzigung Christi leugnen. Zugegebenermaßen widerstrebt es einem Juden normalerweise aus Angst vor negativen Reaktionen von seiten der Nichtjuden, den Anteil seines Volkes an der Kreuzigung öffentlich einzugestehen, und er verkündet laut die Unschuld der Juden. Auf diese Anschuldigung wird er seinerseits behaupten, die Heiden selbst hätten diese Tat begangen. Wir haben nun die Schuldzuweisungen beider Seiten, die der Heiden und die der Juden, angehört. Was aber hat Gott dazu zu sagen? Wem rechnet er diese Schuld an?

"... 'Warum toben die Heiden, und die Völker nehmen sich vor, was umsonst ist? Die Könige der Erde treten zusammen, und die Fürsten versammeln sich wider den Herrn und seinen Christus.' Wahrhaftig, sie haben sich versammelt in dieser Stadt gegen deinen heiligen Knecht Jesus, den du gesalbt hast, Herodes und Pontius Pilatus mit den Heiden und den Stämmen Israels, zu tun, was deine Hand und dein Ratschluß zuvor bestimmt hatten, daß es geschehen solle" (Apg 4,25 - 28).

Gott beschuldigt die Menschen aus allen Nationen, die Könige der Erde und die Fürsten der Völker. Es war die gesamte Menschheit, die sich gegen den HERRN und seinen Sohn gestellt hat. Er bekräftigt diesen Standpunkt, indem er unsere Aufmerksamkeit auf die gemeinsam begangene Tat lenkt und klar und unmißverständlich sagt, daß sowohl Herodes (der jüdische König) als auch Pilatus (der heidnische Statthalter) zusammen mit den Heiden und den Juden sich die Kreuzigung haben zuschulden kommen lassen. Dies geschah aufgrund von Gottes Ratschluß, wie er bereits vor Anbeginn der Welt festgelegt war (siehe Offb 13,8; 1. Petr 1,20; Eph 1,4; 2. Tim 1,9 und Tit 1,2).

Wie durch diese Beweisführung deutlich wird, sind wir alle vor dem HERRN an der Kreuzigung seines Sohnes schuldig geworden. Aber es gibt gute Nachrichten:

"Und als sie kamen an die Stätte, die da heißt Schädelstätte, kreuzigten sie ihn dort und die Übeltäter mit ihm, einen zur Rechten und einen zur Linken. Jesus aber sprach: Vater, vergib ihnen; denn sie wissen nicht, was sie tun! Und sie verteilten seine Kleider und warfen das Los darum" (Lk 23,33.34).

Jesus hat den Vater um Vergebung für unsere Sünden angefleht, und dieser Schrei ist erhört worden:

"Wie er auch an anderer Stelle spricht (Psalm 110, 4): 'Du bist ein Priester in Ewigkeit nach der Ordnung Melchisedeks.' Und er hat in den Tagen seines irdischen Lebens Bitten und Flehen mit lautem Schreien und mit Tränen dem dargebracht, der ihn vom Tod erretten konnte; und er ist auch erhört worden, weil er Gott in Ehren hielt" (Hebr 5,6.7).

Jesus ist unser ewiger Hoherpriester. Der Dienst eines Priesters besteht darin, als Mittler zwischen den heiligen Gott und den sündigen Menschen zu treten und für die Menschen Fürbitte zu leisten. Die Heilige Schrift sagt, daß Jesus aufgrund seiner Gottesfurcht erhört worden ist, und weil er erhört worden ist, sind wir jetzt im Hinblick auf die Anklage in Gottes Augen vollkommen ohne Schuld und werden nicht dafür verurteilt, daß wir seinen Sohn gekreuzigt haben. Und Gott hat nicht nur den Heiden vergeben: Er hat auch den Juden vergeben. Von daher schulden die Heiden den Juden sicherlich noch eine Entschuldigung.

Der ganzen Menschheit ist also das Verbrechen, Jesus mit Eisennägeln an ein grobes Holzkreuz geschlagen zu haben, vergeben worden. Aber diese guten Nachrichten werden von dem folgenden noch übertroffen:

"Denn als erstes habe ich euch weitergegeben, was ich auch empfangen habe: Daß Christus gestorben ist für unsre Sünden nach der Schrift; und daß er begraben worden ist; und daß er auferstanden ist am dritten Tage nach der Schrift; und daß er gesehen worden ist von Kephas, danach von den Zwölfen. Danach ist er gesehen worden von mehr als fünfhundert Brüdern auf einmal, von denen die meisten noch heute leben, einige aber sind entschlafen" (1. Kor 15,3 - 6).

"Diesen Jesus hat Gott auferweckt; dessen sind wir alle Zeugen" (Apg 2,32).

Jesus lebt! Lassen Sie diese Tatsache tief in ihr Herz fallen. Jesus ist nicht tot, sondern lebendig! Es gab Zeugen dafür, viele Zeugen. Zeugen, die sich nicht von allzu lebhaften und übersteigerten Phantasien haben treiben lassen. Außerdem wurde er von Hunderten von Menschen zum selben Zeitpunkt gesehen. Wir dienen einem auferstandenen, lebendigen Herrn. Das Grab ist leer, und er lebt. Er lebt, um aus schlechten gute und aus sündigen heilige

Menschen zu machen - Heiden und Juden gleichermaßen. Weil er lebt, werden alle, die ihn aufgenommen haben, ewig leben.

Sind wir geistlich wirklich schon so "heruntergekommen", daß wir den hinter diesem allen stehenden Ratschluß Gottes nicht erkennen können? Die Kreuzigung war nicht ein Mord, den ein Volk begangen hat; es war ein Opfer, das aus freiem Willen geschah. Das Kreuz war der Altar, und der verurteilte Mensch war das Lamm.

Lieber HERR!

Gib mir die Gnade, in meinem Herzen Barmherzigkeit für das jüdische Volk zu empfinden. Hilf mir zu erkennen, daß es meine eigene persönliche Sünde war, die Jesus an das Kreuz genagelt hat. Offenbare mir die Bedeutung des Sühnopfers von Golgatha in seiner ganzen Tiefe. Laß mich die wundervolle Liebe des Einen erfahren, der meine Schuld auf sich genommen hat, um mich mit dir zu versöhnen. Amen.

2 WIE GROSS IST GOTT?

Wir können die Herrlichkeit Gottes nicht in ihrer ganzen Größe erkennen, weil wir nur eine oberflächliche Vorstellung von Gott und seiner Macht haben. Unsere Vorstellung von Gott wird immer die Art und Weise bestimmen, wie wir als Christen leben. Echte Abhängigkeit von ihm, durch die unser Leben, ja, buchstäblich unser Lebensodem erhalten bleibt, besteht in den Gemeinden kaum noch.

"Wenn er nur an sich dächte, seinen Geist und Odem an sich zöge, so würde alles Fleisch miteinander vergehen, und der Mensch würde wieder zu Staub werden" (Hiob 34,14.15).

Im allgemeinen beschränkt ein Christ Gott unbewußt auf die Größe einer Schachtel, die in ihren Abmessungen seiner persönlichen lehrmäßigen Sichtweise und seinem Glaubensstand angepaßt ist. Unsere Vorstellung von ihm ist nicht nur durch die Begrenzungen unseres menschlichen Verstandes eingeschränkt, sondern wir erwarten sogar, daß er unsere Befehle ausführt. Wir haben die Fähigkeit und Allmacht unseres Schöpfers auf eine Art Knechtschaft unter seine eigene Schöpfung reduziert. Die Worte der Propheten, die die Herzensgedanken des Allmächtigen über die Jahrtausende hinweg ausgesprochen haben, scheinen vergessen zu sein. Vergessen ist auch Gottes absolute Souveränität über die gesamte Schöpfung und über die Geschichte:

"Ich bin Gott, und sonst keiner mehr, ein Gott, dem nichts gleicht. Ich habe von Anfang an verkündigt, was hernach kommen soll, und vorzeiten, was noch nicht geschehen ist. Ich sage: Was ich beschlossen habe, geschieht, und alles, was ich mir vorgenommen habe, das tue ich. Ich rufe einen Adler vom Osten her, aus fernem Lande den Mann, der meinen Ratschluß ausführe. Wie ich's gesagt habe, so lasse ich's kommen; was ich geplant habe, das tue ich auch" (Jes 46,9 - 11).

Vergessen ist Gottes absolute Herrschaft über die Ewigkeit, die er bewohnt:

"Ich bin, ehe denn ein Tag war, und niemand ist da, der aus meiner Hand erretten kann. Ich wirke; wer will's wenden?" (Jes 43,13).

Vergessen ist auch Gottes Souveränität über die Völker und Nationen:

"Der HERR macht zunichte der Heiden Rat und wehrt den Gedanken der Völker" (Ps 33,10).

Vergessen ist die Tatsache, daß Gottes Allmacht unbegrenzt ist:

"Doch er ist der eine - wer will ihm wehren? Und er macht's, wie er will" (Hiob 23,13).

Die Menschen müssen wieder lernen, Gott zu fürchten. Diese Furcht des HERRN muß die dicken Panzer, die starren Nacken und die verhärteten Herzen von Millionen von Christen durchdringen, die bekennen, Gott zu vertrauen. Das gilt für Traditionschristen, Evangelikale, Charismatiker und

Pfingstler gleichermaßen:

"Ich sehe aber auf den Elenden und auf den, der zerbrochenen Geistes ist und der erzittert vor meinem Wort" (Jes 66,2).

Und wir sollten nicht nur erzittern, wenn wir sein Wort hören, sondern auch bei dem bloßen Gedanken an diesen ehrfurchtgebietenden Gott:

"... der die Toten lebendig macht und ruft das, was nicht ist, daß es sei" (Röm 4,17).

Wer von uns kann die Toten lebendig machen? Wer von uns kann das, was noch nicht existiert, ins Dasein rufen?

Das Höchste, was wir mit all unseren hochentwickelten Geräten und der fortgeschrittenen Technik des 20. Jahrhunderts erreichen können, ist nicht mehr als ein Licht, das wir im Dunkeln anzünden lassen. Aber Gott hat einfach in diese Dunkelheit **hineingesprochen**:

"Es werde Licht! Und es ward Licht" (1. Mose 1,3).

Und auf das gesprochene Wort des HERRN hin wurde es nicht nur Licht, sondern es schien auch **aus** der Dunkelheit **heraus**:

"... Gott (...) sprach: Licht soll aus der Finsternis hervorleuchten ..." (2. Kor 4,6).

Am ersten Schöpfungstag rief Gott das Licht aus der Finsternis heraus. Bis zu dem Zeitpunkt hatte es noch nie zuvor Licht gegeben. Erst am vierten Tag schuf Gott die Sonne und den Mond, um über den Tag und die Nacht zu herrschen, die er durch die Trennung von Licht und Finsternis geschaffen hatte.

Die Erschaffung des Lichtes war eine Kleinigkeit, verglichen mit einigen anderen Taten Gottes. A.W. Tozer hat einmal folgendes über dieses Wirken bemerkt:

"Für Gott ist das eine genauso leicht wie das andere auszuführen. Eine ganz normale Erkältung zu heilen ist für ihn ebenso einfach, wie ein ganzes Universum zu erschaffen. Wir finden manche Dinge schwieriger oder einfacher, weil wir unsere Begrenzungen haben; aber Gott hat weder Grenzen, noch geht irgend etwas über Seine Kräfte."

"Der Himmel ist durch das Wort des HERRN gemacht und all sein Heer durch den Hauch seines Mundes" (Ps 33,6).

Fahren Sie einmal in einer klaren Nacht aus dem Stadtgebiet heraus und betrachten Sie die Sterne und Planeten, die man mit bloßem Auge erkennen kann wie Mars, Saturn, Jupiter und Venus. Machen Sie sich dabei klar,

"... daß schon vorlängst Himmel waren und eine Erde aus Wasser und durch Wasser entstanden ist durch Gottes Wort" (2. Petr 3,5; Schlachter).

Vergegenwärtigen Sie sich die ungeheure Masse und Dichte dieses Planeten Erde und machen Sie sich bewußt, daß er aus **Wasser** entstanden ist! Die moderne Wissenschaft nimmt heutzutage an, daß die Materie aus Gas entstanden ist. Viele Christen glauben fälschlicherweise, daß die Bibel die Wissenschaft bestätigt, was jedoch nicht der Fall ist. Wissenschaftler verändern oder erneuern ihre Theorien ständig, während die Bibel in Ewigkeit dieselbe ist. Die

Wissenschaft mag gelegentlich die Aussagen der Bibel bestätigen, aber niemals umgekehrt.

Haben Sie jemals wirklich über den Himmel und die Erde nachgedacht? König David, der *"Liebling der Lieder Israels" (2. Sam 23,1)*, hat es getan. Und er war *ein Mann nach Gottes Herzen* (siehe Apg 13,22):

"Wenn ich deinen Himmel betrachte, das Werk deiner Finger, den Mond und die Sterne, die du gemacht hast ..." (Ps 8,4; Schlachter).

Die Himmel sind das Werk der Finger Gottes. Er hat den Mond und die Sterne an ihren Platz gesetzt. Dieser erhabene Gott spielt mit den Planeten, wie ein Junge mit seinen Murmeln spielt! Die Himmel verkünden die Herrlichkeit des Herrn. Sie tun uns seine große Majestät, seine Erkenntnis und Weisheit kund. Befassen wir uns einmal ausführlicher mit seinen künstlerischen Schöpfungen.

DAS SONNENSYSTEM

Unser Planet Erde ist ein aus Materie bestehender Körper mit einem Durchmesser von fast 13.000 km. Er dreht sich mit einer Geschwindigkeit von 1.700 Stundenkilometern um seine eigene Achse, während er gleichzeitig die Sonne mit einer Geschwindigkeit von mehr als 100.000 Stundenkilometern umkreist. Wo immer wir uns befinden und was immer wir tun mögen, wir drehen uns wie ein Kreisel in einem riesigen Karussell. Wann ist uns das letzte Mal durch die Umdrehungen der Erde schwindelig geworden, oder wann haben wir das letzte Mal befürchtet, ins Weltall geschleudert zu werden, wenn wir uns nicht fest genug an einem starken Baum festhalten? Würde sich die Erde ein wenig dichter an der Sonne befinden, so würde sie verbrennen; wäre sie ein kleines bißchen weiter entfernt von ihr, würde sie zu Eis werden. Das Wissen und die Weisheit des Konstrukteurs hat dies alles in Betracht gezogen.

Die Erde ist einer von neun Planeten, die um die Sonne kreisen. In der Entfernung von der Sonne steht sie an dritter Stelle. Der Sonne am nächsten befindet sich Merkur, dicht gefolgt von der Venus. Nach der Erde folgen in dieser Reihenfolge Mars, Jupiter, Saturn, Uranus, Neptun und schließlich Pluto. Die Erde hat ihren eigenen Satelliten-Planeten, den Mond. Nur der Merkur und die Venus haben keine solche Satelliten-Planeten. Pluto hat einen, Mars zwei, Neptun acht, Uranus 15, Jupiter 16 und Saturn 17 Satelliten-Planeten. Alle diese Satelliten drehen sich um ihre eigene Achse, während sie gleichzeitig den Mutterplaneten umkreisen, der sich ebenso um die eigene Achse und zugleich um die Sonne dreht.

Wissenschaftler sind fasziniert von den Bewegungen der Atome, die durch komplizierte Geräte sichtbar gemacht werden können. Wenn wir den Himmel betrachten, so können wir in unserem eigenen Sonnensystem ein ähnliches System in riesigem Maßstab beobachten: Planeten, die mit einer 300mal so hohen Masse wie die Erde und in enormer Geschwindigkeit durch das All wirbeln. Bedenken Sie die Intelligenz und die schöpferische Kraft, derer es bedarf, um so etwas Majestätisches in der Höhe zu schaffen:

"Der HERR hat die Erde durch Weisheit gegründet und nach seiner Einsicht die Himmel bereitet" (Spr 3,19).

"Er spannt den Norden aus über dem Leeren und hängt die Erde über das Nichts" (Hiob 26,7).

Richard Wurmbrand, ein lieber Bruder in Christus, der wegen seiner Liebe zu Gottes Sohn 14 Jahre in einem kommunistischen Gefängnis verbracht hat, hatte viel Zeit, um sich mit dem Himmel zu beschäftigen. Er bestätigt die Weisheit des HERRN, wenn er sagt:

"Unsere Erde, dieser riesige Ball mit seinen fünf Milliarden Bewohnern, wurde von Gott über das Nichts gehängt. Hätte Gott sie an einem dicken Stahlseil aufgehängt, wäre dieses Seil schon lange entzwei gerissen. Aber das 'Nichts' ist ein sehr dauerhaftes Material."[1]

DIE HIMMEL[2]

Der uns bekannte Teil des Weltalls ist so ungeheuer groß, daß Entfernungen in Lichtjahren angegeben werden, wobei ein Lichtjahr die Strecke ist, die das Licht in einem Jahr zurücklegt. Licht bewegt sich mit einer Geschwindigkeit von 299.792 Kilometern pro Sekunde fort. Demzufolge entspricht ein Lichtjahr einer Entfernung von (ich werde versuchen, diese Zahl leichter lesbar zu machen) 9 Billionen 460 Milliarden 716 Millionen 19.200 Kilometern!

Die Sonne hat einen Durchmesser von annähernd 1,4 Millionen Kilometern[3], was dem 109fachen des Durchmessers der Erde entspricht. Ihre Oberfläche ist 12.000mal größer als die der Erde. Die Sonne ist lediglich ein durchschnittlich großer Stern. Riesensterne können einen Durchmesser von bis zu 30 Millionen Kilometern haben, und eine noch größere Gruppe von Sternen, die sogenannten "Weißen Riesen", erreicht Durchmesser von 1,5 Milliarden Kilometern! Das ist ungefähr 1.000mal größer als der Sonnendurchmesser. Der größte Stern im Sternbild Orion, Beteigeuze, ist so riesig, daß sich die Erde und der Jupiter zusammen innerhalb seiner Abmessungen in ihren Umlaufbahnen bewegen könnten! Die Durchschnittstemperatur der Sonne wird auf etwa 18 Millionen Grad Celsius geschätzt! Sehen Sie dies einmal im Vergleich zu Wasser, das seinen Siedepunkt bei 100 Grad Celsius erreicht, und zu geschmolzener Lava, die, wenn sie von einem Vulkan ausgespuckt wird, etwa 2.000 Grad heiß ist.

Die Sonne ist Teil einer Galaxie (der Milchstraße), die noch aus etwa 200 Milliarden anderer Sterne besteht. Jeder Stern bewegt sich auf seiner eigenen Umlaufbahn, und die **ganze Galaxie** rotiert zusätzlich noch um ihre eigene Achse! Alle Sterne, die man mit bloßem Auge von der Erde aus erkennen kann (etwa 6.000), gehören zu dieser einen Galaxie, und viele von ihnen scheinen sogar heller als die Sonne. Die Sonne befindet sich 30.000 Lichtjahre vom Zentrum der Galaxie entfernt; das sind lediglich 283 Billiarden 821 Billionen 480 Milliarden 576 Millionen Kilometer. Gleichzeitig beträgt der Abstand zur Erde nur wenig mehr als 13 Lichtminuten oder 150 Millionen Kilometer.

Kein Mensch weiß genau, wie viele Sterne es gibt. In dem uns bis jetzt

bekannten Universum sind es etwa 200 Trillionen. Jeder auf der Erde lebende Mensch müßte jeweils 50 Milliarden Sterne zählen, bevor auch nur ein Stern ein zweites Mal gezählt werden würde. Verständlicherweise haben unsere Wissenschaftler nur einigen von ihnen Namen gegeben. Der HERR jedoch hat die Sterne geschaffen und sie an ihren Platz gesetzt, und ...

"Er zählt die Sterne und nennt sie alle mit Namen" (Ps 147,4).

Sterne kommen in Haufen von einigen tausend bis zu mehreren hunderttausend vor. Der unserem Planeten am nächsten befindliche Stern liegt in einer Entfernung von 4,3 Lichtjahren oder 40 Billionen 681 Milliarden 78 Millionen 882.560 Kilometern, während der am weitesten entfernt liegende Stern einer Galaxie angehört, die sich Milliarden von Lichtjahren weit weg befindet.

Die Galaxie, die der Milchstraße am nächsten ist, ist etwa 200.000 Lichtjahre entfernt oder (einen Moment, bitte!) 1 Trillion 892 Billiarden 143 Billionen 203 Milliarden und 840 Millionen Kilometer! Es gibt schätzungsweise 100 Milliarden Galaxien, die jeweils aus mindestens 100 Milliarden Sternen bestehen. Ist Ihnen angesichts dieser Zahlen jetzt vielleicht schwindelig? Kann unser Verstand solche Größenordnungen überhaupt noch erfassen? Ist unser Gott nicht ein ehrfurchtgebietender Gott?

REISE IN DAS ALL

Nachdem wir uns mit den ungeheuren Ausmassen des Weltalls beschäftigt haben, werfen wir nun einen kurzen Blick auf die Versuche, es zu erkunden. Die Vereinigten Staaten haben auf diesem Gebiet einige bemerkenswerte Erfolge zu verzeichnen.

Die Planeten unseres Sonnensystems befinden sich alle 176 Jahre genau in einer Linie hintereinander aufgereiht, was auch während der achtziger Jahre dieses Jahrhunderts der Fall war. Die Vereinigten Staaten machten sich diese Aufreihung zunutze und schossen im August 1977 die Weltraumkapsel Voyager 2 von Cape Canaveral aus zur Datenerfassung ins Weltall. Voyager 2 reiste mit einer Geschwindigkeit von 60.000 Kilometern pro Stunde durchs All und beschleunigte auf 98.000 km, wenn sie von dem Schwerefeld eines Planeten angezogen wurde. Am Jupiter flog die Raumkapsel im Jahre 1979 vorbei, am Saturn 1981, am Uranus 1986 und am Neptun 1989, womit sie vier Milliarden Kilometer weit gereist war. Indem sie den Schwerkraftschub der Planeten ausnutzte, während diese sich in einer Linie hintereinander befanden, wurde diese lange Reise um 18 Jahre verkürzt.[4]

Ein weiterer Bericht gibt darüber Auskunft, daß die Raumfähre Discovery Anfang Oktober 1990 die europäische Raumsonde Ulysses für eine fünf Jahre dauernde Reise zur Sonne im All ausgesetzt hat.[5]

Halten Sie sich dabei folgendes vor Augen:

Voyager 2 bewegte sich mit einer Geschwindigkeit von 98.000 Stundenkilometern durch das All. Das war eine bemerkenswerte Leistung der amerikanischen Nation, und ich will diese keinesfalls schmälern. Aber diese

Reise hat zwölf Jahre gedauert und wurde durch die Stellung der Planeten, die sich in ihrem 176-Jahre-Zyklus in einer Reihe befanden, verkürzt; ohne ihre Hilfe würde eine solche Reise 30 Jahre gedauert haben. Die von Voyager 2 in diesen zwölf Jahren zurückgelegte Entfernung entspricht lediglich dem Durchmesser von zwei Riesensternen. Diese Weltraumkapsel wird ihre Reise durch das All fortsetzen, wobei sie sich noch bis 1999 innerhalb der Umlaufbahn des Neptuns befinden wird.[6] Rechnet man die fünf Jahre hinzu, die für die Reise von der Erde zur Sonne benötigt werden, und addiert dies zu den Jahren, die nötig sind, um Pluto mit seiner exzentrischen Bahn zu erreichen, so bedeutet dies, daß nur für die Reise durch unser eigenes Sonnensystem von der Sonne bis zum Pluto (ohne planetarische Aufreihung) ein halbes Jahrhundert nicht ausreichen würde![7]

Niemand kann mit Sicherheit sagen, ob es noch andere Sonnensysteme gibt. Planeten sind im Vergleich zu Sternen klein und ohne eigenes Licht, und selbst die von den Astronomen des 20. Jahrhunderts benutzten optischen Teleskope können sie im Weltraum nicht ausfindig machen. Es wird jedoch angenommen, daß es noch weitere Sonnensysteme, ähnlich dem unsrigen, gibt, die möglicherweise irgendwo am entfernten Ende der Galaxie oder jenseits davon existieren. Angenommen, dies entspräche der Wahrheit, so würde Voyager 2 bei einer konstanten Geschwindigkeit von 60.000 Stundenkilometern **545 Millionen Jahre** benötigen, um auch nur das Zentrum unserer eigenen Galaxie zu erreichen auf der Suche nach weiteren Sonnensystemen.

Es gibt keine Rechenmaschine, die über genügend Stellen verfügt, die Dimensionen des Himmels entweder in Kilometern oder in Meilen zu berechnen. Der uns bekannte Weltraum dehnt sich über Millionen von Dezillionen von Kilometern oder Meilen aus (eine Dezillion ist eine Eins mit 60 Nullen). Und in der ersten Septemberwoche 1989 haben Wissenschaftler eine aufsehenerregende "Geburtsanzeige" aufgesetzt:

"Es gibt Anzeichen für die kosmische Version einer Schwangerschaft: eine Galaxie, die sich auf eine Geburt vorbereitet. Die neue Sterngalaxie ist 'zehn mal so groß wie die Milchstraße'. Die Wissenschaft ist seit Jahren davon überzeugt, daß vor 15 Milliarden Jahren eine ungeheure Explosion stattgefunden hat, aus der das Universum entstanden ist. Durch diese neue Galaxie, die man in der letzten Woche entdeckt hat, 'wurde der Glaube an diese Theorie erschüttert'."[8]

Jeden Tag entstehen zwischen den Galaxien mehrere Milliarden Kubikkilometer neuer Raum,[9] und in dieses Vakuum hinein werden neue Galaxien geboren. Man hatte angenommen, der Himmel sei schon Milliarden Jahre zuvor vollendet worden; aber Gott hält die Schöpfung in der Hand, oder - mit den Worten seines Sohnes:

"Mein Vater wirkt bis auf diesen Tag" (Joh 5,17).

Gottes Fähigkeit, unsere Lieblingstheorien über seine Schöpfung zu zerschlagen, wird in folgenden Worten sehr gut zusammengefaßt:

"Wären Gottes Werke so beschaffen, daß sie leicht vom Menschenverstand erfaßt werden könnten, dürfte man sie nicht mit Recht wunderbar oder unaussprechlich nennen."[10]

WIE GROSS IST GOTT?

Nachdem wir uns jetzt mit der gewaltigen Größe von Gottes Schöpfung befaßt haben, wollen wir uns nun mit der Unendlichkeit Gottes selbst beschäftigen:

"Ist Gott nicht hoch wie der Himmel? Sieh die Sterne an, wie hoch sie sind!" (Hiob 22,12).

"Aber wer vermag es, ihm ein Haus zu bauen? Denn der Himmel und aller Himmel Himmel können ihn nicht fassen" (2. Chr 2,5).

Unser Menschenverstand kann die ungeheuren Entfernungen des Weltalls nicht annähernd begreifen. Billionen mal Billionen von Kilometern, egal in welche Richtung, würden uns wahrscheinlich nur in den Hinterhof unserer nächsten Nachbarn im Weltall bringen. Aber auch mit Hilfe von solch ungeheuren Dimensionen läßt sich Gott der Schöpfer selbst nicht erfassen - **man kann ihn nicht fassen, er erfüllt den Himmel und die Erde!**

"Bin ich es nicht, der Himmel und Erde erfüllt? spricht der HERR" (Jer 23,24).

Was der Körper eines Menschen für seinen Geist bedeutet, bedeutet die gesamte Schöpfung für Gott! Bedenken Sie folgendes:

"Gott ist Geist" (Joh 4,24).

"Denn in ihm leben, weben und sind wir" (Apg 17,28).

Gott ist uns näher, als wir uns selbst je sein können. Er ist nicht weit weg, wie manche meinen mögen; er ist nur so weit entfernt, wie wir selbst uns von ihm entfremdet haben:

"... eure Verschuldungen scheiden euch von eurem Gott, und eure Sünden verbergen sein Angesicht vor euch" (Jes 59,2).

Unsere Sünde trennt uns von Gott, und diese Trennung führt dazu, daß wir Gott nicht mehr erkennen können, was den Abgrund zwischen ihm und uns noch tiefer macht. Aber mein Gott ist groß genug, daß ich an ihn glauben kann. Wie groß ist Ihr Gott? Ihr Gott ist so groß, wie Ihr Verstand es ihm zu sein erlaubt. Er ist so mächtig oder ohnmächtig, wie Ihr Glaube es zuläßt, und er ist so real für Sie, wie Sie ihn brauchen.

Ein Vorwurf, den Jesus den Sadduzäern in Markus 12,24 gemacht hat, war, daß sie die Kraft Gottes nicht kannten (siehe Vorwort). Und dadurch, daß sie die Kraft Gottes nicht kannten, waren sie blind für die Wahrheit der Schrift. Es gibt zu viele Christen, die man in die gleiche Kategorie einordnen müßte. Wir müssen Buße tun und unsere Scheuklappen ablegen.

Lieber HERR!

Öffne meine Augen für deine unermeßliche Größe, daß ich deine Majestät, Herrlichkeit und Macht erkennen kann. Laß mich erkennen, wie klein ich in Wirklichkeit angesichts deiner Größe bin, so daß ich mich vor dir beuge in heiliger Ehrfurcht und liebender Anbetung. Amen.

3 BIBLISCHE PROPHETIE

Eine in christlichen Kreisen und christlichen Veröffentlichungen häufig gebrauchte Redewendung lautet: "Das hängt davon ab, wie man Prophetie auslegt." Damit stimme ich nicht überein.

Die Lehre der Bibel steht oder fällt nicht mit der "Auslegung" prophetischer Aussagen. Prophetien können und sollten auch nicht interpretiert werden. Es stellt sich nicht die Frage nach der "Auslegung", sondern nach der Erfüllung einer Prophetie.

Die Gemeinde hätte nicht den Versuch machen sollen, zukünftige Ereignisse vorauszusagen oder zu bestimmen. Ihre wiederholten falschen Vorhersagen haben ihre Unglaubwürdigkeit aus der Sicht der ungläubigen Welt nur noch bestätigt. Ich persönlich kann mich nicht an ein einziges Beispiel erinnern, in dem eine prophetische Aussage der Bibel so eingetreten ist, wie jemand es vorhergesagt hatte. Es werden Voraussagen von Ereignissen in der Zukunft gemacht, die auf Interpretationen prophetischer Schriftstellen aufbauen. Es ist eine große Anzahl von Büchern über die Endzeit und darüber, wie sich Prophetie erfüllen würde, geschrieben worden. Auf jeden Fall kann biblische Prophetie erst nach dem Zeitpunkt, an dem sie sich erfüllt hat, oder während der Erfüllung selbst erkannt werden. Das bringt uns zu der Aussage:

"... das ist's, was durch den Propheten (...) gesagt worden ist" (Apg 2,16).

Um das eben Gesagte deutlich zu machen, werden wir uns Beispiele sowohl aus dem Alten als auch aus dem Neuen Testament ansehen:

"So verstieß Salomo den Abjatar, daß er nicht mehr Priester des HERRN sein durfte, damit erfüllt würde des HERRN Wort, das er über das Haus Elis geredet hatte in Silo" (1. Kön 2,27).

Der Geschichtsschreiber berichtet von der Erfüllung einer Prophetie. König Salomo hat Abjatar nicht einfach aus dem Priesterdienst entlassen, um so das Wort des HERRN bewußt zu erfüllen, sondern wegen Verrats. Dadurch ist die Prophetie in Erfüllung gegangen.

"Als Herodes nun sah, daß er von den Weisen betrogen war, wurde er sehr zornig und schickte aus und ließ alle Kinder in Bethlehem töten und in der ganzen Gegend, die zweijährig und darunter waren, nach der Zeit, die er von den Weisen genau erkundet hatte. Da wurde erfüllt, was gesagt ist durch den Propheten Jeremia, der da spricht (Jeremia 31, 15): 'In Rama hat man ein Geschrei gehört, viel Weinen und Wehklagen; Rahel beweinte ihre Kinder und wollte sich nicht trösten lassen, denn es war aus mit ihnen' " (Mt 2,16 - 18).

Der Verfasser dieses Evangeliums beschreibt die tatsächliche Erfüllung einer biblischen Prophetie, und er berichtet noch von elf weiteren:

Matthäus 2,15; 3,3; 4,14; 8,17; 12,17; 13,14; 13,35; 21,4; 26,54; 26,56 und 27,9. Er folgt damit lediglich einem Schema, das sich durch die ganze Bibel hindurch vom ersten Buch Mose bis hin zur Offenbarung zieht.

Ein weiterer Aspekt biblischer Prophetie, der denjenigen, der sich mit ihr befaßt, vom Kurs abbringen kann, ist der der zweifachen Erfüllung. Einige Prophetien erfüllen sich zweimal, einmal wörtlich und dann noch ein zweites Mal. Die wörtliche Erfüllung ist die eigentliche, während eine zweite Erfüllung oft wie die erste auszusehen scheint, jedoch nicht in allen Details eintrifft. Es gibt Fälle, in denen diese zweite, scheinbare Erfüllung noch vor der ersten, buchstäblichen stattfindet. Ein Beispiel dafür wird in einem der folgenden Kapitel beschrieben.

Hier ist ein Beispiel für die doppelte Erfüllung derselben Prophetie:

"Als Israel jung war, hatte ich ihn lieb und rief ihn, meinen Sohn, aus Ägypten" (Hos 11,1).

"Da stand er auf und nahm das Kindlein und seine Mutter mit sich bei Nacht und entwich nach Ägypten und blieb dort bis nach dem Tod des Herodes, damit erfüllt würde, was der Herr durch den Propheten gesagt hat, der da spricht (Hosea 11, 1): 'Aus Ägypten habe ich meinen Sohn gerufen' " (Mt 2,14.15).

Die wörtliche Erfüllung steht in einem klaren und eindeutigen Bezug zu Israel und seinem Auszug aus Ägypten. Mose wurde von Gott zum Pharao mit den folgenden Worten gesandt:

"Und du sollst zu ihm sagen: So spricht der HERR: Israel ist mein erstgeborener Sohn; und ich gebiete dir, daß du meinen Sohn ziehen läßt, daß er mir diene. Wirst du dich weigern, so will ich deinen erstgeborenen Sohn töten" (2. Mose 4,22.23).

Durch den Propheten Hosea hat der HERR von Israel als seinem Sohn gesprochen, den er aus Ägypten ruft. Matthäus, der als Jude für seine jüdischen Zeitgenossen schreibt, gibt uns hier ein klassisches Beispiel von jüdischer Bibelauslegung. Indem er die Prophetie auf die Rückkehr von Maria und Josef aus Ägypten anwendet, wohin sie mit dem Kind Jesus vor Herodes geflohen sind, lenkt er unsere Aufmerksamkeit auf die zweifache Erfüllung.

VERGEISTLICHENDE SCHRIFTAUSLEGUNG

Wollen wir biblische Prophetie verstehen lernen, so müssen wir zumindest eine Auslegungsregel erlernt haben, nämlich die Grundregel, die die rabbinischen Gelehrten *"Mi le mi?"* nennen, was soviel wie *"von wem - an wen?"* bedeutet. Auslegung ist eine sehr sorgfältige Erläuterung oder Untersuchung eines Textes. Nimmt man eine Bibelstelle, die sich auf eine bestimmte Person, eine Nation oder ein Ereignis bezieht, aus ihrem Zusammenhang und bezieht sie auf etwas anderes, so ist das nicht Auslegung, sondern "Vergeistlichung". Vergeistlicht man eine biblische Verheißung, so stärkt dies oft den Glauben des Einzelnen und bringt ihn vielleicht auch näher zu Gott. Das ist nicht nur akzeptabel, sondern sollte auch gefördert werden. Wir können häufig eine Verheißung, die sich speziell an eine bestimmte Nation, eine Person oder eine Situation richtet, nehmen und auf unser eigenes Land, auf uns selbst und unsere augenblickliche Situation anwenden und erfahren, daß Gott diese Anwendung segnet. Aber auch wenn dies noch so sehr zu unserem Segen dient oder die Vergeistlichung auch noch so wundervoll sein mag, ist es dennoch keine Bibelauslegung.

DER JÜDISCHE CHARAKTER DER BIBEL

Die gesamte Bibel besteht zu 80 Prozent aus dem Alten Testament und Zitaten desselbigen. Zehn Prozent von allem, was Jesus gesagt hat, entstammt dem Alten Testament. An wen richtete Jesus seine Worte eigentlich?

"Ich bin nur gesandt zu den verlorenen Schafen des Hauses Israel" (Mt 15,24).

Zu wem hat Jesus seine Jünger gesandt, nachdem er ihnen Vollmacht gegeben hatte?

"Diese Zwölf sandte Jesus aus, gebot ihnen und sprach: Geht nicht den Weg zu den Heiden und zieht in keine Stadt der Samariter, sondern geht hin zu den verlorenen Schafen aus dem Hause Israel" (Mt10,5.6).

Offensichtlich war der Dienst Jesu und der seiner Jünger zu dem Zeitpunkt dem jüdischen Volk gewidmet. Wir finden erst nach seiner Auferstehung, während der 40 Tage vor seiner Himmelfahrt, den folgenden Befehl:

"Gehet hin in alle Welt und predigt das Evangelium aller Kreatur" (Mk 16,15).

Die Bibel ist ein jüdisches Buch. Das heißt nicht, daß die Bibel nur für die Juden bestimmt ist; ich will damit nur sagen, daß sie ein jüdisches Buch ist. Die Fachwelt stimmt darin überein, daß alle Verfasser der 66 Bücher der Bibel, mit Ausnahme von Lukas, Juden waren. Lukas hat das nach ihm benannte Evangelium und die Apostelgeschichte geschrieben. Aufgrund der Tatsache, daß von 66 Büchern 64 von Juden geschrieben worden sind, ist die Bibel als jüdisches Buch zu bezeichnen. Man kann auch folgende Auszüge aus der Einführung in die Bücher des Neuen Testaments in der *New King James Bible* hinzuziehen.

In der Einführung in das Evangelium nach Matthäus heißt es: "Matthäus ist das Evangelium, das ein Jude für Juden über einen Juden geschrieben hat."

In der Einführung in den Hebräerbrief: "Viele jüdische Gläubige, die sich vom Judentum abgewandt und dem Christentum zugewendet haben, möchten ihren Schritt wieder rückgängig machen, um so der Verfolgung durch ihre eigenen Landsleute zu entgehen. Der Schreiber des Hebräerbriefes ermahnt sie, 'weiterzugehen bis zur Vollendung'."

In der Einführung in den Jakobusbrief lesen wir: "In seinem Brief an die jüdischen Gläubigen spricht Jakobus von wahrem Glauben und der täglichen praktischen Anwendung, wobei er betont, daß wahrer Glaube sich in Werken des Glaubens offenbaren muß." Aus der Einführung in den ersten Brief des

Petrus, beginnend mit dem dritten Satz: "Petrus ermutigt die unter Verfolgungen leidenden jüdischen Gläubigen dazu, sich mutig für die Person und die Sache Christi einzusetzen." Zusammenfassend erkennen wir folgendes:

a) 80 Prozent der gesamten Bibel bestehen aus dem Alten Testament und aus alttestamentlichen Zitaten.
b) Zehn Prozent aller von Jesus verwendeten Worte sind dem Alten Testament entnommen.
c) Der dreijährige Dienst Jesu auf Erden war ausschließlich den Juden gewidmet.
d) Auch der Dienst der Jünger war anfänglich allein für die Juden bestimmt.
e) Die Schreiber von mindestens 64 der 66 Bücher der Bibel waren Juden.
f) Viele Teile des Neuen Testamentes sind direkt an Juden gerichtet.

Daraus können wir schließen, daß über 90 Prozent sowohl des Alten als auch des Neuen Testamentes entweder direkt an die Juden gerichtet sind oder diese unmittelbar betreffen.

Bitte versuchen Sie das, was ich damit ausdrücken möchte, zu verstehen, weil es sehr wichtig ist. Ich behaupte nicht, daß die Bibel nur für die Juden bestimmt ist, und möchte dies auch nicht einmal andeuten. Natürlich ist die Bibel für die ganze Menschheit gleichermaßen gedacht. Was ich jedoch damit auszudrücken versuche, ist, daß die Juden angesichts ihrer vorherrschenden Rolle in der Bibel und ihrer häufigen Erwähnung in ihr als das Volk anzusehen sind, das die Hauptrolle in diesem Drama spielt. Sie sind die Schauspieler, die auf der Bühne im Mittelpunkt stehen, während die anderen nur Nebenrollen spielen.

Haben wir nun erkannt, daß sich 90 Prozent der Bibel um Israel und das jüdische Volk drehen, können wir ebenso feststellen, daß sich auch 90 Prozent aller prophetischen Aussagen auf sie beziehen. Um noch einmal darauf zurückzukommen: Die erste Regel bei der Bibelauslegung ist *"Mi le mi?" - "von wem - an wen?"* Wir können unmöglich erwarten, daß sich biblische Prophetien an anderen als den ursprünglich genannten Personen oder Orten in wörtlicher Art und Weise erfüllen werden; eine vergeistlichte Erfüllung ist auf diese Weise möglich, nicht jedoch eine wörtliche Erfüllung, die nur nach ihrem oder während ihres eigentlichen Eintretens erkannt werden kann. Im Lichte dieser Tatsachen können wir erkennen, daß wir weder das Recht noch die Freiheit haben, Prophetie "auszulegen" in der Absicht, damit die Zukunft vorherzusagen.

Lieber HERR!
Öffne du meinen Geist für die Wunder in deinem Wort. Bewahre mich davor, etwas darin finden zu wollen, was zur Unterstützung irgendeiner bestimmten Theorie führen würde. Und hilf mir auch, mich nicht so sehr von den zukünftigen Geschehnissen vereinnahmen zu lassen, daß ich vergesse, im "Heute" zu leben. Amen.

4 WENN DER HIMMEL GEMESSEN IST

Im Vorwort galt unsere Aufmerksamkeit dem lehrmäßig bedingten Irrtum, der in den Tagen Jesu durch die Sadduzäer genährt wurde. Jesus sagte, daß sie "sehr irren". In seiner Predigt gegen die Sadduzäer schalt er sie und sprach zu ihnen: "Habt ihr nicht gelesen?" Er tadelte sie dafür, daß sie sich mit ihrer Schriftkenntnis gebrüstet und sich trotz all ihres Wissens in einem großen Irrtum befunden hätten. Wie würde Jesus uns heute für den gleichen Fehler schelten!

Vielleicht befindet sich heutzutage der größere Teil der Gemeinde in der westlichen Welt bezüglich ihrer Lehre über Israel im Irrtum. Der meistverbreitete Irrglaube lautet, daß Israel vom HERRN verworfen worden sei und dadurch alle Verheißungen, die dem jüdischen Volk gegeben wurden, auf die Gemeinde übergegangen seien. Diese Lehre bezeichnet man auch als "Ersatz-Theologie". Es gibt sie in unterschiedlichen Varianten mit einem jeweils größeren oder geringeren Grad an Irrtum. Es ist zwar richtig, daß die Gemeinde in einem gewissen Sinn das "geistliche Israel" verkörpert; aber diese Wahrheit muß auch mit der Bibel in Einklang bleiben. Wir müssen *"das Wort der Wahrheit recht austeilen" (2 Tim 2,15).*

Ein großer Prozentsatz der Gemeinde lehnt es sogar blindlings ab, die Existenz des Staates Israel zur Kenntnis zu nehmen. Und wenn dieses Land einmal erwähnt werden muß, wird statt Israel der Name Palästina gebraucht, was dazu beiträgt, die eigene Finsternis zu verstärken.

Oftmals kritisieren die Christen das jüdische Volk wegen seiner Blindheit im Hinblick auf geistliche Dinge; und das nicht ohne Grund, denn die Juden sind blind, was die Erkenntnis ihres Messias angeht. Ich erinnere mich an den Besuch einer Synagoge in Neuseeland vor vielen Jahren mit einer christlichen Gruppe. Jemand aus dieser Gruppe stellte dem Rabbiner eine Frage über das Neue Testament. Daraufentgegnete der Rabbi: "Für mich existiert dieses Buch nicht; daher ist dies eine unnütze Frage." Diese Blindheit war teilweise auf seine Verstockung zurückzuführen, die ihn das, was die Mehrheit der Welt angeht, nicht erkennen ließ. Aber ist ein Christ wirklich offener als ein Jude? Die hartnäckige, in seiner falschen Lehre begründete Weigerung eines großen Teils der Christenheit, den Staat Israel anzuerkennen, ist ebenso unakzeptabel wie der Standpunkt dieses Rabbiners.

Aufgrund der Überzeugung der römisch-katholischen Kirche, sie selbst sei das wahre Israel, hat der Vatikan gegen Ende des Ersten Weltkrieges versucht, Palästina unter seine Kontrolle zu bringen. Der Versuch mißlang, und stattdessen erhielten die Briten das Mandat über Palästina. Aber infolge der eigenen Glaubensüberzeugung hat der Vatikan sich mehr als 40 Jahre lang geweigert, den Staat Israel anzuerkennen.

Seit kurzem hat der Vatikan angefangen, erste Schritte zu unternehmen, durch die diplomatische Beziehungen zu Israel möglich werden. Das geschieht nicht, weil der Vatikan jetzt Israel als solches anerkennt, sondern aus der Erkenntnis heraus, daß er die Hoffnung auf die Kontrolle über "Palästina" aufgeben muß. Es ist vielmehr der verzweifelte Versuch des Vatikans, an dem gegenwärtigen "Friedens"-Prozeß im Nahen Osten teilzuhaben und sich so im Rahmen dieses "Friedens"-Prozesses ein Mitspracherecht zu sichern, wenn "seine" Stadt Jerusalem auf die Tagesordnung der laufenden Verhandlungen kommt.

Als Prinz Andrew aus der englischen Königsfamilie im August 1986 Sarah Ferguson heiratete, wurde verlangt, daß während der Hochzeitszeremonie in der Westminster Abbey weder Israel, noch Jakob, Jerusalem oder Zion erwähnt werden durften. Königin Elisabeth ist sowohl das Haupt der anglikanischen Kirche von England als auch das des britischen Commonwealth. Nachdem das Königshaus diesen Präzedenzfall gesetzt hatte, verbannte kurze Zeit später auch die anglikanische Kirche in Neuseeland die Worte Israel, Jakob, Jerusalem und Zion aus den Gottesdienstordnungen und Gebetsbüchern. Es besteht kein Zweifel, daß die extrem pro-arabische, anti-israelische Haltung der neuseeländischen Regierung dazu beigetragen hat. Die Bibel erwähnt jedoch den Namen Israel 2.564 mal, Jakob 358 mal, Jerusalem 812 mal und Zion 160 mal, was eine Summe von 3.894 Vorkommen in der Bibel ergibt. Dies bedeutet, daß man einen großen Teil der Schrift beiseitezustellen hätte, um diesen lehrmäßig bedingten Irrtum zu unterstützen.

Die Lehre von der Gemeinde als dem "neuen Israel" stammt aus den ersten Jahrhunderten der Kirchengeschichte und trägt eine latente, aber gefährliche antisemitische Haltung in sich (auf dieses Thema wird in einem der folgenden Kapitel genauer eingegangen). Und nicht nur der traditionelle Teil der Kirche hält mit solch radikaler Überzeugung an der Theologie vom "neuen Israel" fest, sondern auch einige andere größere Denominationen und eine große Zahl der "unabhängigen" Freikirchen halten sich an diese Lehre. Sie wird vom Altar aus und durch verschiedene christliche Veröffentlichungen und Bibelausgaben, einschließlich einer bekannten Studienbibel, vermittelt.[1] Diese Bibelausgaben stützen diese Lehrauffassung durch den Wortlaut ihrer Kapitelüberschriften, und zwar hauptsächlich bei den sogenannten "großen" Propheten Jesaja und Jeremia. Betrachtet man zum Beispiel einmal jene Studienbibel, so lautet dort die Kapitelüberschrift zu Jesaja 41: "Gott spricht von seinen gnädigen Absichten für Seine Gemeinde." Dies bezieht sich auf folgende Bibelstelle: *"Du aber, Israel, mein Knecht, Jakob, den ich erwählt habe, du Sproß Abrahams, meines Geliebten..." (Jes 41,8)*. Für den Herausgeber dieser Studienbibel ist das natürliche Israel von Gott vollständig verworfen und durch das "neue Israel" - die Gemeinde - ersetzt worden, weshalb seitdem jede ermutigende Bibelstelle auf die Gemeinde bezogen wird, während jede Androhung von Unglück oder Zerstörung nicht länger auf Israel, sondern auf "die Juden" gedeutet wird. Die Überschrift des 50. Kapitels von Jesaja ist ein weiteres

Beispiel: "... die Preisgabe der Juden". Millionen von Lesern werden daher ständig durch die Theologie des neuen Israel manipuliert. Das geschieht zum Beispiel auch, wenn sie die Überschrift von Jesaja 59 lesen: "Die Sünden der Juden...". Und dann über dem nächsten Kapitel: "Die Herrlichkeit der Gemeinde...".

Natürlich gibt es Ausnahmen von nahezu jeder Regel, und viele Menschen in den unterschiedlichen Gemeinden und Kirchen erkennen diese "Theologie des neuen Israel" nicht an, aber sie sind nur einzelne Stimmen in einer großen Wüste.

Wir sehen im zwölften Kapitel des Markusevangeliums, daß Jesus die Ursache für die Irrlehre der Sadduzäer auf drei Dinge zurückführt:

a) Sie kennen die Bibel nicht.

b) Sie kennen die Macht Gottes nicht.

c) Sie lesen die Bibel nicht richtig.

Wie zur Zeit Jesu können wir auch heute die gleiche geistliche Situation ausmachen, die aus demselben Grund besteht:

a) Der durchschnittliche Christ steht heute der Bibel erschreckend unwissend gegenüber. So gut wie nie hat er die Bibel einmal ganz durchgelesen, und er zieht es vor, große Teile des Alten Testamentes beim Lesen auszulassen so wie alles andere, das ihn wenig interessiert. Er sieht offensichtlich nicht ein, daß es einfach unmöglich ist, das Neue Testament zu begreifen, ohne zunächst das Alte Testament verstanden zu haben, da das Neue Testament im Alten verborgen ist und das Alte Testament durch das Neue offenbart wird.

"... alle Schrift, von Gott eingegeben, ist nütze zur Lehre, zur Zurechtweisung, zur Besserung, zur Erziehung in der Gerechtigkeit" (2.Tim 3,16).

b) Unser kleines Bild von Gott dient nicht unbedingt dazu, seine Macht kennenzulernen. Der Durchschnittschrist (sei er nun katholisch, protestantisch, evangelikal oder charismatisch geprägt) besitzt mehr Glauben an seine eigenen Fähigkeiten, an seine Versicherungen oder an seinen Arzt als an Gott. Damit vergessen wir folgendes:

"... was die überragende Größe seiner Kraft an uns, den Glaubenden, ist, nach der Wirksamkeit der Macht seiner Stärke" (Eph 1,19; rev. Elberfelder).

c) Tatsächlich gibt es nur sehr wenige Menschen, die ihre Bibel mit offenem Herzen und Geist für das lebendige Wort des lebendigen Gottes lesen. Viele von uns haben ihre Frische verloren, weil unser Geist verschlossen ist. Wir lesen die Bibel nur noch, um unseren Glauben an bestimmte Lehren bestätigt zu sehen. Wir glauben nicht an das, was wir lesen, sondern wir lesen das, was wir schon vorher geglaubt haben. Die langen Abschnitte in unseren Bibeln, die wir noch nicht unterstrichen haben, sind diejenigen, an denen wir noch arbeiten müssen, damit

"... der Gott unseres Herrn Jesus Christus, der Vater der Herrlichkeit, euch gebe den Geist der Weisheit und der Offenbarung, ihn zu erkennen. Und er gebe euch erleuchtete Augen des Herzens, damit ihr erkennt ..." (Eph 1,17.18).

Die Grundlage der Theologie des neuen Israel ist die Annahme, daß Gott Israel wegen seiner Sünden und seiner Untreue verstoßen und es durch die Gemeinde, das "neue Israel", ersetzt hat. Daß Gott Israel aufgrund seiner Sünde und Treulosigkeit beiseitegestellt hat, ist wahr; dies geschah jedoch nur für eine bestimmte Zeit. Gott hat die Beziehung "aufgeschoben", aber nicht "aufgehoben", und er hat Israels Strafe sehr sorgfältig bemessen, damit weder sein Durchhaltevermögen überstiegen noch seine Existenz als Nation bedroht würde. Ich will dieses Thema an dieser Stelle nicht weiter ausführen, da wir uns später eingehender damit befassen werden. Ich möchte jetzt unsere Aufmerksamkeit auf die Bibelstellen lenken, die Gottes Herz für Israel offenbaren:

"So spricht der HERR, der die Sonne dem Tage zum Licht gibt und den Mond und die Sterne der Nacht zum Licht bestellt; der das Meer bewegt, daß seine Wellen brausen - HERR Zebaoth ist sein Name -: Wenn jemals diese Ordnungen vor mir ins Wanken kämen, spricht der HERR, so müßte auch das Geschlecht Israels aufhören, ein Volk zu sein vor mir ewiglich. So spricht der HERR: Wenn man den Himmel oben messen könnte und den Grund der Erde unten erforschen, dann würde ich auch verwerfen das ganze Geschlecht Israels für all das, was sie getan haben, spricht der HERR" (Jer 31,35 - 37).

Der HERR zeigt denen, die Augen haben zu sehen, ganz deutlich, daß nur, wenn Tag und Nacht vergehen, auch Israel als Nation vergehen wird. Aus natürlicher Sicht mag Israel vielleicht ein zerstreutes Volk sein, aber in den Augen Gottes ist es eine Nation, die lediglich darauf wartet, vereint zu werden.

Der HERR sagt, daß er das Geschlecht Israels nur dann, wenn der Himmel gemessen werden kann und die Geheimnisse der Erde ergründet worden sind, aufgrund all dessen, was es getan hat, verwerfen wird. Tag und Nacht wird es auch weiterhin geben. Und wie ist es mit dem Himmel? Er ist in seinen ganzen Ausmaßen so gewaltig, daß er dem Menschen mit all seinen Hilfsmitteln und seiner Technologie zu trotzen vermag. Der Himmel fordert dazu heraus, seinen Ursprung, seine Beschaffenheit und seine Ausmaße erfassen zu wollen. Der Mensch hat sich dieser Herausforderung gestellt, bleibt jedoch die Antwort schuldig. Israel bleibt vor Gott eine Nation; sein weiteres Bestehen als Gottes auserwähltes Volk ist so dauerhaft wie die Naturgesetze.

Der HERR ist sich der Antwort der Kirche in bezug auf Israel voll bewußt:

"Hast du nicht gemerkt, was diese Leute reden: 'Die beiden Geschlechter, die der Herr auserwählt hatte, hat er verworfen', und sie verachten mein Volk und lassen es nicht mehr ein Volk sein in ihren Augen. So spricht der HERR: Wenn ich jemals meinen Bund nicht hielte mit Tag und Nacht noch die Ordnungen des Himmels und der Erde, so wollte ich auch verwerfen das Geschlecht Jakobs (...). Denn ich will ihr Geschick wenden und mich über sie erbarmen" (Jer 33,24 - 26).

Die zwei Geschlechter, die der HERR hier aufzählt, sind das Nordreich Israel und das Südreich Juda. Einfach zu sagen, Gott hätte das natürliche Israel verworfen, bedeutet gleichzeitig, sein Volk zu verachten, was - wie wir im achten Kapitel erkennen werden - ein für uns selbst recht gefahrvoller Standpunkt sein kann. In der oben zitierten Bibelstelle macht der HERR wiederum auf die festgelegte Ordnung von Tag und Nacht aufmerksam und stellt die Verbindung zu der Verwerfung des jüdischen Volkes her.

Schon bevor der HERR die Israeliten in das Land Kanaan geführt hatte, wußte er, daß sie aufgrund ihrer Abtrünnigkeit einst als Gefangene in fremde Länder verschleppt werden würden. Dennoch hat er ihnen eine großartige Verheißung gemacht:

"Aber das Land wird von ihnen verlassen sein und seine Sabbate nachholen, solange es wüst liegt, und sie werden die Strafe für ihre Missetat abtragen, weil sie meine Rechte verachtet und an meinen Satzungen Ekel gehabt haben. Aber wenn sie auch in der Feinde Land sind, verwerfe ich sie dennoch nicht, und es ekelt mich nicht vor ihnen, so daß es mit ihnen aus sein sollte und mein Bund mit ihnen nicht mehr gelten sollte; denn ich bin der HERR, ihr Gott. Und ich will ihnen zugut an meinen Bund mit den Vorfahren gedenken, die ich aus Ägyptenland führte vor den Augen der Völker, auf daß ich ihr Gott wäre, ich, der HERR" (3. Mose 26,43 - 45).

Wir können erkennen, daß der HERR bestimmte Verheißungen an Israel über sein Schicksal gegeben hat trotz des Ärgernisses, das es für ihn so oft gewesen ist:

a) Nur wenn Tag und Nacht nicht mehr sind, wird auch Israel keine Nation mehr sein.
b) Nur wenn der Himmel gemessen werden kann, wird auch Israel wegen seiner Sünden von seinem Gott verstoßen werden.
c) Auch wenn Israel in Gefangenschaft lebt, wird er es weder verwerfen noch verabscheuen noch es vollständig vernichten oder seinen Bund mit ihm brechen.
d) Er wird das in der Verbannung lebende Volk wieder zurück in sein eigenes Land bringen.

Es wird oft eingewendet, daß der HERR seine Meinung über die Auserwählung Israels geändert hätte, da die Greuel, die es ihm gegenüber begangen hat, so schwerwiegend waren. Wollen wir dem HERRN allen Ernstes vorwerfen, wankelmütig zu sein? Lassen wir die Bibel selber die Antwort geben:

"Gott ist nicht ein Mensch, daß er lüge, noch ein Menschenkind, daß ihn etwas gereue. Sollte er etwas sagen und nicht tun? Sollte er etwas reden und nicht halten?" (4. Mose 23,19).

"... Gott, der nicht lügt" (Tit 1,2).

"... denn es ist unmöglich, daß Gott lügt" (Hebr 6,18).

"Es bleibe vielmehr so: Gott ist wahrhaftig und alle Menschen sind Lügner; wie geschrieben steht (Psalm 51, 6): 'Damit du recht behältst in deinen Worten und siegst, wenn man mit dir rechtet'" (Röm 3,4).

Es ist so einfach, Gott Vorwürfe zu machen und zu versuchen, seinen Namen zu beschmutzen, da er sich nicht selbst verteidigt. Die vier eben angeführten Bibelstellen hingegen verteidigen ihn. Es sollten alle, die ihn wahrhaftig lieben, mit dem Apostel Paulus übereinstimmen: *"Gott ist wahrhaftig und alle Menschen sind Lügner."* Es geht nicht nur einfach darum, daß der HERR nicht lügt; er kann einfach nicht lügen, weil es nicht seinem Wesen entspricht - sein Wesen ist Wahrheit.

Bezüglich der Gültigkeit des Wortes Gottes gibt es ein kleines Wortspiel, das der HERR mit dem Propheten Jeremia macht. Der HERR will die Aufmerksamkeit Jeremias haben und sie auf einen wichtigen Punkt richten:

"Und das Wort des HERRN geschah zu mir: Was siehst du, Jeremia? Und ich sagte: Ich sehe einen Mandelzweig. Und der HERR sprach zu mir: Du hast recht gesehen; denn ich werde über meinem Wort wachen, es auszuführen" (Jer 1,11.12; rev. Elberfelder).

Weil diese Bibelstelle nur Sinn macht, wenn man die hebräische Sprache versteht, werde ich diesen Bedeutungswechsel erklären. Die hebräische Schrift besteht ausschließlich aus Konsonanten; es gibt keine eigentlichen Vokale. Das hebräische Wort für "Mandel" hat nur drei Buchstaben - *Schin*, *Kof* und *Dalet* - und wird *schaked* ausgesprochen. Das hebräische Wort für "wachen" besitzt die gleichen drei Buchstaben *Schin*, *Kof* und *Dalet*, wird jedoch *schoked* ausgesprochen. Der HERR, der sein Anliegen Jeremia einprägen will, zeigt diesem zunächst einen Mandelzweig und führt ihn dann zu der auf der Hand liegenden Auflösung - daß er darüber wacht, daß sein Wort erfüllt wird.

Und so, wie der HERR Jeremia daran zu erinnern hatte, daß das von ihm gesprochene Wort in Erfüllung gehen wird und daß er darüber wacht, so würde er uns auch heute wieder darauf aufmerksam machen, daß er darüber wacht, daß jedes seiner Worte sich erfüllen wird:

"Denn ich bin der HERR. Was ich rede, das soll geschehen" (Hes 12,25).

Sagt man also, der HERR habe das jüdische Volk verworfen und die ihm gemachten Verheißungen seien nun auf die Gemeinde übergegangen, so ist dies nicht nur unbiblisch, sondern auch eine Gotteslästerung.

Lieber HERR!
Hilf mir, daß ich dein Wort in bezug auf dein Volk Israel richtig verstehe. Und laß mich erkennen, daß ich dich selbst bekämpfe, wenn ich mich gegen deine göttlichen Absichten stelle. Gib mir einen lernwilligen Geist und schenke mir die Gnade, meine Denkweise dort zu verändern, wo es nötig ist. Amen.

Teil II

VON VORZEITEN AN BESCHLOSSEN

"Ich bin Gott, und sonst keiner mehr, ein Gott, dem nichts gleicht. Ich habe von Anfang an verkündigt, was hernach kommen soll, und vorzeiten, was noch nicht geschehen ist. Ich sage: Was ich beschlossen habe, geschieht, und alles, was ich mir vorgenommen habe, das tue ich" (Jes 46, 9. 10).

5 VON ANFANG AN VERKÜNDIGT

Der HERR ist der alleinige Herrscher über Israel und über jede andere Schöpfung und jedes Leben. Und in der Tat sagt er über Israel:

"Siehe, wie der Ton in des Töpfers Hand, so seid auch ihr vom Hause Israel in meiner Hand" (Jer 18,6).

Die Wahrheit dieser Aussage sieht man bestätigt, wenn man sich mit Gottes heutigem Handeln an Israel befaßt. Trotz der vielen verschiedenen Katastrophen, die Israel wegen seines beständigen Götzendienstes und seines ungerechten Verhaltens getroffen haben, mußte es immer noch daran erinnert werden, wer die Zügel der Macht in der Hand hält. Und mit einer dieser Ermahnungen wollen wir nun unsere eingehende Betrachtung dieser Nation beginnen:

"Hört mir zu, ihr vom Hause Jakob, und alle, die ihr noch übrig seid vom Hause Israel (...): Ich bin Gott, und sonst keiner mehr, ein Gott, dem nichts gleicht. Ich habe von Anfang an verkündigt, was hernach kommen soll, und vorzeiten, was noch nicht geschehen ist. Ich sage: Was ich beschlossen habe, geschieht, und alles, was ich mir vorgenommen habe, das tue ich. Ich rufe einen Adler vom Osten her, aus fernem Lande den Mann, der meinen Ratschluß ausführe. Wie ich's gesagt habe, so lasse ich's kommen; was ich geplant habe, das tue ich auch" (Jes 46,3.9 - 11).

Der HERR verkündet hier seine Souveränität über Israel und ebenso über Mensch und Tier. Er verdeutlicht seine Autorität über alle Kreatur, indem er uns zeigt, daß er Mensch und Tier nach seinem Willen befehligen kann, um so seine Wünsche auszuführen oder sein Gericht zu senden. Und zur gleichen Zeit macht er uns darauf aufmerksam, wo wir seinen Ratschluß und seine Sicht über *das Haus Jakob und die Übriggebliebenen des Hauses Israel* finden können.

Gott sagt, daß er das Ende von Anfang an verkündet hat, und gibt uns absolute Gewißheit, daß das, was er gesprochen hat, geschehen wird.

Offensichtlich müssen wir nach den Worten suchen, die zu Beginn der Geschichte Israels vom HERRN gesprochen worden sind, wenn wir etwas über seine fernste Zukunft erfahren wollen. Aber wo nimmt die Nation Israel denn eigentlich ihren Anfang? Bei Abraham? Oder bei der Änderung von Jakobs Namen in Israel? Oder beginnt sie mit Josef in Ägypten, dem sich später Jakob und die gesamte Familie des Patriarchen anschlossen? Nein, die Nation Israel nimmt ihren Ursprung in Ägypten, als der HERR die als sein Volk anerkennt, die über Isaak aus den Lenden Abrahams stammen.

"Lange Zeit aber danach starb der König von Ägypten. Und die Israeliten seufzten über ihre Knechtschaft und schrien, und ihr Schreien über ihre Knechtschaft kam vor Gott. Und Gott erhörte ihr Wehklagen und gedachte seines Bundes mit Abraham, Isaak und Jakob. Und Gott sah auf die Israeliten und nahm sich ihrer an" (2. Mose 2,23 - 25).

Die **Nation** Israel wird also in Ägypten ins Dasein gerufen, und damit fängt folglich auch ihre Geschichte an. Nur weil die Bibel sagt, *"Gott (...) gedachte seines Bundes"*, heißt das noch lange nicht, daß das Erinnerungsvermögen des HERRN wie bei einem alten Menschen nachläßt. Es bedeutet, daß er seine Aufmerksamkeit nun diesem Bund zuwendet. Der HERR läßt die Kinder Israël erkennen, daß sie tatsächlich sein Volk sind, und er läßt einige Dinge geschehen, um sie aus Ägypten heraus in sein eigenes Land zu führen. (Wir werden auf das Land des HERRN später noch eingehen).

Der HERR fährt dann fort, die Aufmerksamkeit eines Mannes auf sich zu ziehen - nämlich die des Mose -, den er zum Pharao senden möchte und den er schon für diese Aufgabe vorbereitet hat, indem er ihn am ägyptischen Königshof erziehen ließ. Mose war gerade damit beschäftigt, in der Wüste die Schafe seines Schwiegervaters zu hüten, und in dieser Wüste setzt der HERR einen Busch in Flammen, ohne daß dieser von den Flammen verzehrt wird. Das erweckt Moses Neugier, und er nähert sich, um einen genaueren Blick auf diese Erscheinung zu werfen. Nachdem der HERR so seine Aufmerksamkeit gewonnen hat, spricht er zu ihm aus dem Busch:

"So geh nun hin, ich will dich zum Pharao senden, damit du mein Volk, die Israeliten, aus Ägypten führst" (2. Mose 3,10).

Dies ist das erste von vielen Malen, daß die Kinder Israel *"mein Volk"* genannt werden. Es folgt der Annahme der Nachkommen Abrahams, des Freundes Gottes, durch Gott auf dem Fuße.

Beinahe jeder kennt die Geschichte, wie Mose vor den Pharao tritt und die Freilassung der Kinder Israel fordert und wie der HERR, als der Pharao sich dem widersetzt, zehn Plagen über das Land und das Volk Ägyptens kommen läßt. Erst durch diese zehn Plagen wird der Pharao einsichtig. Er gibt die Kinder Israel frei und erlaubt ihnen, aus dem verwüsteten Land zu ziehen.

Nach dem Auszug aus Ägypten bahnt der HERR einen Weg durch das Rote Meer, indem er die Wasser zurückhält und so seinem Volk ermöglicht, auf trockenem Boden in die *Wüste Schur* (siehe 2. Mose 15,22) zu ziehen. Von da wanderten sie in die *Wüste Sin* (siehe 2. Mose 16,1). Danach heißt es:

"Am ersten Tag des dritten Monats nach dem Auszug der Israeliten aus Ägyptenland, genau auf den Tag, kamen sie in die Wüste Sinai" (2. Mose 19,1).

Fast drei Monate hatten die Kinder Israel dazu gebraucht, um unter großen Strapazen die Wüste Sinai zu erreichen. Und kurz nachdem sie dort angelangt waren, fing der HERR an, der neugeborenen Nation Israel seine Gebote, Rechte und Satzungen zu geben. Sie erhielten die Zehn Gebote, die *Torah* (das Gesetz), und wurden darüber unterrichtet, was ihnen in Zukunft widerfahren würde.

Das fünfte Buch Mose enthält die zweite Lesung jener Gesetze und Ordnungen für die Kinder Israel und noch einige zusätzliche Details, die man auch nicht im zweiten, dritten und vierten Buch Mose finden kann. In diesem fünften Buch Mose, *von vorzeiten an* geschrieben, finden wir etwas über die Zukunft Israels, Dinge, die bis jetzt noch nicht geschehen sind. In diesen alten Berichten, die 40 Jahre nach dem Auszug aus Ägypten, am Ende der Wüstenwanderung des Volkes Israel, niedergeschrieben wurden, sind die grundlegenden Dinge enthalten, die in den darauffolgenden Jahrtausenden stattfinden sollten:

"Wenn nun dies alles über dich kommt, es sei der Segen oder der Fluch, die ich dir vorgelegt habe, und du es zu Herzen nimmst, wenn du unter den Heiden bist, unter die dich der HERR, dein Gott, verstoßen hat, und du dich bekehrst zu dem HERRN, deinem Gott, daß du seiner Stimme gehorchst, du und deine Kinder, von ganzem Herzen und von ganzer Seele in allem, was ich dir heute gebiete, so wird der HERR, dein Gott, deine Gefangenschaft wenden und sich deiner erbarmen und wird dich wieder sammeln aus allen Völkern, unter die dich der HERR, dein Gott, verstreut hat. Wenn du bis ans Ende des Himmels verstoßen wärst, so wird dich doch der HERR, dein Gott, von dort sammeln und dich von dort holen und wird dich in das Land bringen, das deine Väter besessen haben, und du wirst es einnehmen, und er wird dir Gutes tun und dich zahlreicher machen, als deine Väter waren. Und der HERR, dein Gott, wird dein Herz beschneiden und das Herz deiner Nachkommen, damit du den HERRN, deinen Gott, liebst von ganzem Herzen und von ganzer Seele, auf daß du am Leben bleibst. Aber alle diese Flüche wird der HERR, dein Gott, auf deine Feinde legen und auf die, die dich hassen und verfolgen. Du aber wirst umkehren und der Stimme des HERRN gehorchen, daß du tust alle seine Gebote, die ich dir heute gebiete" (5. Mose 30,1 - 8).

In diesem Abschnitt ist von einigen wichtigen Ereignissen die Rede, die an dem für sie bestimmten Zeitpunkt stattfinden werden. Die meisten von ihnen sind solche, die Israel direkt betreffen; aber eines davon bezieht sich auf heidnische Nationen. Diese Ereignisse lassen sich so zusammenfassen:

a) der Segen
b) der Fluch

c) die Verbannung
d) die Rückkehr
e) das Land
f) die Erweckung und
g) der wirtschaftliche und nationale Zusammenbruch heidnischer Nationen.

Dies ist die für Israel vorhergesagte Geschichte von Anfang bis zum Ende in komprimierter Form. Außerdem können wir heute den wirtschaftlichen Kollaps vieler Nationen, gekoppelt mit Kriegen, Hungersnöten und Krankheiten, bestätigen. Wir sollten uns mit jedem dieser Ereignisse gesondert beschäftigen, aber für unsere Absicht an dieser Stelle müssen wir nur die aufgelisteten Ereignisse klar herausstellen.

DER SEGEN:

Der Segen für das jüdische Volk ist im 28. Kapitel des fünften Buches Mose beschrieben. Von den ersten 13 Versen dieses Kapitels sind zwölf Verse des Segens. Zum besseren Verständnis möchte ich Sie bitten, diese Verse in der eigenen Bibel nachzulesen. Jeder Leser, der etwas von dem bemerkenswerten Talent, der hohen Intelligenz und dem Wohlstand des jüdischen Volkes gehört hat, kann darin den ihm verheißenen Segen erkennen.

DER FLUCH:

Der Fluch, der auf das jüdische Volk kommen wird, wenn es unabsichtlich oder vorsätzlich seine geistlichen Pflichten vernachlässigt, wird im selben Kapitel in weiteren 54 Versen erwähnt. Bitte lesen Sie auch dies in Ihrer eigenen Bibel nach; erst dann können wir eine Ahnung von den Qualen bekommen, denen das jüdische Volk durch die Jahrtausende ausgesetzt war.

Betrachten wir einmal die Geschichte der Juden, so können wir die Wahrheit der vorhergesagten Schrecken klar erkennen. Sie waren verflucht in der Stadt und auf dem Land und in fast jede Nation, wenn nicht in alle Länder der Welt zerstreut worden und mußten als Sündenböcke für jedes Unglück herhalten, das jene Nationen traf. Die Juden sind fortwährend unterdrückt, ausgeraubt und von einem Land ins andere gejagt worden; ihre Kinder sind ihren Armen entrissen und getötet oder später in der Zeit der Kirche zu Tausenden zwangsgetauft und in den Häusern von Heiden großgezogen worden.

Die Juden sind durch das, was sie mitansehen und erdulden mußten, tatsächlich beinahe um den Verstand gebracht worden. 50 Jahre sind nun seit dem Holocaust vergangen, und doch kann die Tante meiner Frau immer noch nicht ruhig schlafen, weil sie seit jenen furchtbaren Jahren, die sie in deutschen Vernichtungslagern zugebracht hat, immer wieder von Alpträumen heimgesucht wird. Am Tage wird sie durch eine Nummer auf ihrem Unterarm, die ihr die Nazis eintätowiert haben, ständig an die Schrecken, die sie erlebt hat, erinnert. Ihre eigene engere Familie und die entfernten Verwandten ihres Mannes (sieben Brüder mit ihren Frauen und Kindern) leiden nicht an solch schrecklichen

Träumen: Sie alle sind mit Giftgas umgebracht und in den großen gasgefeuerten Öfen in jenen deutschen Lagern verbrannt worden. Dort gab es keine Ruhe für ihre Seelen und auch keine Sicherheit für ihr Leben. Sie sehnten sich nach der Nacht, und wenn sie kam, sehnten sie sich nach dem Tag. Sie boten sich selbst als Sklaven an, aber niemand wollte sie haben. Die Bibel beschreibt das Leiden des jüdischen Volkes mit herzzerreißenden Worten:

"Du speisest sie mit Tränenbrot und tränkest sie mit einem großen Krug voll Tränen" (Ps 80,6).

Ihr Essen und Trinken, das sie einst in Hülle und Fülle hatten, bestand nun aus ihren eigenen salzigen Tränen der Verzweiflung. Und nach dem Tod von Millionen von Juden, die vor dem Zweiten Weltkrieg umgekommen waren, und den sechs Millionen, die während dieses Krieges durch das Naziregime vernichtet wurden, sind, so wie der HERR es vorhergesagt hatte, nur noch wenige übriggeblieben.

Sowohl Segen als auch Fluch ist Teil der Israel vorhergesagten Zukunft. Wenn die Bibel sagt, *"wenn nun dies alles über dich kommt"*, macht sie deutlich, daß damit ein langer Zeitabschnitt gemeint ist. Es war nicht etwas, das im Laufe einer oder zweier Generationen geschehen würde. Der Segen ruhte auf Israel, als es auf den Wegen seines Gottes wandelte, und der Fluch kam, nachdem es ihn verworfen hatte. Liest man in der Bibel die Geschichte Israels, so kann man erkennen, daß es durch die Jahrtausende hindurch immer hin- und herschwankte zwischen dem Segen, der auf Buße folgte, und dem Fluch als Folge seines Ungehorsams. Dieses Auf und Ab begann wenige Jahre nach dem Tode Josuas, der die Kinder Israel in das verheißene Land geführt hatte, und hält bis zum heutigen Tage an.

DIE VERBANNUNG:

Der Abschnitt im fünften Buch Mose, der die Zukunft Israels anspricht, wurde den Kindern Israel fast 40 Jahre nach dem Auszug aus Ägypten mitgeteilt. Dies geschah nur wenige Wochen vor der Überquerung des Jordans auf dem Weg in das verheißene Land. So wurde den Kindern Israel, noch bevor sie in jenem Land Fuß fassen oder auch nur ihre Augen darauf richten konnten, gesagt, daß sie es wieder verlassen würden. Weiterhin bekamen sie zu hören, daß sie in viele Länder in die Gefangenschaft gehen müßten, einige von ihnen sogar *in die entferntesten Erdteile unter dem Himmel.* Daraus können wir ersehen, daß die Geschichte Israels auch die Verbannung aus dem Land sowie die Zerstreuung des jüdischen Volkes in viele Nationen und sogar in die entferntesten Länder der Erde mit einschließt.

DIE RÜCKKEHR:

Aber wie auf die Zerstreuung der Kinder Israel aus ihrem Land hingewiesen wird, so auch auf die erneute Sammlung aus allen Nationen und ihre Rückkehr in das verheißene Land. Die Formulierung *"und wird dich **wieder** sammeln* *aus allen Völkern"* gibt uns Grund zu der Annahme, daß es hier um zwei verschiedene, nicht nur um eine Verbannung geht. Und dies bedeutet auch, daß es zwei Rückführungen gibt, denn zur Zeit des fünften Buches Mose hatte der HERR die Kinder Israel noch nicht aus den Nationen gesammelt, sondern einfach *"Israel aus Ägypten geführt"*.

DAS LAND:
Es wird im ersten, zweiten, dritten und fünften Buch Mose fortwährend auf das Land hingewiesen, das den Kindern Israel als Erbe gegeben werden würde. In dem obigen Textabschnitt über die künftige Geschichte Israels sagt der HERR, er werde Israel *"in das Land bringen, das deine Väter besessen haben, und du wirst es einnehmen"*. Dies deutet darauf hin, daß es zu Israels Geschichte gehört, daß Israel im Besitz eines bestimmten Landes ist, und zwar eines Landes, das zuvor schon frühere Generationen der Kinder Israel besessen hatten.

DIE ERWECKUNG:
Im sechsten Vers des Abschnitts aus dem fünften Buch Mose wird von einem weiteren interessanten Ereignis berichtet, das ebenfalls im Laufe der Geschichte Israels stattfinden wird: von der vollständigen Umkehr Israels zu Gott.

Der HERR sprach zu den Kindern Israel: *"... der HERR, dein Gott, wird dein Herz beschneiden und das Herz deiner Nachkommen"*. Er spricht sie wie einen Menschen, ein Wesen an. Diese Verheißung gilt jedem einzelnen aus der Gemeinde Israels und all ihren Nachkommen.

Die Beschneidung des Herzens bedeutet, daß alles wild gewachsene und verhärtete Fleisch weggeschnitten wird, um Gott den zarten, weichen Teil darzubieten. Ein Beispiel dafür finden wir in den Worten des HERRN an Josia, den König von Israel:

"... weil dein Herz weich geworden ist und du dich vor Gott gedemütigt hast" (2. Chr 34,27; rev. Elberfelder).

Wer mit der hebräischen Ausdrucksweise vertraut ist, weiß, daß Beschneidung des Herzens die Umkehr zu Gott bedeutet. Wenn ein Mensch zu Gott umkehrt, so wird dieser Schritt von einer freiwilligen Demütigung begleitet. Wir werden darauf später noch tiefer eingehen, um deutlich zu machen, daß die Beschneidung, von der hier die Rede ist, eindeutig die Annahme Jesu als Messias und Herr bedeutet.

DER ZUSAMMENBRUCH HEIDNISCHER NATIONEN:
Im siebten Vers unseres Bibelabschnitts sehen wir, daß der HERR alle Flüche auf die *Feinde* Israels kommen lassen wird *"und auf die, die dich hassen und verfolgen"*. Diese Flüche müssen nicht notwendigerweise als Höhepunkt der Ereignisse am Ende von Israels langer Wanderung kommen. Werfen wir einmal einen Blick zurück in die Vergangenheit, so erkennen wir,

daß das Gegenteil der Fall war. Mehrere Nationen und Weltreiche haben die Kinder Israel niedergemetzelt, sie unterdrückt oder verfolgt. Einige dieser Nationen, wie Edom zum Beispiel, sind nicht nur gestürzt, sondern es ist nicht einmal die geringste Spur von ihnen geblieben; nicht einmal genug für einen Grabstein, um spätere Generationen daran erinnern zu können, daß dort eine tote Zivilisation begraben liegt.

Der größte Teil der Feinde Israels, die es in den vergangenen 1.900 Jahren haßten und verfolgten, waren "christliche" Nationen. Wir werden den Antisemitismus in einem besonderen Kapitel behandeln. Die meisten Leser werden entsetzt sein über die wirkliche Geschichte der christlichen Kirche. Während wir zwar in die Vergangenheit zurückblicken und die Erfüllung des Wortes des HERRN in bezug auf den Fluch über die Feinde Israels erkennen können, können wir andererseits natürlich noch nicht über das berichten, was noch nicht geschehen ist. Dennoch müssen wir mit einem ernsten wirtschaftlichen und allgemeinen Zusammenbruch rechnen, der in naher Zukunft Teile der etablierten christlichen Kirchen treffen wird, ebenso wie auch andere Kulturen und Religionen, die Israel mit Verachtung behandeln. Wir können uns darauf gefaßt machen, denn es ist einfach unmöglich, daß diese letzte Voraussage unerfüllt bleiben könnte, nachdem wir das Eintreffen aller anderen Verheißungen bereits gesehen haben.

Wir haben nun einen sehr kurzen Blick auf die Geschichte Israels geworfen, die von den Propheten angekündigt wurde, bevor sie real geschehen ist. Wir sollten uns nach Möglichkeit mit jedem einzelnen dieser Ereignisse beschäftigen. Das bisher Gesagte reicht jedoch zunächst aus, um festhalten zu können, daß dieser historische Überblick, der vor ungefähr 3.500 Jahren entstand, eine in allen Details zutreffende Vorausschau ist. Er ist in der Tat die Verkündigung des Endes von Anfang an.

Lieber HERR!
Schreckliche Flüche kamen über die Juden, weil sie es abgelehnt haben, auf deinen Wegen zu wandeln. Und du hast auch die Absicht, diese Flüche über andere Nationen kommen zu lassen. Ich bitte dich in Demut, daß mein Land Buße tut. So wie Ninive einst in Sack und Asche Buße vor dir getan hat, bitte ich dich, auch das Herz meines Volkes zur Umkehr zu bringen, damit es ebenfalls vor dem furchtbaren Gericht, das über es beschlossen ist, bewahrt bleibe. Amen.

6 ZEIT UND STUNDE

Ich möchte zu Beginn dieses Kapitels noch einmal die Erhabenheit Gottes hervorheben. Wenn wir diese absolute Souveränität des HERRN über alle Angelegenheiten der Menschen und die Ereignisse der Welt nicht erfassen können oder verleugnen, so befinden wir uns inmitten einer großen Menge ziemlich unlogisch denkender Personen mit weit voneinander abweichenden Meinungen und unter Persönlichkeiten, die ihr eigenes Schicksal und das der Welt, in der sie leben, selbst in die Hand genommen haben. Aber dieses Verhalten wird unweigerlich das schallende Gelächter dessen hervorrufen, der inmitten der himmlischen Heerscharen thront:

"Aber der im Himmel wohnt, lachet ihrer, und der Herr spottet ihrer" (Ps 2,4).

Wir Menschen sind sehr unbeständig und fangen schnell an, mit unseren Lebensumständen unzufrieden zu werden. Es dauert nicht lange, bis Dinge beginnen, uns zu langweilen. Wären wir uns vollständig selbst überlassen, würden wir uns über kurz oder lang selbst zerstören, da unsere Stimmungen sich ständig verändern. Was uns gestern noch gefallen hat, genügt uns morgen schon nicht mehr, weil wir schon nach nur kurzer Zeit damit unzufrieden sind. Zum Beispiel wünschen wir uns bei heißem Wetter, daß es kälter wäre. Wenn es sich dann abkühlt, hätten wir es gern wieder wärmer. Wenn Trockenheit herrscht, wollen wir, daß es regnet; und wenn es dann regnet, haben wir die grauen Wolken schnell satt. Stellen Sie sich nur einmal das Chaos vor, das Menschen anrichten würden, wenn sie das Wetter bestimmen könnten. Eine einzige, ganz normale Familie würde das Wetter eines beliebigen Tages wie die Lightshow in einer Disco aussehen lassen! Wir können uns also glücklich schätzen, daß der HERR der absolute Herrscher über die Elemente ist:

"Denn er läßt seine Sonne aufgehen über Böse und Gute und läßt regnen über Gerechte und Ungerechte" (Mt 5,45).

"Bist du gewesen, wo der Schnee herkommt, oder hast du gesehen, wo der Hagel herkommt, die ich verwahrt habe für die Zeit der Trübsal und für den Tag des Streites und Krieges?" (Hiob 38,22.23).

"... der die Blitze samt dem Regen macht, der den Wind herausführt aus seinen Kammern ..." (Ps 135,7).

Wenn der Mensch anfängt zu glauben, er könnte das Wetter kontrollieren, indem er zum Beispiel die Wolkenbildung beeinflußt, so läßt der HERR einfach ein Loch in der Ozonschicht entstehen, das eine weltweite Klimaerwärmung hervorruft, die in einigen Teilen der Welt große Probleme verursacht. Auch wenn er noch keine besonderen Fortschritte in der Beeinflussung der

Naturgesetze erzielt hat, macht der Mensch dennoch stolz und trotzig weiter in dem Glauben, daß er als der Meister dieses Planeten sein eigenes Schicksal bestimmen und den Weg und die Ideologien der Nationen steuern könne. Aber die Tatsache, daß er sich selbst die Macht dafür zugeschrieben hat, befähigt ihn noch keineswegs dazu, sie auch zu ergreifen oder sich ihr zumindest zu nähern. Die Wahrheit ist, daß er den Weg der Nationen genauso wenig wie das Wetter beeinflussen kann. Die ständigen politischen oder militärischen Schläge der letzten Zeit sowie die überraschenden Ausgänge vieler Wahlen machen dies deutlich. Ebenso wie es feststeht, daß der HERR über das Wetter herrscht, regiert er auch über Nationen und Königreiche:

"HERR, du Gott unserer Väter, bist du nicht Gott im Himmel und Herrscher über alle Königreiche der Heiden?" (2 Chr 20,6).

"Er macht Völker groß und bringt sie wieder um; er breitet ein Volk aus und treibt's wieder weg" (Hiob 12,23).

"Gott ist König über die Völker, Gott sitzt auf seinem heiligen Thron" (Ps 47,9).

"Er ändert Zeit und Stunde; er setzt Könige ab und setzt Könige ein" (Dan 2,21).

Viele Leute fragen sich, warum sogar die intelligentesten Männer, die in Regierungsämter gewählt wurden, häufig so viele eindeutig falsche Entscheidungen treffen. In vielen Fällen hätten sogar Kinder bessere Entscheidungen als diese reifen Staatsmänner treffen können. Es ist entscheidend, daß wir die Hand des HERRN in den menschlichen Angelegenheiten sehen und folgendes erkennen können:

"Er nimmt den Häuptern des Volks im Lande den Mut und führt sie irre, wo kein Weg ist" (Hiob 12,24).

"Der HERR macht zunichte der Heiden Rat und wehrt den Gedanken der Völker" (Ps 33,10).

"... er gibt die Fürsten preis, daß sie nichts sind, und die Richter auf Erden macht er zunichte" (Jes 40,23).

"... 'Ich will zunichte machen die Weisheit der Weisen, und den Verstand der Verständigen will ich verwerfen' " (1. Kor 1,19).

Kann man daraus nun folgern, daß Gott zwar die Naturgesetze und das Schicksal von Nationen in seiner Hand hält, nicht jedoch das von jedem einzelnen Menschen? Das Argument, daß wir ja einen freien Willen haben und daher auch unser persönliches Geschick bestimmen könnten, kann aus biblischer Sicht nicht belegt werden:

"Des Menschen Herz erdenkt sich seinen Weg; aber der HERR allein lenkt seinen Schritt" (Spr 16,9).

"Der Mensch wirft das Los; aber es fällt, wie der HERR will" (Spr 16,33).

"... alle Tage waren in dein Buch geschrieben, die noch werden sollten und von denen keiner da war" (Ps 139,16).

Einige Menschen mögen sich gegen den Gedanken auflehnen, daß Gott über sie herrscht:

"Ja, lieber Mensch, wer bist du denn, daß du mit Gott rechten willst? Spricht auch ein Werk zu seinem Meister: Warum machst du mich so? Hat nicht ein Töpfer Macht über den Ton, aus demselben Klumpen ein Gefäß zu ehrenvollem und ein anderes zu nicht ehrenvollem Gebrauch zu machen?" (Röm 9,20.21).

Ganz offensichtlich haben wir kaum Macht über irgendetwas. Sogar unsere angeblich freien Entscheidungen stellen sich als Teil von Gottes vorherbestimmtem Ratschluß heraus. Das mag für einen logisch denkenden Menschen reichlich absurd klingen; dennoch ist es wahr. Wir sprechen jetzt nicht von Schicksal oder "Kismet", sondern von der unvorstellbaren Macht und Weisheit unseres Gottes. Er hat den Himmel durch das Wort seines Mundes geschaffen; aber wir bräuchten Billionen von Leben, um diesen Himmel, den er mit seiner Gegenwart erfüllt, auch nur zu erforschen. Er hat von alters her beschlossen, was in der Ewigkeit geschehen wird, da er die Gedanken und Regungen in den Herzen der Menschen kennt. Und aufgrund dieser genauen Vorkenntnis kann er Hunderte, Tausende und Millionen von Jahren vorausplanen und entsprechend handeln, um so seinen göttlichen Ratschluß nach seinem Willen durchzuführen. Und der HERR ist nicht irgendein unbedeutender Gott, der sich mit anderen kleinen Göttern messen muß: Der HERR, unser Gott, ist der Schöpfer, Besitzer und absolute Herrscher von allem, was ist, und er hat die uneingeschränkte Macht über alle seine Werke:

"Doch er ist der eine - wer will ihm wehren? Und er macht's, wie er will" (Hiob 23,13).

Der HERR ist der Eine (hebräisch: *echad*), die absolute Nummer Eins. Es bedeutet, daß keiner ihm gleich oder ebenbürtig ist. Er ist einzigartig, unübertroffen und unvergleichlich - der Einzige seiner Art. Und genau das besagt das großartige *Sch'ma* der Juden:

"Höre, Israel, der HERR ist unser Gott, der HERR allein" (5. Mose 6,4).

Hier wird dasselbe hebräische Wort verwendet. Dieser Bibelvers besagt jedoch nicht nur, daß es nur einen Gott in Israel gibt. Das ist zwar absolut richtig; die eigentliche Aussage ist jedoch: *Höre, Israel, der HERR, unser Gott, der HERR ist* ***einzigartig!***

Alles das, womit wir uns bis jetzt beschäftigt haben, dient ausschließlich dazu, um uns die Souveränität und zentrale Stellung des HERRN über das, was wir Natur, Welt und Mensch nennen, deutlich zu machen. Denn jetzt können wir das, was Er mit Israel tut, weitaus klarer erkennen.

ALLES HAT SEINE STUNDE

Wie wir im letzten Kapitel schon kurz gesehen haben, gibt es bestimmte Ereignisse, die in der Geschichte Israels geschehen müssen. Das, was wir betrachtet haben, war sozusagen das Rückgrat der Geschichte. Dieses Skelett wird, je weiter wir mit unseren Betrachtungen über diese Nation voranschreiten, bald noch "Fleisch und Blut" bekommen.

Wir haben außerdem festgestellt, daß es auch einen Anfang geben mußte, einen Zeitpunkt, wo das jüdische Volk tatsächlich begann, eine Nation zu sein. Dies geschah in Ägypten, dort, wo die Kinder Israels als Sklaven unterdrückt wurden. Der HERR hatte zu Abram geredet, der später den Namen Abraham erhielt und der Vater Isaaks wurde. Dieser zeugte dann Jakob, der später Israel hieß. Der HERR hatte zu Abram gesprochen, kurz nachdem dieser aus Haran gekommen war, und einen Bund mit ihm geschlossen, der besagte, daß er das Land Kanaan besitzen würde. Bald nach diesem Bundesschluß fiel Abram in einen tiefen und schreckerfüllten Schlaf, in dem der HERR zu ihm sprach:

"Das sollst du wissen, daß deine Nachkommen werden Fremdlinge sein in einem Lande, das nicht das ihre ist; und da wird man sie zu dienen zwingen und plagen vierhundert Jahre" (1. Mose 15,13).

Warum mußten die Nachkommen Abrams 400 Jahre lang in einem fremden Land als Fremdlinge leben? Nun, dafür gibt es mehrere Gründe, von denen einer war, daß der HERR auf diese Weise seine Allmacht in Ägypten beweisen konnte. Zum Pharao, dem König von Ägypten, sagte der HERR:

"... dazu habe ich dich erhalten, daß meine Kraft an dir erscheine und mein Name verkündigt werde in allen Landen" (2. Mose 9,16).

Und es gibt noch einen weiteren Grund, warum das Volk Israel 400 Jahre lang in der Fremde leben mußte:

"Sie aber sollen erst nach vier Menschenaltern wieder hierherkommen; denn die Missetat der Amoriter ist noch nicht voll" (1. Mose 15,16).

Die Zeit in Ägypten war eine Zwischenlösung, die der HERR zu seinem Vorteil nutzte. Zu dem Zeitpunkt, als der Bund geschlossen wurde, hielt der HERR die Verdrängung der Amoriter durch Abram und seine Nachkommen noch nicht für gerechtfertigt. Die Amoriter waren zwar ein sündhaftes Volk, aber ihre Sünden hatten noch nicht das Maß erreicht, das Gott veranlassen würde, eine ganze Nation zu vernichten. Dazu waren weitere 400 Jahre nötig. Die Unterdrückung der Israeliten während ihres Aufenthalts in Ägypten war auch deshalb notwendig, damit sie sich dort nicht so heimisch fühlen konnten, daß sie schließlich nicht mehr fortziehen wollten.

Diese Abschnitte aus dem ersten Buch Mose machen uns klar, daß der HERR alles, was in den kommenden Jahrhunderten noch geschehen wird, bis ins Detail genau kennt und daß es genau festgelegte Zeiten für genau festgelegte Ereignisse gibt. Das wird auch von König Salomo betont, der, abgesehen von Jesus Christus, der weiseste Mann war, der jemals gelebt hat:

"Ein jegliches hat seine Zeit, und alles Vorhaben unter dem Himmel hat seine Stunde" (Pred 3,1).

Fügen wir den Worten dieses weisen Mannes jene von Jesus selbst hinzu, in welchem die Fülle des Vaters wohnt:

"Es gebührt euch nicht, Zeit oder Stunde zu wissen, die der Vater in seiner Macht bestimmt hat" (Apg 1,7).

Hier können wir erkennen, daß der weise König und der Sohn Gottes die gleiche Aussage gemacht haben. Jesus fügt hinzu, daß Gott auch Herr über Zeit und Stunde ist.

Aus irgendeinem unverständlichen Grund denkt ein Großteil der Christenheit, daß die Pläne des HERRN durch den Fall des Menschen im Garten Eden völlig durcheinander geraten wären. Demnach hätte Gott daraufhin eine Ersatzlösung finden müssen, was ihn dann, nach gründlicher Überlegung, dazu bewogen hätte, seinen Sohn in Gestalt des sündigen Fleisches auf die Erde zu senden, um so den Menschen wieder mit sich zu vereinen. Aber auch dies kann nicht mit der Bibel in Einklang gebracht werden. Dort sehen wir Jesus in der Gestalt

"... des geschlachteten Lammes von Grundlegung der Welt an" (Offb 13,8; rev. Elberfelder).

Es wird hier schlicht und einfach gesagt, daß Jesus, das Lamm Gottes, von Grundlegung der Welt an geopfert war, also bereits lange, bevor es Adam und Eva überhaupt gegeben hat.

Weiter heißt es:

"Er ist zwar zuvor ausersehen, ehe der Welt Grund gelegt wurde, aber offenbart am Ende der Zeiten um euretwillen" (1. Petr 1,20).

Hier nun wird deutlich, daß Jesus vorherbestimmt worden ist, ehe der Welt Grund gelegt war. Und wir können auch erkennen, daß der Aspekt der "Zeit und Stunde" immer mehr in den Vordergrund tritt, was im folgenden Vers stärker als in jedem anderen hervorgehoben wird:

"Als aber die Zeit erfüllt war, sandte Gott seinen Sohn" (Gal 4,4).

Daß unser Herr Jesus sein Blut für das Leben der Welt gibt, war bereits Bestandteil des Planes Gottes bei der Erschaffung von Himmel und Erde. Um einen gängigen Ausdruck zu gebrauchen: Jesus war schon so gut wie tot in den Augen des Vaters, als er den Grund der Welt legte. Es mußte jedoch noch eine lange Zeit vergehen, bis die Zeit erfüllt war und die von ihm bestimmte Stunde herbeikam. Aus jener Zeit haben wir die Worte Jesu, die er uns ungefähr 1.000 Jahre, bevor er auf diese Erde kam, um den Willen des Vaters auszuführen, gegeben hat:

"... 'Siehe, ich komme - im Buch steht von mir geschrieben -, daß ich tue, Gott, deinen Willen' " (Hebr 10,7; siehe Ps 40,8).

Und ebenso war das ewige Leben ein Teil des großartigen Planes Gottes:

"... in der Hoffnung auf das ewige Leben, das Gott, der nicht lügt, verheißen hat vor den Zeiten der Welt" (Tit 1,2).

Es wurde vor den Zeiten der Welt all denen verheißen, die Jesus in augenscheinlich freier Entscheidung als Herrn annehmen würden:

"Denn in ihm hat er uns erwählt, ehe der Welt Grund gelegt war" (Eph 1,4).

Freier Wille? Ganz eindeutig! Herrschaft Gottes? Absolut! Widerspruch? Auf keinen Fall! Erkennen wir jetzt, daß die Intelligenz des HERRN unserer eigenen derartig überlegen ist, daß wir die seinige noch nicht einmal erfassen können? Noch bevor die Erde geformt und Sonne, Mond und Sterne geschaffen waren, war Jesus, der geliebte Sohn des Vaters, bereit, für unsere Sünden geopfert zu werden. Jesus war und ist *"Gottes Lamm, das der Welt Sünde trägt" (Joh 1,29)*. Die Sünde der Welt muß auch jetzt noch gesühnt werden. Zur Zeit ist der größte Teil der Weltbevölkerung noch nicht erlöst und befindet sich noch in seinen Sünden. Das wird jedoch nicht in Ewigkeit so sein, denn in der Bibel steht, daß der HERR einen Plan zur Errettung der Welt hat. Im Zentrum dieses Planes steht vor allem Jesus. Und wie wir später sehen werden, wird er der Welt offenbar gemacht werden durch Israel in Verbindung mit der gereinigten und heiligen Gemeinde, die seinen Leib verkörpert.

DAS HEUTIGE ISRAEL

Wir dürfen das heutige Israel niemals von dem biblischen trennen, denn das Israel der Gegenwart ist die Erfüllung der Prophetien über das Israel der Bibel. Können wir diese Sicht nicht teilen, so ist unsere Sichtweise nicht geistlich.

Vom natürlichen Standpunkt aus müßte man das heutige Israel als chaotisch bezeichnen. Chaos läßt sich als Zustand der Abwesenheit Gottes beschreiben. Am Anfang der Schöpfung können wir eine interessante Feststellung machen:

"Am Anfang schuf Gott Himmel und Erde. Und die Erde war wüst und leer, und es war finster auf der Tiefe; und der Geist Gottes schwebte auf dem Wasser. Und Gott sprach: Es werde Licht! Und es ward Licht" (1. Mose 1,1 - 3).

Die meisten englischen Bibelübersetzungen lauten an dieser Stelle: *"ohne Form und nutzlos"*. Dies ist jedoch nicht die sinnvollste Übersetzung des Hebräischen *tohu wa wohu*, das eigentlich "chaotisch und leer" bedeutet. Natürlich besaß die Erde eine Form. Die Hügel, Berge und Täler waren geformt und an ihrem Platz, aber es gab kein Leben, und es herrschte keine Ordnung. Doch dann beginnt der HERR in das Chaos hineinzusprechen: *"Es werde ..."*, und Ordnung beginnt zu entstehen. Könnten wir Gott in das heutige Israel hineinversetzen, so würde Ordnung in die aus menschlicher Sicht chaotischen Zustände kommen. Israels Existenz ergibt überhaupt keinen Sinn, solange wir es nur mit den natürlichen Augen betrachten. Denken Sie einmal an die Worte, die Jesus zu der Samariterin am Brunnen gesprochen hat:

"Ihr wißt nicht, was ihr anbetet; wir wissen aber, was wir anbeten; denn das Heil kommt von den Juden" (Joh 4,22).

Dies ist eine erstaunliche Aussage: *"Das Heil kommt von den Juden."* Das griechische Wort *ek*, das hier mit "von" übersetzt ist, hat die Bedeutung "Ausgangspunkt, von dem die Handlung ausgeht" und wird auch oft in Verbindung mit dem Begriff "Vollendung" gebraucht. Umschreiben wir also das, was Jesus gesagt hat, so würde es wie folgt heißen: "Das Heil geht von den Juden aus und ist in ihnen vollendet". Vielleicht können wir nun auch die folgende Bibelstelle besser verstehen:

"Denn wenn ihre Verwerfung die Versöhnung der Welt ist, was wird ihre

Annahme anderes sein als Leben aus den Toten!" (Röm 11,15).

Durch die Verwerfung oder das Beiseitesetzen Israels ist die Erlösung zu den Heiden gekommen. Der Höhepunkt des Heilsplans, die Auferstehung, findet erst statt, **nachdem** die Juden wieder in ihren eigenen Ölbaum eingepfropft worden sind, was nichts weniger als *"Leben aus den Toten"* bedeutet. Das Evangelium, die frohe Botschaft, die durch Jesus Christus in die Welt gekommen ist, ist untrennbar mit dem jüdischen Volk und Israel verbunden. Und das Evangelium richtet sich nicht an den Verstand, sondern an den Glauben. Sehen wir also das heutige Israel mit den Augen des Glaubens, so werden wir einen Grad der Ordnung feststellen können, den wir anders niemals wahrnehmen könnten.

"So kommt der Glaube aus der Predigt, das Predigen aber durch das Wort Christi" (Röm 10,17).

Der Glaube, so wird uns hier gesagt, kommt durch das Wort Christi. In unserer Studie über Israel werden wir uns viel mit dem Wort Gottes befassen, und wir werden sehen, wie wichtig es gerade heute ist, auf Zeit und Stunde zu achten, auf Ereignisse, *"die erfüllt werden sollen zu ihrer Zeit" (Lk 1,20).* Der Glaube in Ihrem Herzen wird wachsen, wenn Sie erkennen, daß Gott in das Chaos hineinspricht, und zwar nicht nur in das Chaos des heutigen Israel, sondern auch in das Chaos der Welt, in der wir leben.

Lieber HERR!
Hilf mir zu erkennen, daß du Herr über jede Situation bist und daß es nichts gibt, was deinen Blicken entgeht. Gib mir die Fähigkeit, in dir zur Ruhe zu kommen in der Gewißheit, daß du einen Plan mit dieser chaotischen Welt hast, den du zum richtigen Zeitpunkt zur Verherrlichung deines großen Namens ausführen wirst. Amen.

7 DIE BESTIMMUNG

Obwohl allgemein die Überzeugung vorherrscht, daß Israel ein Licht für die Heiden sein soll, trifft das nur auf die *erlöste* Nation zu, wenn der Neue Bund in Kraft getreten ist, wie geschrieben steht: *"Und die Heiden werden zu deinem Lichte ziehen und die Könige zum Glanz, der über dir aufgeht" (Jes 60,3)*. Die Schrift erklärt jedoch sehr deutlich, daß nicht Israel, sondern Jesus, der jüdische Messias, dazu bestimmt ist, den Nationen ein Licht zu sein:

"Ich, der HERR, habe dich gerufen in Gerechtigkeit und halte dich bei der Hand und behüte dich und mache dich zum Bund für das Volk, zum Licht der Heiden, daß du die Augen der Blinden öffnen sollst und die Gefangenen aus dem Gefängnis führen und, die da sitzen in der Finsternis, aus dem Kerker" (Jes 42,6.7).

"Es ist zu wenig, daß du mein Knecht bist, die Stämme Jakobs aufzurichten und die Zerstreuten Israels wiederzubringen, sondern ich habe dich auch zum Licht der Heiden gemacht, daß du seist mein Heil bis an die Enden der Erde" (Jes 49,6).

Es war Jesus, der für das Volk zum "Bund" gemacht worden ist, nicht Israel. Jesus wurde der *Mittler* (siehe Hebr 8,6; 9,15; 12,24) des *neuen Bundes* (siehe Jer 31,31; Hes 16,60). Ebenso war es auch Jesus, auf dem der *"Geist des Herrn"* ruhte, *"zu predigen den Gefangenen, daß sie frei sein sollen, und den Blinden, daß sie sehen sollen" (Lk 4,18)*. Es ist Jesus, den Gott als *"seinen Knecht, den Gerechten"* bezeichnet (siehe Jes 53,11). Und es ist derselbe Jesus (hebr.: *"Jeschua"*), der das Heil (hebr.: *"Jeschuah"*) Gottes *"bis an die Enden der Erde"* ist.

Nach den 40 Tagen der Reinigung, die nach der Geburt eines männlichen Kindes vorgeschrieben waren, brachten Maria und Josef ihr kleines, beschnittenes Baby nach Jerusalem, um es dort dem HERRN darzustellen, wie es das Gesetz des Mose vorschreibt. Danach soll jeder erstgeborene Junge, der den Mutterschoß durchbricht, für den HERRN abgesondert werden. Bei der Gelegenheit nahm Simeon, ein frommer und rechtschaffener Mann, auf dem der Heilige Geist ruhte, Jesus in seine Arme und sagte, dieser sei

"... ein Licht, zu erleuchten die Heiden und zum Preis deines Volkes Israel" (Lk 2,32).

Aber Jesus soll nicht nur ein Licht für die Heiden sein, sondern auch für die jüdische Nation:

"... Christus (...) das Licht seinem Volk und den Heiden" (Apg 26,23).

Wenn wir uns diese Aussagen vergegenwärtigen, dann müßten wir uns eigentlich fragen, was die Bestimmung der Nation Israel ist, wenn sie nicht - wie allgemein angenommen wird - das Licht der Heiden sein soll. Auch die Juden selbst haben sich über den wahren Grund ihrer Erwählung durch den

HERRN geirrt. Sie meinten, Gott hätte sie einfach anderen Nationen vorgezogen, weil sie besser als jene seien, was sie jedoch durch ein langes, langes Tränental geführt hat, weil sie nicht erkannten, daß Gott sie um seines Planes willen erwählt hatte. Der Grund des einzigartigen Überlebens der Juden über diesen gesamten Zeitraum hinweg ist daher einzig der, daß Gottes Absichten mit ihnen noch erfüllt werden müssen. Die schon festgelegte Bestimmung der jüdischen Nation wartet also noch auf sie.

Israel wird in christlichen Kreisen oft als Zeiger an der Weltenuhr bezeichnet. Und während das Pendel der Zeit unerbittlich weiterschwingt, sehen wir, wie sich die Mächte der Hölle in rasender Wut gegen Israel erheben in dem fruchtlosen Versuch, die Erfüllung seiner Bestimmung zu vereiteln.

ISRAELS BESTIMMUNG

Um die Bestimmung Israels herauszufinden, müssen wir uns noch einmal der Entstehung der Nation Israel zuwenden. Wir erinnern uns daran, daß der HERR das Klagen der Kinder Israel in Ägypten gehört und sie als sein Volk anerkannt hat. Er erwählte Mose und salbte ihn für die Aufgabe, Gottes Volk aus Ägypten herauszuführen; und nachdem er dies getan hatte, sprach er zu der Nation Israel folgende Worte:

"Ich bin der HERR, dein Gott, der ich dich aus Ägyptenland, aus der Knechtschaft, geführt habe. Du sollst keine anderen Götter haben neben mir. Du sollst dir kein Bildnis noch irgendein Gleichnis machen, weder von dem, was oben im Himmel, noch von dem, was unten auf Erden, noch von dem, was im Wasser unter der Erde ist: Bete sie nicht an und diene ihnen nicht! Denn ich, der HERR, dein Gott, bin ein eifernder Gott" (2. Mose 20,2 - 5).

Der HERR sagt dem Volk Israel nicht: "Ich bin Gott, der HERR"; sondern er hebt zweimal hervor: *"Ich bin der HERR,* ***dein*** *Gott".* Ist das von Bedeutung? Auf jeden Fall, denn es bedeutete, daß er ihr **persönlicher** Gott sein wollte. *"Du sollst keine anderen Götter haben".* Israel sollte neben ihm keine anderen Götter haben, es sollte nicht zu einer Verwechslung seiner Macht mit dämonischen Kräften kommen. Es war ihnen zugedacht, ein heiliges und von allen übrigen Nationen **abgesondertes** Volk zu sein:

"Denn du bist ein heiliges Volk dem HERRN, deinem Gott. Dich hat der HERR, ***dein*** *Gott, erwählt zum Volk des Eigentums aus allen Völkern, die auf Erden sind" (5. Mose 7,6).*

Betrachten Sie auch die folgende Bibelstelle, die im scheinbaren Gegensatz zu den beiden vorigen steht:

"Hebe auch nicht deine Augen auf gen Himmel, daß du die Sonne sehest und den Mond und die Sterne, das ganze Heer des Himmels, und fallest ab und betest sie an und dienest ihnen. Denn der HERR, dein Gott, hat sie zugewiesen allen andern Völkern unter dem ganzen Himmel" (5. Mose 4,19).

Eine interessante Aussage wird hier gemacht. Der HERR wurde Israels persönlicher Gott, aber er bemaß Sonne, Mond und die Sterne und das ganze himmlische Heer und teilte sie unter den Nationen auf, damit diese deren Götter würden. Diese Götter würden niemals irgendwelche Gebete erhören können, wogegen der HERR als der gebende, gütige Gott erscheinen mußte. Und das war es wohl auch, was er den anderen Nationen damit deutlich machen wollte. Wir werden diesen Gedankengang weiterverfolgen, indem wir uns die Berichte über König David einmal näher ansehen; doch zunächst wollen wir uns mit der Autorität Davids beschäftigen. Im Alten Testament lesen wir darüber folgendes:

"Dies sind die letzten Worte Davids. Es spricht David, der Sohn Isais, es spricht der Mann, der hoch erhoben ist, der Gesalbte des Gottes Jakobs, der Liebling der Lieder Israels: Der Geist des HERRN hat durch mich geredet, und sein Wort ist auf meiner Zunge. Es hat der Gott Israels zu mir gesprochen, der Fels Israels hat geredet ..." (2. Sam 23,1 - 3).

Der HERR hat nicht nur **zu** David geredet, sondern auch **durch** ihn. Und auch im Neuen Testament ist sechsmal davon die Rede, daß David in der Salbung des Heiligen Geistes gesprochen hat, was sogar Jesus selbst bei mindestens einer Gelegenheit bestätigt:

"David selbst hat durch den heiligen Geist gesagt (Psalm 110, 1): 'Der Herr sprach zu meinem Herrn: Setze dich zu meiner Rechten, bis ich deine Feinde unter deine Füße lege' " (Mk 12,36).

David war nicht nur ein Mann, der im Heiligen Geist prophezeit hat; er war auch ständig mit dem HERRN verbunden und kannte seine Gedanken:

"Und David gab seinem Sohn Salomo einen Entwurf für die Vorhalle des Tempels und für seinen Bau, seine Gemächer und Obergemächer und inneren Kammern und für den Raum des Gnadenthrones; dazu Entwürfe für alles, was ihm durch den Geist in den Sinn gekommen war: für die Vorhöfe am Hause des HERRN und alle Gemächer ringsum, bestimmt für die Schätze im Hause Gottes und für die Schätze der geheiligten Gaben" (1. Chr 28, 11.12).

"Das alles steht in einer Schrift, gegeben von der Hand des HERRN, der mich unterwies über alle Werke des Entwurfes" (1. Chr 28,19).

König David war mit dem HERRN so eins, daß dieser ihm durch seinen Heiligen Geist jedes noch so kleine Detail mitteilen konnte. Dieses Wissen bewahrt uns davor, etwas in sein Wort hineinzulesen, was nicht so gemeint war:

"Und wer ist wie dein Volk, wie Israel, die einzige Nation auf Erden, für die Gott hingegangen ist, sie sich zum Volk zu erlösen und um sich einen Namen zu machen und an ihnen Großes zu erweisen und furchtgebietende Taten an deinem Land, indem du vor deinem Volk, das du dir aus Ägypten erlöst hast, Nationen und ihre Götter vertriebst" (2. Sam 7,23; rev. Elberfelder).

Das ist es, was Gott für Israel vorgesehen hat! Israel war die kleinste von allen Nationen (siehe 5. Mose 7,7), und der HERR hat es für sich erwählt, um die großen Nationen zu beschämen und sich so *"einen Namen zu machen"*. Alle darauffolgenden Taten sind also nicht um Israels willen geschehen, sondern für Gott selbst und sein Land. Einige Bibelübersetzungen lassen das hebräische Wort *erez*, "Land", aus dem Text aus, was unglücklicherweise dazu führt, daß der Leser eine fehlerhafte Auffassung von dem bekommt, was der Inhalt tatsächlich bedeutet.

Gottes Absicht ist es nicht, Israel vor den übrigen Nationen gut dastehen zu lassen, sondern vielmehr, selbst gut dazustehen. Es ist also Israels Bestimmung, dem HERRN einen Namen zu machen, so daß alle Welt umkehrt zu ihm und sich wünscht, ihm nahe zu sein. Alles, was der HERR tut, geschieht um seiner selbst und nicht um Israels willen. Er wird die Nation Israel dazu gebrauchen, um sich selbst einen Namen in unserer Welt zu verschaffen; und so hat er auch alles andere für sich selbst getan, um seinen Namen zu erhöhen. Vieles von dem, was noch geschehen wird, wird in dem von ihm erwählten Land stattfinden (wir werden dies noch in einem der folgenden Kapitel näher betrachten), in dem Land, das er Israel einst in seinem Bund versprochen hat. Wir können davon ausgehen, daß es zu großen militärischen Auseinandersetzungen in diesem Land kommen wird, denn militärische Stärke bewirkt immer eine gewisse Scheu und Ehrfurcht:

"... sich selbst einen Namen zu machen (...) und Völker auszutreiben vor deinem Volk her ..." (1. Chr 17,21).

Dies kann ebenso auch durch Zeichen und Wunder geschehen:

"Und du hast Zeichen und Wunder getan (...). Und du hast dir einen Namen gemacht, wie es am heutigen Tag ist" (Neh 9,10; rev. Elberfelder).

Die Auffassung, daß der HERR sich selbst einen Namen durch Israel macht, um auf diese Weise die Nationen wieder zu sich zu ziehen, findet sich keinesfalls nur an einer Stelle der Schrift, sondern sie zieht sich durch die ganze Bibel hindurch:

"So spricht Gott der HERR: Ich tue es nicht um euretwillen, ihr vom Hause Israel, sondern um meines heiligen Namens willen (...). Und die Heiden sollen erfahren, daß ich der HERR bin ..." (Hes 36,22.23).

Und bezüglich des noch ausstehenden Krieges mit Gog aus dem Lande Magog wird der HERR Israel dazu benutzen, um seine Feinde in heiliger Ehrerbietung auf die Knie zu zwingen:

"... du wirst heraufziehen gegen mein Volk Israel wie eine Wolke, die das Land bedeckt. Am Ende der Zeit wird das geschehen. Ich will dich aber dazu über mein Land kommen lassen, daß die Heiden mich erkennen, wenn ich an dir, Gog, vor ihren Augen zeige, daß ich heilig bin" (Hes 38,16).

Gott hat Israel dazu bestimmt, ein Mittel zu sein, durch das er sich selbst einen so großen Namen machen kann, daß jede Nation sich aus freiem Willen ihm zuwendet und ihn um seiner selbst willen anbetet.

"Denn der HERR, euer Gott, ist der Gott aller Götter und der Herr über alle Herren, der große Gott, der Mächtige und der Schreckliche" (5. Mose 10,17).

Der HERR hat großes Interesse daran, als der erkannt zu werden, der er wirklich ist; und dies wird er mit Hilfe Israels, dem von ihm auserwählten Werkzeug, bewirken. Die ehrfurchtgebietende Macht, die das Universum geschaffen hat, wird eines Tages in einer militärischen Auseinandersetzung, in der es um Israel geht, entfesselt werden, was folgendes mit sich bringt:

"... es wird zu dieser Zeit geschehen, daß der Schwache unter ihnen sein wird wie David und das Haus David wie Gott, wie der Engel des HERRN vor ihnen her" (Sach 12,8).

Und die ganze Welt wird sich über die Demonstration seiner Macht entsetzen:

"Zu der Zeit werden zehn Männer aus allen Sprachen der Heiden einen jüdischen Mann beim Zipfel seines Gewandes ergreifen und sagen: Wir wollen mit euch gehen, denn wir hören, daß Gott mit euch ist" (Sach 8,23).

Lieber Herr!
Ich möchte mit dir auf der Seite des Siegers stehen. Hilf mir und auch meinem Land, frühzeitig das zu erkennen, was du für die nahe Zukunft vorbereitet hast. Schenke uns die Demut, immer unsere große Schwachheit vor Augen zu haben, und schenke, daß wir uns dir ergeben, bevor wir dir im Kampf gegenüberstehen. Amen.

8 SEGEN UND FLUCH

Es gibt im zwölften Kapitel des ersten Buches Mose eine bestimmte Bibelstelle, die oft von Christen zitiert wird. Obwohl dies oftmals im Hinblick auf die christliche Gemeinde geschieht, ist diese Bibelstelle eigentlich nur für Abraham und seine Nachkommen bestimmt. Es besteht also ein großes Mißverständnis über die Auslegung dieser Bibelstelle, das so lange unter uns zu finden sein wird, wie die Übersetzer der bekanntesten Bibeln sich lieber von "herkömmlichen" Interpretationen leiten lassen, anstatt sich aus der christlichen "Kuschelecke" zurückzuziehen. Die meisten dieser englischen Übersetzungen, wenn auch sicherlich nicht alle, geben die besagte Bibelstelle genauso wie die hier zitierte Luther-Übersetzung wieder. Sie steht hier im Zusammenhang mit zwei vorangehenden Versen:

"Und der HERR sprach zu Abram: Geh aus deinem Vaterland und von deiner Verwandtschaft und aus deines Vaters Hause in ein Land, das ich dir zeigen will. Und ich will dich zum großen Volk machen und will dich segnen und dir einen großen Namen machen, und du sollst ein Segen sein. Ich will segnen, die dich segnen, und verfluchen, die dich verfluchen; und in dir sollen gesegnet werden alle Geschlechter auf Erden" (1. Mose 12,1 - 3).

Der HERR verheißt hier Abram, dem Großvater Jakobs, der von Gott Israel genannt wurde, daß er einst ein *großes Volk* sein würde. Und dieses Volk ist ganz eindeutig Israel. Der HERR fährt fort, indem er in Hinblick auf Israel sagt: *"Und ich will (...) dir einen großen Namen machen, und du sollst ein Segen sein. (...) in dir sollen gesegnet werden alle Geschlechter auf Erden."*

Wir brauchen nicht allzu viel Zeit darauf zu verwenden, uns mit der Größe des jüdischen Volkes oder mit dem Segen, den sie den Völkern der Erde schon gewesen sind, zu beschäftigen. Sie sind ein einzigartiges und wunderbares Volk, kreativ und begabt, mit einer Leidenschaft für das Leben und die Kultur. Das, was die Juden der Welt gegeben haben, ist einfach herausragend. Sie stellen nur den vierten Teil eines Prozents der Weltbevölkerung dar, und doch haben sie mehr als zehn Prozent aller Nobelpreisträger auf der ganzen Welt hervorgebracht.[1] Das Genie der Juden auf dem Gebiet der Wissenschaft, Medizin und Kunst ist legendär. Und durch die Juden sind auch die Bibel und Jesus, das Lamm Gottes, das die Sünden der Welt trägt, zu uns gekommen. Natürlich wissen wir, daß Jesus der Sohn Gottes war und ist; aber er ist in die Welt der Menschen als ein Jude gekommen, und die folgende Bibelstelle sagt:

"Jesus Christus gestern und heute und derselbe auch in Ewigkeit" (Hebr 13,8).

Jesus war und ist Jude!

In einer weiteren Bibelstelle, die sich in dem Augenblick nur auf Jesus beschränkt und den Beitrag des jüdischen Volkes übergeht, lesen wir, die Heiden seien

"... Fremde außerhalb des Bundes der Verheißung; daher hattet ihr keine Hoffnung und wart ohne Gott in der Welt" (Eph 2,12).

Ohne die Juden wäre Jesus nicht auf die Erde gekommen, und es gäbe somit immer noch keine Hoffnung und keinen Gott für die Heiden. Die gesamte Welt steht daher tief in der Schuld des jüdischen Volkes.

Wenden wir uns nun wieder unserer ersten Bibelstelle zu und betrachten den Teil gesondert, durch den das Mißverständnis entstanden ist:

"Ich will segnen, die dich segnen, und verfluchen, die dich verfluchen" (1. Mose 12,3).

Der Segen wie auch der Fluch ist abhängig von der Haltung, die der Mensch gegenüber Abraham und seinen Nachkommen einnimmt. Was wir ihnen antun, das tun wir dem HERRN an. So können wir auch im Hinblick auf das jüdische Volk folgendes nachlesen: *"Wer euch antastet, der tastet meinen Augapfel an!" (Sach 2,12).* Jemanden zu "segnen" bedeutet, "ihm Ehre und Gunst zu erweisen", und genau das verheißt der HERR denen, die Israel ehren und begünstigen. Der Ausdruck *"Ich will (...) verfluchen, die dich verfluchen"* hingegen führt uns in die Irre, da er falsch übersetzt ist. Beim ersten Hinsehen erscheint es, als sei dies ein göttliches "Wie du mir, so ich dir". Dies trifft im Hebräischen jedoch keinesfalls zu: Erstens sind die zwei mit "verfluchen" übersetzten Ausdrücke dort ganz verschiedene Wörter, und zweitens haben sie auch eine absolut unterschiedliche Bedeutung. Nicht einmal der Ursprung der Wörter ist derselbe. Das erste hebräische Wort ist *arar*, das zweite *kilel*. Auch ohne sich im Hebräischen auszukennen, wird der Leser auf den ersten Blick erkennen können, daß es sich um zwei gänzlich verschiedene Wörter handelt, und es gibt auch nur zwei Beispiele in der gesamten Bibel, wo diese beiden Wörter zusammen in einem Vers auftauchen. Der eine ist jener, dem wir unsere Aufmerksamkeit schon zugewandt haben, und der andere ist folgender:

*"Gott sollst du nicht **lästern**, und einem Obersten in deinem Volk sollst du nicht **fluchen**" (2. Mose 22,27).*

Das Wort *kilel* wird hier mit "lästern" übersetzt; und es ist genau das gleiche hebräische Wort, das auch in dem vorigen Vers aus dem ersten Buch Mose verwendet worden ist, jedoch mit einer ganz anderen Übersetzung. Lassen Sie uns dies nun erörtern, um herauszufinden, was es ganz konkret für uns bedeutet.

Wir müssen uns der Tatsache bewußt sein, daß es der HERR ist, der in dieser Bibelstelle spricht, und daß er es ist, der "segnet" und "flucht". Gottes mächtiger Segen gibt uns Grund zur Freude:

"Der Segen des HERRN allein macht reich, und nichts tut eigene Mühe hinzu" (Spr 10,22).

"... ob ich euch dann nicht des Himmels Fenster auftun werde und Segen herabschütten die Fülle" (Mal 3,10).

Das Gericht des HERRN und seine Macht können in seinen Verfluchungen erkannt werden:

"Da sprach Gott der HERR zu der Schlange: Weil du das getan hast, seist du verflucht, verstoßen aus allem Vieh und allen Tieren auf dem Felde. Auf deinem Bauche sollst du kriechen und Erde fressen dein Leben lang" (1. Mose 3,14).

Diese Schlange hat sich einst auf der Erde wie alle anderen Vierbeiner fortbewegt. Nur wenige Menschen wissen, daß die Schlange zwar Beine hat, die sich jedoch in verkümmerter Form innerhalb ihres Körpers befinden. So ist sie eine fortdauernde lebendige Erinnerung an die schrecklichen Auswirkungen des von Gott ausgesprochenen Fluches.

"Und zum Manne sprach er: Weil du gehorcht hast der Stimme deines Weibes und gegessen von dem Baum, von dem ich dir gebot und sprach: Du sollst nicht davon essen -, verflucht sei der Acker um deinetwillen! Mit Mühsal sollst du dich von ihm nähren dein Leben lang. Dornen und Disteln soll er dir tragen, und du sollst das Kraut auf dem Felde essen" (1. Mose 3,17.18).

Ursprünglich hatte Adam sich von dem ernährt, was der Boden von selbst hervorbrachte. Nachdem der HERR ihn jedoch verflucht hatte, mußte sich die Menschheit abmühen - und sie müht sich immer noch ab - dem Boden etwas Eßbares abzugewinnen. Die Hunderte von verschiedenen Arten von Disteln, die auf Kriegsfuß mit den Bauern und Gärtnern stehen, verkörpern den Fluch, der auf dem Acker liegt, so wie auch die Tausende von unangenehmen Dornbüschen, die unsere Haut verletzen und unsere Kleidung zerreißen.

Ebenso können wir auch im Hinblick auf Jericho die tragischen Auswirkungen erkennen, die durch den Fluch des HERRN entstanden sind (dieser wurde zwar von Josua ausgesprochen, war aber dennoch das Wort des HERRN):

"Verflucht vor dem HERRN sei der Mann, der sich aufmacht und diese Stadt Jericho wieder aufbaut! Wenn er ihren Grund legt, das koste ihn seinen erstgeborenen Sohn, und wenn er ihre Tore setzt, das koste ihn seinen jüngsten Sohn!" (Jos 6,26).

Später können wir nachlesen:

"Zur selben Zeit baute Hiel von Bethel Jericho wieder auf. Es kostete ihn seinen erstgeborenen Sohn Abiram, als er den Grund legte, und seinen jüngsten Sohn Segub, als er die Tore einsetzte, nach dem Wort des HERRN, das er geredet hatte durch Josua, den Sohn Nuns"(1. Kön 16,34).

Hiel wollte Jericho wiederaufbauen, und als er den Grund legte, starb sein erstgeborener Sohn, und einige Zeit später auch sein jüngster, als er die Tore einsetzte.

In jeder der drei oben angegebenen Bibelstellen (und es gibt noch viele mehr) ist das mit "fluchen" übersetzte Wort das hebräische *arar*. Es bedeutet:

"verwünschen", "das Böse gegen etwas beschwören" oder "etwas, das großes Unglück oder große Schwierigkeiten mit sich bringt". Im Gegensatz zu diesem furchteinflößenden Wort wenden wir uns nun unserem zweiten Wort aus dem Hebräischen - *kilel* - zu. Ich habe im folgenden dieses Wort hervorgehoben und verschiedene Bibelübersetzungen herangezogen, um so die Bedeutung dieses Wortes klar herauszustellen:

"Als sie nun sah, daß sie schwanger war, ***achtete*** *sie ihre Herrin* ***gering****" (1. Mose 16,4).*

"Gott sollst du nicht ***lästern****, und einem Obersten in deinem Volk sollst du nicht fluchen" (2. Mose 22,27).*

"Du sollst Gott nicht ***verächtlich machen*** *und den Fürsten deines Volkes nicht verfluchen" (2. Mose 22,27; Einheitsübersetzung).*

"Wenn man ihm vierzig Schläge gegeben hat, soll man nicht weiter schlagen, damit, wenn man mehr Schläge gibt, er nicht zuviel geschlagen werde und dein Bruder ***entehrt*** *werde in deinen Augen" (5. Mose 25,3).*

"... sie begaben sich in den Tempel ihres Gottes, aßen und tranken und ***stießen Verwünschungen*** *gegen Abimelech* ***aus****" (Ri 9,27; Menge).*

"Siehe, ich bin ***zu gering****; was soll ich Dir antworten?" (Hiob 40,4; Schlachter).*

"Der HERR der Heerscharen hat es verhängt, um jegliche prunkende Hoffart zu entweihen, um zu ***verunehren*** *alle Geehrtesten der Erde" (Jes 23,9; Menge).*

Hier haben wir nun sechs verschiedene Bibelstellen mit sieben unterschiedlichen Übertragungen desselben Wortes in vier verschiedenen deutschen Bibelübersetzungen. Diese sieben Ausdrücke lassen sich wie folgt definieren[2]:

gering achten:	"auf jemanden herabsehen, keine hohe Meinung von jemandem haben"
lästern:	"jemanden verunglimpfen oder entehrend über ihn reden"
verächtlich machen:	"in beleidigender oder herabsetzender Weise über jemanden reden oder an ihm handeln"
entehren:	"den Stolz oder die Würde einer Person erniedrigen; sie demütigen"
Verwünschungen ausstoßen:	"Worte, mit denen Verachtung für oder Zorn gegen eine Person ausgedrückt werden sollen"
zu gering sein:	"von zuwenig bzw. ohne Vorzug, Verdienst oder Wert sein"
verunehren:	"das Verhalten gegen eine Person oder auch Sache, die für wertlos, niedrig oder für nicht beachtenswert gehalten wird"

Mit diesen Definitionen vor Augen können wir uns nun ein viel klareres Bild von der wirklichen Aussage in 1. Mose 12, 3 machen. Der HERR hat beschlossen, Fluch, das heißt großes Unglück und Leid auf diejenigen kommen zu lassen, die auf das jüdische Volk herabsehen oder die die Würde und den persönlichen Stolz dieses Volkes verletzen. Und er wird auf diejenigen seinen Fluch kommen lassen, die die Juden verächtlich machen, sie beleidigen oder verunglimpfen. Und auch solche werden verflucht werden, die meinen, der einzelne Jude oder das jüdische Volk als Ganzes seien wertlos, unterlegen und nicht weiter beachtenswert. Und das Gleiche gilt auch denen, die über sein heiliges Volk Israel in herabsetzender Weise reden. So wie der HERR einst durch Josua eine Warnung über Jericho ausgesprochen hat, so tut er es nun über die ganze Welt und ihr Verhalten den Juden gegenüber.

Ganz am Anfang, als Abram, der Vater des jüdischen Volkes, noch allein und ohne jegliche Nachkommen war, hat der HERR Abrams Interessen zu seinen eigenen werden lassen. Er gibt ihm zu verstehen, daß er, Abram, für alle, die mit ihm zusammentreffen, von entscheidendem Einfluß hinsichtlich ihres Wohlergehens oder ihres Unglücks sein würde. Der HERR hat verheißen, diejenigen zu segnen, die Abram und seine Nachkommen segnen, und andererseits auf jene den Fluch kommen zu lassen, die ihn gering achten. Er hat dieses Versprechen vor über 4.000 Jahren gemacht, und trotz der inzwischen vergangenen Jahrtausende hat er weder etwas von dem Segen zurückgenommen, noch die Ernsthaftigkeit des Fluches abgeschwächt. Wer Ohren hat zu hören, der höre. Das, was der HERR zu Abram gesprochen hat, ist auch heute noch aktuell; und doch begeben sich viele von uns auf äußerst dünnes Eis hinsichtlich des Fluches. Neben der sündigen Weltbevölkerung gibt es noch viele Tausende von bekennenden Christen, die von einem Leben voller Schwierigkeiten Zeugnis ablegen und sagen: "Alles, was ich anfasse, zerfällt zu Staub." Es ist in unserem eigenen Interesse, der Warnung des HERRN in bezug auf Israel Beachtung zu schenken; und fangen wir an zu segnen, so werden wir mit Sicherheit auch gesegnet werden.

Lieber HERR!

Bitte vergib mir meine unwissentlich falsche Auffassung von deinem Wort; und vergib mir auch alle Worte, die ich bewußt oder unbewußt gegen das von dir auserwählte Volk ausgesprochen habe. Vergib mir die Judenwitze, über die ich gelacht und die ich für unerheblich gehalten habe. Ich tue Buße darüber, HERR, und bitte dich, daß du meine Sünde mit dem Blute Jesu, des Königs der Juden, bedeckst. Schenke mir die Gnade, dein Volk in Wort und Tat zu segnen, und hilf mir auch, diejenigen, die ihm Böses getan haben, zur Umkehr zu bringen. Amen.

Teil III

DIE WORTE DER PROPHETEN

"Und der HERR hat zu euch immer wieder alle seine Knechte, die Propheten, gesandt; aber ihr habt nie hören wollen und eure Ohren mir nicht zugekehrt und mir nicht gehorcht" (Jer 25, 4).

9 DIE ZEIT DER ERQUICKUNG

Wir haben im fünften Kapitel kurz das angesprochen, was ich als das "Rückgrat" oder "Skelett" der Geschichte des jüdischen Volkes bezeichnet habe. Ich habe dabei angemerkt, daß diesem Knochengerüst noch "Fleisch und Blut" hinzugefügt werden würden. Der gesamte dritte Teil dieses Buches führt uns an jenen Punkt, von dem sich wie in einem Panorama eine umfassende Gesamtansicht von Israel über seine Vergangenheit, Gegenwart und Zukunft eröffnet. Dieser Ausblick erlaubt uns, nicht nur das Fleisch, das den schon alten Knochen anhaftet, sehen zu können, sondern auch das Blut, das von dem pulsierenden Herzen des modernen Israel aus durch die alten, erneuerten Adern fließt.

In der Apostelgeschichte sehen wir, daß Petrus nach der Heilung des von Geburt an Gelähmten im Tempel in der Halle Salomos predigte, in der auch Jesus oft gelehrt hat. Im zwölften Vers desselben Kapitels stellen wir fest, daß er in seiner Predigt die Juden anspricht. Damit händigt er uns den Schlüssel für das Tor aus, das uns bis dahin die klare Sicht auf Israel versperrt hat. Dies ermöglicht uns, dort, wo wir zuvor nur ein Durcheinander erblickt haben, eine Ordnung zu erkennen.

"So tut nun Buße und bekehrt euch, daß eure Sünden getilgt werden, damit die Zeit der Erquickung komme von dem Angesicht des Herrn und er den sende, der euch zuvor zum Christus bestimmt ist: Jesus. Ihn muß der Himmel aufnehmen bis zu der Zeit, in der alles wiedergebracht wird, wovon Gott geredet hat durch den Mund seiner heiligen Propheten von Anbeginn" (Apg 3,19 - 21).

Eine angemessene Auslegung dieser Schriftstelle würde mindestens zwei Buchbände füllen. So wollen wir uns ausschließlich auf die folgenden drei

Punkte beschränken: eine Feststellung, einen bestimmten Zeitabschnitt und eine Verheißung.

DIE FESTSTELLUNG

"Jesus (...) muß der Himmel aufnehmen bis ...".

Der Herr Jesus Christus wird nicht eher auf diese Erde zurückkehren, bis gewisse Ereignisse geschehen sind oder - wie die Schrift es ausdrückt - *"bis zu der Zeit ..."*. Erinnern Sie sich noch an das Kapitel "Zeit und Stunde"? Hier haben wir das beste Beispiel dafür. Ganz unabhängig davon, was unsere Ansichten über Theologie, die letzten Dinge oder die kommende Apokalypse sind: Jesus wird, beziehungsweise kann nicht eher zurückkommen, bis einige bestimmte Ereignisse eingetreten sind. Warum kann er das nicht? Weil Gottes Wort es sagt! Wir können bitten, flehen und versuchen, Gott zu überreden, ihn zu bestechen, unsere Kleider zerreißen, unsere Haare ausraufen, uns Staub auf den Kopf werfen, uns an die Brust schlagen, fasten und beten, bis kein Atem und keine Kraft mehr in uns sind; und doch würde Jesus nicht wiederkommen! Man könnte jetzt das Argument hervorbringen, daß Gott doch alles, was er möchte, tun kann, und dem stimme ich von ganzem Herzen zu. Doch gibt es gleichzeitig auch Dinge, die der HERR einfach nicht tun wird; und eines davon ist, daß er niemals gegen sein eigenes Wort handeln würde. Wir müssen einfach dem Wort des HERRN glauben, daß Jesus nicht wiederkehren kann, bis bestimmte Voraussetzungen erfüllt sind.

DER BESTIMMTE ZEITABSCHNITT

"... durch den Mund seiner heiligen Propheten ..."

Wir wissen aus dem vorangegangenen Abschnitt, daß Christus nicht wiederkommen kann, bis gewisse, zuvor festgesetzte Ereignisse in Erfüllung gegangen sind. Von ihnen haben die heiligen Propheten des HERRN gesprochen. Der erste große Prophet war Abraham, der Vater des jüdischen Volkes. Über Abraham sagt der HERR:

"... er ist ein Prophet, und laß ihn für dich bitten" (1. Mose 20,7).

Der letzte der großen Propheten war der Herr Jesus selbst:

"... Jesus von Nazareth, der ein Prophet war, mächtig in Taten und Worten" (Lk 24,19).

Ich will damit nicht sagen, daß es nicht auch heutzutage Propheten gibt. Ich glaube, daß es auch in dieser Zeit noch wahre Propheten gibt; jedoch gibt es viel mehr Menschen, die sich den Titel eines Propheten anmaßen, als wirklich echte Propheten. Ich will damit sagen, daß der erste der **großen** Propheten Abraham und der letzte dieser **großen** Propheten der Herr Jesus Christus gewesen ist. Innerhalb der Zeitspanne von Abraham bis Jesus werden wir alle Dinge finden, die wiederhergestellt werden müssen und die dem größten aller Ereignisse - der Wiederkehr oder dem zweiten Kommen Jesu, des Messias - vorangehen und in es münden werden.

DIE VERHEISSUNG

"... bis (...) alles wiedergebracht wird ..."

Würden wir diese Schriftstelle als Durchschnittschrist lesen, würden wir wahrscheinlich im Einverständnis damit mit dem Kopf nicken und dann unsere eigenen Wege gehen, ohne überhaupt eine Vorstellung davon zu haben, womit wir so oberflächlich übereingestimmt haben. Ich möchte das, was ich soeben gesagt habe, genauer erklären. Wir lesen diesen Text und verstehen ihn so, daß der HERR verheißen hat, *alles wiederherzustellen*. Ohne diese Aussage überhaupt zu hinterfragen, darüber nachzudenken oder sie zu untersuchen, fahren wir damit fort, die Seite zu lesen und haben damit unsere Zustimmung darüber ausgedrückt, daß das, was wir soeben gelesen haben, richtig und wahr ist. Aber was heißt das, wenn Gott verheißen hat, "alles" wiederherzustellen?

Auf den ersten Blick würden wir sagen, das Wort "wiederherstellen" bedeutet, "etwas wieder in seinen ursprünglichen Zustand zu versetzen" oder "es wieder ins Leben zu rufen" oder "zurückzuerstatten". Zu der Zeit, als Petrus predigte, war Israel unter römischer Besetzung. Wir könnten also annehmen, daß gemeint sei, Israel würde seine Unabhängigkeit zurückerhalten. Gleichzeitig befand sich Israel in einem Zustand geistlichen Abfalls, und so könnten wir auch vermuten, daß es wieder zu einer lebendigen Beziehung zu dem HERRN kommen würde. Alle unsere Annahmen und Vermutungen bleiben jedoch nur Spekulationen, da wir das Wort "wiederherstellen" lediglich oberflächlich betrachtet haben.

Im griechischen Urtext des Neuen Testamentes gibt es mehrere Wörter, die mit "wiederherstellen" übersetzt werden. Wir werden auf zwei dieser Wörter in diesem und einem der nachfolgenden Kapitel dieses Buchabschnittes näher eingehen. Das Wort, das in der obigen Schriftstelle mit "wiederherstellen" übersetzt wurde, ist das griechische Wort *apokatastasis*. Dieses Wort findet sich nur an dieser einen Stelle im Neuen Testament und nicht ein einziges Mal in der Septuaginta, der 2.000 Jahre alten griechischen Übersetzung des Alten Testamentes. Es hat eine ganz spezifische Bedeutung, die auch nicht durch das Heranziehen eines gewöhnlichen griechischen Lexikons erfaßt werden kann. Hat man die volle Bedeutung dieses Wortes jedoch erkannt, so ist dies von unschätzbarem Wert für das Verständnis dieser gesamten Schriftstelle.

Das Wort *apokatastasis* ist seit dem dritten Jahrhundert Gegenstand unzähliger theologischer Debatten gewesen. Die Gemeinde war zu diesem Zeitpunkt zunehmend antisemitisch eingestellt, und in ihrem Wunsch, sich von allem Jüdischen zu befreien, trennte sie sich nicht nur von den jüdischen Wurzeln ihres Glaubens ab, sondern versagte sich auch noch den jüdischen Geist, der so wesentlich für die Erklärung des Glaubens ist. Als Folge davon wandten sich große Theologen, wie zum Beispiel Origenes, in die falsche Richtung, und man hat sich auf keine allgemein anerkannte Definition dieses Wortes einigen können. Das von Kittel und Friedrich herausgegebene *Theologische Wörterbuch zum Neuen Testament*, das als das bei weitem genaueste griechische Wörterbuch betrachtet wird, macht richtigerweise darauf aufmerksam, daß dieses Wort nicht in der LXX (Septuaginta) vorkommt und sogar im Judentum nur selten gebraucht wurde. Diese wichtige Erkenntnis fehlte den Kirchenvätern, als sie versuchten, die Bedeutung von *apokatastasis* herauszufinden. Der jüdische Historiker Josephus, der im ersten Jahrhundert nach Christus seine Werke in griechischer Sprache verfaßte, hat es im Zusammenhang mit der Rückkehr der Juden aus der Verbannung verwandt. Und der große jüdische Philosoph und Historiker Philo von Alexandria, der Ende des letzten Jahrhunderts vor Christus geboren wurde und dessen griechische Schriften uns ebenfalls noch erhalten geblieben sind, gebrauchte es in Verbindung mit der Befreiung des jüdischen Volkes aus Ägypten. Dieses Wort wird sehr selten angewandt, weil nur sehr selten die Notwendigkeit dazu besteht. Es bedeutet "geschichtliche Ereignisse wiederholen". So können wir nun in eigenen Worten wiedergeben, was Petrus vor fast 2.000 Jahren gesagt hat: **"Jesus muß solange im Himmel bleiben, bis Zeit und Stunde gekommen sind, daß Israels geschichtliche Ereignisse sich zu wiederholen beginnen."**

Es ist immer recht hilfreich, wenn man weiß, wonach man sucht. Und wir wissen nun, daß wir unsere Aufmerksamkeit auf die entscheidenden Geschehnisse in der Geschichte der Nation Israel von ihrer Entstehung bis zu dem Zeitpunkt, als Petrus seine Predigt in der Tempelhalle gehalten hat, richten müssen.

DIE WICHTIGSTEN EREIGNISSE IN ISRAEL

Hier sind nun die wichtigsten Ereignisse in der Geschichte Israels, die sich am stärksten auf die Nation ausgewirkt haben, aufgelistet nach der biblischen Reihenfolge. Alles, was auf dieser Liste zu finden ist, wurde von den Propheten von Abraham bis zum Herrn Jesus Christus vorhergesagt:

Das Land Kanaan wird Israel gegeben
Eine besondere Beziehung zu dem HERRN
Der Auszug aus Ägypten
Die Wüstenwanderung
Der Einzug in das verheißene Land
Die Einnahme Jerusalems
Die Gründung des Reiches Israel
Das Königreich König Davids
Jerusalem wird zur Hauptstadt Israels

Alle diese großen Ereignisse sind während der langen Geschichte des alten Israel geschehen. Und diese müssen sich erst wiederholen, bevor Jesus wiederkommen kann, um seine Braut zu sich zu holen. In den folgenden neun Kapiteln werden wir jedes dieser Ereignisse im einzelnen anhand der Bibel betrachten und gleichzeitig mit dem modernen Israel als Gegenstück vergleichen. Wenn wir auf das jetzige Israel schauen und die Wiederholung, von der Petrus spricht, erkannt haben, so möchte ich an die Behauptung über Prophetie im dritten Kapitel erinnern, die besagt, daß es dabei nicht um die Frage der "Interpretation", sondern der "Erfüllung" geht. Und wir werden nun sehen, daß diese Behauptung wahr ist.

Lieber HERR!
Öffne meine geistlichen Augen, daß ich wunderbare Dinge sehen kann, und mein Herz, daß ich zu verstehen beginne. Gewähre mir die Gnade, deine Treue bei der Erfüllung deiner Verheißungen an Israel erkennen zu können, und hilf mir zu erkennen, daß deine Treue in gleicher Weise auch mir selbst gilt. Amen.

10 DER BUND

Wird der "Bund mit Abraham" erwähnt, so kommt einem gewöhnlich der "Bund der Beschneidung" in den Sinn. Von größerer Bedeutung als der Bund der Beschneidung ist jedoch der Bund, der ungefähr 20 Jahre zuvor mit Abraham geschlossen wurde und das Land Kanaan betrifft. Er wird im ersten Buch Mose im 15. Kapitel beschrieben. An dieser Stelle finden wir das einzige Beispiel in der Bibel, in dem vom Schließen oder dem "Schneiden" eines Bundes berichtet wird.

Seine Grundaussagen und die damit verbundenen Folgerungen stellen einige Teile des Puzzles dar, das die Experten verwirrt, die Moslems aus der Fassung und das Weiße Haus zur Verzweiflung bringt und viele Führer anderer Staaten verärgert. Kehren wir also zum Anfang zurück, als Abraham noch Abram genannt wurde und in dem Lande seiner Geburt lebte, damals, als der HERR das erste Mal zu ihm sprach:

"Und der HERR sprach zu Abram: Geh aus deinem Vaterland und von deiner Verwandtschaft und aus deines Vaters Hause in ein Land, das ich dir zeigen will" (1. Mose 12,1).

Als Abram sein Vaterland verließ, war er 75 Jahre alt (siehe 1. Mose 12, 4). Er zog fort, weil der HERR es ihm befohlen hatte. Und er ging, um in ein bestimmtes Land zu kommen, das der HERR ihm zeigen würde. Es war das Land Kanaan. Kurz nachdem Abram dort angekommen war, erschien ihm der HERR persönlich und spach zu ihm zum zweiten Mal:

"Da erschien der HERR dem Abram und sprach: Deinen Nachkommen will ich dies Land geben" (1. Mose 12,7).

Der HERR versprach, das Land Kanaan Abrams Nachkommen zu geben, so daß Abram es durch sie sinnbildlich besitzen würde. Wir wissen aus dem ersten Buch Mose, daß Abram durch das Land Kanaan gezogen ist und dann für eine Weile nach Ägypten ging, da in Kanaan eine schwere Hungersnot herrschte. Dort bekam er Probleme mit dem Pharao und dem gesamten königlichen Hause, so daß er schließlich durch eine Eskorte an die Landesgrenze geführt und des Landes verwiesen wurde (siehe 1. Mose 12,20). Abram kehrte wieder nach Kanaan zurück und setzte dort sein Nomadenleben fort, bis der HERR ein drittes Mal zu ihm sprach:

"Hebe deine Augen auf und sieh von der Stätte aus, wo du wohnst, nach Norden, nach Süden, nach Osten und nach Westen. Denn all das Land, das du siehst, will ich dir und deinen Nachkommen geben für alle Zeit. (...) Darum mach dich auf und durchzieh das Land in die Länge und Breite, denn dir will ich's geben" (1. Mose 13,14.15.17).

Dies war das zweite Mal, daß der HERR das Land Kanaan Abram und seinen Nachkommen verhieß. Als der HERR zum fünften Mal mit ihm sprach, war das gleichzeitig das vierte Mal bezüglich des Landes, jetzt aber mit noch größerer Bestimmtheit:

"Und er sprach zu ihm: Ich bin der HERR, der dich aus Ur in Chaldäa geführt hat, auf daß ich dir dies Land zu besitzen gebe" (1. Mose 15,7).

Als der HERR Abram befohlen hatte, aus seinem Vaterland zu ziehen, geschah dies nur aus dem einen Grund: um ihm das Land Kanaan zum Besitz zu geben. Wir haben uns jetzt drei verschiedene Beispiele angesehen, in denen der HERR Abram und seinen Nachkommen dieses Land verheißt. Nach dem vierten Mal jedoch bittet Abram um eine Bestätigung als Siegel für die wiederholt erhaltene Verheißung:

"Abram aber sprach: HERR, mein Gott, woran soll ich merken, daß ich's besitzen werde?" (1. Mose 15,8).

Darauf gibt der HERR die Antwort: *"Bringe mir ..."*

Diese beiden Worte leiten einen Textabschnitt ein, mit dem wir uns gleich beschäftigen werden. Abram, der zwar nicht an der Wahrhaftigkeit der von Gott gemachten Verheißung zweifelt, möchte dennoch, wie es zu seiner Zeit Brauch war, eine Bestätigung bekommen. Der HERR geht darauf in seiner Gnade ein und sagt Abram, was dafür benötigt wird:

"Und er sprach zu ihm: Bringe mir eine dreijährige Kuh, eine dreijährige Ziege, einen dreijährigen Widder, eine Turteltaube und eine andere Taube. Und er brachte ihm dies alles und zerteilte es in der Mitte und legte je einen Teil dem andern gegenüber; aber die Vögel zerteilte er nicht.(...) Als nun die Sonne untergegangen und es finster geworden war, siehe, da war ein rauchender Ofen, und eine Feuerflamme fuhr zwischen den Stücken hin. An dem Tage schloß der HERR einen Bund mit Abram und sprach: Deinen Nachkommen will ich dies Land geben, von dem Strom Ägyptens an bis an den großen Strom Euphrat: die Keniter, die Kenasiter, die Kadmoniter, die Hetiter, die Perisiter, die Refaiter, die Amoriter, die Kanaaniter, die Girgaschiter, die Jebusiter" (1. Mose 15,9.10;17 - 21).

Der HERR antwortete also auf Abrams Bitte um eine Bestätigung der Verheißung, indem er ihn anwies, ganz bestimmte Tiere und Vögel zu bringen. Abram brachte sie und zerteilte sie nach dem damaligen Brauch in der Mitte und legte je eine Hälfte der anderen gegenüber. Daraufhin offenbarte sich der HERR durch Rauch und Feuer, was an den brennenden Busch (siehe 2. Mose 3,2) sowie an die Wolken- und Feuersäule (siehe 2. Mose 13,21) erinnert. Der HERR ging dann zwischen den zerteilten Tieren hindurch und besiegelte so den mit Abram geschlossenen Bund. Die Leichname der Tiere wurden von dem Feuer nicht verzehrt, denn es war kein Opfer, sondern ein Bund, der hier gemacht wurde. Diese Art, einen Bund zu schließen, war zu Abrams Zeit Brauch und auch noch mindestens 1.500 Jahre danach gebräuchlich:

"Und ich will die Leute, die meinen Bund übertreten und die Worte des Bundes nicht halten, den sie vor mir geschlossen haben, so zurichten wie das Kalb, das sie in zwei Stücke geteilt haben und zwischen dessen

Stücken sie hindurchgegangen sind, nämlich die Oberen von Juda und von Jerusalem, die Kämmerer, die Priester und das ganze Volk des Landes, alle, die zwischen den Stücken des Kalbes hindurchgegangen sind" (Jer 34,18.19).

Die zwei Hälften des Tieres stellten hierbei die zwei Parteien, die diesen Bund miteinander eingehen wollten, dar. Sie mußten dann zwischen den Hälften der getöteten Tiere hindurchgehen, was das Geloben des folgenden Eides versinnbildlichte:

"Möge das gleiche mit mir geschehen, wenn ich meinen Schwur und mein Gelöbnis nicht halte."[1]

Der HERR hat also mit einem Eid geschworen, das Land Kanaan Abram und seinen Nachkommen zu geben, und er hat dieses Versprechen später noch einmal Isaak und seinen Nachkommen bestätigt:

"Bleibe als Fremdling in diesem Lande, und ich will mit dir sein und dich segnen; denn dir und deinen Nachkommen will ich alle diese Länder geben und will meinen Eid wahr machen, den ich deinem Vater Abraham geschworen habe" (1. Mose 26,3).

Und diese Verheißung ist Jakob und seinen Nachkommen auch noch einmal versichert worden:

"Ich bin der HERR, der Gott deines Vaters Abraham, und Isaaks Gott; das Land, darauf du liegst, will ich dir und deinen Nachkommen geben" (1. Mose 28,13).

Der HERR hat das Land nicht nur jeweils neu Abraham, Isaak und Jakob zugesprochen, sondern es zusätzlich auch noch persönlich mit einem Eid bestätigt. Wir können außerdem feststellen, daß der HERR die Grenzen dieses in Seinem Bund verheißenen Landes genau festgelegt hat:

"... von dem Strom Ägyptens an bis an den großen Strom Euphrat" (1. Mose 15,18).

Auch wenn dieses Land normalerweise immer mit "Kanaan" bezeichnet wird, umfaßt es eigentlich weit mehr als nur das Land der Kanaaniter. Folgende zehn Völker lebten dort zu jener Zeit:

"... die Keniter, die Kenasiter, die Kadmoniter, die Hetiter, die Perisiter, die Refaiter, die Amoriter, die Kanaaniter, die Girgaschiter, die Jebusiter" (1. Mose 15,19 - 21).

Es handelt sich also um einen vollkommen bestätigten Bund mit genau festgesetzten Grenzen. Nun muß nur noch die Geltungsdauer dieses Bundes festgelegt werden:

"... will ich dir und deinen Nachkommen geben ***für alle Zeit****" (1. Mose 13,15b).*

Die Verwendung der Worte *"für alle Zeit"* ist nicht ganz eindeutig; wir können hieraus nicht schließen, daß dieser Bund kein Ende nimmt, da er in der Tat eine vorherbestimmte Dauer hat. Von diesem Zeitabschnitt wird an zwei Stellen in der Bibel berichtet, von denen die eine in den Psalmen zu finden ist:

"Er gedenkt ewiglich an seinen Bund, an das Wort, das er verheißen hat für ***tausend Geschlechter****, an den Bund, den er geschlossen hat mit Abraham, und an den Eid, den er Isaak geschworen hat. Er stellte ihn auf für Jakob als Satzung und für Israel als* ***ewigen*** *Bund und sprach: 'Dir will ich das Land Kanaan geben, das Los eures Erbteils' " (Ps 105,8 - 11).*

Die Dauer des Bundes wird also angegeben mit *"tausend Geschlechter"* und als *ewig*. Dies scheint ein Widerspruch in sich zu sein, was jedoch nicht der Fall ist. Auch das Wort *ewig* ist ein mehrdeutiges Wort. Hier bedeutet es *tausend Geschlechter bzw. Generationen*. Die zeitliche Länge einer dieser *Generationen* hat der HERR angegeben, bevor er den Bund mit Abram bestätigte:

"Ganz gewiß sollst du wissen, daß deine Nachkommenschaft Fremdling sein wird in einem Land, das ihnen nicht gehört; und sie werden ihnen dienen, und man wird sie unterdrücken vierhundert Jahre lang. (...) Und in der vierten Generation werden sie hierher zurückkehren" (1. Mose 15,13.16; rev. Elberfelder).

Zu dem Zeitpunkt also, als dieser Bund geschlossen wurde, setzte der HERR selbst die Dauer einer Generation auf 100 Jahre fest. In einem allgemein als führend anerkannten Wörterbuch der englischen Sprache[2] finden wir unter dem Stichwort "Generation" unter anderem: "Werden historische Zeitspannen nach der Zahl ihrer Generationen berechnet, wird das Wort gebraucht, um den Zeitraum von der Geburt der Eltern bis zu der ihrer Kinder zu bezeichnen...". Und die Schrift sagt dementsprechend:

"Hundert Jahre war Abraham alt, als ihm sein Sohn Isaak geboren wurde" (1. Mose 21,5).

Demzufolge beträgt die Dauer des Bundes 1.000 Generationen multipliziert mit 100 Jahren, was 100.000 Jahre ergibt. Inwiefern betrifft das jetzt Sie und mich?

Abraham wurde im Jahre 2111 vor Christus geboren, und er war 75 Jahre alt, als er sein Vaterland verließ und in das Land Kanaan zog, wo der HERR den Bund mit ihm schloß. Es kann also folgende Rechnung aufgestellt werden:

2.111 - 75 = 2.036 + 1.996 = 4.032

100.000 - 4.032 = 95.968

Wer kann also heute, da der Bund noch nahezu 96.000 Jahre bestehen bleibt, als einziger das Recht auf diesen beanspruchen? Ganz eindeutig nur die Nachkommen Abrahams aus der Linie von Isaak und Jakob.

Man sollte jedoch nicht vergessen, daß dies alles überhaupt nichts mit dem zweiten Kommen Jesu zu tun hat. Es besagt wortwörtlich einfach nur, daß den leiblichen Nachfahren von Abraham durch Isaak und Jakob, also Israel, das alleinige Recht auf das Land Kanaan über diese Zeitspanne hinweg zusteht. Die Erde wird schon viele tausend Jahre, bevor dieser Bund aufhört, verschwunden sein, was dem Leser nun vielleicht verdeutlicht, warum die Dauer des Bundes als *ewig* und *"für alle Zeit"* bezeichnet wird.

Der HERR hat einen Bund geschlossen für eine bestimmte Zeitspanne, für ein bestimmtes Land, mit bestimmten Grenzen und für ein bestimmtes Volk, das dieses ererben soll. Wir müssen uns immer darüber im klaren sein, daß die Juden die Besitzer, nicht die Eigentümer dieses Landes sind. Das Eigentumsrecht hat allein der HERR, was er den Kindern Israel auch noch einmal vor Augen hielt, bevor sie den Jordan überquerten, um ihr Erbteil einzunehmen:

"Darum sollt ihr das Land nicht verkaufen für immer; denn das Land ist mein, und ihr seid Fremdlinge und Beisassen bei mir" (3. Mose 25,23).

Auch heute noch besitzt der HERR den alleinigen Eigentumsanspruch auf dieses Land. Auch bezüglich des Krieges zwischen Israel und Gog von Magog, der noch aussteht, betont der HERR erneut sein Eigentumsrecht:

"Am Ende der Zeit wird das geschehen. Ich will dich aber dazu über mein Land kommen lassen ..." (Hes 38,16).

Weitere Bibelstellen, in denen der HERR das Land als sein persönliches Eigentum bezeichnet, sind diese: 2. Chr 7,20; Jes 14,25; Jer 2,7; Jer 16,18; Hes 36,5; Joel 1,6 und Joel 4,2. Warum es so wichtig ist, das letztgültige Eigentumsrecht des HERRN anzuerkennen, werden wir bald erkennen.

VERBANNUNG AUS DEM LAND

Die Kinder Israel haben den Jordan in Richtung Kanaan etwa im Jahre 1410 vor Christus unter der Führung Josuas überquert. Danach haben sie die meisten Völker in verschiedenen Kriegen geschlagen, andere wiederum vertrieben und enteignet. Dann kam die Zeit, als Israel unter Samuel den HERRN als seinen König ablehnte und eine menschliche Königsherrschaft anstrebte, um sich den Völkern um sich herum anzugleichen. Den persönlichen Neigungen des jeweils herrschenden Königs entsprechend, kamen und gingen Ungehorsam gegen den HERRN und Götzendienst in den darauffolgenden Jahrhunderten. Es gab in der Tat nur wenige Könige, die dem HERRN von ganzem Herzen folgen wollten. Im Zorn über ihr Verhalten gegen ihn ließ der HERR als erstes Salmanassar, den König von Assyrien, in das Nordreich Israel einfallen. Im Jahre 722 vor Christus fiel Samaria, die Hauptstadt des Nordreiches, in seine Hand, und er nahm die Gefangenen mit sich nach Assyrien. Gegen das Südreich Juda, das diese Warnung nicht ernst nehmen wollte, brachte der HERR Nebukadnezar, den König von Babylon, der Jerusalem belagerte. 587 vor Christus wurde die Stadt zerstört, und der größte Teil der Bevölkerung, die überlebt hatte, wurde von ihm nach Babylon in die Gefangenschaft geführt. Die Dauer ihrer Gefangenschaft wurde auf 70 Jahre festgelegt:

"Denn so spricht der HERR: Wenn für Babel siebzig Jahre voll sind, so will ich euch heimsuchen und will mein gnädiges Wort an euch erfüllen, daß ich euch wieder an diesen Ort bringe" (Jer 29,10).

Im Buch Esra und Nehemia können wir darüber nachlesen, wie jene Gefangenen nach Vollendung der 70 Jahre in ihr Land zurückkehrten, ihre Städte und den Tempel wieder aufbauten und ihr Leben so weiterführten, wie sie es vor der Zeit der Verbannung getan hatten. Die Israeliten verfielen so sehr wieder ihrem alten Lebensstil, daß der HERR schließlich die römische Armee im Jahre 63 vor Christus gegen Israel ziehen ließ. Dieser Krieg kostete Berichten zufolge 2.504.490 Juden das Leben[3] und erreichte seinen Höhepunkt, als im Jahre 70 nach Christus Jerusalem und der Tempel ein weiteres Mal dem Erdboden gleichgemacht wurden. Das hatte zur Folge, daß allein bei der Belagerung Jerusalems 1,1 Millionen[4] Juden entweder durch Hunger oder Schwert umkamen und weitere 97.000[5] als Gefangene verschleppt wurden. Es gab danach zwar noch verhältnismäßig viele Juden im Land, doch als Rom Jerusalem den Namen *Aelia Capitolina* gab und auf dem Platz, auf dem sich einst der jüdische Tempel befunden hatte, einen Tempel für Jupiter errichtete, kam es zum offenen Aufstand der Juden unter der Führung von Simon Bar-Kochba. Dic Römer brauchten dreieinhalb Jahre, um diese Revolte niederzuwerfen, was große Verluste auf jüdischer Seite mit sich brachte. Nach dem Ende dieses Aufstandes im Jahre 135 nach Christus gab es daher auch nur noch wenige Juden in dem Land, das die Römer nun in dem Bemühen, jegliche Beziehung des jüdischen Volkes zu dem Land auszulöschen, in *"Syria Palaestina"* umbenannten. Danach wurde dieses heruntergekommene Land "Palästina" einer fortwährenden Verwüstung preisgegeben. Nacheinander eroberten die Armeen der "christlichen" Byzantiner, der arabischen Moslems, der "christlichen" Kreuzfahrer, der Mongolen und schließlich der türkischen Moslems das verheißene Land, bauten es auf und zerstörten es, bis es nur noch eine staubige, felsige und baumlose Einöde war. Mark Twain, der das Land im Jahre 1867 besucht hatte, schrieb darüber:

"... ein verödetes Land, dessen Boden zwar ausreichend fruchtbar, jedoch dem Unkraut gänzlich ausgeliefert ist - eine stille, düstere Weite. Auf unserer ganzen Reise sind wir nicht einem menschlichen Wesen begegnet ..."[6]

Israel war zu einem Land geworden, dessen Boden nur eine geringe Bevölkerung am Leben erhalten konnte, weit entfernt von einem *"Land, das von Milch und Honig überfließt"* als Erbe für die Kinder Israel.

DAS WIEDERGEBORENE ISRAEL

Während des Ersten Weltkriegs wurde in England Azeton knapp, eine aus Deutschland eingeführte Chemikalie, aus der man Kordit, einen wichtigen Bestandteil des Schießpulvers, herstellte. Dadurch konnte nun kein Sprengstoff mehr produziert werden, und England befand sich in großer Not. Eine Niederlage war unumgänglich, falls es nicht gelang, das Kordit künstlich herzustellen. Nun bestellte man einen brillanten jüdischen Chemiker, Chaim Weizmann, in das britische Kriegsministerium und beauftragte ihn damit, einen anderen Weg zur Herstellung dieser Chemikalie zu finden. Weizmann erfand ein solches Verfahren, wobei sein Kordit sich sogar als noch explosiver herausstellte als jenes, das aus Azeton gewonnen wurde.

Zu diesem Zeitpunkt kämpften britische Streitkräfte unter General Edmund

Allenby gegen die Türken um die Vorherrschaft über Palästina. Nach der Erfindung des synthetischen Kordits wurde Weizmann gefragt, was er dafür als Belohnung haben wollte; seine Antwort darauf war:

"Wenn die Briten den Kampf um Palästina gewinnen, dann bitte ich um eine nationale Heimstätte für mein Volk in seinem einstigen Land."

Die Briten stimmten zu. Kurz darauf, am 2. November 1917, setzte der britische Außenminister Arthur James Balfour im Namen der Regierung folgende Erklärung auf, die dem Kabinett vorgelegt und von diesem gebilligt worden war:

"Seiner Majestät Regierung betrachtet die Schaffung einer nationalen Heimstätte in Palästina für das jüdische Volk mit Wohlwollen und wird die größten Anstrengungen machen, um die Erreichung dieses Zieles zu erleichtern..."[7]

So wie der HERR also das Land Kanaan den Kindern Israel verheißen hat, während andere Nationen es noch besetzt hielten, versprachen auch die Briten dasselbe Land den Nachkommen der Kinder Israel, während andere noch darüber herrschten.

Im Dezember desselben Jahres befand sich die Stellung von General Allenby in Sichtweite der Altstadt Jerusalems. Er ließ Flugzeuge über die Stadt fliegen, um sich über die Stärke der Truppen und der Bewaffnung, die seinen Streitkräften gegenüberstanden, zu informieren. Gleichzeitig ließ er Flugblätter mit seiner, Allenbys, Unterschrift über der Stadt abwerfen mit dem Aufruf an die Türken, sich zu ergeben.

Die Piloten flogen also ihrem Auftrag gemäß einige Male während des Tages über die Altstadt hinweg, wobei sie immer wieder Flugblätter abwarfen und Informationen sammelten. In dieser Nacht rückten die türkischen Truppen auf der gegenüberliegenden Seite aus der Stadt aus. Die Flugblätter, unterschrieben mit dem Namen "Allenby", wurden von türkischen Moslems als Anweisung *"Allahs"* angesehen, die Stadt zu verlassen. Kein einziger Schuß wurde bei der Einnahme der Altstadt Jerusalems abgegeben. General Allenby, ein gläubiger Christ, ritt jedoch nicht hoch zu Pferde in die Stadt, sondern er stieg ab, und mit der Mütze in der Hand führte er sein Pferd und seine Truppen in die Stadt des Großen Königs. Betrachten Sie dazu die folgende Bibelstelle:

"Und der HERR Zebaoth wird Jerusalem beschirmen, wie Vögel es tun mit ihren Flügeln, er wird schützen, erretten, schonen und befreien" (Jes 31,5).

Eine in der Tat bemerkenswerte Bibelstelle! Flugzeuge *"wie Vögel (...) mit ihren Flügeln"*. Der HERR *errettete* die Stadt von den Türken und *schonte* sie, so daß sie vor Zerstörung bewahrt blieb.

Nach dem Ende des Krieges, dessen Sieg auf Seiten der Alliierten war, wurde England das Mandat über Palästina übergeben, um es zu verwalten und die Verwirklichung einer jüdischen nationalen Heimstätte zu beaufsichtigen. Kurz darauf mußten sie jedoch feststellen, daß sie ein "heißes Eisen" angefaßt hatten. Es gab heftigen Widerstand seitens der Moslems gegen eine stärkere jüdische Anwesenheit in Palästina, und aufgrund der steigenden Ölfunde, die man in jener Region machte, setzte England sich über die Balfour-Deklaration hinweg. England veröffentlichte ein niederträchtiges "Weißbuch", das nun wiederum die Errichtung eines arabischen Staates in Palästina in einem Zeitraum von zehn Jahren empfahl. Des weiteren begann man, die Einwanderung von Juden nach Palästina zahlenmäßig zu beschränken.

Am 3. September 1939 fielen die deutschen Truppen in Polen ein und katapultierten somit die Welt in den Zweiten Weltkrieg. Kurz darauf begann die Durchführung von Adolf Hitlers "Endlösung" der Judenfrage, die gezielte und systematische Ermordung der jüdischen Bevölkerung auf der ganzen Welt.

Nach sechs grausamen Kriegsjahren war Hitlers Militärapparat schließlich zerschlagen und hinterließ die größte Zahl an Kriegstoten, die es bis dahin gegeben hatte. Sechs Millionen jüdische Zivilisten, Männer, Frauen, Kinder und Säuglinge wurden in Vernichtungslagern ermordet, die speziell für diesen Zweck in ganz Europa errichtet worden waren. Die Juden wurden ihres Besitzes und ihrer Kleidung beraubt und in Räumen zusammengetrieben, in die dann Giftgas strömte. Ihre Leichen wurden in den Gasöfen riesiger Krematorien verbrannt. Ein Drittel der jüdischen Weltbevölkerung ist auf diese Weise ums Leben gekommen.

"Wehe, es ist ein gewaltiger Tag, und seinesgleichen ist nicht gewesen, und es ist eine Zeit der Angst für Jakob; doch soll ihm daraus geholfen werden" (Jer 30,7).

Es war tatsächlich eine Zeit der Angst für Jakob. Wäre Hitler nicht aufgehalten worden, wäre über kurz oder lang jeder lebende Jude auf seinen Befehl hin vernichtet worden. Aber Jakob ist nicht nur durch die Niederlage der deutschen Truppen das Leben gerettet worden, sondern sein Traum, den er über Jahrhunderte in seinem Herzen hegte, war durch das, was er von den Händen der Deutschen hatte erleiden müssen, im Begriff, Wirklichkeit zu werden.

Jüdische Flüchtlinge sind, als ihre Not am größten war, am Betreten Palästinas gehindert worden. England überwachte die Seewege, fing Schiffe mit Flüchtlingen ab und eskortierte sie in Internierungslager auf Zypern. Eines dieser Schiffe, die "Exodus", die mehr als 4.500 Juden aus Europa an Bord hatte, wurde derart brutal mit militärischen Mitteln abgefangen, daß dabei mehrere Juden getötet wurden. Und dieses Schiff wurde dann ausgerechnet nach **Deutschland** zurückgeschickt!

Aufgrund dessen, was das jüdische Volk während des Krieges hatte erleiden müssen, kam am 29. November 1947 der Völkerbund (ein Vorläufer der Vereinten Nationen) zusammen, um über eine Teilung Palästinas abzustimmen mit dem Ziel, einen jüdischen Staat zu gründen. Aus dem Ergebnis dieser Abstimmung ging hervor, daß 33 für und 13 gegen diesen Staat waren. Jakob war gerettet. Er kam zum dritten und letzten Mal in den Besitz seines geliebten, ihm verheißenen Landes. Diese Abstimmung hatte in weniger als einer halben Stunde stattgefunden.

"Wer hat solches je gehört? Wer hat solches je gesehen? Ward ein Land an einem Tage geboren? Ist ein Volk auf einmal zur Welt gekommen? ... " (Jes 66,8).

Niemand hat solches je gehört! Niemand hat solches je gesehen! In der gesamten Weltgeschichte gibt es nichts Vergleichbares dazu, daß ein Volk nach einer Zeitspanne von beinahe 2.000 Jahren wieder in sein Land zurückkehrt!

Kann ein Land an einem Tage geboren werden? Es wurde in genau der Zeit geboren, die benötigt wurde, um darüber abzustimmen! Kann ein Volk auf einmal zur Welt kommen? Dieses Volk kam in dem Moment auf die Welt, als der erste Premierminister dieses entstehenden Staates, David Ben Gurion, am 14. Mai 1948 dieses winzige Stück Land tatsächlich als den neuen "Staat Israel" ausrief.

Ein winziges Stück Land war es in der Tat. Palästina war folgendermaßen aufgeteilt worden: 77 Prozent gingen an die Araber und 23 Prozent an die Juden. Das Land, das den Juden zugeteilt worden war, hatte eine Fläche von ungefähr 8.000 Quadratkilometern. Wir müssen uns hier an den Bund, den der HERR mit Abraham geschlossen hatte, erinnern. Die Grenzen dieses Landes mußten also erweitert werden *"von dem Strom Ägyptens an bis an den großen Strom Euphrat"* (1. Mose 15,18).

Einen Tag, nachdem Israel als "Staat" ausgerufen worden war, griffen sieben arabische Armeen Israel mit der alleinigen Absicht an, es wieder auszulöschen. Israel gewann diesen Krieg. Und es ging daraus nicht nur als Sieger hervor, sondern das Gebiet Israels wurde außerdem auch noch von 8.000 auf 21.000 Quadratkilometer ausgeweitet.

Im Jahre 1967 begannen die arabischen Nationen, Truppen und Kriegsmaterial an den Grenzen Israels zusammenzuziehen in einem weiteren Versuch, den jüdischen Staat auszulöschen. An Soldaten und Ausrüstung zahlenmäßig weit unterlegen, beschloß das israelische Kabinett, als erstes zuzuschlagen, um Israels Überleben zu sichern. Am 5. Juni erfolgte Israels berühmter Überraschungsschlag. Durch den daraus entstehenden strategischen Vorteil schlugen israelische Truppen fünf andere Nationen in nur sechs Tagen in die Flucht. Ein weiterer Krieg war gewonnen, und Israels Staatsgebiet wurde dadurch von 21.000 auf 67.000 Quadratkilometer ausgedehnt.

1973 wurde wiederum von den arabischen Armeen, die von der Sowjetunion ausgerüstet worden waren, versucht, den verfluchten jüdischen Staat auszulöschen. Und dieses Mal hatten die Araber den Überraschungseffekt auf ihrer Seite. Am Jom Kippur, dem Versöhnungstag, der nach dem jüdischen Kalender der heiligste aller Tage ist und an dem alle Juden in den Synagogen sind, drangen arabische Truppen über den Suez-Kanal, die Golanhöhen und den Jordan in das Land ein. Israel war auf diesen Angriff nicht vorbereitet. Die kleine Armee Israels wurde mobilisiert, ging zum Gegenangriff über, rieb die feindlichen Truppen auf und drängte sie in nur zehn Tagen weit hinter seine Grenzen zurück. Dennoch war es ein weiterer Krieg, den ein Volk ausgefochten und gewonnen hatte, das des Kämpfens müde war. Nach dem Krieg waren aus

Israels 67.000 Quadratkilometern 88.000 Quadratkilometer Land geworden.

Während dieses Kapitel geschrieben wurde, erstreckte sich Israels Gebiet von dem Strom Ägyptens bis zum Libanon. Nur Syrien steht Israel im Wege, um auch bis zum Strom Euphrat Fuß zu fassen. Syrien steckt riesige Summen in die Aufrüstung. Seine Berufsarmee ist viermal so groß wie die israelische; seine Panzereinheiten sowie die Anzahl seiner Kampfflugzeuge übertreffen die der Israelis bei weitem. Syrien wartet auf einen günstigen Augenblick, um sich wie eine Katze auf die Maus zu stürzen. Sein Motto lautet:

"Der Krieg ist unausweichlich."[8]

"Der Krieg gegen Israel wird bis ans Ende der Zeit dauern."[9]

Irgendwann, vielleicht in naher Zukunft, werden die israelischen Streitkräfte den großen Strom Euphrat erreichen.

Der HERR hat mit Abraham und seinen Nachkommen einen Bund geschlossen, und wir haben gesehen, daß er diesen Bund in unserer Zeit wiederhergestellt hat. Jeder Gewaltakt gegen sein Volk bringt Stück für Stück von seinem Land zurück. In einem der folgenden Kapitel werden wir noch näher auf die sich daraus ergebenden Zusammenhänge eingehen.

Viele Nationen hingegen sind über den gegenwärtigen Zustand überaus verärgert, und einige von ihnen versuchen, ihn zu ändern, indem sie ungeheure Mengen an Waffen in den Nahen Osten schleusen:

"Fünf Nationen (nach der Höhe der Beiträge aufgelistet), nämlich die Sowjetunion, die Vereinigten Staaten, Frankreich, China und Großbritannien, haben in den Jahren 1976 bis 1990 163 Milliarden Dollar in Waffen für den Nahen Osten gesteckt."[10]

Von diesem riesigen Betrag sind 15,5 Prozent an Israel gegangen[11], während die noch verbleibenden 84,5 Prozent an seine Feinde gingen. Nur die Vereinigten Staaten haben Israel mit Waffen versorgt, gleichzeitig belieferten sie jedoch auch die arabischen Nationen, die sich im Kriegszustand mit Israel befinden. Die USA behauptete, daß sie ein militärisches Gleichgewicht zwischen den Nationen erreichen wollten. Was jedoch ist dies für ein Gleichgewicht, wenn das Verhältnis 84 zu 15 ist? Israel ist lediglich eine Schachfigur in einem von mächtigen Nationen geführten Spiel, in dem die Vereinigten Staaten auf beiden Seiten gleichzeitig zu spielen versuchen. Ziel dieses Spiels ist es, das Öl unter dem Wüstensand, der den Arabern gehört, unter Kontrolle zu bekommen. Seit dem nicht allzu lange zurückliegenden wirtschaftlichen und politischen Zusammenbruch der Sowjetunion betrachten die Vereinigten Staaten ihren einstigen Hauptfeind nicht länger als eine Bedrohung oder gar als ernstzunehmenden Spieler in diesem Spiel. Daher hat sich die Regierung von Präsident Bush in ihrem durchaus berechtigten Interesse an dem Öl im Nahen Osten auf aggressive Art und Weise von Israel, seinem einzig wahren Verbündeten in diesem Gebiet, ab- und seinen neuen arabischen "Freunden" zugewandt. Diese Abwendung von Israel ist deutlich in folgendem Ausschnitt aus dem Leitartikel eines amerikanischen Nachrichtenmagazins zu erkennen:

"Washington scheint sich von seinem bisherigen Weg abgewandt zu haben, um den Arabern auf Kosten der Israelis zu gefallen. Die Vereinigten Staaten (...) sollten ihren Sinn für Fairness gegenüber den Israelis nicht gänzlich verlieren."[12]

Da sie ständig von anti-israelischer Rhetorik beeinflußt werden, halten viele Amerikaner weniger von Israel als von den arabischen Ländern.[13] Israel ist überflüssig. Es ist zum Opferlamm einer neuen Weltordnung geworden.

Man hat Israel eine internationale "Friedenskonferenz" aufgezwungen, wobei dieselben Nationen, die sich zuvor durch das Geschäft mit Tod und Zerstörung bereichert haben, Israel jetzt die Termine und Bedingungen diktieren. Aber es kann und wird keinen bleibenden Frieden geben, weder für Israel noch für die Nationen, bis der Friedefürst kommen wird, der Eine, der Frieden mit sich bringt.

Zuvor sind die Leser darauf aufmerksam gemacht worden, daß das Eigentumsrecht des Landes dem HERRN zusteht. Die Eintragung im Grundbuch lautet auf seinen Namen. Nur der Eigentümer einer Sache hat auch das Recht, diese fortzugeben. Wir können nicht etwas an andere weitergeben, was uns nicht gehört.

Auch unter den Führern der mächtigsten Nationen der Welt gibt es solche, die sich als gläubige Christen bekennen und die die Bibel - das unfehlbare Wort Gottes - lesen. Offensichtlich haben sie jedoch nicht erkannt, daß das Land, das Israel jetzt besitzt, dem Gott Israels gehört, demselben Gott, zu dem sie sich bekennen.

In der "Neuen Weltordnung", die 1990 ursprünglich aufgestellt worden war, um mit Saddam Hussein in Kuwait fertig zu werden, ist bereits festgelegt, daß Israel bereit sein muß, Land für Frieden herzugeben. Allerdings scheinen die Beteiligten nicht begriffen zu haben, daß Israel keine Vollmacht darüber hat, mit dem Land des HERRN Handel zu treiben oder es gar für den Frieden einzutauschen. Somit wird sich alles, was Israel mit irgendeiner der arabischen Parteien auch abschließen mag, als nicht bindend für den eigentlichen Eigentümer herausstellen. Die Juden, als Pächter dem Grundeigentümer unterstellt, welcher keinerlei Anstalten macht, sein Eigentum zu verkaufen, es an irgendwelche Untermieter abzugeben oder gar zu verschenken, werden erkennen müssen, daß ihre Vereinbarungen null und nichtig sind.

Diese hartnäckige Weigerung des HERRN, mit seinen Nachbarn und deren Unterhändlern zu verhandeln, ist der Hauptgrund für das gegenwärtige Zähneknirschen der Welt gegen Israel. So wird es auch jede Nation, die Israel bezüglich des Landes in eine bestimmte Richtung zwingen will, zwangsläufig mit dem Eigentümer selbst zu tun bekommen.

Das ist so, als ob man in eine Bärenfalle treten würde, die an eine Starkstromleitung angeschlossen ist. Jemand müßte die Führer dieser Welt darüber aufklären, daß es von weit größerem Vorteil für sie ist, Israels Freund als der Feind seines Gottes zu sein.

Lieber HERR!

Danke, daß dein Wort wahr ist, daß alle deine Verheißungen so sicher eintreten werden, wie der Tag auf die Nacht folgt. HERR, deine Wege sind nicht meine Wege; so wie der Himmel höher als die Erde ist, so viel höher sind deine Wege als meine Wege. Hilf mir, dich nicht in erster Linie zu verstehen, sondern dich kennenzulernen. Hilf mir, den Friedefürsten zu erkennen und bereit zu sein, vor ihn zu treten, wenn meine Reise hier auf Erden zu Ende ist. Amen.

11 DIE BEZIEHUNG

Die enge persönliche Beziehung, die das Volk Israel mit dem HERRN hatte, gibt es kein zweites Mal. Über Israel spricht der HERR:

"Aus allen Geschlechtern auf Erden habe ich allein euch erkannt" (Am 3,2).

Und er wiederholt:

"Als Israel jung war, hatte ich ihn lieb und rief ihn, meinen Sohn, aus Ägypten" (Hos 11,1).

Die besondere Beziehung zwischen dem HERRN und Israel drückt am besten das Bild von einem Vater und seinem Sohn aus. Und mehr als das: Es ist die Beziehung eines Vaters zu seinem erstgeborenen Sohn.

"Israel ist mein erstgeborener Sohn" (2. Mose 4,22).

Als dem erstgeborenen Sohn steht Israel trotz seiner Abtrünnigkeit und Hurerei mit anderen Göttern der doppelte Anteil des Erbes zu:

"Wenn jemand zwei Frauen hat, eine, die er liebhat, und eine, die er nicht liebhat, und beide ihm Kinder gebären, die Frau, die er liebhat, und die ungeliebte, und der Erstgeborene ist von der ungeliebten Frau, und die Zeit kommt, daß er seinen Söhnen das Erbe austeile, so kann er nicht den Sohn der Frau, die er liebhat, zum erstgeborenen Sohn machen vor dem erstgeborenen Sohn der ungeliebten; sondern er soll den Sohn der ungeliebten Frau als den ersten Sohn anerkennen und ihm zwei Teile geben von allem, was vorhanden ist; denn dieser ist der Erstling seiner Kraft und sein ist das Recht der Erstgeburt" (5. Mose 21,15 - 17).

Auch wenn der HERR hier zu den Familienvätern der Kinder Israel spricht, ist er keineswegs ein Heuchler. Was für Familien zutrifft, trifft auch für eine Nation zu. Israel **muß** zwei Teile vom Vater erben, denn es steht geschrieben:

"Dafür, daß mein Volk doppelte Schmach trug und Schande ihr Teil war, sollen sie doppelten Anteil besitzen in ihrem Lande und ewige Freude haben" (Jes 61,7).

Doch auch wenn Israel der erstgeborene Sohn war mit all den damit verbundenen Vorteilen und Segnungen, machte dies alles nicht die Beziehung zum Vater aus. Es stand viel mehr dahinter. Über Israel sagt der HERR:

"Und ich ging an dir vorüber und sah dich an, und siehe, es war die Zeit, um dich zu werben. Da breitete ich meinen Mantel über dich und bedeckte deine Blöße. Und ich schwor dir's und schloß mit dir einen Bund, spricht Gott der HERR, daß du solltest mein sein" (Hes 16,8).

Der HERR gebraucht hier ein neues Bild. Indem er seinen Mantel über Israel breitet und einen Bund mit ihm schließt, hat er zunächst die Nation losgekauft und sie dann zu seiner Ehefrau gemacht. In Boas und Rut finden wir ein genaues Vorbild für diese Art von Loskauf und Heirat:

"Als es nun Mitternacht ward, erschrak der Mann und beugte sich vor; und siehe, eine Frau lag zu seinen Füßen. Und er sprach: Wer bist du? Sie antwortete: Ich bin Rut, deine Magd. Breite den Zipfel deines Gewandes über deine Magd, denn du bist der Löser" (Rut 3,8.9).

"So nahm Boas die Rut, daß sie seine Frau wurde" (Rut 4,13).

Daß der HERR sich Israel zur Frau genommen hat, ist offensichtlich:

"... ich habe mich ja mit euch vermählt ..." (Jer 3,14; nicht rev. Elberfelder).

Dies war die einmalige und intime Beziehung, die Israel mit dem HERRN besaß. Es war tatsächlich ein besonderes Volk mit einer besonderen Beziehung:

"Denn du bist ein heiliges Volk dem HERRN, deinem Gott. Dich hat der HERR, dein Gott, erwählt zum Volk des Eigentums aus allen Völkern, die auf Erden sind" (5. Mose 7,6).

Israel war ein heiliges, das heißt abgesondertes Volk; ein Volk, das dem HERRN allein gehörte. Seine Aussonderung geschah durch den Willen des HERRN. Es war als *"Volk des Eigentums"* Gottes besonderer Schatz. Die meisten Eltern werden das Herz Gottes verstehen können. Viele Babys und kleine Kinder leben in unserem Umkreis, und dennoch ist keines von ihnen mit den eigenen Kindern vergleichbar. Unsere eigenen Kinder mögen vielleicht nicht die hübschesten oder am weitesten entwickelten sein; trotzdem sind sie uns kostbarer als alle anderen, ein besonderer Schatz, den man gegen nichts auf der Erde eintauschen würde.

DIE ZERBROCHENE BEZIEHUNG

Die vom HERRN am meisten gebrauchte Bezeichnung seiner Beziehung zu Israel ist *"mein Volk"*. Dies findet man als erstes im zweiten Buch Mose, kurz nachdem Gott sich der Kinder Israel angenommen hat:

"Und der HERR sprach: Ich habe das Elend meines Volks in Ägypten gesehen" (2. Mose 3,7).

Dies wiederholt sich in der Bibel 67mal bis hin zum sechsten Kapitel des Buches Jesaja. Hier wird berichtet, daß der HERR über alle Maßen durch Israels Verhalten betrübt ist und daher Strafmaßnahmen ankündigt. Der Prophet sieht den HERRN hoch erhoben in seinem Tempel:

"Und ich hörte die Stimme des Herrn, wie er sprach: Wen soll ich senden? Wer will unser Bote sein? Ich aber sprach: Hier bin ich, sende mich! Und er sprach: Geh hin und sprich zu diesem Volk ..." (Jes 6,8.9).

Der Prophet nimmt die Berufung durch den HERRN an und wird beauftragt: *"Geh hin und sprich ..."*. Nun heißt es nicht mehr *mein Volk*, sondern *dieses Volk*. Die Flitterwochen sind vorüber, und Israel wird jetzt für eine Zeit der Züchtigung beiseite genommen.

Jesaja wurde eine Botschaft für *dieses Volk* gegeben, eine Botschaft der Verzweiflung, die nur einen Hoffnungsschimmer enthält:

"... sprich zu diesem Volk: Höret und verstehet's nicht; sehet und

merket's nicht! Verstocke das Herz dieses Volks und laß ihre Ohren taub sein und ihre Augen blind, daß sie nicht sehen mit ihren Augen noch hören mit ihren Ohren noch verstehen mit ihrem Herzen und sich nicht bekehren und genesen" (Jes 6,9.10).

Die Israeliten wurden jetzt gewissermaßen in sich selbst gefangengesetzt zum Zweck der Züchtigung. Ihnen wurde nicht mehr die Möglichkeit gegeben, Buße zu tun und umzukehren und so von ihren Leiden geheilt zu werden. Der Prophet ist von der Strenge der Anordnungen Gottes überwältigt:

"Ich aber sprach: Herr, wie lange? Er sprach: Bis die Städte wüst werden, ohne Einwohner, und die Häuser ohne Menschen und das Feld ganz wüst daliegt" (Jes 6,11).

Der einzige Hoffnungsschimmer in dieser Botschaft, durch die Tod und Zerstörung verfügt werden, war das Wort *"bis"*. Israel sollte nicht mehr geistlich hören, sehen oder antworten können, bis... . Das Wort "bis" ist immer einem bestimmten Zeitpunkt zugeordnet, einem Moment, an dem sich eine Situation ändert. Israel war an einen Punkt gelangt, an dem es sich nicht mehr in der Gunst Gottes befand; aber das würde sich zu einer festgesetzten Zeit wieder ändern.

Der Prophet Hosea war ein Zeitgenosse Jesajas. Der HERR gebot Hosea, eine Prostituierte zu heiraten und Kinder mit ihr zu haben. Sie sollte für Israel ein Zeichen sein und die Treulosigkeit der Nation darstellen. Hosea heiratete die Hure Gomer, die ihm drei Kinder gebar. Auch die Kinder sollten ein Zeichen für das Volk sein. Jedes Kind erhielt seinen Namen vom HERRN. Das erste Kind war ein Sohn:

"Und der HERR sprach zu ihm: Nenne ihn Jesreel (...). Zur selben Zeit will ich den Bogen Israels zerbrechen in der Ebene Jesreel" (Hos 1,4a.5).

Jesreel, oder im Hebräischen *jisreel*, bedeutet "Gott zerstreut", und die Ebene Jesreel war ein Ort, an dem es zu vielen großen kriegerischen Auseinandersetzungen gekommen war. Es war buchstäblich ein Friedhof vieler Königreiche. Und es war in jener Ebene, wo Salmanassar, der König von Assyrien, den Israeliten die entscheidende Niederlage zufügte, bevor er Samaria einnahm und die Israeliten nach Assyrien als Gefangene verschleppte. Das nächste Kind war eine Tochter:

"Und er sprach zu ihm: Nenne sie Lo-Ruhama; denn ich will mich nicht mehr über das Haus Israel erbarmen ..." (Hos 1,6).

Auf hebräisch heißt *lo-ruchamah* "kein Trost" oder "kein Mitleid". Schließlich gebar Gomer einen weiteren Sohn:

"Und er sprach: Nenne ihn Lo-Ammi; denn ihr seid nicht mein Volk, so will ich auch nicht der Eure sein" (Hos 1,9).

Lo-ammi bedeutet auf hebräisch wörtlich: "nicht mein Volk". Wir finden also im ersten Kapitel des Buches Hosea die gleiche Botschaft, die das sechste Kapitel des Buches Jesaja enthält! Tod und Zerstörung sollte Israel treffen. Es würde keinen Trost oder eine weitere Gnadenfrist geben. Es war vom HERRN beiseite gesetzt worden. Die Kinder Israel waren von da an nicht länger "sein Volk".

DIE ERNEUERTE BEZIEHUNG

Die Botschaft Jesajas enthielt einen Hoffnungsschimmer: das Wort "bis". Die Erziehungsmaßnahmen würden zum gegebenen Zeitpunkt enden. Im Anschluß an den vorangegangenen Bibelabschnitt gibt der Heilige Geist durch Hosea an, wann dies sein wird:

"Es wird aber die Zahl der Kinder Israel werden wie der Sand am Meer, der nicht zu messen noch zu zählen ist; und es soll geschehen, an dem Ort, da zu ihnen gesagt worden ist: 'Ihr seid nicht mein Volk', sollen sie Kinder des lebendigen Gottes genannt werden" (Hos 2,1; Schlachter).

Dieser Vers zeigt auf, daß sich die natürliche Wiederherstellung über einen längeren Zeitraum hinziehen würde. Wir entnehmen dem Vers auch, daß am gleichen Ort, an dem den Kindern Israel gesagt wurde, sie wären nicht mehr das Volk des HERRN, sie zu hören bekommen würden, daß sie das Volk des HERRN sind.

Frage: Wo wurde ihnen gesagt, *"ihr seid nicht mein Volk"*?
Antwort: Im Land Israel.
Frage: Wo wird ihnen gesagt werden, daß sie *"Kinder des lebendigen Gottes"* sind?
Antwort: Im Land Israel.

Wir wissen also, daß die gewaltige geistliche Wiederherstellung Israels oder, um es in der Sprache der Frommen wiederzugeben, die große Erweckung im Land Israel stattfinden wird.

Im fünften Kapitel haben wir hervorgehoben, daß die "Beschneidung des Herzens" auf die Annahme Jesu als Messias und Herrn anspielt. An dieser Stelle wird uns dazu gesagt, daß die Israeliten *"Kinder des lebendigen Gottes"* genannt werden sollen. Wie wird man zu einem Kind des lebendigen Gottes? Indem man Jesus als Messias und Herrn aufnimmt!

"Wie viele ihn aber aufnahmen, denen gab er Macht, Gottes Kinder zu werden, denen, die an seinen Namen glauben" (Joh. 1,12).

Und dieses Annehmen des Messias wie auch das Empfangen des Heiligen Geistes wird Israel vom HERRN durch den Propheten Hesekiel verheißen:

"Und ich will euch ein neues Herz und einen neuen Geist in euch geben und will das steinerne Herz aus eurem Fleisch wegnehmen und euch ein fleischernes Herz geben. Ich will meinen Geist in euch geben ..." (Hes 36,26.27).

Der HERR sieht über die Jahrhunderte hinweg auf die Zeit, zu der Israel als Nation den Messias und König annimmt und seine geistliche Wiedergeburt erfährt. Und dann wird Gott die Verheißung, *seinen Geist in sie zu geben*, wahrmachen. Es gibt keine andere Möglichkeit, den Geist des lebendigen Gottes zu empfangen, als nur durch die Annahme Jesu als Messias und Herrn.

Zehntausende von Juden bezeugen heute, daß sie den Heiligen Geist von dem Gott Abrahams, Isaaks und Jakobs empfangen haben, als sie *Jeschua* (Jesus) persönlich als ihren Messias, Herrn und König annahmen.

HEUTIGE ERFÜLLUNG VON PROPHETIE

Von Gelehrten wird vermutet, daß es zur Zeit der Zerstörung des zweiten Tempels ungefähr 63.000 Juden gegeben hat, die an *Jeschua* glaubten. Es ist interessant zu sehen, daß die Zahl der Juden in den Vereinigten Staaten, die an *Jeschua* glauben, im Jahre 1988 beinahe doppelt so hoch war - etwa 120.000[1] - und daß es zu dem Zeitpunkt etwa 100 messianische Synagogen[2] gab, in denen *Jeschua* jeden Sabbat angebetet wird.

Außerdem hat im Jahre 1987 ein junger Jude der damaligen Untergrundkirche in Rußland mit Nachdruck behauptet: "20 bis 25 Prozent der gesamten Untergrundkirche sind jüdisch!" Nachdem dann die russischen Juden im Jahr 1990 zu Hunderten und Tausenden nach Israel einzuwandern begonnen hatten, bildete sich dort eine russische Gemeinde, die sich ausschließlich aus Jesus-Gläubigen zusammensetzte. Weitere vier russische Gemeinden sind seit der Zeit gegründet worden, und außerdem sind weitere 29 Gruppen entstanden, die jedoch noch zu klein sind, um als Gemeinde bezeichnet werden zu können.

1979 startete die israelische Regierung eine Geheimoperation, um *Beta Israel*, die *Falaschen*, die äthiopischen Juden, zurück nach Israel zu bringen. Tausende von ihnen sind durch den Sudan und Kenia herausgeschmuggelt worden. Diese stellen zusammen mit den nahezu 7.000 Juden, die 1984 und 1985 während der "Operation Mose" per Flugzeug nach Israel befördert worden sind, die Hälfte der gesamten äthiopischen jüdischen Gemeinde dar. Als die "Operation Mose" öffentlich bekannt wurde, hat die äthiopische Regierung die Luftbrücke abgebrochen, wodurch Hunderte von Familien jahrelang getrennt worden sind. Man fand schnell heraus, daß viele dieser nach Israel gebrachten schwarzen Juden an Jesus glaubten. In der Tat so viele, daß die religiösen Führer in Israel bereits alle äthiopischen Juden wieder zum Judentum "zurückbekehren" wollten! Die Äthiopier haben ihren Widerstand gegen dieses Vorhaben ausgedrückt, indem sie zwei Wochen lang in der Öffentlichkeit vor der Hauptsynagoge in Jerusalem gezeltet haben. Schließlich wurde ein Kompromiß geschlossen, und die Demonstranten zogen sich wieder zurück. Im Mai 1991, nachdem man der äthiopischen Regierung ungefähr 2.000 US-Dollar pro Kopf bezahlt hatte, wurde die andere Hälfte der äthiopischen Juden in einer weiteren Luftbrücke, der sogenannten "Operation Salomo", heimgeholt, und so wurden die getrennten Familien wieder vereinigt. Es gibt nun einige Gemeinden in Israel, die allein aus Äthiopiern bestehen und Jesus als das heilige Lamm Gottes anbeten.

In vielen Ländern der Welt gibt es Gruppen von Juden, die an Jesus glauben. Einige von ihnen sind sehr groß, andere wiederum klein. Aber wo immer man

Juden in größerer Zahl antrifft, findet man unter ihnen auch solche, die Jesus anbeten.

Obwohl überall auf der Welt Juden ihren Messias erkennen, steigt gerade in Israel die Aufregung und Spannung an. Aufregung darüber, was der HERR tut, und Spannung aufgrund des Widerstandes, der gegen sein Werk von seiten der religiösen Juden kommt, die großen Einfluß in Regierung und Gesellschaft haben. Ende der siebziger und Anfang der achtziger Jahre gab es im ganzen Land nur circa 300 Juden, die an den Messias Jesus glaubten. Als nach und nach eine geringe Zahl von Juden ihren Messias kennenlernte, stieg ein konstantes Flehen um kraftvolleres Wachstum zum Himmel auf.

Der Herr machte uns jedoch klar, daß er dies nicht in Erfüllung gehen lassen kann, da wir kein "Fahrzeug" haben, das imstande ist, diese Erweckung zu tragen. Als wir über diese Aussage nachdachten, erkannten wir, daß sie völlig zutraf. Wir waren ein bunt zusammengewürfelter Haufen. Einige Gruppen waren so klein, daß man sie nur mit sehr viel Phantasie als "Gemeinde" bezeichnen konnte! In den letzten Jahren haben sich jedoch in jeder größeren Stadt und auch in den meisten Ortschaften in Israel Gemeinden gebildet. Die meisten der Gläubigen sind stark im Herrn; viele haben große Unannehmlichkeiten und Verfolgung aufgrund ihres Glaubens ertragen müssen.

Im Gegensatz zu den 300 jüdischen Gläubigen im Jahre 1980 gibt es nun Tausende, die sich als Netzwerk über das ganze Land ziehen. Dieses Wachstum entstand durch die Kinder verheirateter Paare, durch Evangelisationen sowie durch Träume und Visionen, die Jesus als den Messias offenbarten. Das alles ist eine noch sehr neue Entwicklung.

Wenden wir einmal unseren Blick auf die im letzten Jahrzehnt zu Tausenden zum Messias Jesus gekommenen Gläubigen, können wir deutlich erkennen, daß ihre Zahl um 2.000 Prozent angestiegen ist. Zahlenmäßig ist dies - verglichen mit Ländern wie beispielsweise China- gering. Prozentual gesehen ist es eindeutig eine der größten, wenn nicht die größte Erweckungsbewegung unserer Zeit.

An einem Abend im Jahre 1978, zwei Jahre bevor ich nach Israel kam, nahm ich an einer charismatischen Konferenz in Christchurch in Neuseeland teil, in der das folgende prophetische Wort ausgesprochen wurde:

"Die Fackel ist entzündet worden und befindet sich auf ihrem Weg nach Jerusalem."

Dieses Wort traf mich in meinem Geist, auch wenn ich es zu dem Zeitpunkt noch nicht verstehen konnte. Ich habe es in einem Winkel meines Gehirns gespeichert. Einige Monate später sah ich, wie die Fackel entzündet wurde, die man in das Land trug, in dem die nächsten Olympischen Spiele abgehalten werden sollten. Sofort kam mir das prophetische Wort wieder in den Sinn, und ich konnte nun seine Bedeutung verstehen. Wie viele von Ihnen vielleicht wissen, ist Christchurch auf Neuseeland die am weitesten von Jerusalem entfernt liegende Stadt. Die Bibel sagt:

"... ihr werdet meine Zeugen sein (...) bis an das Ende der Erde" (Apg 1,8; rev. Elberfelder).

Das Evangelium ist bis nach Christchurch gelangt, dem buchstäblichen Ende der Erde, und war nun wieder auf dem Weg nach Jerusalem!

Das hat mich fasziniert. Im Jahr 1986, kurz vor *Jom Kippur* (dem Versöhnungstag), bereitete sich eine kleine Gruppe von uns darauf vor, auf die Straßen Jerusalems zu gehen und 1.000 hebräische Traktate zu verteilen, die bewiesen, daß Jesus die *kapparah* (das Sühnopfer) ist. Eine Massenverteilung von Traktaten hatte wegen der ganz realen Gefahren, die damit verbunden waren, zuvor in Jerusalem noch nicht stattgefunden. Sowohl religiöse wie auch nichtreligiöse Juden sind imstande, der Person oder dem persönlichen Eigentum von "Missionaren", wie die an Jesus Gläubigen genannt werden, ernsthaften Schaden zuzufügen. Wir dachten uns also eine Strategie aus, von der wir erhofften, einer religiösen Auseinandersetzung an jenem Abend entgehen zu können. Zu der Zeit war eine mit uns befreundete Christin aus Nigeria namens Chinyere bei uns zu Besuch. Chiny, wie sie sich nannte, war schüchtern und ging auf ihr Zimmer, während wir die letzten Vorbereitungen für das Hinausgehen trafen. Wir beteten, legten unsere Hände auf die Traktate und baten um den Schutz des Herrn für sie und auch für uns selbst mit der Bitte, daß keines dieser Traktate vergeudet werden möge.

Während wir beteten, hatte Chiny eine Vision. Nachdem sie sie meiner Frau Zipporah mitgeteilt hatte, schlug diese vor, sie an die ganze Gruppe weiterzugeben. Die Vision war wie folgt: Als wir die Hände auf die Traktate legten, sah Chiny einen "Stock", aus dessen oberem Ende Flammen kamen. Sie sagte dazu: "Ich glaube, ihr würdet es eine 'Fackel' nennen; und sie ging genau in der Mitte der Hauptstraße hier entlang!"

Augenblicklich wurde ich an die Prophetie erinnert, die einige Jahre zuvor über die olympische Fackel gegeben worden war. Sie war die ganze Zeit über auf ihrem Weg nach Jerusalem gewesen. Und sie kam genau an dem Tage an, als zum ersten Mal ein entscheidender Schritt unternommen wurde, um das Wort von Jesus, dem Messias, auch nach Jerusalem zu bringen!

ERBARMEN !

Der HERR erweist dem Hause Israel erneut großes Erbarmen. Er hat es zurück in sein Land verpflanzt und baut dort ein Fahrzeug, das die große Erweckung, die bald kommen wird, zu tragen vermag. Die Kinder Israel müssen nur noch kurze Zeit warten, bis das *"bis"* kommt, von dem im sechsten Kapitel des Buches Jesaja die Rede ist. Für viele ist dieser Augenblick schon da; sie sind wieder *"sein Volk"* geworden. Und auch das folgende befindet sich auf dem Wege zur Vollendung:

"Und ich will ihn mir in das Land einsäen und mich erbarmen über Lo-Ruhama, und ich will sagen zu Lo-Ammi: 'Du bist mein Volk', und er wird sagen: 'Du bist mein Gott'" (Hos 2,25).

Der Apostel Paulus erklärt:

"... und so wird ganz Israel gerettet werden ..." (Röm 11,26).

Es gibt einige, die glauben, daß mit *"ganz Israel"* die Gemeinde gemeint ist; diese Annahme ist jedoch vom Zusammenhang her nicht haltbar. Einige mögen richtig erkannt haben, daß hiermit die Juden gemeint sind; sie glauben und lehren jedoch, daß "ganz Israel" nur aus denen besteht, die als der "Überrest" des jüdischen Volkes, auf den in jenem Kapitel Bezug genommen wird, den Namen des Herrn anrufen. Ich persönlich habe noch nie angenommen, daß "ganz" mit "einigen" gleichzusetzen sei. Die Bezeichnung "ganz Israel" muß sich wortwörtlich auf alle Juden beziehen. Unabhängig davon, wie schwer es uns fällt, diese Tatsache anzuerkennen, sollten wir uns den Aussagen der Bibel beugen, die unerschütterlich sind und auf dieses Thema immer wieder zurückkommen. Hierzu folgendes Beispiel:

"Siehe, es kommt die Zeit, spricht der HERR, da will ich mit dem Hause Israel und mit dem Hause Juda einen neuen Bund schließen, nicht wie der Bund gewesen ist, den ich mit ihren Vätern schloß, als ich sie bei der Hand nahm, um sie aus Ägyptenland zu führen, ein Bund, den sie nicht gehalten haben, ob ich gleich ihr Herr war, spricht der HERR; sondern das soll der Bund sein, den ich mit dem Hause Israel schließen will nach dieser Zeit, spricht der HERR: Ich will mein Gesetz in ihr Herz geben und in ihren Sinn schreiben, und sie sollen mein Volk sein, und ich will ihr Gott sein. Und es wird keiner den andern noch ein Bruder den andern lehren und sagen: 'Erkenne den HERRN', sondern sie sollen mich alle erkennen, beide, klein und groß, spricht der HERR; denn ich will ihnen ihre Missetat vergeben und ihrer Sünde nimmermehr gedenken" (Jer 31,31 - 34).

"... da wird mir das ganze Haus Israel dienen, alle, die im Lande sind" (Hes 20,40).

Ein **neuer** Bund wird mit Israel geschlossen werden. Er wird nicht wie der alte Bund sein, den sie annehmen oder ablehnen konnten, sondern er wird durch den Heiligen Geist in ihre Herzen geschrieben werden. Er wird in ihr ureigenstes Wesen eingepflanzt werden und ein Grundbestandteil ihres Lebens sein, so daß sie in Wahrheit "Gottes Volk" genannt werden können. Jeder lebende Jude - vom einflußreichsten bis hin zum unbedeutendsten - wird Teil dieses Bundes sein, sobald er in vollem Ausmaß in Kraft tritt. Das ist die Verheißung, die ihnen der Heilige Israels gegeben hat. Und er hat noch nie eine Verheißung gegeben, die sich nicht erfüllt, und wird es auch niemals tun.

Lieber HERR!

Danke für das, was du unter dem jüdischen Volk tust. Danke für all die Verheißungen, die du gegeben und gehalten hast. Hilf mir, deine Werke, die du in diesen Tagen tust, erkennen zu können, und gib mir die Gnade, um ihre Erfüllung zu beten, damit Jesus wiederkommen und seine Braut zu sich nehmen kann. Amen.

12 DER EXODUS

Unsere Bezeichnung "Exodus" kommt von dem griechischen Wort *"exodos"*, das "Ausreise, Befreiung" bedeutet. Die Juden in Alexandria wandten es, als sie die hebräischen Schriften im dritten Jahrhundert vor Christus in die griechische *Septuaginta* übersetzten, auf die Israeliten an, die ihrer Gefangenschaft in Ägypten entkamen, und nannten das zweite Buch der griechischen Heiligen Schrift *Exodos*. So kam es auch in unsere heutigen Bibelübersetzungen.

Der Zeitpunkt des Exodus wird allgemein etwa auf das Jahr 1450 vor Christus festgelegt und war ohne Zweifel Anlaß zu vielen Diskussionen während der Jahrhunderte sowohl in religiösen als auch in nichtreligiösen Kreisen weltweit. Mein nichtreligiöser Nachbar in Jerusalem brachte mich eines Tages zum Lachen, indem er im Scherz bemerkte: "Wir Juden haben nicht mehr gearbeitet, seit wir aus Ägypten gekommen sind." Aber ob der Exodus auf ernsthafte oder spaßige Art und Weise erwähnt wird - die Tatsache bleibt bestehen, daß man 3.500 Jahre nach dem Ereignis immer noch darüber spricht. Und genau aus dem Grund hat der HERR die Israeliten genau so und nicht anders aus Ägypten geführt. Der HERR sprach zum Pharao:

"... dazu habe ich dich erhalten, daß meine Kraft an dir erscheine und mein Name verkündigt werde in allen Landen" (2. Mose 9,16).

Erinnern Sie sich an die im siebten Kapitel aufgestellte These, daß der HERR letztendlich alles für sich selbst tut, um sich einen Namen auf Erden zu machen? Und seine hervorragende Strategie wird im Laufe der Zeit deutlich offenbar! Rufen Sie sich auch den Inhalt des achten Kapitels über Segen und Fluch in Erinnerung, daß der HERR *diejenigen segnet, die das jüdische Volk segnen*, und umgekehrt *diejenigen verflucht, die es verachten*. Und wir sehen weiter im zehnten Kapitel, daß der HERR, als er zu Abram über die Unterdrückung seiner Nachkommen sprach, vorausschaute und die Strafe über Ägypten vorhersagte, 430 Jahre bevor sie wirklich stattfand:

"Aber ich will das Volk richten, dem sie dienen müssen" (1. Mose 15,14).

Der Exodus ist erwiesenermaßen eine geschichtliche Tatsache. Er wurde Jahrhunderte, bevor er stattfand, vorausgesagt und ist Jahrtausende danach noch immer Gegenstand der Diskussion.

DER ZWEITE EXODUS

Auch wenn der Exodus der Israeliten aus Ägypten eine geschichtliche Tatsache und heutzutage noch ein wichtiges Gesprächsthema ist, so wird es doch einen weiteren Exodus von sogar noch größerem Ausmaß geben:

"Darum siehe, es kommt die Zeit, spricht der HERR, daß man nicht mehr

sagen wird: 'So wahr der HERR lebt, der die Israeliten aus Ägyptenland geführt hat', sondern: 'So wahr der HERR lebt, der die Israeliten geführt hat aus dem Lande des Nordens und aus allen Ländern, wohin er sie verstoßen hatte.' Denn ich will sie zurückbringen in das Land, das ich ihren Vätern gegeben habe" (Jer 16,14.15).

Uns wird zunächst mitgeteilt, daß *"man nicht mehr sagen wird (...), sondern ..."*, was nichts anderes bedeuten kann, als daß etwas von noch größerer Wichtigkeit den bisherigen Gesprächsstoff ersetzen wird: *"... der die Israeliten geführt hat aus dem Lande des Nordens und aus allen Ländern ..."*. Uns wird hier mitgeteilt, daß die Rückkehr der Juden, der Kinder Israel, aus dem Lande des Nordens und aus den anderen Ländern den Auszug der Kinder Israel aus Ägypten noch übertreffen wird. Das "Land des Nordens" wird besonders hervorgehoben, und wir können durch den Aufbau dieses Textabschnitts eine gewisse Ähnlichkeit zwischen zwei Pharaos erkennen. Beim ersten Exodus gab es einen Herrscher, der es abgelehnt hat, die Kinder Israel ziehen zu lassen. Das Land mußte erst durch eine Reihe aufeinanderfolgender Plagen verwüstet werden, bis den Israeliten erlaubt wurde, das Land zu verlassen. Der zweite Auszug stellt nach der Bibel den ersten noch in den Schatten. Demzufolge werden die Israeliten, die während dieses zweiten Ereignisses leben, ebenso gegen ihren Willen im Lande des Nordens festgehalten, und es wird auch auf dieses Land eine Anzahl von Plagen kommen, bis die Israeliten in die Freiheit entlassen werden.

Unmittelbar im Norden Israels liegt die Gemeinschaft Unabhängiger Staaten oder, wie sie bis in die zweite Hälfte des Jahres 1991 hieß, die Sowjetunion. Hier lebte der drittgrößte Teil der jüdischen Weltbevölkerung. Nur in Israel und den Vereinigten Staaten gab es mehr Juden.

Während jedoch die Kinder Israel Sklaven in Ägypten waren und die niedrigste Arbeit zu verrichten hatten, arbeiten die Juden in der Sowjetunion größtenteils als Wissenschaftler, Ärzte, Rechtsanwälte und in anderen hochqualifizierten Berufen und machen einen großen Teil der Elite der Berufstätigen aus. Und so wie Mose einst vom HERRN zum Pharao in Ägypten gesandt worden ist, um für die Freilassung der Kinder Israel einzutreten, gingen Staatsführer sowie angesehene Männer und Frauen Gottes jahrelang zum Kreml in Moskau, um für das gleiche Recht für die Juden in der Sowjetunion zu bitten und ihnen so die Ausreise zu ermöglichen. Diese Leute erhielten jedoch die gleiche Antwort, die Mose damals vom Pharao bekommen hatte - "Nein!"

Zehn Katastrophen trafen Ägypten von der Hand des HERRN, was die Verwüstung des Landes zur Folge hatte. Muß man nicht auch die Lage, in der sich die ehemalige Sowjetunion in letzter Zeit befindet, unter diesem Aspekt sehen? Zeitungen und Nachrichtenmagazine der ganzen Welt geben uns Auskunft über die schrecklichen Verhältnisse, die in Rußland und den anderen Mitgliedstaaten der GUS herrschen. Über das Atomunglück von Tschernobyl, das sich im April 1986 ereignete und als "die schlimmste nukleare Katastrophe der Weltgeschichte in Friedenszeiten"[1] eingestuft wird, hat man inzwischen bekanntgegeben, daß nicht nur 3.000 Menschen getötet wurden, wie die sowjetischen Medien offiziell berichteten, sondern daß der Atomunfall Schätzungen zufolge nahezu 300.000 Menschenleben gefordert hat und daß sich die Verseuchung durch radioaktive Strahlung in dem Gebiet immer noch weiter ausbreitet.[2]

Der finanzielle Zusammenbruch hat die einstige "Supermacht" nun an einen Punkt gebracht, an dem sie nur noch den Rang einer Nation der Dritten Welt einnimmt, und die russischen Führer bitten die Nationen nun um "Notkredite" in Milliardenhöhe, um davon Getreide für die hungrigen Massen kaufen zu können und so eine Hungersnot abzuwenden.[3] Der Rubel als Währung ist wertlos geworden.[4] Wodka, der die gegenwärtigen Schmerzen betäubt, ist mittlerweile mehr wert als der Rubel. Gemüse, insbesondere Kartoffeln, sind von Krankheiten befallen und verfaulen vor der Ernte, was zu einer schwerwiegenden Lebensmittelknappheit geführt und die Russen an den Rand einer Hungersnot gebracht hat. Einen großen Teil an Nahrungsmitteln gibt es nur in äußerst geringen Mengen, so daß die Menschen sich über vier Stunden anstellen müssen, nur um einen Laib Brot zu bekommen! Und oft geschieht es, daß kein Brot mehr da ist, wenn der Käufer endlich an die Reihe kommt. Schlägereien und Rempeleien sind an der Tagesordnung in den Lebensmittel-Schlangen, die sich zum Teil über mehrere Häuserblöcke entlang hinziehen.[5] Im Oktober und November 1990 stiegen die Lebensmittelpreise in den nichtstaatlichen Läden in nur drei Wochen um 1.000 Prozent an![6] Eine 30 Zentimeter lange Wurst kostet beinahe die Hälfte eines durchschnittlichen Monatsgehaltes.[7] Die Benzinpreise sind in die Höhe geschossen, so daß es einen normal verdienenden Russen mittlerweile ein ganzes Wochengehalt kostet, wenn er den Tank seines Autos füllen will.[8]

"Ich bin meinem Land mein ganzes Leben lang treu gewesen", sagt eine 79jährige Witwe, als sie in einer Suppenküche um ein warmes Essen ansteht. "Ist das hier nun der Lohn dafür? Ich habe kein Geld und keine Hoffnung mehr."[9]

Die Läden sind leer. Es gibt nichts mehr zu kaufen:

"Meine Tochter ist sieben Jahre alt. Sie wünscht sich eine Barbiepuppe", sagt Marina, während ihr die Stimme zu versagen droht. "Ich bin bereit, mehr als ein Wochengehalt für eine Barbiepuppe herzugeben, aber es ist einfach unmöglich, hier eine zu bekommen."[10]

Die größte Demütigung für die Führer der Sowjetunion schmückte schließlich im September 1991 die Schlagzeilen der ganzen Welt:

"DIE SOWJETUNION IST AM ENDE"[11]

Ein bekannter russischer Physiker faßte die Situation der zerfallenden Gesellschaft, in der er lebt, wie folgt zusammen:

"Unsere Wirtschaft befindet sich in einem totalen Chaos, unsere Armee ist auf dem Rückzug, die politische Union ist auseinandergebrochen. Wir haben alles außer einer militärischen Niederlage im klassischen Sinne gehabt."[12]

So wie der Zusammenbruch Ägyptens unter dem Pharao die Kinder Israel aus der Unterdrückung befreit hat, hat der Zerfall der Sowjetunion, wenn auch zum Teil durch behördliche Bearbeitungsprobleme verzögert, den Juden die Freiheit eingebracht, ihrer Bedrängnis entfliehen zu können. Sehr emotional gehaltene Schlagzeilen auf der ganzen Welt haben die Freilassung der sowjetischen Juden verkündet. Eine große New Yorker Zeitung hat diesem Ereignis eine ganze Seite gewidmet. Sie veröffentlichte ein halbseitiges Foto von sowjetischen Juden, die sich bei ihrer Ankunft in Israel weinend in den Armen lagen. Die riesige Überschrift dazu besagte:

"SO FÜHLT MAN SICH, WENN MAN NACH 2.000 JAHREN NACH HAUSE KOMMT."[13]

Sogar ein buddhistisches Land berichtete von der jüdischen Einwanderungswelle auf der Titelseite einer Zeitung unter folgender Überschrift:

"Tausende sowjetischer Juden strömen nach Israel."[14]

Und weiter lesen wir:

"Täglich strömen etwa 3.000 Einwanderer in das Land."[15]

Mehrere hunderttausend sowjetische Juden sind bis jetzt in Israel angekommen. Sie belasten die geringen Reserven einer winzigen Nation. Sie haben allen verfügbaren Wohnraum und jedes freie Hotelzimmer in Anspruch genommen und leben in Container-Dörfern, die im ganzen Land verteilt sind. Und es befinden sich in Rußland noch weitere 1,2 Millionen Sowjetjuden, von denen es heißt, daß sie

"... auf ihren Koffern sitzen und auf eine günstige Gelegenheit warten, um ausreisen zu können."[16]

Weitere Hunderttausende warten auf ein Ausreise-Visum. Der Transport nach Israel stellt ein Problem dar, da der normale Luftverkehr nicht auf solch großangelegte Operationen eingestellt ist. Schiffe sind jetzt im Einsatz, um das Volk heimzubringen, doch auch sie reichen nicht aus, gemessen an der großen Zahl von Menschen, die befördert werden müssen.

Skandinavische Christen, denen durch den Heiligen Geist der kommende Exodus aus Rußland aufgezeigt worden ist, haben Jahre mit Gebet und Vorbereitung zugebracht. Sie haben Unterkünfte und Nahrungsmittel für die Menschenmassen zur Verfügung gestellt. Ein Heer von Bussen und Privatfahrzeugen wartet geduldig auf seine Passagiere.[17] Sie warten auf die Endphase des zweiten Exodus, die Ausreise der russischsprachigen Israeliten auf dem Landweg und zu Fuß.

Die in Rußland geborenen Kinder Israel in das verheißene Land zu befördern, hat sich also als weit schwieriger herausgestellt, als die in Ägypten geborenen Kinder Israel dorthin zu bringen. Auch jetzt ist noch kein Ende dieses Unternehmens abzusehen. Zweifellos hat der HERR es so arrangiert, daß der letzte Teil dieser Operation den vorangegangenen noch übertrifft. Eines jedoch wissen wir: daß der russische Exodus auf dem Weg ist. Das Durchqueren von Meer und Himmel stellt für den Herrn des Universums kein größeres Hindernis dar als die Teilung des Roten Meeres oder des Jordans. Er ist der Architekt der gesamten Schöpfung. *Njet*, wir werden nicht mehr lange warten müssen.

Lieber HERR!

Wir stehen voller Ehrfurcht vor dir, wir stehen in Ehrfurcht vor deiner Kraft und deiner Macht. Du zerschmetterst die größte Militärmacht der Welt und zwingst sie in die Knie. Du vernichtest Nationen, hältst das Wasser der Meere und Flüsse zurück und bringst Stadtmauern zum Einstürzen; und das alles um deines Volkes willen. O Gott, bring dein Volk heim. Hole sie zurück, daß die Völker von deinen Werken sprechen mögen und deinen Namen in Ewigkeit verherrlichen. Amen.

13 DIE WANDERSCHAFT

Nachdem die Kinder Israel aus Ägypten gezogen waren, wanderten sie 40 Jahre lang im Kreis in der Wüste umher. Diesen unfreiwilligen Aufenthalt in dürrem Land mußten sie aufgrund ihres Unglaubens ertragen. Und doch geschah es in dieser rauhen Umgebung, daß der HERR auf dem Berg Sinai einen Bund mit dem Hause Israel schloß und ihnen die *Torah*, das Gesetz des Mose, gab.

Israel ist niemals dazu imstande gewesen, das Gesetz zu halten. Immer wieder setzte es den Bund, den es mit dem HERRN am Sinai geschlossen hatte, entweder durch bewußten Ungehorsam oder einfach durch menschliches Versagen außer Kraft. Es war ihm tatsächlich unmöglich, Gottes Gebote zu halten; die Juden waren

"... unter dem Gesetz verwahrt und verschlossen auf den Glauben hin, der dann offenbart werden sollte. So ist das Gesetz unser Zuchtmeister gewesen auf Christus hin ..." (Gal 3,23.24).

Die Unfähigkeit der Israeliten, das Gesetz zu halten, machte sie zu Gefangenen unter dem Gesetz. Auch wenn sie jedes der Gebote außer einem einzigen erfüllen mochten, war es dennoch so, als ob sie sich am ganzen Gesetz schuldig machten; sie hatten es gebrochen. Ihre beständige Unfähigkeit, das Gesetz zu halten, brachte ihnen nur noch mehr ihren erbärmlichen Zustand ins Bewußtsein:

"... 'Verflucht sei jeder, der nicht bleibt bei alledem, was geschrieben steht in dem Buch des Gesetzes, daß er's tue!' " (Gal 3,10).

Dieses Gesetz war dazu bestimmt, die Kinder Israel mit der Tatsache zu konfrontieren, daß es absolut unmöglich war, auf ihre eigene Vortrefflichkeit zu vertrauen, um Erlösung zu erlangen. Es sollte tief in die Herzen der Israeliten geschrieben werden, daß sie einen Erlöser nötig haben. Und im Blick auf diesen Erlöser verheißt der HERR, einen neuen Bund mit dem Hause Israel zu schließen:

"Siehe, es kommt die Zeit, spricht der HERR, da will ich mit dem Hause Israel und mit dem Hause Juda einen neuen Bund schließen, nicht wie der Bund gewesen ist, den ich mit ihren Vätern schloß, als ich sie bei der Hand nahm, um sie aus Ägyptenland zu führen, ein Bund, den sie nicht gehalten haben, ob ich gleich ihr Herr war, spricht der HERR; sondern das soll der Bund sein, den ich mit dem Hause Israel schließen will nach dieser Zeit, spricht der HERR: Ich will mein Gesetz in ihr Herz geben und in ihren Sinn schreiben, und sie sollen mein Volk sein, und ich will ihr Gott sein" (Jer 31,31 - 33).

Der neue Bund, den der HERR schließen will, wird ein geistlicher Bund sein -einer, der in das Herz und den Sinn der Kinder Israel geschrieben werden soll durch Jesus, den Messias Gottes (siehe den letzten Abschnitt des elften

Kapitels). Dieser neue Bund wird mit einem wiedervereinigten Israel geschlossen werden. Das Nordreich Israel und das Südreich Juda werden wiedervereinigt werden, und beide sollen dem neuen Bund angehören. Daß in diesen Bund das ganze Haus Israel mit eingeschlossen ist, wird aus der oben angegebenen Bibelstelle und anderen Textstellen, wie zum Beispiel der folgenden, deutlich:

"So spricht Gott der HERR: Siehe, ich will das Holz Josefs, das in der Hand Ephraims ist, nehmen samt den Stämmen Israels, die sich zu ihm halten, und will sie zu dem Holz Judas tun und ein Holz daraus machen, und sie sollen eins sein in meiner Hand" (Hes 37,19).

Die Wüste, in der die Kinder Israel sich 40 Jahre lang nach ihrem Auszug aus Ägypten aufhielten, war eine natürliche Wüste. Der Bund, den sie am Sinai durch die Hand Moses empfangen hatten, war ein natürlicher Bund, auf natürliche Steinplatten geschrieben.

Seit der Staat Israel im Mai 1948 ins Leben gerufen wurde, sind die Kinder Israel im wahrsten Sinne des Wortes in einer "geistlichen" Wüste umhergeirrt. Während dieser Zeit gab es nur ein einziges Ziel - zu überleben! Nach Jahrtausenden der Verfolgung ist der Überlebensdrang des jüdischen Volkes ungebrochen. Der gewöhnliche Israeli beschäftigt sich nur äußerst selten mit der Frage nach der Existenz Gottes. Die meisten Israelis sind weltlich eingestellt, das heißt an religiösen Dingen nicht interessiert. Und sogar über die religiösen Israelis hat einmal jemand, der aus ihren eigenen Reihen stammt, folgendes gesagt:

"Die jüdische Gemeinde ist die ungläubigste auf der ganzen Welt."[1]

Auch unter denen, die sich nach außen hin an die Vorschriften des Judentums halten, hegen viele Zweifel an der Existenz Gottes. Was sagt die Schrift hierzu?

"Denn Gott hat alle eingeschlossen in den Ungehorsam, damit er sich aller erbarme" (Röm 11,32).

Das hier mit "eingeschlossen" übersetzte Wort ist das griechische Wort *synkleio*, was soviel wie "zusammen einschließen" bedeutet. Wir können diese Stelle daher folgendermaßen frei übersetzen: *Gott hat sie alle zusammen in den Unglauben eingeschlossen, damit er ihnen allen sein Erbarmen erweisen kann.* Denken wir noch einmal an das Wort in Jesaja 6,10 zurück: *"Verstocke das Herz dieses Volks und laß ihre Ohren taub sein und ihre Augen blind, daß sie nicht sehen mit ihren Augen noch hören mit ihren Ohren noch verstehen mit ihrem Herzen und sich nicht bekehren und genesen."*

In den letzten Jahren sind Berichte über Menschen veröffentlicht und verbreitet worden, die sich religiösen Sekten oder dem Okkultismus angeschlossen haben. Es wird angenommen, daß der Anteil der Juden an dieser Personengruppe bei 50 bis 70 Prozent liegt! Ich kann die Richtigkeit dieser Statistik nicht belegen, aber ich kann wahrheitsgemäß sagen, daß mehrere Juden aus meinem persönlichen Bekanntenkreis, die an den Messias Jesus zum Glauben gekommen sind, auf ihrer unbewußten Suche nach Wahrheit in den Okkultismus verstrickt waren. Das jüdische Volk geht im Kreis in einer geistlichen Wüste. Sie tappen blind umher in der Hoffnung, das große Vakuum in ihrer Seele mit der einen Realität ausfüllen zu können, der zu dienen sie geschaffen sind.

Genauso, wie die Seele der meisten Juden in der "geistlichen" Wildnis umherirrt, so tut es auch der jüdische Staat. Es hat im vergangenen Jahr sehr viel Unterstützung für die Schaffung einer nationalen Heimat für die Juden gegeben. Aber seitdem die Araber in erpresserischer Art und Weise immer stärkeren Druck auf andere Nationen ausübten, entweder Israel zu boykottieren oder aber auf das Öl zu verzichten, schwindet auch die Unterstützung, die Israel bislang genossen hat, allmählich dahin. Alle Mitgliedsstaaten der Arabischen Liga halten sich an diesen Boykott, der nicht nur alle Handelsbeziehungen zwischen ihnen und dem "Zionistischen Gebilde" untersagt, sondern auch alle westlichen Geschäftsverbindungen mit Israel auf eine "Schwarze Liste" setzt - und zum Teil sogar "Firmen, die Geschäftsverbindungen zu Firmen haben, die mit Israel Geschäfte machen".[2] Hunderte von europäischen Firmen gehen inzwischen regelmäßig auf die Forderung ein, jeglichen Verbindungen zu Israel abzuschwören.[3] Es ist schon beinahe unglaublich, wie weit sich europäische Firmen erniedrigen in ihrem sklavischen Bemühen, die Araber zu besänftigen. Hunderte von Firmen bestätigen regelmäßig, daß sie keine jüdischen Arbeitnehmer haben![4] Aber es ist nicht nur Europa, das sich auf diese arabische Erpressung eingelassen hat. Auch in japanischen Firmen hat es viele Fälle gegeben, in denen diese sich dem arabischen Boykott gebeugt haben.[5] Und sogar die Medienriesen *Time Magazine* und *Newsweek* versuchen, die Araber zu beschwichtigen, indem sie alle Israel betreffenden Beiträge nicht unter ihre nahöstlichen, sondern unter die europäischen Ausgaben aufnehmen![6] Sie drucken dann spezielle europäische Ausgaben, die "Israel-frei" sind (das heißt, diese Ausgaben enthalten keine israelische Werbung und werden nicht in Israel verkauft).[7] Ausgaben wie diese

"... dienen den Bedürfnissen von Firmen, die sogar den Anschein zu vermeiden versuchen, daß auch nur die Bilder ihrer Produkte von israelischen Augen gesehen werden könnten. Und auch wenn es unmöglich ist, genaue Zahlen anzugeben, so hat dieser Boykott die israelische Wirtschaft bereits Milliarden Dollar durch den Verlust von Handelsbeziehungen sowie von Auslandsinvestitionen gekostet."[8]

Zu der wirtschaftlichen Isolierung Israels kommt die negative Presse gegen Israel durch die Nachrichtenmedien der Welt. Zu sagen, die Presse sei grundsätzlich "einseitig gegen Israel eingestellt", ist eine grobe Untertreibung. Israels Ansehen hat unter den gezielten Anschuldigungen ausländischer Medien sehr gelitten. Nun könnte die Frage gestellt werden: "Führen die Medien die Öffentlichkeit vorsätzlich in die Irre?" Die Antwort darauf wäre ein eindeutiges "Ja!". Die Medien, ganz besonders die amerikanischen Fernsehsender, sind sich der gewaltigen Macht, auf die politischen Entscheidungen ihrer Regierung Einfluß zu haben, bewußt, und sie sind stolz darauf. Auch riesige Finanzetats, üppige Gehälter (erfahrene amerikanische Fernsehreporter erhalten ein mit dem eines Filmstars vergleichbares Gehalt[9]) und einflußreiche Einzelpersonen spielen eine gewichtige Rolle. Sowohl die Politiker als auch die Massen werden durch sorgfältig ausgewählte, ins Unterbewußtsein dringende Hintergrundbilder, Licht- und Toneffekte manipuliert, die zu bestimmten Sendezeiten eingesetzt werden, wenn die Leute hungrig oder müde und damit nur teilweise aufnahmefähig sind (Wenn Sie alles über diese Methoden erfahren wollen, lesen Sie das Buch des erfahrenen amerikanischen Journalisten Jim Lederman *"Frontlinien: Die amerikanischen Medien und die Intifada"*, Henry Holt, New York 1992). Es kommen in den einzelnen Ausschnitten keine eigentlichen Fehler oder Lügen vor. Daher sind die Medien beinahe außerhalb der Reichweite des Gerichts. Aber wenn diese Ausschnitte, die zum Teil mehrere Jahre auseinanderliegen, zusammengeschnitten und dann als Ganzes gezeigt werden, können die gefühlsmäßigen Reaktionen der Zuschauer durch das, was sie aufnehmen, je nach Laune der für das Programm Verantwortlichen manipuliert werden.

So hat zum Beispiel der Bericht von Dean Reynolds, dem Chefreporter von "ABC-TV", einer von Amerikas größten Sendern, über die Ereignisse auf dem Tempelberg im Oktober 1990 zu den negativen Auswirkungen auf Israel sowohl seitens des Weißen Hauses wie auch der UNO beigetragen, indem man bewußt zwei verschiedene Ereignisse im Film so miteinander verbunden hat, daß sie als zusammenhängend erscheinen mußten. Durch die manipulierte Bildauswahl und die zu den Bildern passende falsche Story haben die Zuschauer eine negative Meinung über Israel erhalten, was der Hauptzweck dieser Berichterstattung war. Reynolds Berichterstattung wurde heftig von seiten der israelischen Presse kritisiert:

"Unverblümte, dreiste Erfindungen (...) Lügen ... "[10]

Einen Film zusammenzuschneiden, um die Einstellung des Zuschauers zu Ereignissen zu beeinflussen, ist ein alter Trick. Die Nazis haben vollen Gebrauch davon gemacht in vielen ihrer 1.400 antisemitischen Propaganda-Filme, die in den Jahren 1939 -1945 produziert worden sind, um so die nötige Unterstützung für die "Endlösung", die Ausrottung des jüdischen Volkes, zu bekommen.

Mike Wallace, Star der seit Jahren sehr beliebten Sendung *60 Minutes* von "CBS-TV", hat von dem gleichen Vorfall Bericht erstattet und sich der gleichen Technik bedient, und brachte somit Israel in den Augen des amerikanischen Volkes in Verruf. Bewußt nahm er einen Ausschnitt aus einer älteren Pressekonferenz mit dem ehemaligen stellvertretenden Außenminister Benjamin Netanjahu und erweckte so den Eindruck, als wäre es zum gleichen Zeitpunkt aufgenommen worden, und fügte noch Teile eines Interviews mit Teddy Kollek, Jerusalems Bürgermeister, hinzu - beides aus dem Zusammenhang gerissen und ohne zeitliche oder sachliche Beziehung zueinander. Kollek mußte nun glauben, über etwas total anderes interviewt worden zu sein, was gegen die Regeln des Fernsehens verstößt. Kollek protestierte beim CBS dagegen und sagte unter anderem:

"... Mike Wallace hat mich vorsätzlich benutzt ... "[11]

Wallaces vorrangiger Berater bei der Produktion war ein bekannter Wortführer der PLO-Terroristen[12], und diese beiden brachten eine höchst verdrehte und unwahre Wiedergabe der Dinge, die nicht nur das Weiße Haus und die amerikanischen Fernsehzuschauer beeinflußte, sondern auch noch den Haß der Moslems gegen Israel neu entfachte. Aufgrund dieser Fernsehsendung hat ein berühmter israelischer Zeitungsherausgeber Wallace und das CBS in einer aus drei Artikeln bestehenden Serie verurteilt. Der dritte Artikel enthielt einen Nachsatz, der folgendermaßen endete:

"Unschuldige Juden, die Opfer islamischer Messerstecher geworden sind, haben für diese Lüge mit ihrem Leben bezahlen müssen. Aber wir können natürlich nicht erwarten, daß Wallace und seine Kollegen über solche Dinge nachdenken, wenn sie eine sensationelle TV-Show produzieren."[13]

Und so wie große Fernsehstationen ihre Zuschauer nicht unwissentlich in die Irre führen, tun es auch die großen Zeitungsherausgeber nicht unwissentlich. Sowohl das *Time Magazine* als auch die *Newsweek* sind dabei ertappt worden, Bilder gefälscht zu haben, um die israelische "Unterdrückung" der palästinensischen Araber zu illustrieren.[14] So wie die Fernsehsender wissen auch sie sehr gut um die Macht eines bildlichen Eindrucks und daß "ein Bild mehr sagt als tausend Worte".

Aber nicht alle ausländischen Nachrichtenmacher oder Zeitungsherausgeber sind unmoralisch oder anti-israelisch eingestellt. Ein ehrlich gesinnter Journalist[15] sprach sich gegen die, wie er es nannte, "unfaire" und "einseitige" Berichterstattung über Israel aus. Sein Artikel schloß mit einer durchaus richtigen Einschätzung der Gründe der Medien, anti-israelische Nachrichten zu verbreiten:

"Was ist der Grund dieser Einseitigkeit - die Wertschätzung für die israelische Moral oder für das arabische Öl?"[16]

Es ist allgemein bekannt, daß diejenigen, denen die Medien gehören, bestimmen, was wann gesendet oder veröffentlicht wird. Im Jahre 1988 wurden wir während unseres Dienstes in Neuseeland durch den Verantwortlichen für die bei der Neuseeländischen Rundfunkanstalt eingehenden Nachrichten darüber aufgeklärt, daß die Regierung, der die Rundfunkanstalt gehört, ausschließlich solche Sendungen für ihren einkanaligen Fernsehsender zuläßt, durch die Israel in ein schlechtes Licht gerückt wird. Die amerikanischen Medien sind jedoch bei weitem die einflußreichsten der Welt und haben Israel bis jetzt den größten Schaden zugefügt. Wir mögen uns nun fragen: "Wem gehören die amerikanischen Medien?" Dazu folgendes:

"Zehn Handels- und Finanzgesellschaften kontrollieren drei der vier größten Fernseh- und Radiosender, 59 Zeitschriften (unter anderem das *Time Magazine* und die *Newsweek*) sowie 58 Zeitungen einschließlich der *New York Times*, der *Washington Post* und der *Los Angeles Times*. Drei Viertel der Hauptaktionäre von ABC, CBS und NBC sind Banken wie die Chase Manhattan Bank, der Morgan Guarantee Trust, die Citibank und die Bank of America (...). Einige von ihnen nehmen direkten Einfluß auf die Nachrichten und die allgemeinen Veröffentlichungen."[17]

Und was geschieht, wenn die Erdölindustrie großen Einfluß auf die Führung der Nachrichtenmedien nimmt? Dies ist jetzt nicht nur eine rein theoretische Frage, denn:

"Repräsentanten der Ölbranche sitzen im Aufsichtsrat der mächtigsten Nachrichtenmedien."[18]

Jeder einzelne dieser Direktoren ist gesetzlich verpflichtet, zum Besten der Gesellschaft, in deren Aufsichtsrat er sitzt, zu handeln. Die Folge davon:

"Hinsichtlich des arabisch-israelischen Konflikts, bei dem Hunderte Milliarden Petrodollar eine Rolle spielen, bedarf es nur wenig Phantasie, um herauszufinden, wo die Interessen der Direktoren liegen, die in Öl und Banken investieren."[19]

Viele Journalisten sind genötigt worden, Kompromisse mit ihren persönlichen und moralischen Ansichten einzugehen, nur um sich und ihre Familien ernähren zu können:

"Während des normalen Vorgangs der Einstellung und der Kündigung von Reportern, Redakteuren, Schreibern und Produzenten entfernen die beteiligten Gesellschaften stillschweigend diejenigen, die nicht ihren Wünschen entsprechend arbeiten. (...) Jeder, der glaubt, ein Schreiber habe völlige Freiheit, kann genausogut glauben, daß Märchen wahre Geschichten sind."[20]

Die frisierte, halbwahre und einseitige Berichterstattung über Israel fließt aus demselben schwarzen Schlamm, der auch die wirtschaftlich und politisch einseitige Haltung gegen Israel hervorgebracht hat. Der Aufkauf der *United Press International* (UPI) durch einen Araber aus Saudi-Arabien im Juni 1992 heizt die weltweite anti-israelische Haltung nur noch an. Die *United Press International* ist eine der größten Nachrichtenagenturen der Welt, und die meisten regionalen Zeitungen im Westen erhalten die Nachrichten aus dem Nahen Osten durch Nachrichtenagenturen. Innerhalb von wenigen Wochen, nachdem Walid Ibrahim, Besitzer des in London eingetragenen *Middle East Broadcasting Center*, die bankrotte "UPI" für vier Millionen Dollar aufgekauft hatte, bekam Israel schon den Stachel des neuen Besitzers zu spüren. Aufgrund einer anti-israelischen Meldung aus Jerusalem, die in der *Toronto Sun* veröffentlicht wurde, hat David Bar-Illan, der Herausgeber der *Jerusalem Post,* die "UPI" zur Rede gestellt und sie öffentlich beschuldigt, folgendes veröffentlicht zu haben:

"... eine ausgesprochen boshafte Lüge ... "[21]

Für Öl stellen sich die Nationen gegen Israel. Und für Gewinn sind die Firmen schnell bereit, jegliche Verbindung mit dieser Nation aufzugeben. Aus den gleichen Gründen ist ein großer Teil der Nachrichtenmedien bereit, die Gedanken der weltweiten Massen mit anti-israelischem Schmutz zu füttern.

Und wie ist es mit den "unparteiischen" Vereinten Nationen und ihrer Rolle als Vermittler? Auch hier gibt sich Israel keinen Illusionen und Hoffnungen hin, daß sich das UN-Hauptquartier nur zufällig an dem Ort befindet, der allgemein als der "Berg des Bösen Rates" bekannt ist (dort gab Ahitofel Absalom Anweisungen, wie er David das Königreich zu entreißen hatte, siehe

2. Samuel 16,21 - 17,3). Boutros Boutros-Ghali, der derzeitige Generalsekretär, ist Araber, und zum Sicherheitsrat gehört ein ständiger PLO-Repräsentant sowie zwei arabische Mitglieder! Die anti-israelische Haltung der Vereinten Nationen ist offensichtlich:

"Der UN-Sicherheitsrat (...) hat es geschafft, etwa 30 Prozent seiner Sitzungen und ein ganzes Drittel seiner Beschlüsse Israel zu widmen."[22]

Und bevor Saddam Hussein in Kuwait einmarschierte, hat es niemals eine Resolution gegen einen arabischen Staat gegeben; nicht einmal, als der syrische Präsident Hafez el-Assad 1982 persönlich anordnete, 20.000 Menschen aus der Stadt Hama, die einer rivalisierenden Sekte angehörten, hinzurichten und die Stadt unter einem Schutthaufen zu begraben.[23] 1982 entdeckte Israel UN-Einrichtungen im Libanon, die regelmäßig als PLO-Trainingslager genutzt wurden![24]

Bezüglich des "Untersuchungs"-Teams der Vereinten Nationen, das wegen des Vorfalls auf dem Tempelberg im Jahre 1990 nach Jerusalem gehen wollte, gaben Auslandsartikel folgenden Bericht darüber ab, warum die israelische Regierung diesem Team verweigerte, nach Israel zu kommen:

"Wie kann man dieser Mission, die authentische Informationen zu gewinnen vorgibt, Glauben schenken, wenn der Sicherheitsrat (...) bereits bestimmt hat, wer der Schuldige ist? Was auch immer der Tatbestand ist, es kann nicht geleugnet werden, daß die Mehrheit gegen den jüdischen Staat ist."[25]

"Sieht man sich die Geschichte der Vereinten Nationen im Hinblick auf ihre anti-israelischen und antijüdischen Äußerungen einmal genauer an, so ist es nicht weiter verwunderlich, daß die israelische Regierung in diesem Fall nicht zur Zusammenarbeit bereit war."[26]

So wurde diese Aktion der UNO von dem unvoreingenommenen Teil der ausländischen Presse denn auch kommentiert als:

"die neueste Äußerung des anti-israelischen Reflexes der UNO."[27]

Politischer, wirtschaftlicher und religiöser Fanatismus gegen eine winzige Nation in dem Bemühen, sie zu isolieren und ihre Existenz zu zerstören, kann sich unterschiedlich äußern. Regierungen zum Beispiel lassen falsche Informationen in die Medien "durchsickern" in der Absicht, eine negative Reaktion der Öffentlichkeit gegen Israel hervorzurufen. Mit solchen heimtückischen "Leckstellen" haben die Vereinigten Staaten sich in der letzten Zeit besonders hervorgetan. Eine der letzten dieser Falschmeldungen bezog sich auf die Patriot-Rakete, die 1991 der "Held" des Golfkrieges war und die Israel - laut Bericht - an China weiterverkauft haben soll. Ein entrüsteter amerikanischer Zeitungsmann stellte diesbezüglich die Frage:

"Wie ging es nun mit der großen "Leck"-Geschichte über die Patriot-Rakete weiter? Ist sie einfach verschwunden, nur weil Israels Ansehen nicht wie geplant geschädigt worden ist? Es hat sich auf jeden Fall herausgestellt, daß die Regierung von Präsident Bush die Kunst des Durchsickern-Lassens auf unerreichte Höhen beziehungsweise in ungeahnte Tiefen geführt hat, (...) als bekannt wurde, daß die Behauptungen über die Patriot-Rakete schlicht gelogen waren."[28]

Am 6. Oktober 1973 beging Israel seinen heiligsten Feiertag, den *Jom Kippur*, den Versöhnungstag. Die Bevölkerung fastete, so wie es das Gesetz vorschreibt, und man besuchte die Synagoge. An diesem schicksalhaften Tag marschierten nun die Armeen arabischer Nationen, angeführt von Ägypten und Syrien, in Israel mit einer riesigen Anzahl von Truppen und Waffen ein. Der größte Teil der israelischen Berufsarmee war an diesem hochheiligen Tag zu Hause. Die wenigen auf ihren Posten auf den Golanhöhen und der Bar-Lev-Linie in der Wüste Sinai zurückgebliebenen Truppen wurden von den angreifenden Armeen buchstäblich ausgelöscht. Als die Leute nach fünfstündigem Gottesdienst schließlich aus den Synagogen kamen, befanden sie sich - mal wieder - im Krieg. Nachdem man schnellstmöglich mobilisiert hatte, schlugen die Israelis zurück; doch sie hatten zunächst schwere Verluste unter den besten jungen Männern des Landes hinnehmen müssen. Israel befand sich in wirklicher Gefahr, diesen Krieg zu verlieren und als jüdische Nation ausgelöscht zu werden. Die Frauen und Mütter weinten, die IDF (Israel Defence Forces - Israelische Verteidigungsarmee) kämpfte, und der Feind wurde überwältigt und aus Israel heraus weit in sein eigenes Land zurückgedrängt. Nach dem Krieg, während Israel noch seine Toten zählte, **brachen 61 Nationen ihre diplomatischen Beziehungen zu Israel ab**! Das "schwarze Gold" hatte ein weiteres Mal die Regierungen der Nationen davon "überzeugt", daß die eigentlichen Angreifer unschuldig waren und Israel arabisches Land an sich reißen wollte.

Der heutige Staat Israel befindet sich in einer Wüste, umgeben von feindlich gesinnten Nationen, so wie auch die Kinder Israel einst, als sie in der Wüste nach dem Befehl ihres Gottes umherwanderten. Die Kinder des Exodus erfuhren weder Barmherzigkeit noch Hilfe von denen, die in ihrer Umgebung waren. Und genausowenig Barmherzigkeit und Hilfe wird auch den Kindern des so wunderbar wiedergeborenen Staates Israel erwiesen.

Weil er sich durch seine Belohnung verführen ließ, war der Prophet Bileam bereit, das jüdische Volk zu verfluchen. Und viele Leute sind auch heutzutage aus dem gleichen Grund dazu bereit, diejenigen zu verfluchen, die der HERR gesegnet hat.

Israel, dem man verweigert hat, sich in größerem Ausmaß auf dem Weltmarkt zu beteiligen, und das zu Unrecht verurteilt wird, läuft wie wild in einer feindlichen Umgebung umher und wird gegen seinen Willen isoliert. Weil es geistlich blind ist, kann es nicht erkennen, wohin es durch diese Isolierung geführt werden soll:

"Darum siehe, ich will sie locken und will sie in die Wüste führen und freundlich mit ihr reden" (Hos 2,16).

Israel wird in die Wüste gelockt. Und dort wird der HERR freundlich mit ihm reden. Es geschah in der Wüste Sinai, daß die Kinder Israel das Gesetz erhielten und in einen Bund mit dem HERRN traten: den Bund, den sie nicht zu halten vermochten und der dazu bestimmt war, sie in die Erkenntnis des Messias zu führen. Und in diesem leeren, zerbrochenen Zustand in einer zunehmenden Isolierung von den Nationen der Welt wird Israel in den verheißenen Bund treten, von dem im 31. Kapitel des Buches Jeremia die Rede ist. Der über 2.000 prozentige Anstieg der Glieder des Leibes Christi in Israel während der letzten zehn Jahre ist Zeugnis genug dafür, daß der neue Bund heute in der Wüste geschlossen werden soll.

Lieber HERR!
Gerechtigkeit ist nur in dir zu finden. Danke für die Gewißheit, durch die du uns tröstest, daß trotz der Ungerechtigkeit auf dieser Welt deine Verheißungen erfüllt werden. Herr, sprich freundlich mit dem Hause Israel. Öffne ihnen die Augen und die Ohren. Zieh den Schleier der Blindheit weg, der über ihrem Herzen liegt. Entferne ihn, daß sie sich zu dir kehren und geheilt werden. Entferne diesen Vorhang in Christus, Vater, zur Verherrlichung deines Namens. Amen.

14 DAS VERHEISSENE LAND

Es wurde häufig davon gesprochen und gelegentlich sogar als Wahrheit hingestellt, daß es ungerecht vom HERRN gewesen sei, das Land Kanaan denen, die darin gelebt haben, wegzunehmen, um es Fremden zu geben. Aber was bringt es uns, wenn wir Gott für etwas anklagen, was wir als Fehler ansehen? *"Sollte der Richter aller Welt nicht gerecht richten?" (1. Mose 18,25).* Nur ein Eigentümer hat das Recht, sein Eigentum auch wegzugeben. Daher hat der HERR das völlig freie Recht, sein Land dem zu geben, den er sich aussucht.

"Ich habe die Erde gemacht und Menschen und Tiere, die auf Erden sind, durch meine große Kraft und meinen ausgereckten Arm und gebe sie, wem ich will" (Jer 27,5).

Ungeheure Geldsummen sind an Regierungen, Gemeinden, Firmen und Einzelpersonen für ein Stück Land gezahlt worden, und dennoch leben die meisten Menschen heutzutage wahrscheinlich mit nur sehr geringen Rechtsansprüchen auf ihrem Land. Es wird lediglich von drei Völkern berichtet, daß Gott von seinem Recht, Land zu verteilen, Gebrauch gemacht hat:

1. An Israel

"An dem Tage schloß der HERR einen Bund mit Abram und sprach: Deinen Nachkommen will ich dies Land geben, von dem Strom Ägyptens an bis an den großen Strom Euphrat" (1. Mose 15,18).

2. An Moab

"Du sollst den Moabitern keinen Schaden tun noch sie bekriegen; ich will dir von ihrem Lande nichts zum Besitz geben, denn ich habe Ar den Söhnen Lot zum Besitz gegeben" (5. Mose 2,9).

3. An Ammon

"Du wirst (...) in die Nähe der Ammoniter kommen. Denen sollst du keinen Schaden tun noch sie bekriegen; ich will dir vom Lande der Ammoniter nichts zum Besitz geben, denn ich hab's den Söhnen Lot zum Besitz gegeben" (5. Mose 2,18.19).

Die zehn Nationen, die "Kanaan" besetzt hielten, hatten kein Recht, sich dort aufzuhalten; sie waren Ansiedler ohne jegliche Rechtsansprüche. Zudem frönten sie auf dem privaten Grund und Boden des HERRN ihrem unerträglichen Götzendienst. Nachdem er den Kindern Israel dieses Land zugesprochen hatte, mußten sie mehr als 400 Jahre darauf warten, bis sie ihr Erbe in Besitz nehmen konnten, da Gott den Amoritern gegenüber immer noch Gnade walten ließ.

Etwa im Jahre 1410 vor Christus erfüllte der HERR den Eid, den er Abraham geschworen hatte, indem er Israel unter Josuas Kommando über den Jordan in das Land seines Erbes brachte. Von diesem Zeitpunkt an bezieht sich die Bibel 31mal ganz spezifisch auf das Land als dem *"Land Israel"*.

Wegen seiner ständigen Untreue gegen den HERRN wurde Israel erobert und sein Volk in die Gefangenschaft verschleppt. Im Gegensatz zu anderen Völkern jedoch, die sich nach ihrer Unterwerfung und Verschleppung so vollständig assimiliert hatten, daß sie als Nation aufhörten zu bestehen, hielt Israel stand, da ihm die übrigen Völker als "unrein" galten (siehe Apg 10,28). Es war ein Volk, das für sich gesondert leben mußte und niemals mit anderen Nationen gleichgesetzt werden konnte (siehe 4. Mose 23,9). Es besaß außerdem offiziellen Besitzanspruch auf das Land durch den Heiligen Israels, der es ihm mit zum Himmel erhobenem Arm geschworen hatte (siehe 5. Mose 32, 40 - 43). Demzufolge würde Gott, auch wenn Israel für seine Untreue bestraft werden mußte, nie auf die Idee kommen, seiner Verheißung untreu zu werden. Auch während der Gefangenschaft des Volkes Israel war dieses Land, das eine so wesentliche Rolle in der Beziehung zwischen Israel und dem HERRN spielte, ihm ständig vor Augen:

"Und ich werde an meinen Bund mit Jakob gedenken und an meinen Bund mit Isaak und an meinen Bund mit Abraham und werde an das Land gedenken. Aber das Land wird von ihnen verlassen sein und seine Sabbate nachholen, solange es wüst liegt, und sie werden die Strafe für ihre Missetat abtragen, weil sie meine Rechte verachtet und an meinen Satzungen Ekel gehabt haben. Aber wenn sie auch in der Feinde Land sind, verwerfe ich sie dennoch nicht, und es ekelt mich nicht vor ihnen, so daß es mit ihnen aus sein sollte und mein Bund mit ihnen nicht mehr gelten sollte; denn ich bin der HERR, ihr Gott. Und ich will ihnen zugut an meinen Bund mit den Vorfahren gedenken, die ich aus Ägyptenland führte vor den Augen der Völker, auf daß ich ihr Gott wäre, ich, der HERR" (3. Mose 26,42 - 45).

Der HERR hatte Israel für einen Zeitraum von 70 Jahren aus dem Land verbannt, bis folgendes geschah:

"In diesem ersten Jahr seiner Herrschaft achtete ich, Daniel, in den Büchern auf die Zahl der Jahre, von denen der HERR geredet hatte zum Propheten Jeremia, daß nämlich Jerusalem siebzig Jahre wüst liegen sollte. Und ich kehrte mich zu Gott, dem Herrn, um zu beten und zu flehen unter Fasten und in Sack und Asche" (Dan 9,2.3).

Wir werden vielleicht nie ganz verstehen, warum der HERR Gebet von seinem Volk verlangt, bevor er handelt, um das in Erfüllung zu bringen, was er in der Schrift zugesagt hat. Aber wie dem auch sei, Daniel hatte erkannt, daß es so ist. Sein Vorbild sollte uns dazu bringen, Gottes Verheißungen vor seinen Thron zu bringen, damit er an sie erinnert wird, so wie Daniel es getan hat. Der HERR antwortete schnell auf das *inbrünstige Gebet* dieses *gerechten Mannes*:

"Denn als du anfingst zu beten, erging ein Wort ..." (Dan 9,23).

Das von Gott gesandte Wort ging aus, die Israeliten wurden aus ihrer Gefangenschaft befreit und kehrten in ihr Land zurück, um dort den Tempel und die zerstörten Städte wieder aufzubauen. In den Büchern Esra und Nehemia sind die Ereignisse nach dem babylonischen Exil aufgezeichnet.

Leider hatten die Kinder Israel nichts aus den harten Lektionen der Vergangenheit gelernt. Nach einer bestimmten Zeit verließen sie den HERRN und schufen sich ein korruptes, menschlich-religiöses System, und jeder tat, was er für richtig hielt. Im Jahre 70 nach Christus wurden Jerusalem und der Tempel ein weiteres Mal durch die Römer zerstört. Eine langanhaltende Revolte gegen die römische Vorherrschaft wurde schließlich 135 nach Christus unter großen Verlusten auf jüdischer Seite niedergeschlagen. Die Juden wurden aus Jerusalem ausgewiesen, das die Römer umbenannten, und die jüdische Präsenz im Land schwand langsam dahin. Das war, zumindest nach Meinung des größten Teiles der Gemeinde, das Ende. Die Juden waren "draußen", und die Gemeinde war jetzt "drinnen". Nichts ist weiter entfernt von der Wahrheit. Die Juden befanden sich außerhalb des Landes, doch befanden sie sich auch außerhalb des Bundes? - Auf keinen Fall!

"Denn Gottes Gaben und Berufung können ihn nicht gereuen" (Röm 11,29).

DIE RÜCKKEHR AUS DEM EXIL

Im fünften Kapitel unter der Überschrift "Die Rückkehr" haben wir erkannt, daß es nicht nur ein Exil, sondern zwei geben würde. Viele Verfechter der Lehre vom "neuen Israel" und andere, die über Israel lehren, meinen, daß sich die Abschnitte in der Bibel, die sich mit der Wiedersammlung Israels befassen, allein auf die Rückkehr aus dem babylonischen Exil beziehen. Folgende Bibelstelle beweist das Gegenteil dieser unbiblischen Lehre:

"Und der Herr wird zu der Zeit zum zweitenmal seine Hand ausstrecken, daß er den Rest seines Volks loskaufe, der übriggeblieben ist in Assur, Ägypten, Patros, Kusch, Elam, Schinar, Hamat und auf den Inseln des Meeres. Und er wird ein Zeichen aufrichten unter den Völkern und zusammenbringen die Verjagten Israels und die Zerstreuten Judas sammeln von den vier Enden der Erde" (Jes 11,11.12).

Diese Bibelstelle besagt eindeutig, daß der HERR seine Hand *"zum zweitenmal"* ausstrecken wird, um *"den Rest seines Volks (...), der übriggeblieben ist"*, loszukaufen. Es muß also **eine zweite Sammlung der sowohl aus dem Stamm Israel als auch aus dem Stamm Juda Übriggebliebenen** geben. Erstens war es nicht einfach nur ein *"Rest"*, der aus Ägypten kam, sondern eine ganze Nation. Zweitens kamen die, die aus Babylon zurückkehrten, ausschließlich aus dem Stamm Juda. Drittens waren die aus Babylon zurückkehrenden Juden nur sehr gering an Zahl (42.360 - siehe Esr 2,64 und Neh 7,66) und kamen aus der Gegend von Babylon. Die obige Bibelstelle stellt heraus, daß die zweite Sammlung aus vielen Nationen und von den Inseln des Meeres geschehen wird - von den vier Enden oder Himmelsrichtungen der Erde! Dies wird *"zu der Zeit"* stattfinden. Was bedeutet jedoch *"zu der Zeit"*, von der diese Bibelstelle spricht? Stellen wir sie wieder in ihren Zusammenhang und beginnen am Anfang des Kapitels, so können wir die Definition von *"zu der Zeit"* finden:

"Und es wird ein Reis hervorgehen aus dem Stamm Isais und ein Zweig aus seiner Wurzel Frucht bringen. Auf ihm wird ruhen der Geist des HERRN, der Geist der Weisheit und des Verstandes, der Geist des Rates und der Stärke, der Geist der Erkenntnis und der Furcht des HERRN. Und Wohlgefallen wird er haben an der Furcht des HERRN. Er wird nicht richten nach dem, was seine Augen sehen, noch Urteil sprechen nach dem, was seine Ohren hören, sondern wird mit Gerechtigkeit richten die Armen und rechtes Urteil sprechen den Elenden im Lande (...). Und es wird geschehen zu der Zeit, daß das Reis aus der Wurzel Isais dasteht als Zeichen für die Völker. Nach ihm werden die Heiden fragen, und die Stätte, da er wohnt, wird herrlich sein" (Jes 11,1 - 4.10).

Das *"Reis (...) aus dem Stamm Isais"*, der *"Zweig"* und die *"Wurzel Isais"* beziehen sich auf Jesus, den jüdischen Messias. Und auf ihm wird *"der Geist des HERRN"* ruhen, und die *"Stätte, da er wohnt"*, ist die Gemeinde. Daraus geht klar hervor, daß die zweite Sammlung **nach** dem Kommen Jesu stattfinden wird, während des Zeitalters der Gemeinde, was jeden Gedanken an die Sammlung aus dem babylonischen Exil ausschließt. Die zweite Sammlung wird in ihrer Größe viel gewaltiger als die erste sein, so daß sie vom HERRN sogar als das Aufrichten eines "Zeichens" beschrieben wird, das zusammen mit Trompetenfanfaren die Ankunft eines königlichen Herrschers ankündigt. Die zweite Sammlung begann mit einem winzigen Rinnsal von Juden, die um die letzte Jahrhundertwende nach "Palästina" kamen. Dieses Rinnsal wurde nach 1948 zu einem Bach, der dann in den fünfziger und sechziger Jahren zu einem großen Fluß heranwuchs. Dieser Fluß ist jetzt kurz davor, über die Ufer zu treten, und es besteht die Gefahr, daß seine Dämme wegen der Massen, die aus der Sowjetunion herankommen, brechen. Folgende Bibelstelle beschreibt ebenso das große Ereignis der Sammlung dieser riesigen Menschenmassen:

"Siehe, ich bringe sie herbei aus dem Land des Nordens und sammle sie von dem äußersten Ende der Erde, unter ihnen Blinde und Lahme, Schwangere und Gebärende, sie alle zusammen; als eine große Volksversammlung kehren sie hierher zurück. Mit Weinen kommen sie, und unter Flehen führe ich sie. Ich bringe sie zu Wasserbächen auf einem ebenen Weg, auf dem sie nicht stürzen. Denn ich bin Israel wieder zum Vater geworden, und Ephraim ist mein Erstgeborener. Hört das Wort des HERRN, ihr Nationen, und meldet es auf den fernen Inseln und sagt: Der Israel zerstreut hat, wird es wieder sammeln und wird es hüten wie ein Hirte seine Herde" (Jer 31,8 - 10; rev. Elberfelder).

Das Volk, das gesammelt werden soll, kommt *"aus dem Land des Nordens"* und von *"dem äußersten Ende der Erde"*. Rußland ist das *"Land des Nordens"*, und wie auch schon im elften Kapitel erwähnt wird, ist Neuseeland das von Jerusalem am weitesten entfernt liegende Land. Aus Neuseeland und seinem Nachbarland Australien, dem buchstäblich äußersten *"Ende der Erde"*, kommt die im Verhältnis zur Bevölkerungsdichte größte Zahl jüdischer Einwanderer![1] Die Kinder Israel sind bis jetzt aus über **140 Nationen** in das verheißene Land zurückgekehrt![2] Zu Beginn des Jahres 1980 wurden fast 100 Sprachen in Israel gesprochen![3] *"Blinde und Lahme"* werden mit offenen Armen in Israel aufgenommen. *"Schwangere und Gebärende"* kommen an. Die "Operation Salomo" war die größte Luftbrücke zur Beförderung von Menschen in der Geschichte. In nur 33 Stunden und 27 Minuten wurden beinahe 15.000 äthiopische Juden nach Israel gebracht, darunter auch viele schwangere Frauen. Drei von ihnen brachten ihre Kinder während des Fluges zur Welt![4]

Zeitungen auf der ganzen Welt berichten von weiteren Erfüllungen biblischer Prophetie. Die großen Fotografien von Juden, die sich nach ihrer Landung in Israel weinend um den Hals fallen,[5] erfüllen die Bibelstelle: *"Mit Weinen kommen sie ..."*. Und *"unter Flehen führe ich sie"* ist zur Realität geworden, als die Äthiopier ihren "stählernen Tauben" entstiegen:

"... grauhaarige Äthiopier knieten nieder zum Gebet und küßten den Boden."[6]

Die Zusage, *"als eine große Volksversammlung kehren sie hierher zurück"*, ist ebenfalls eingetreten. Seit 1948 sind Millionen von Menschen nach Israel zurückgekehrt. Die Juden kommen immer noch, und die Zeitungsartikel berichten weiter von dem Exodus aus den Nationen. Vielleicht können wir die Ereignisse, die derzeit in Europa stattfinden, besser anhand eines Zeitungsartikels mit dem Titel "Albanische Juden landen in Israel" verstehen.[7] Der Artikel lautet:

"Die letzten jüdischen Einwanderer aus Albanien sind am Donnerstag in Israel gelandet. Damit fand ein unbekannt gebliebenes Stück der Geschichte dieses Landes seinen Abschluß, das dem Zusammenbruch der kommunistischen Diktaturen in Europa eine weitere Fußnote hinzufügte."[8]

Haben Sie die Pharaos des ersten und zweiten Exodus noch vor Augen? Die Mauern des Kommunismus sind gefallen, um die Juden ziehen zu lassen! Zur Vervollständigung des zuletzt zitierten Artikels lassen Sie uns die Grabesinschrift des gefallenen Regimes lesen:

"... die jüdische Diaspora Albaniens existiert nicht mehr."[9]

Die Nationen der Völker werden aufgefordert, *"das Wort des HERRN"* über die Sammlung seines Volkes zu hören. Und sie sollen es nicht nur hören, sondern es heißt: *"... meldet es auf den fernen Inseln und sagt: Der Israel zerstreut hat, wird es wieder sammeln und wird es hüten wie ein Hirte seine Herde!" (Jer 31,10; rev. Elberfelder)*. Jeder, der die Tatsache erkennt, daß sich die Prophetie der erneuten Sammlung vom Volk des HERRN erfüllt, sollte unaufhörlich davon sprechen. Es sollte laut verkündigt werden, was Gott in unseren Tagen tut. Wenn wir das tun, werden andere in das Reich Gottes kommen. Und mit diesem Ziel hat auch der Apostel Paulus seinen Dienst unter den Heiden gepriesen:

"Weil ich Apostel der Heiden bin, preise ich mein Amt, ob ich vielleicht

meine Stammverwandten zum Nacheifern reizen und einige von ihnen retten könnte" (Röm 11, 13.14).

Bibelstellen über diese zweite Sammlung erfüllen sich auch weiterhin fast täglich mit absoluter Genauigkeit:

"... ich will sagen zum Norden: Gib her! und zum Süden: Halte nicht zurück! Bring her meine Söhne von ferne und meine Töchter vom Ende der Erde" (Jes 43,6).

Der HERR spricht zum Norden, zu Rußland: *"Gib her!"*. Und der Norden speit seine Gefangenen aus. Inmitten einer militärischen Auseinandersetzung auf dem von Hunger geplagten "Horn von Afrika" südlich von Israel sagt er zu den in Äthiopien kämpfenden Armeen: *"Halte nicht zurück!"*. Und 29 Flugzeuge bringen es mit 40 Flügen fertig, seine *Söhne und Töchter* heimzubringen.

Im Zusammenhang mit der zweiten Sammlung geschehen unaufhörlich Wunder. Dramatische Luftbrücken so wie diejenige, die die Äthiopier nach Israel gebracht hat, haben mit der "Operation Ali Baba" im Jahre 1949 begonnen, durch die 120.000 irakische Juden nach Hause kamen. Es gehen Geschichten in Israel um, daß einzelne jemenitische Juden 3.000 Kilometer durch die Wüste gewandert sind, um das verheißene Land zu erreichen! In den Jahren 1949 und 1950 kamen beinahe 50.000 jemenitische Juden in der "Operation Fliegender Teppich" nach Israel. Diese bewundernswerten Leute mit olivbrauner Haut, die noch nie - außer hoch in den Lüften über Jemen - ein Flugzeug gesehen hatten, stellten sich ohne zu zögern in die Schlange der Wartenden, ohne sich zu ängstigen, um in die riesigen Donnervögel einzusteigen. Die Kinder Israel waren auf Adlerflügeln aus Ägypten geholt worden:

"Ihr habt gesehen, was ich mit den Ägyptern getan habe und wie ich euch getragen habe auf Adlerflügeln und euch zu mir gebracht" (2. Mose 19,4).

Und nun wurden die Jemeniten von diesem großen Vogel getragen. Sie haben seit Generationen darauf gewartet, und schließlich ist der große Adler gekommen, um sie heimzubringen.

Ein weiteres Eintreffen einer Bibelstelle bezüglich der Sammlung von Gottes erwähltem Volk muß erwähnt werden, weil es so ungewöhnlich ist:

"Siehe, diese werden von ferne kommen, und siehe, jene vom Norden und diese vom Meer und jene vom Lande Sinim" (Jes 49,12).

Dieser Vers scheint den Bibelübersetzern Kopfzerbrechen bereitet zu haben. Das *Land Sinim* ist im Hebräischen das Land der Chinesen! Nach Auffassung vieler Bibelübersetzer konnte dies einfach nicht möglich sein - wer könnte an so etwas auch glauben? -, sondern es mußte sich um einen Fehler im Text handeln. So steht in einigen bekannten Übersetzungen "Syene" mit der Randbemerkung oder Fußnote, daß es im Hebräischen *Sinim* hieße, wodurch sie ihren Unglauben sichtbar werden ließen. Manche sind der Mehrheit gefolgt und haben ebenfalls "Syene" übersetzt, jedoch ohne jegliche Randbemerkung, daß der hebräische Text anders lautet. Eine Bibelübersetzung läßt das Wort ganz aus, eine andere ist sich offensichtlich nicht im klaren und ändert das Wort

Sinim, das in älteren Versionen stand, in "Assuan". Aber zum Glück gibt es auch solche, die dafür bekannt sind, daß sie sich so nah wie möglich an den Urtext halten und diesen korrekt übersetzen.

Die fragliche Textstelle ist so aufgebaut, daß wir unterscheiden müssen zwischen *jenen*, die aus nicht weiter bekannten Ländern des Nordens kommen, und *jenen*, die von ferne - aus *"Sinim"* - kommen, den "Gewöhnlichen" im Gegensatz zu den "Ungewöhnlichen". Der hebräische Text meint ausdrücklich China, und die bekanntesten unter den kritischen Kommentaren unterstützen diese Aussage. Franz Delitzsch bemerkt in seinem Kommentar zu dieser Stelle außerdem beiläufig im Hinblick auf die Juden in China, daß es kein Zufall sei, daß in dem Buch *"Geschichte der nachbiblischen Dichtung der Juden"* (1836) das "Land der Sinesen" als der "fernste Punkt im Osten" erscheint. Bei einer solch starken Betonung der Sammlung der zerstreuten Juden von *"dem äußersten Ende der Erde"* verstehen wir vielleicht besser, warum *"jene vom Lande Sinim"* so hervorgehoben werden.

In China befand sich über einen relativ kurzen Zeitraum von 150 Jahren eine blühende jüdische Gemeinde, die zu ihrer Blütezeit 50.000 Personen zu verzeichnen hatte.[10] Nachdem die Kommunisten im Jahre 1949 die Oberhand gewonnen hatten, löste sich diese Gemeinde durch Zerstreuung auf, denn die chinesischen Juden flohen vor dem Kommunismus. Ungefähr 1.000 Familien aus dieser Gemeinde sind seitdem zurück nach Israel gekommen! Ihre Gegenwart im Land Israel ist Zeugnis genug für die Erfüllung dieser Prophetie.

Aus allen Teilen der Welt kehren Juden wieder in das verheißene Land zurück. Alle Hautfarben sind vertreten: weiß, olivbraun, schwarz, braun, gelb und jede Nuance dazwischen. Sie kommen von nah und fern - aus dem Norden, dem Süden, dem Osten und Westen, genauso wie es die Bibel vorhergesagt hat. Jesaja erhielt eine Offenbarung über Reisen durch die Luft, die über seinen Verstand hinausgeht, und stellt die prophetische Frage:

"Wer sind die, die da fliegen wie die Wolken und wie die Tauben zu ihren Schlägen?" (Jes 60,8).

In nur 30 Monaten, von Mitte Dezember 1989 bis Mitte August 1992, flogen über 785.000 Juden zurück in das verheißene Land.[11] Juden fliegen aus ihrer Verbannung heim *"wie die Tauben zu ihren Schlägen"* mit einem Instinkt, der sie sicher nach Hause führt. Einige religiöse und einige gläubige Juden sowie viele nichtjüdische Christen behaupten, das heutige Israel sei aus dem Fleisch. Wenn jedoch das jetzige Israel aus dem Fleisch und nicht aus Gott entsprungen ist, so ist Gott entweder nicht Gott, oder es gibt überhaupt keinen Gott! Das moderne Israel erfüllt die Bibelverheißungen jeden Tag.

DER ÜBERREST

Sechs Millionen Juden mußten erst durch Nazi-Deutschland während des Zweiten Weltkrieges getötet werden, damit der moderne Staat Israel gegründet werden konnte. Im Zusammenhang mit diesem für die Juden wie für die Welt gleichermaßen schrecklichen Ereignis stoßen wir wieder auf eine der zweifachen Erfüllungen von Prophetie, die wir im dritten Kapitel erwähnt haben. Wir können hier außerdem das bereits erwähnte Phänomen erkennen, daß die erste Erfüllung die nur sinngemäße und die zweite die wörtliche ist.

Herodes, so steht es in den Evangelien, brachte die Tatsache, daß ein König geboren worden war, fast um den Verstand. Aus Furcht, seinen Thron zu verlieren, befahl er daher, alle männlichen Kinder bis zum Alter von zwei Jahren in der Gegend von Bethlehem umzubringen:

"... Herodes (...) schickte aus und ließ alle Kinder in Bethlehem töten und in der ganzen Gegend, die zweijährig und darunter waren, nach der Zeit, die er von den Weisen genau erkundet hatte. Da wurde erfüllt, was gesagt ist durch den Propheten Jeremia, der da spricht (Jeremia 31, 15): 'In Rama hat man ein Geschrei gehört, viel Weinen und Wehklagen; Rahel beweinte ihre Kinder und wollte sich nicht trösten lassen, denn es war aus mit ihnen' " (Mt 2,16 - 18).

Hierin können wir die Erfüllung einer Bibelstelle erkennen. Aber wenn wir die Bibelstelle in ihrem Kontext im Buch Jeremia betrachten, sehen wir ihre wörtliche Erfüllung im Holocaust:

"So spricht der HERR: Man hört Klagegeschrei und bittres Weinen in Rama: Rahel weint über ihre Kinder und will sich nicht trösten lassen über ihre Kinder; denn es ist aus mit ihnen. Aber so spricht der HERR: Laß dein Schreien und Weinen und die Tränen deiner Augen; denn deine Mühe wird noch belohnt werden, spricht der HERR. Sie sollen wiederkommen aus dem Lande des Feindes, und deine Nachkommen haben viel Gutes zu erwarten, spricht der HERR, denn deine Söhne sollen wieder in ihre Heimat kommen" (Jer 31,15 - 17).

Im Zusammenhang mit der Ermordung der Kinder durch Herodes, in den Matthäus dieses prophetische Wort stellt, werden die Kinder in ihrem eigenen Land getötet. Im ursprünglichen Kontext der Bibelstelle bei Jeremia befinden sich die Kinder im *"Lande des Feindes"*. Der HERR versichert Israel jedoch, daß seine Nachkommen *"viel Gutes zu erwarten"* haben, und dieses Gute ist, daß seine Söhne *"wieder in ihre Heimat kommen"*. Sie sollen also *"aus dem Lande des Feindes"* in das verheißene Land zurückkehren. Die wörtliche Erfüllung dieser Prophetie war *"Klagegeschrei und bittres Weinen"* aus dem Munde der Juden, als ein Drittel ihres Volkes in Nazi-Deutschland systematisch umgebracht wurde. Über diesen Holocaust gibt es in Jerusalem eine Gedenkstätte. Auf dem Gelände dieses Museums befindet sich die große Bronzeskulptur einer Frau mit verhülltem Haupt, deren Gesicht tränenüberströmt ist. Die hebräische Inschrift unter dieser Statue besagt: "Rahel weint über ihre Kinder. Sie will sich nicht trösten lassen über ihre Kinder, denn es ist aus mit ihnen."

Die Hoffnung, die den Juden vom HERRN gegeben worden ist, ist dabei, Wahrheit zu werden. Die Söhne kommen jetzt wieder in ihre Heimat.

DAS GANZE HAUS

Wir sehen jetzt noch nicht, daß alle Juden in das verheißene Land zurückkehren. Einige von ihnen haben sich wegen ihres Reichtums oder Lebensstils dazu entschlossen, in dem Lande ihrer Verbannung zu bleiben, auch wenn ihnen die Türen zur Ausreise offenstehen. Tausende dieser Juden, ganz besonders im Iran oder den arabischen Staaten, sind jetzt Gefangene in diesen Ländern. Sie werden gegen ihren Willen in Ghettos gesperrt, und viele von ihnen müssen Folter oder sogar den Tod erleiden, aber letztlich ist das ihnen selbst zuzuschreiben.

Die meisten Juden auf der Welt haben gar nicht den Wunsch, nach Israel auszuwandern, sondern ziehen es vor, in größerem materiellen Überfluß in anderen Ländern zu leben. Aber das wird nicht immer so bleiben. Der HERR hat verheißen, das ganze Haus Israel in das Land zu bringen:

"Aber ihr Berge Israels sollt wieder grünen und eure Frucht bringen meinem Volk Israel, denn bald sollen sie heimkehren. Denn siehe, ich will mich wieder zu euch kehren und euch mein Angesicht zuwenden, daß ihr angebaut und besät werdet. Und ich will viele Menschen auf euch wohnen lassen, das ganze Haus Israel insgesamt, und die Städte sollen wieder bewohnt und die Trümmer aufgebaut werden" (Hes 36,8 - 10).

Es ist offensichtlich, daß niemals das ganze Haus Israel nach dem babylonischen Exil wieder nach Israel zurückgebracht worden ist; sowohl die Bibel als auch die Geschichte machen dies deutlich. Diese Verheißung gilt für einen zukünftigen Zeitpunkt. Sie wird zu ihrer Zeit erfüllt werden, in der für sie bestimmten Stunde. Und dann wird *"das ganze Haus Israel insgesamt"* nach Jahrtausenden der Trennung wieder vereinigt werden. Und natürlich gibt es noch weitere Bibelstellen, die belegen, daß jeder Jude wieder in sein Land gebracht wird, wie zum Beispiel die folgenden:

"Und die Heiden sollen erkennen, daß das Haus Israel wegen seiner Missetat in Gefangenschaft geraten ist, weil sie sich gegen mich vergangen haben, so daß ich mein Angesicht vor ihnen verbarg und sie in die Hand ihrer Feinde gab, so daß sie alle mit dem Schwert erschlagen wurden. Gemäß ihren Unreinigkeiten und ihren Übertretungen habe ich an ihnen getan und habe mein Angesicht vor ihnen verborgen. Darum spricht Gott, der HERR, also: Jetzt will ich die Gefangenschaft Jakobs wenden und mich des ganzen Hauses Israel erbarmen und für meinen heiligen Namen eifern" (Hes 39, 23 - 25; Schlachter).

"... wenn ich sie aus den Völkern zurückgebracht und aus den Ländern ihrer Feinde gesammelt und mich an ihnen vor den Augen dieser Heiden als heilig erwiesen habe. Daran sollen sie erkennen, daß ich der HERR, ihr Gott bin, weil ich sie unter die Heiden in die Gefangenschaft führen ließ und sie nun wieder in ihr Land versammle und keinen von ihnen mehr dort zurücklasse. Und ich will fortan mein Angesicht nicht mehr vor ihnen verbergen, weil ich meinen Geist über das Haus Israel ausgegossen habe,

spricht Gott, der HERR" (Hes 39, 27 - 29; Schlachter).

Dieser Textabschnitt bestätigt auch das, was wir zuvor schon an anderer Stelle gesagt haben: daß es eine "große Erweckung" unter dem jüdischen Volk geben wird, wenn es zurück in sein Land gebracht worden ist. Und hier verheißt der HERR, daß er *"die Gefangenschaft Jakobs wenden"* will. Wird Jakob in diesem Zusammenhang erwähnt, so ist das immer ein Bildwort für das ganze Haus Israel. Der HERR verspricht außerdem, er werde sich *"des ganzen Hauses Israel erbarmen"*. Er wird mit dem *ganzen Hause* Erbarmen haben; nicht nur mit einem "Teil" des Hauses.

Jeder Ort außerhalb Israels ist für den Juden entweder die *diaspora* (griechisch) oder die *galut* (hebräisch). Diese Worte bedeuten beide "Exil" und werden allgemein von den Juden gebraucht, um die jüdische Verbannung aus dem Land zu umschreiben. Beide - *diaspora* und *galut* - nehmen direkten Bezug auf die Gefangenschaft der Israeliten. Und was sagt die Bibel dazu? Daß er, Gott, *"keinen von ihnen mehr dort zurücklasse"*! Zu einem bestimmten Zeitpunkt in der Geschichte wird es einmal keinen Juden mehr geben, der in der *galut* lebt. Es werden vielleicht viele tote Juden zurückbleiben - die Leichen derjenigen, denen Reichtum und vergänglicher Wohlstand wichtiger waren als die Wege des HERRN; es werden jedoch keine lebenden Juden zurückbleiben. Es kostete sechs Millionen jüdische Seelen den Tod, um den jetzigen Staat Israel zu gründen - was wird es kosten, um die widerstrebenden Juden heimzuholen?

DIE AMERIKANISCHEN JUDEN

Es leben etwa acht Millionen Juden in den Vereinigten Staaten. Die Mehrheit von ihnen hat keinesfalls das Verlangen oder die Absicht, nach Israel zu ziehen. Viele beruhigen ihr Gewissen dadurch, daß sie einige Dollar spenden, um so die schwache israelische Wirtschaft zu unterstützen, und vertreten die Ansicht, daß sie ja, wenn sie wegziehen würden, nicht mehr finanziell helfen könnten. Würden jedoch die amerikanischen Juden mit ihren Dollarmillionen und ihrer überdurchschnittlichen Intelligenz nach Israel kommen, gäbe es keine schwache und hilfsbedürftige israelische Wirtschaft mehr! Erst kürzlich erbrachte ein internationaler Vergleich im *Money Magazine* folgendes Ergebnis:

"Die USA haben immer noch den höchsten Lebensstandard der Welt. (...) Die Vereinigten Staaten stehen an erster Stelle von den 16 reichsten Nationen der Welt."[12]

Es ist der Reichtum, der den amerikanischen Juden in seinem selbstgewählten Exil festhält. Sogar ein Jude, der an Jesus glaubte, tätschelte vor einigen Jahren einmal seinen Cadillac und prahlte vor mir: "Dies ist der zweitteuerste Cadillac, der je hergestellt worden ist." Darin spiegelt sich die typische Haltung eines großen Teiles der amerikanischen Juden wider.

Den Juden in den USA ist es freigestellt, ihre *galut* zu verlassen, doch sie haben sich entschieden zu bleiben. Den Juden in der Sowjetunion hingegen war es nicht freigestellt; daher ließ der HERR einfach im Bereich der Wirtschaft und der Politik Dinge geschehen, durch die das kommunistische Regime zusammenbrach. Heute gibt es die Sowjetunion nicht mehr. Die Supermacht ist zerstört worden. Sie ist zu einem Katastrophengebiet geworden, das seine ehemaligen Feinde um Hilfe anfleht; doch die Türen für den Auszug der Juden stehen nun offen. Obwohl die Auswanderung nun freigestellt war, haben nur wenige Juden tatsächlich das Land ihrer Geburt verlassen wollen. Dies war so lange der Fall, bis der Antisemitismus sein häßliches Haupt erhob und erneute Wellen der Aggression gegen die Juden schließlich bewirkten, daß sich Schlangen vor den Auswanderungsbüros zu bilden begannen. Das erneute Aufwallen des Antisemitismus spitzt sich weiter zu mit dem Ergebnis, das man aus einer im September 1991 veröffentlichten Umfrage erhielt:

"... über die Hälfte der befragten Sowjetrussen wollen, daß alle Juden das Land verlassen. (...) Die vom Institut für Soziologie in Moskau zusammengestellten Umfrageergebnisse verdeutlichen, daß das Land jetzt, wo es sich vom Kommunismus zur Demokratie entwickelt, immer stärker antisemitisch eingestellt ist und der wachsende Nationalismus in den einzelnen Republiken seine ethnischen Muskeln spielen läßt."[13]

Der Antisemitismus hat in der ehemaligen Sowjetunion so stark zugenommen, daß die *Pamjat*, eine politische Partei in Rußland, sogar in ihrer Zeitschrift geschrieben hat, daß "... eine Welt ohne Juden näher liegt, als man sich vorstellen kann." Die eindeutige Folgerung daraus war, daß bereits Pläne zur Ausrottung der Juden aufgestellt wurden. Furcht machte sich unter der jüdischen Bevölkerung breit, und buchstäblich Millionen von ihnen sind auf dem Weg zu den Auswanderungsbüros, um ein Ausreisevisum zu bekommen. Während des Golfkrieges im Jahre 1991 wurden russische Einwanderer in Israel gefragt, was sie angesichts der irakischen Raketen empfänden, die auf das Land niederregneten. Sämtliche Befragten äußerten übereinstimmend, daß sie Husseins Raketen weniger fürchteten als den Antisemitismus in Rußland!

Es wird kein größeres Wunder für die amerikanischen Juden nötig sein, um sie aus ihrem freiwilligen Exil herauszuführen, als nötig war, um die sowjetischen Juden aus ihrem erzwungenen Exil zu befreien. Und die Verheißung, daß das ganze Haus Israel zurückkehren und keiner zurückgelassen werden wird, steht fest. Allein der Antisemitismus scheint die Juden bewegen zu können, und er wächst in vielen Teilen der Welt stetig an. Es wurden Berichte in den Vereinigten Staaten veröffentlicht, nach denen der Antisemitismus sich an seinem "absoluten Tiefpunkt" befindet. Die Institution jedoch, die die wirkliche Autorität in Sachen Antisemitismus darstellt, behauptet hingegen nachdrücklich, daß er sich 1991 in der Tat auf seinem "absoluten Höhepunkt" befand:

"Antisemitische Ausschreitungen haben in den Vereinigten Staaten im letzten Jahr eine Rekordhöhe erreicht, wobei erstmalig die Zahl der Angriffe gegen Personen die der Übergriffe auf jüdisches Eigentum überstieg."[14]

Und ein späterer Bericht aus einer anderen Quelle besagt:

"Antisemitische Übergriffe stiegen 1991 weltweit um 35 Prozent an, wobei ein Anstieg um das Doppelte in den Vereinigten Staaten zu verzeichnen ist."[15]

Es wurde von den sachkundigen Beobachtern des Antisemitismus wiederholt geäußert, daß jede Voraussetzung für einen weiteren Holocaust bereits in Amerika vorhanden sei; nur der Reichtum des Landes verhindere diesen noch. Die gleiche Meinung vertritt auch Edward H. Flannery in seiner Dokumentation über den weltweiten Antisemitismus:

"Eine langanhaltende und erschöpfende Armut, ein Brutherd des Antisemitismus *par excellence*, ist in den meisten Teilen Amerikas noch nie aufgetreten. Daher ist es eine ernüchternde Tatsache, daß bereits die relativ kurzlebige Wirtschaftskrise der dreißiger Jahre einen Brand des Antisemitismus entfacht hat, der in vielerlei Hinsicht dem europäischen in seinen schlimmsten Formen ähnelte."[16]

Diese Behauptung von dem vielleicht weltweit führenden Experten auf dem Gebiet des Antisemitismus ist in der Tat ernüchternd. Allein die Tatsache, daß es überhaupt jemand wagt, das antisemitische Potential in Amerika mit dem Hitlers oder dem der Kosaken zu vergleichen, ist eine Andeutung auf das, was sich tatsächlich unter der dünnen Decke des momentanen Wohlstandes verbergen könnte.

Wenn die Wirtschaft der Vereinigten Staaten zusammenbricht, was angesichts ihrer ungeheuren Verschuldung und ihrer Finanzpolitik jeden Augenblick geschehen könnte, werden die Juden dafür verantwortlich gemacht werden. Der HERR hat verheißen, die Juden nach Hause zu bringen. Und er hat verschiedene Methoden, um dies zu tun:

"Ich will sie locken und sie sammeln ..." (Sach 10,8).

"Siehe, ich will viele Fischer aussenden, spricht der HERR, die sollen sie fischen; und danach will ich viele Jäger aussenden, die sollen sie fangen auf allen Bergen und auf allen Hügeln und in allen Felsklüften" (Jer 16,16).

Als der HERR sein Volk im Jahre 1948 lockte, machten sich zwei Millionen Juden auf ihren Weg nach Hause. Gegenwärtig läßt der Herr die Fischer ihre Netze über der ganzen Erde auswerfen, die die "Fischfänge" einholen sollen. Andere werfen Köder aus - das die Absichten Gottes für Israel, die Juden und die Nationen betreffende Wort Gottes. Aber der Antisemitismus, der gewaltige Jäger der Juden, schärft schon seine Waffen. Gegenwärtig sind die Fischer noch am Werk, aber diese Zeit geht ihrem Ende entgegen, und dann werden die Jäger kommen.

Die Einwanderung aus der Sowjetunion wird Israels Einwohnerzahl verdoppeln. Sie beansprucht seine Belastbarkeit bis auf das äußerste. Russisch ist bereits Israels zweite Landessprache geworden. Die Einwanderung der nordamerikanischen Juden wird die Bevölkerung Israels noch einmal verdoppeln und seine Wirtschaft vor eine harte Probe stellen. Aber Israel ist darin geübt, Millionen aufzunehmen:

"Die in Israel bestehende Infrastruktur kann rund 100.000 Einwanderer pro Monat aufnehmen."[17]

Wären die Kinder Israel in Ägypten nicht gequält und unterdrückt worden, hätten sie das Land wahrscheinlich gar nicht verlassen wollen:

"Wir denken an die Fische, die wir in Ägypten umsonst aßen, und an die Kürbisse, die Melonen, den Lauch, die Zwiebeln und den Knoblauch" (4. Mose 11,5).

Und genauso verhält es sich mit den Juden unserer Zeit. Die amerikanischen Juden werden ganz besonders an die Brötchen, den Lachs und den Philadelphia-Käse zurückdenken. Was für eine andere Wahl hat der HERR, als Nöte über sie kommen zu lassen, um sie so aus dem Land der Gefangenschaft zu führen? Der Herzenswunsch des HERRN ist es, daß sein Volk auf seinen Ruf antwortet; aber - wie die Geschichte schmerzlich deutlich macht - Gottes Weg ist immer wieder zu einem langen, langen Weg des Leidens geworden.

Heutzutage werden in den Vereinigten Staaten von Christen, die Gott ernst nehmen, bereits geheime Räume und Unterkünfte vorbereitet, in denen die Juden Zuflucht finden können. Wie werden die amerikanischen Juden nach Israel zurückkehren? In Wellen freiwilliger Einwanderer mit all ihrem Besitz oder - wie so oft in der Vergangenheit - als Flüchtlinge mit nichts als nur der Kleidung auf dem Leib? Wie auch immer, Israel wird diese Juden willkommen heißen.

Lieber HERR!

Danke, daß du täglich Wunder unter den Menschen wirkst. Danke, daß du Rahels Kinder zurück in ihr Land bringst. Nach dem Vorbild Daniels lege ich nun auch das Ende der Jahre im Exil vor dich hin. Bringe die Kinder Israels nach Hause, HERR, bringe sie heim. Bringe sie alle nach Hause, HERR, und lasse nicht einen von ihnen im Exil zurück. Und gib mir die Gnade, ein Banner für die Nationen zu erheben und von deinen mächtigen Taten zu erzählen. Amen.

15 JERUSALEM

Eingebettet in das judäische Bergland liegt die Stadt Jerusalem nahezu 1.000 Meter über dem Meeresspiegel. Könnten diese ehrwürdigen, alten Hügel sprechen, was würden sie uns dann wohl für Geschichten erzählen können! Keine andere Stadt hat jemals so viel Zerstörung, Gewalt und Schrecken durch die Hände so vieler fremder Armeen gesehen. Das Blut ihrer Bewohner ist seit undenkbaren Zeiten auf die gepflasterten Straßen geflossen. Und sogar heute noch sickert das Blut vieler Menschen, die in dieser historischen Stadt leben und sich und ihre Familien mit einem kärglichen Lebensunterhalt durchschlagen müssen, zwischen die alten Steine oder spritzt auf den Asphalt des 20. Jahrhunderts. Keine andere Stadt hat sich so häufig wieder aus der Asche der Verwüstung erhoben, und keine andere Stadt kann Anspruch auf eine ewige Zukunft erheben.

Das heutige Jerusalem ist von seltener Schönheit; es ist wie ein Juwel unter den übrigen Städten. Und es muß auch in vergangenen Tagen eine besondere Schönheit besessen haben:

"Schön ragt empor der Berg Zion, daran sich freut die ganze Welt, (...) die Stadt des großen Königs" (Ps 48,3).

"Des Stromes Läufe erfreuen die Stadt Gottes, die heiligste der Wohnungen des Höchsten" (Ps 46,5; rev. Elberfelder).

Jerusalems Stellung als *"die Stadt des großen Königs"* und *"die Stadt Gottes"* ist der wahre Grund dafür, daß Terror, Verstümmelung und Mord auf ihren Straßen lauern und sich an ihre Opfer heranpirschen. Das Wesen und der Ratschluß Gottes, des großen Königs, ist dem von Satan und den Heerscharen der Hölle genau entgegengesetzt. Dieser Konflikt wütet nun schon seit beinahe 4.000 Jahren. Ursprünglich bewohnten die Kanaaniter diese Stadt. Sie wurden von den Jebusitern verdrängt, die danach bis zur ersten Eroberung durch die Israeliten in der Stadt lebten. Unter Josua wurde die Stadt durch die Kinder Israel zerstört:

"Aber Juda kämpfte gegen Jerusalem und eroberte es und schlug es mit der Schärfe des Schwerts und zündete die Stadt an" (Ri 1,8).

Wie erbittert muß dieser Kampf um die Stadt in jenen Tagen geführt worden sein! Der HERR selbst half den Israeliten, und unter dem Oberbefehl Josuas war Israel eine äußerst leistungsfähige Kampfeinheit, die ein Volk nach dem anderen besiegte und vernichtete. Josua war ohne Zweifel einer der großen Kriegsgeneräle der Geschichte. Doch trotz ihrer großen Kriegskunst mißlang ihr Eroberungsversuch der *Festung Zion*, eines kleinen befestigten Ortes, der sich ganz in der Nähe und doch getrennt von der eigentlichen Stadt befand:

"Die Jebusiter aber wohnten in Jerusalem, und Juda konnte sie nicht vertreiben" (Jos 15,63).

Die Jebusiter widerstanden nahezu 400 Jahre lang allen Versuchen, sie zu vertreiben, und machten sich am Ende über Israel lustig:

"Sie aber sprachen zu David: Du wirst nicht hier hereinkommen, sondern Blinde und Lahme werden dich abwehren" (2. Sam 5,6).

Der Kampf um Jerusalem wird weiter anhalten, solange nicht eine Seite vollständig bezwungen ist und die andere als der absolute Sieger hervorgeht. Es ist der Eine, der in der Ewigkeit wohnt, dessen Name tief in das Wesen dieser Stadt eingeprägt ist. Und in der Tat ist er das eigentliche Wesen Jerusalems, dessen Name ironischerweise "Stadt des Friedens" bedeutet!

"... in Jerusalem, das ich erwählt habe aus allen Stämmen Israels, will ich meinen Namen wohnen lassen ewiglich" (2. Kön 21,7).

DIE STADT GEHT VERLOREN

Die Kinder Israel eroberten Jerusalem etwa im Jahre 1407 vor Christus. Sie nahmen die eigentliche Stadt und die sie umgebenden Orte ein, die Festung ausgenommen. Die Jebusiter hielten ihre Stellung bis ins Jahr 1000 vor Christus, als Jerusalem von König David besiegt wurde und den Namen "Davids Stadt" erhielt (siehe 2. Sam 5,7).

König Nebukadnezar von Babylon drang im Jahre 597 vor Christus in das befestigte Jerusalem ein, nachdem es lange Zeit belagert worden war und seine Verteidiger durch eine Hungersnot geschwächt waren. Von da an begann die Oberherrschaft über die Stadt an wechselnde Eroberungsarmeen überzugehen. Das babylonische Reich selbst fiel an die Perser, die Jerusalem so lange hielten, bis es durch Alexander den Großen im Jahre 333 vor Christus seinem Reich einverleibt wurde. Ägypten nahm die Stadt und das Land 323 vor Christus ein, und im Jahre 198 vor Christus wurde sie den Syrern tributpflichtig. Die von den Makkabäern angeführten Juden rebellierten gegen das Joch der syrischen Herrscher und brachen es 165 vor Christus, weihten den Tempel wieder neu und konnten Jerusalem so lange halten, bis es ihnen die Römer 63 vor Christus wieder abnahmen. Nach dem mißglückten Bar-Kochba-Aufstand gegen die Römer wurden die Juden aus der Stadt verbannt. Aber auch dies konnte den Durst der Schwerter nach Blut nicht stillen. Ein alter Streitpunkt bekam neuen Auftrieb - die Religion!

Im vierten Jahrhundert nach Christus wurde das Christentum in Rom offiziell anerkannt, und Jerusalem wurde zu einem Zentrum christlicher Heiligtümer. Die Stadt blieb weiterhin unter römischer, später byzantinischer Kontrolle, bis sie 638 nach Christus von den arabischen Moslems eingenommen wurde. Die anfängliche Toleranz gegenüber den Christen schlug in Christenverfolgungen um, welche wiederum die Kreuzzüge auslösten. Die christlichen Kreuzfahrer besiegten die Moslems, und später besiegten die Moslems dann wieder die christlichen Kreuzfahrer. Im Ersten Weltkrieg, der im Unterschied zu den vorigen Auseinandersetzungen kein Glaubenskrieg war, eroberten die Briten schließlich im Jahre 1917 mit Hilfe einer jüdischen Legion und arabischer Nationalisten das Land. Sie zerschlugen das osmanische Reich der türkischen

Moslems, und Jerusalem wurde die Hauptstadt des Mandatsgebietes "Palästina". Wie wahr waren doch die Worte Jesu, als er sagte, Jerusalem werde *"zertreten werden von den Heiden"*. Auf den kommenden Sieg der Römer über die Juden bezugnehmend sagte er:

"... und sie werden fallen durch die Schärfe des Schwertes und gefangen weggeführt unter alle Völker, und Jerusalem wird zertreten werden von den Heiden, bis die Zeiten der Heiden erfüllt sind" (Lk 21,24).

Die Stadt Jerusalem ist seit diesen Worten Jesu wahrhaftig unter den Füßen der Heiden *"zertreten"* worden. Sowohl christliche als auch moslemische Heiden haben seine heilige Stadt zertreten, und beide Seiten haben es in eine Stadt der Gewalt und des Blutvergießens verwandelt.

DIE WIEDERERLANGTE HERRSCHAFT

Die von Jesus ausgesprochene Hoffnung war, daß die Zeit des Zertretens einmal ein Ende haben würde. Jerusalem sollte *"zertreten werden (...), **bis** ... "*. Es sollte eine Zeit kommen, in der sich die Situation wenden würde.

Als Palästina 1947 geteilt wurde, lebten etwa 100.000 Juden in Jerusalem.[1] Am 15. Mai 1948 brach dann zwischen Juden und Arabern der totale Krieg aus. Und so wie die Kinder Israel unter Josua die *Festung Zion* der Jebusiter nicht hatten einnehmen können, konnten auch die Juden den Arabern die Altstadt nicht entreißen. Sie mußten aus Mangel an Nachschub aufgeben, da sie nicht in der Lage waren, die notwendige Kriegsausrüstung zu ihren Stellungen auf den schwer zugänglichen, gewundenen Hügeln zu schaffen. Die Nachschub-Konvoys wurden zum großen Teil auf den steilen und kurvenreichen Abhängen der Schlucht, die zur Stadt hinführt, von den Arabern zerstört. Um das Leben von Juden zu bewahren, wurde die Schlacht schließlich aufgegeben und die Altstadt, die den Juden so viel bedeutete, den Jordaniern überlassen. Die Juden des neu gegründeten Israels mußten sich so wie die des einstigen Israels mit der Stadt und den umgebenden Gebieten außerhalb der jahrhundertealten Mauern der Altstadt zufriedengeben.

Millionen von Touristen haben Jerusalem zwischen den Kriegen von 1948 und 1967 besucht. Wenn sie die Altstadt betreten wollten, mußten sie zunächst das israelische Gebiet verlassen und danach jordanisches Territorium betreten, um die historische, von Mauern umgebene Stadt zu besichtigen. Die arabischen Einwohner auf beiden Seiten des Jordans waren und sind auch heute noch jordanische Staatsbürger.

Bis Mitte des Jahres 1967 hatten sowohl Syrien als auch Ägypten ungeheure Mengen an sowjetischen Waffen und riesige von den Sowjets ausgebildete Truppen in der Nähe ihrer Grenzen zu Israel konzentriert. Und auch Jordanien begann, seine Armee zu mobilisieren. Israel, das erkannte, daß ein erneuter Krieg unausweichlich bevorstand, wollte nicht gegen noch eine weitere Streitmacht an einer zusätzlichen Front kämpfen und wandte sich deshalb an Jordanien mit dem Appell, nicht anzugreifen. Israel erklärte, daß Jordanien von israelischer Seite her keinen Schuß zu befürchten hätte, wenn es seinerseits auch keinen abfeuern würde. Israel versprach, weder Jerusalem noch die Westbank, die zu der Zeit beide zum jordanischen Staatsgebiet gehörten, anzurühren. Jordanien übermittelte Israel seine Antwort auf diesen Aufruf durch eine Botschaft, die sich an die Bewohner der Westbank richtete: "Geht aus dem Weg! Wir werden die Juden ins Meer werfen."

In vielen Teilen der Westbank verließen die Jordanier ihre Häuser freiwillig und begaben sich in "Flüchtlings"-Lager, die die Araber etwa 20 Jahre zuvor erbaut hatten. Sie beabsichtigten, in ihre Wohnungen zurückzukehren, wenn der Krieg vorbei und Israel geschlagen sein würde. Der Krieg brach am 5. Juni 1967 aus. Nur sechs Tage später lag der größte Teil des arabischen Kriegsmaterials über viele Kilometer hinweg auf den Schlachtfeldern verstreut. Jordanien hatte von den angreifenden Armeen die größten Verluste erlitten. Am dritten Kriegstag, dem 7. Juni 1967, wurde die Altstadt Jerusalems von israelischen Truppen eingenommen, und am Ende des sechsten Tages hatte auch die gesamte Westbank den Besitzer gewechselt. Die meisten der Jordanier, die aus eigenem Willen heraus ihr Zuhause verlassen hatten, um so dem "Blitzkrieg" ihrer Armee, die "die Juden ins Meer werfen" wollte, den Weg freizumachen, leben heute noch in denselben Flüchtlingslagern. Tausende dieser Leute, die meiner Meinung nach fälschlicherweise "Flüchtlinge" genannt werden, sind heute größtenteils in der israelischen Bauindustrie beschäftigt.

Die Geschichte hat die Gewohnheit, sich ständig zu wiederholen; dennoch scheinen die Nationen nicht aus ihr zu lernen. Immer wenn Israel unter König David seine Feinde unterwarf, mußten diejenigen, die seinen Feinden beigestanden hatten, hart für ihre Einmischung büßen:

"Und die Aramäer von Damaskus kamen, um Hadad-Eser, dem König von Zoba, zu helfen. Aber David schlug von den Aramäern zweiundzwanzigtausend Mann und setzte Statthalter ein im Aramäerreich von Damaskus, und so wurden die Aramäer David untertan ..." (1. Chr 18,5.6).

Jordanien mußte wie die Aramäer in damaliger Zeit einen hohen Preis zahlen, als es den Feinden Israels helfen wollte. In dem Bestreben, den verhaßten jüdischen Staat zu vernichten, hat Jordanien unbeabsichtigt das *"bis"* der Hoffnung des jüdischen Volkes herbeigeführt. Die Vorherrschaft über die alte Stadt, die Stadt des großen Königs, kam wieder an Israel. Und es wird den Händen des jüdischen Volkes nicht wieder entrissen werden - *"die Zeiten der Heiden"*, in denen Jerusalem zertreten werden sollte, sind *"erfüllt"*.

Als General Allenby mit den britischen Truppen am 9. Dezember 1917 in Jerusalem einmarschierte, wurde damit nicht nur die 700 Jahre andauernde Herrschaft der Moslems beendet, sondern gleichzeitig begannen auch die 50 Jahre, die bis zum Erlaßjahr vergehen müssen:

"Als Erlaßjahr soll das fünfzigste Jahr euch gelten" (3. Mose 25, 11).

"Aber im Erlaßjahr soll der Acker wieder an den gelangen, von dem er ihn gekauft hat, dem er als sein Erbgut gehört" (3. Mose 27, 24).

Am 2. November 1917 hatte die britische Regierung dem jüdischen Volk Jerusalem zusammen mit Palästina als nationale Heimstätte zugesprochen (siehe "Das wiedergeborene Israel", Kapitel zehn, Seite 75); später jedoch hielt sie sich nicht mehr an ihre Abmachung. Der Herr erfüllte dieses Versprechen im Jahre 1967, dem 50. Jahr, nachdem die Briten Jerusalem eingenommen hatten, und so gelangte die Stadt im biblischen Erlaßjahr wieder an ihren rechtmäßigen Besitzer!

In Jerusalem befindet sich die heiligste Stätte des jüdischen Volkes - die letzten Überbleibsel des ersten und des zweiten Tempels. Ein Teil der aus riesigen Steinblöcken errichteten heutigen drei unteren Steinlagen, die der westlichen Stützmauer für den darüberliegenden Tempelplatz Halt gaben, stammt noch von dem Tempel, den König Salomo erbauen ließ. Auf diese unteren Lagen baute König Herodes seine Stützmauer, die den von ihm erneuerten und umgebauten zweiten Tempel trug, der sich an derselben Stelle wie der erste darüber erhob. Die Wichtigkeit dieses historischen Ortes für das jüdische Volk kann mit Worten nicht wiedergegeben werden. Vielleicht kann ein Auszug aus einem Interview mit dem Offizier, der den Kampf um dieses Gebiet im Jahre 1967 anführte, ein wenig mehr Verständnis dafür vermitteln:

"... der rauhe Kommandoführer, der die Klagemauer erobert hatte, sagte: 'Keiner von uns, der noch am Leben ist, hat jemals etwas so Großartiges gesehen oder getan wie das, was er heute getan hat.' Und dort vor der Mauer fiel er auf die Knie und weinte."[2]

Dieser Mann gab auf seine Art und Weise das wieder, was lange zuvor ein alter jüdischer Psalmist mit tiefer innerer Bewegung beschrieben hat:

"Vergesse ich dich, Jerusalem, so verdorre meine Rechte. Meine Zunge soll an meinem Gaumen kleben, wenn ich deiner nicht gedenke, wenn ich nicht lasse Jerusalem meine höchste Freude sein" (Ps 137,5.6).

Der Konflikt um diese Stadt hält bis heute an und wird auch noch mehrere Jahre anhalten. Frieden kann für diese Stadt des Friedens erst kommen, wenn Jesus, der *Friedefürst*, kommt, um in ihr zu herrschen und Recht zu sprechen. Und dann gilt:

"Aus Zion bricht an der schöne Glanz Gottes" (Ps 50,2).

Die Verheißung, daß die Herrlichkeit der *Schechinah* Gottes Jerusalem wieder erleuchten wird, ist so sicher, wie der neue Tag nach einer Nacht anbricht. Die Verheißung liegt jedoch noch in der Zukunft. Und der Konflikt regiert die Gegenwart.

Lieber HERR!

Danke, daß die Herrschaft über deine heilige Stadt wieder in die Hände deines auserwählten Volkes gefallen ist. Laß sie auf ihren jetzigen Wegen weiser sein als auf denen der Vergangenheit. Du hast in Jesaja 62,6 und 7 gesagt, daß ich mir keine Ruhe gönnen und dir keine Ruhe lassen soll, bis du Jerusalem wieder aufrichtest und es setzest zum Lobpreis auf Erden. O HERR, setze diese Stadt zum Lobpreis auf Erden um deines Namens willen. Laß den Friedefürsten kommen, damit er die Nationen regiert. Laß die Ewige Stadt ihr Erbe empfangen, den Frieden, für den sie geschaffen wurde. Amen.

16 "MEDINAT JISRAEL"

Sofort nach der Überquerung des Jordans im Jahre 1410 vor Christus begannen die Israeliten, das Land Kanaan zu erobern. Tag für Tag, Monat für Monat und Jahr für Jahr kämpften sie gegen die Völker, die das Land besetzt hatten, und vernichteten oder unterwarfen sie. Die Gibeoniter, die die Israeliten durch eine List dazu brachten, mit ihnen einen Friedensbund zu schließen, wurden nicht dem Schwert übergeben, jedoch zu einem Volk von Sklaven gemacht - zu *"Holzhauern und Wasserschöpfern"* (siehe Jos 9,27). Die Israeliten breiteten sich unter der Führung Josuas, der wiederum unter der Führung des HERRN stand, allmählich im ganzen Land aus, indem sie ihr Besitzrecht mit Hilfe ihrer überlegenen Kampfkraft und durch viele Wunder geltend machten. So entstand der erste "Staat" Israel.

Die Zerstörung des Nordreiches Israel durch Assyrien und des Südreiches Juda durch Babylon, verbunden mit der Gefangennahme der Israeliten beider Reiche, bedeutete nicht das Ende des "Staates" Israel. In jedem der beiden Königreiche, vor allem jedoch in Juda, blieb eine große Anzahl von Juden im Land zurück. Die wohlhabenden und einflußreichen unter ihnen wurden verschleppt; die Armen hingegen ließ man zurück:

"Aber von dem niederen Volk, das nichts hatte, ließ zur selben Zeit Nebusaradan, der Oberste der Leibwache, etliche im Lande Juda zurück und gab ihnen Weinberge und Felder" (Jer 39,10).

"Aber über das Volk, das übrig war im Lande Juda, das Nebukadnezar, der König von Babel, übriggelassen hatte, setzte er Gedalja, den Sohn Ahikams, des Sohnes Schafans" (2. Kön 25,22).

Nach den Assyrern und Babyloniern folgte eine nahezu unendliche Reihe von Eroberern; der "Staat" Israel hörte jedoch erst mit der römischen Besetzung im Jahre 135 nach Christus auf zu existieren. Die Juden wurden aus ihrer heiligen Stadt verbannt, die in *Aelia Capitolina* nach dem römischen Kaiser Hadrian umbenannt wurde, dessen Name *Aelius* war. Das Land selbst erhielt den Namen *Syria Palaestina*, wodurch es mit den Syrern und Philistern (*Palaestina* ist das lateinische Wort für Philistäa, die Heimat der Philister) in Verbindung gebracht wurde. Dies geschah mit der offensichtlichen Absicht, dem Land jegliche Verbindung mit den Juden zu nehmen. Und unter diesem Namen Palästina ist das Land bis heute bekannt.

Von den Römern wurde das jüdische Volk niemals des Landes verwiesen, lediglich aus Jerusalem. Viele sind vor dem Wüten der römischen Armee geflohen, das sich gegen ein Volk richtete, das nicht nur ständig rebellierte, sondern auch noch die Macht Roms über Jahre in Schach hielt. Millionen[1] sind während dieser Revolte umgekommen, die schließlich mit der Zerstörung Jerusalems und des Tempels ein Ende fand. Eine weitere halbe Million starb durch die Hände der römischen Legionen während des Bar-Kochba-Aufstandes, und weitere 66.000 wurden gefesselt nach Rom geführt, wo sie zur allgemeinen Belustigung Opfer der Gladiatorenkämpfe in den großen Arenen wurden.

Dennoch blieb immer ein recht großer Teil der Juden im Lande, der durch die natürliche Vermehrung ständig anwuchs. Die wenigen Juden, die aus anderen Ländern zurückkehrten, vergrößerten die Gemeinden, die im ganzen Land verteilt waren, und seitdem den Juden wieder erlaubt wurde, Jerusalem zu betreten, ist diese Stadt wieder das Zentrum der jüdischen Religion und ihrer religiösen Studien geworden.

EIN NEUER STAAT WIRD GEBOREN

Die "Balfour-Deklaration" der britischen Regierung von 1917 hatte den Juden wieder Hoffnung auf die Wiedererrichtung einer jüdischen Heimstätte gegeben. Ihre Hoffnungen wurden jedoch zerschlagen, als die Briten Palästina ebenso den Arabern zusprachen.

Nachdem der Holocaust während des Zweiten Weltkrieges seinen furchtbaren Tribut von den jüdischen Gemeinden auf der ganzen Welt gefordert hatte, war die Notwendigkeit eines eigenen Heimatlandes größer als je zuvor. Als die Generalversammlung der Vereinten Nationen am 29. November 1947 zusammentrat, um über die Teilung Palästinas abzustimmen, hingen die Juden auf der ganzen Welt an ihren Radios. Eine Zweidrittel-Mehrheit war nötig für die endgültige Billigung dieses Planes, und keiner wußte, ob die Vereinten Nationen diesen gutheißen würden. Der eigentliche Vorgang der Stimmabgabe war lediglich eine Sache von Minuten. Die Abstimmung fiel zugunsten einer Teilung aus - mit 33 zu 13 Stimmen. Die arabischen Mitglieder stürmten unter Protest aus der Versammlung, doch auf den Straßen tanzten und jubelten die Juden mit aller Kraft:

"Wer hat solches je gehört? Wer hat solches je gesehen? Ward ein Land an einem Tage geboren? Ist ein Volk auf einmal zur Welt gekommen?" (Jes 66,8).

Natürlich hat niemand etwas derartiges je gehört oder gesehen! Ein neues Land wurde an jenem Tage geboren. Es wurde nicht einfach ein altes Land umbenannt, sondern eine Geburt mit einer schnellen Entbindung hatte stattgefunden. Das Baby kam schon nach wenigen Augenblicken zur Welt, aber diese Welt war unverhüllt feindselig.

Es war bereits häufig zu gewalttätigen Auseinandersetzungen zwischen Arabern und Juden gekommen. So war es bereits unter britischer Herrschaft vor der Teilung gewesen; nach der Teilung jedoch nahmen Gewalttaten stark zu. Die Araber waren darauf versessen, jeglichen Gedanken an einen jüdischen Staat zunichte zu machen. Den Juden im Land wurde ständig der "totale" Krieg angedroht. Nach Monaten der Beratung geschah es am Freitag, dem 14. Mai 1948, um genau 16 Uhr:

"David Ben Gurion, der erste Premierminister des jüdischen Staates, schlug mit dem Hammer auf den Tisch und begann zu lesen. Als er zu den Worten: '... die Errichtung eines jüdischen Staates im Lande Israel - des Staates Israel' gelangte, applaudierten die Zuhörer und weinten."[2]

Der Staat Israel, die jüdische Heimat und der Zufluchtsort des Weltjudentums, existierte nach beinahe 2.000 Jahren wieder. Millionen von Israelis würde von nun an *medinat jisrael*, der hebräische Ausdruck für "Staat Israel", in ihre Ausweise gedruckt und in ihre Herzen eingegraben werden. In der Tat: *Wer hat solches je gehört? Ein Land, an einem Tage geboren -* ***ein Volk, auf einmal zur Welt gekommen?***

Niemand hat jemals von einem Volk gehört, das nach zwei Jahrtausenden wiederhergestellt worden ist, und dazu auch noch in seinem ursprünglichen Land! Es hatte niemals etwas Vergleichbares gegeben; dies war das souveräne Handeln des Heiligen Israels:

"HERR, der du bist vormals gnädig gewesen deinem Lande und hast erlöst die Gefangenen Jakobs" (Ps 85,2).

Die Augen des HERRN wachen ständig über seinem Land und seinem Volk. Er hat viele, viele Male verheißen, sein Volk zurückzubringen. Hier sind nur drei der Verheißungen, die alle ein und demselben Buch der Bibel entnommen sind:

"Aber wenn ich sie ausgerissen habe, will ich mich wieder über sie erbarmen und will einen jeden in sein Erbteil und in sein Land zurückbringen" (Jer 12,15).

"Ich will sie gnädig ansehen und sie wieder in dies Land bringen und will sie bauen und nicht verderben, ich will sie pflanzen und nicht ausreißen" (Jer 24,6).

"Denn siehe, es kommt die Zeit, spricht der HERR, daß ich das Geschick meines Volks Israel und Juda wenden will, spricht der HERR; und ich will sie wiederbringen in das Land, das ich ihren Vätern gegeben habe, daß sie es besitzen sollen" (Jer 30,3).

Der Gott Israels lenkt sowohl einzelne Personen als auch ganze Völker, um seinen festgesetzten Ratschluß in Erfüllung zu bringen. Seine Verheißungen an Israel sind so gewiß, wie sie lauter sind:

"Die Worte des HERRN sind lauter wie Silber, im Tiegel geschmolzen, geläutert siebenmal" (Ps 12,7).

Der Staat Israel ist wiedergeboren worden. Und wie auch im ersten Staat müssen die Israeliten Tag für Tag, Monat für Monat und Jahr für Jahr gegen seine Bewohner, die "wilden Siedler", kämpfen, die sich ihrer Verdrängung widersetzen. Bei der ersten Unterwerfung war es Israel, das keinen Friedensbund eingehen wollte. Heute würde es mit jedem einen Bund eingehen wollen; aber diejenigen, die das Land besetzt halten, sowie deren Freunde ziehen es vor zu kämpfen. Ein unversöhnlicher Feind des Staates Israel spricht für alle seine Feinde:

"Das zionistische Gebilde wird als einziger unserer Feinde keine Begräbnisstätte finden. Denn wir sind fest entschlossen, dieses abscheuliche Gebilde in dürre, verstreute Blätter zu verwandeln, die von niemandem mehr beachtet werden."[3]

Wie sonst könnte Israel die Kriegskunst erlernen, wenn nicht durch solche Herausforderungen zum Kampf?

Lieber HERR!

Es ist gut zu wissen, daß deine Hand über jeder Situation ist. Nichts entgeht deiner Aufmerksamkeit. Ich bin ebenso sicher in deinen Armen geborgen wie auch Israel selbst. Und deine Verheißungen an mich sind so sicher wie diejenigen, die du dem Volk Israel gegeben hast. Erfülle alle deine Pläne mit Israel, HERR; laß die Welt erkennen, wie groß du doch bist. Laß die Welt sich vor dir beugen und dich anbeten. Amen.

17 DAVIDS KÖNIGREICH

Zwei große Herzenswünsche sind seit Urzeiten in fast jedem jüdischen Herzen tief verwurzelt. Der eine ist, wieder im verheißenen Land zu sein, und der andere, das Reich des Königs David wiederkehren zu sehen. Nicht, daß die Juden danach trachteten, andere zu besiegen und zu unterjochen; sie wollten lediglich sehen, daß Israel sich aus seiner Erniedrigung wieder zu seiner einstigen Größe erhebt. Unter König David und später unter seinem Sohn Salomo befand sich Israel auf dem Höhepunkt seiner Macht und seines Einflusses. Es war eine goldene Zeit des Reichtums, und unter Salomo erfuhr Israel eine Zeit des Friedens. Der HERR machte David zum König über das Südreich Juda und auch über das Nordreich Israel. Israel war vereinigt, und David stellte mit der Hilfe des HERRN die Grenzen seines Reiches durch militärische Stärke wieder her:

"Und Davids Name ging aus in alle Lande, und der HERR ließ Furcht vor ihm über alle Völker kommen" (1. Chr 14,17).

Salomo erbte den Thron seines Vaters David, und der HERR gab ihm Reichtum, Macht und außergewöhnliche Weisheit, um eine mächtige Nation in Zeiten des Friedens und des Wohlstandes zu regieren:

"Juda aber und Israel waren zahlreich wie der Sand am Meer, und sie aßen und tranken und waren fröhlich. So war Salomo Herr über alle Königreiche, vom Euphratstrom bis zum Philisterland und bis an die Grenze Ägyptens; die brachten ihm Geschenke und dienten ihm sein Leben lang" (1. Kön 4,20; 5,1).

"So war der König Salomo größer an Reichtum und Weisheit als alle Könige auf Erden" (1. Kön 10,23).

Salomo regierte vom Euphratstrom bis an die Grenze Ägyptens, über das ganze Land, das der HERR Abram, dem Vater des jüdischen Volkes, zugesprochen hatte. Aber Salomo wurde dem HERRN untreu; sein Herz wurde von den Hunderten ausländischer Frauen verleitet, die er während seines langen Lebens begehrt hatte:

"Und er hatte siebenhundert Hauptfrauen und dreihundert Nebenfrauen; und seine Frauen verleiteten sein Herz" (1. Kön 11,3).

"Damals baute Salomo eine Höhe dem Kemosch, dem greulichen Götzen der Moabiter, auf dem Berge, der vor Jerusalem liegt, und dem Milkom, dem greulichen Götzen der Ammoniter. Ebenso tat Salomo für alle seine ausländischen Frauen, die ihren Göttern räucherten und opferten" (1. Kön 11,7.8).

Nach dem Tod Salomos war Israel wiederum in zwei Reiche aufgeteilt wegen seiner Untreue gegen den HERRN. Man könnte meinen, der Glanz vergangener Tage sei nunmehr endgültig in die Geschichtsbücher verbannt; aber wie wir noch sehen werden, gibt es auch hier eine Ausnahme von der Regel.

HERR, WIRST DU ES JETZT TUN?

Die Jünger Jesu hingen an ihm in der Erwartung und Hoffnung, das Königreich Davids wieder aufgerichtet zu sehen. Diese enttäuschte Hoffnung drückten die niedergeschlagenen Jünger aus, als sie mit Jesus, den sie nicht erkannt hatten, nach seiner Auferstehung auf dem Weg nach Emmaus waren:

"Wir aber hofften, er sei es, der Israel erlösen werde" (Lk 24,21).

Mit der Kreuzigung Jesu waren alle Hoffnungen, daß er das Königreich wieder aufrichten würde, zerschlagen worden. In den 40 Tagen direkt nach seiner Auferstehung erschien Jesus seinen Jüngern zu verschiedenen Anlässen. Die Hoffnungen wenigstens einiger der Jünger begannen ganz offensichtlich wieder zu steigen. In einem günstig erscheinenden Moment und ohne zu wissen, daß Jesus innerhalb weniger Augenblicke in den Himmel zur Rechten des Vaters auffahren würde, sprachen die Jünger ihre Hoffnungen offen aus:

"Die nun zusammengekommen waren, fragten ihn und sprachen: Herr, wirst du in dieser Zeit wieder aufrichten das Reich für Israel?" (Apg 1,6).

Die Antwort Jesu auf diese Frage ist interessant:

"Es gebührt euch nicht, Zeit oder Stunde zu wissen, die der Vater in seiner Macht bestimmt hat" (Apg 1,7).

Statt diese recht unverblümte Frage "Wirst du es jetzt tun?" zu verneinen, sagt er ihnen, daß es ihnen nicht zusteht, den Zeitpunkt dafür zu wissen! Denn genau das liegt diesem Satz zugrunde: *"Es gebührt euch nicht, Zeit oder Stunde zu wissen, die der Vater in seiner Macht bestimmt hat."* Dabei wird vorausgesetzt, daß das Reich wieder aufgerichtet werden wird, jedoch nicht zu jenem Zeitpunkt. Jesus fährt fort, die Jünger zu unterweisen:

"... aber ihr werdet die Kraft des heiligen Geistes empfangen, der auf euch kommen wird, und werdet meine Zeugen sein in Jerusalem und in ganz Judäa und Samarien und bis an das Ende der Erde" (Apg 1,8).

Er klärte die Jünger darüber auf, daß sie über einen längeren noch vor ihnen liegenden Zeitraum hinweg beschäftigt sein würden. Die Gute Nachricht mußte zuvor noch bis an die Enden der Erde getragen werden, bis das Reich wieder aufgerichtet werden konnte. Und hätten sich die Jünger zudem an die Predigt über die Zerstörung Jerusalems erinnert, hätten sie wahrscheinlich nicht mehr nachgefragt:

"Wenn ihr aber Jerusalem von Kriegsheeren belagert sehet, alsdann erkennet, daß ihre Verwüstung nahe ist. Alsdann fliehe, wer in Judäa ist, auf die Berge; und wer in der Stadt ist, der entweiche daraus; und wer auf dem Lande ist, gehe nicht hinein. Denn das sind Tage der Rache, damit alles erfüllt werde, was geschrieben steht. Wehe aber den Schwangern und den Säugenden in jenen Tagen, denn es wird große Not im Lande sein und ein Zorn über dieses Volk! Und sie werden fallen durch die Schärfe des Schwerts und gefangen weggeführt werden unter alle Völker; und

Jerusalem wird zertreten werden von den Heiden, bis die Zeiten der Heiden erfüllt sind" (Lk 21, 20 - 24; Schlachter).

Die vorhergesagte Zerstörung Jerusalems, die *"große Not im Lande"* und der *"Zorn über dieses Volk"*, sollte ihnen eigentlich klargemacht haben, daß jeglicher Gedanke an ein reales messianisches Königreich in der nahen Zukunft überhaupt nicht zur Debatte stand. Die Jünger selbst würden diese Zerstörung mit ansehen müssen, und diese würde sich nicht nur auf Jerusalem beschränken; denn es wird *"große Not im Lande sein"*. Und es würde *"dieses"* Volk treffen, das heißt, diejenigen, die zu der Zeit leben würden. Es sollte ein großes Blutvergießen stattfinden, denn *"dieses Volk"* sollte *"fallen durch die Schärfe des Schwerts"*. Es würde auch eine erneute Verbannung folgen, denn *"dieses Volk"* sollte *"gefangen weggeführt werden unter alle Völker"*, und Jerusalem würde sich unter fremder Herrschaft befinden, wie geschrieben steht: *"Und Jerusalem wird zertreten werden von den Heiden, bis die Zeiten der Heiden erfüllt sind."* Die Zeitspanne, die benötigt werden würde, bis das eben Aufgezählte in Erfüllung gehen würde, sowie der Auftrag, die Gute Nachricht bis an die Enden der Erde zu bringen, schloß die Wiederherstellung des Königreichs Davids für eine sehr, sehr lange Zeit aus. Dennoch steht die Verheißung immer noch - es wird wiederkommen!

Das Königreich Davids war ein zweifaches. Es war ein Königreich des ununterbrochenen Lobpreises für den Gott Israels, und es war ein Reich mit großer militärischer Macht. Wir werden uns mit diesen zwei Seiten dieses Reiches in den folgenden zwei Kapiteln getrennt befassen.

Lieber HERR!

Zeit und Stunde, alles Kommende und alle Geschehnisse sind in deiner Hand. Dein Wort sagt in Psalm 31,16: *"Meine Zeit steht in deinen Händen"*. Danke, daß sie sich nicht in meiner Hand befindet. Ich fühle mich viel sicherer, wenn du die Kontrolle über alles hast. Amen.

18 DAS KÖNIGREICH DES LOBPREISES

König David hatte Eigenschaften, die man äußerst selten bei einem Menschen findet. Und diese brachten ihm große Gnade und Gunst bei dem HERRN:

"Und als er diesen verstoßen hatte, erhob er David zu ihrem König, von dem er bezeugte (1. Samuel 13, 14): 'Ich habe David gefunden, den Sohn Isais, einen Mann nach meinem Herzen, der soll meinen ganzen Willen tun'" (Apg 13,22).

Vielleicht war es Davids vornehmste Eigenschaft, seine Liebe zu dem HERRN zu bezeugen. David hatte keinerlei Hemmungen, wenn es darum ging, die Güte und Größe Gottes zu bekennen. Er war überaus eifrig beim Schreiben von Psalmen, und die meisten Psalmen aus dem Psalter tragen seinen Namen. Der Psalter war das Liederbuch für die Anbetung im Tempel. In den Psalmen zeigt David Beispiele von wahrer Demut und Buße durch das öffentliche Bekennen von Sünden auf. Und er ist durch die Psalmen ein Wegbereiter der beständigen Äußerung seiner freimütigen Liebe und Verehrung zu Gott geworden. David hinterließ dieser Welt ein Vermächtnis von poetischer Schönheit. Beinahe 3.000 Jahre nach seinem Tod empfangen Millionen von Menschen immer noch täglichen Trost und Segen aus seinen Liebesliedern an den HERRN. David schrieb über seine Liebe zu Gott, und Gott schrieb David einen Nachruf:

"Dies sind die letzten Worte Davids. Es spricht David, der Sohn Isais, es spricht der Mann, der hoch erhoben ist, der Gesalbte des Gottes Jakobs, der Liebling der Lieder Israels" (2. Sam 23,1).

In der Bibel spricht der HERR nur zwei Männern gegenüber eine besondere Auszeichnung aus. Der eine ist Abraham, der Vater des jüdischen Volkes, und der andere ist David. Der HERR bezeichnet sein Volk als Nachkommenschaft *"Abrahams, meines Geliebten"* (siehe Jes 41,8), und David nennt er *"einen Mann nach meinem Herzen"* (siehe Apg 13,22). Abraham und David hatten vieles gemeinsam, und vor allem waren beide Anbeter. Dies ist eine Eigenschaft, die der HERR unter den Menschen sucht.

"Aber es kommt die Zeit und ist schon jetzt, in der die wahren Anbeter den Vater anbeten werden im Geist und in der Wahrheit; denn auch der Vater will solche Anbeter haben" (Joh 4,23).

Alle, die den HERRN im Laufe der Geschichte angebetet haben, sind von David noch übertroffen worden. Seine Leidenschaft für Gott kannte nahezu keine Grenzen. Er beschloß, dem Heiligen Israels ununterbrochen, Tag und Nacht, Lobpreis darbringen zu lassen. Die überschwengliche Liebe Davids zu Gott ist seit 3.000 Jahren unübertroffen:

"... und 4000 sollen zum Lobpreis des HERRN die Instrumente spielen,

die ich zu diesem Zweck habe anfertigen lassen (1. Chr 23,5; Menge).

David hatte Tausende von Musikinstrumenten machen lassen und bestimmte 4.000 Musiker dazu, den HERRN zu preisen. Sie wurden in 24 Abteilungen eingeteilt, so daß 166 Musiker nur jeweils für jährlich zwei Wochen ihren Dienst verrichteten (das jüdische Jahr besteht aus 48 Wochen, nicht aus 52). Die einzelnen Abteilungen konnten daher 46 Wochen lang üben, bevor sie an die Reihe kamen, um vor dem HERRN zu dienen. Dies bedeutet ganz eindeutig, daß die Musiker einen Dienst von hervorragender Qualität versahen. Dann gab es noch die Sänger:

"Und es war ihre Zahl mit ihren Brüdern, die im Gesang des HERRN geübt waren, allesamt Meister, zweihundertachtundachtzig" (1. Chr 25,7).

Es gab also 288 *"Meister"*-Sänger. Diese waren leitende Sänger und Solisten. Auch sie wurden in 24 Gruppen von jeweils zwölf Sängern eingeteilt. Und dann gab es noch die Trompeter:

"... und alle Leviten, die Sänger waren, nämlich Asaf, Heman und Jedutun und ihre Söhne und Brüder, angetan mit feiner Leinwand, standen östlich vom Altar mit Zimbeln, Psaltern und Harfen und bei ihnen hundertundzwanzig Priester, die mit Trompeten bliesen" (2 Chr 5,12).

Können wir uns wirklich vorstellen, wie das gewesen sein mag? Der Tempel an sich war nicht sehr groß. Er war eigentlich nicht viel größer als eine durchschnittlich große Kirche. Doch der Tempelplatz konnte 166 der besten Musiker des ganzen Landes aufnehmen, und ebenso einige der begabtesten Sänger, die man sich vorstellen kann (die oft a cappella sangen) zusammen mit einer Gruppe von 120 Priestern, die auf goldenen Trompeten zur Begleitung spielten. Obwohl dies zwar ein Augen- und Ohrenschmaus gewesen sein muß, war es einzig und allein dazu bestimmt, den HERRN zu erfreuen, und zwar offensichtlich mit vollem Erfolg:

*"Und es war, als wäre es **einer**, der trompetete und sänge, als hörte man **eine** Stimme loben und danken dem HERRN. Und als sich die Stimme der Trompeten, Zimbeln und Saitenspiele erhob und man den HERRN lobte: 'Er ist gütig, und seine Barmherzigkeit währt ewig', da wurde das Haus des HERRN erfüllt mit einer Wolke, so daß die Priester nicht zum Dienst hinzutreten konnten wegen der Wolke; denn die Herrlichkeit des HERRN erfüllte das Haus Gottes" (2. Chr 5,13.14).*

Wie herrlich muß das gewesen sein! Und das Ganze fand noch nicht einmal nur anläßlich besonderer Ereignisse statt. Dieser Lobpreis stieg jeden Tag 24 Stunden lang zum HERRN auf:

"Das sind die Sänger, die Sippenhäupter der Leviten, die in den Kammern keinen Dienst hatten, denn Tag und Nacht waren sie in ihrem Amt" (1. Chr 9,33).

Diese "Kammern" waren die Seitenkammern neben Salomos Tempel, in denen die Mitglieder der Abteilung wohnten, die gerade ihren Dienst versah. Wir sollten jedoch im Auge behalten, daß diese Einzigartigkeit des Lobpreises und der Anbetung nicht nur zur Zeit des Tempels bestanden:

"Dies sind aber die, welche David bestellte, um im Hause des HERRN zu singen, als die Lade zur Ruhe gekommen war, und sie dienten vor der Wohnung der Stiftshütte mit Singen, bis Salomo das Haus des HERRN baute zu Jerusalem, und taten ihren Dienst nach ihrer Ordnung" (1. Chr 6,16.17).

David hatte ein an drei Seiten geschlossenes Zelt in der Nähe seines Palastes aufstellen lassen, in dem sich die Lade des HERRN befand. Und er hatte in diesem Zelt eine königliche Liege, auf der er stundenlang vor dem HERRN sitzen oder liegen konnte. Davids Ort der Entspannung war in der Gegenwart des HERRN. Dort, in jenem Zelt, befand sich die Quelle, aus der er all seine Kraft schöpfte. David brachte oft viel Zeit damit zu, in der Gegenwart seines geliebten Herrn zu weilen. Das Zelt Davids war ein Ort, an dem religiöse Vorstellungen die Anbetung nicht beeinträchtigen konnten, ein Platz, an dem Gott den Menschen zugänglich war, was dem HERRN gefallen hat:

"Zur selben Zeit will ich die zerfallene Hütte Davids wieder aufrichten und ihre Risse vermauern und, was abgebrochen ist, wieder aufrichten und will sie bauen, wie sie vorzeiten gewesen ist ..." (Am 9,11).

Und so wie David es genossen hat, seine Zeit im Zelt mit dem HERRN zuzubringen, genoß auch der HERR selbst die Zeit mit David. David war ein wahrer Anbeter. Sowohl er als auch sein Zelt gehören der Vergangenheit an; doch die zerfallene Hütte Davids soll wieder aufgerichtet werden. Der Lobpreis und die Anbetung derjenigen, die dafür eine Gabe haben, werden wiederhergestellt werden. Und der HERR wird für seine Anbeter zugänglich sein.

WIEDERHERSTELLUNG

Um zu der Schriftstelle, die wir im letzten Kapitel angeführt haben, zurückzukehren, wenden wir uns jetzt dem griechischen Wort zu, das mit "wieder aufrichten" übersetzt wird.

"Die nun zusammengekommen waren, fragten ihn und sprachen: Herr, wirst du in dieser Zeit wieder aufrichten das Reich für Israel? Er sprach aber zu ihnen: Es gebührt euch nicht, Zeit oder Stunde zu wissen, die der Vater in seiner Macht bestimmt hat" (Apg 1,6.7).

Das griechische, hier mit "wieder aufrichten" übersetzte Wort, ist *apokathistemi*. Es hat ebenso wie das Wort *apokatastasis* aus Kapitel neun seine Wurzel in "wiederherstellen". Aber ich möchte noch einmal wiederholen, daß hier eine ganz bestimmte Art von Wiederherstellung gemeint ist. Die Bedeutung diese Wortes kann ebenfalls mit "wieder in die Existenz rufen" oder mit "in seinen vorigen Zustand zurückversetzen" übersetzt werden. Viele von uns können das am besten verstehen, wenn es um das Kaufen von bestimmten Nahrungsmitteln in einem Lebensmittelgeschäft geht. Einige dieser Artikel benötigen eine Zutat, gewöhnlich Wasser oder Milch, damit sie den gewünschten

Zustand wiedererlangen. Das Wort *apokathistemi* wird im Neuen Testament sechsmal gebraucht, und zwar meistens im Zusammenhang mit Heilung.

"Und siehe, da war ein Mensch, der eine verdorrte Hand hatte. (...) Dann spricht er zu dem Menschen: Strecke deine Hand aus! Und er streckte sie aus, und sie wurde wiederhergestellt, gesund wie die andere" (Mt 12,10.13; rev. Elberfelder).

Am Anfang dieses Abschnitts wird uns mitgeteilt, daß ein Mensch eine verdorrte Hand hatte. Diese Hand war offensichtlich noch vollständig vorhanden, jedoch verdorrt und verkümmert. Der Herr Jesus heilte diese Hand durch den Heiligen Geist, indem er ihr auf übernatürliche Weise das zufügte, was ihr fehlte, wie Fleisch, Knochen, Sehnen und anderes. Hier finden wir einen Schlüssel zur Wiederherstellung des Königreichs Davids. Ausgehend von dem Beispiel von der verdorrten Hand, können wir zwar mit Sicherheit annehmen, daß das Königreich noch existiert, jedoch ein lebensnotwendiger Bestandteil fehlt, der es wieder in die gewünschte Verfassung versetzt.

Der große Name, den David besaß, sowie seine Siege kamen durch die übernatürliche Macht des HERRN. Salomo hatte seine herausragende Weisheit und seinen Reichtum durch die übernatürliche Macht des HERRN erhalten. Das jüdische Volk und die jüdische Nation existieren zwar, doch sie sind wie die verdorrte Hand: Sie benötigen eine Infusion des Heiligen Geistes. Die Juden haben heutzutage wahrscheinlich die größten musikalischen Talente auf der ganzen Welt. Jedes Jahr betrauert die Welt den Tod von jüdischen Künstlern. 1991 starb Leonard Bernstein, dessen Name als Dirigent des Bostoner Symphonieorchesters zur Legende wurde. Ebenso war das Ableben Alan Copelands zu beklagen, des "Meisters unter den amerikanischen Komponisten".[1] Und niemand hat bis jetzt Yehudi Menuhin, das in die Jahre gekommene jüdische Genie auf der Violine, übertroffen. Angesichts dieser Begabung, die so freizügig auf das jüdische Volk ausgegossen worden ist, wie majestätisch muß da der Lobpreis klingen, der für den HERRN komponiert, gesungen und gespielt werden wird, wenn das jüdische Volk erst wieder in Israel versammelt und erlöst ist, wie Gott es verheißen hat!

Etwa 1970 gab es in Israel, wie auch schon an anderer Stelle erwähnt, lediglich eine Handvoll Juden, die an den Messias Jesus glaubten. Zu jenem Zeitpunkt gab es ein paar englische Kirchenlieder, die übersetzt und in Buchform herausgebracht worden waren. Außer diesen alten Kirchenliedern, von denen viele in der hebräischen Übersetzung nicht mehr ganz mit der Melodie übereinstimmten, gab es jedoch keine moderne, eigenständige Sprache des Lobpreises, die man auf hebräisch hätte singen können. Als die Zahl der Gläubigen zu wachsen begann und damit die Notwendigkeit eines Lobpreises in hebräischer Sprache immer deutlicher wurde, fing man an, intensiv dafür zu beten. Im Oktober 1980 fand in Tel Aviv eine "Musik-Konferenz" statt, in der einzelne Glieder des Leibes Christi die Lieder, die der HERR ihnen eingegeben hatte, vortrugen. Es waren geisterfüllte Lieder mit sehr schönen, orientalischen Melodien, die das Herz des wachsenden Leibes zum Ausdruck brachten. Diese

Entwicklung hält bis heute an, und auch viele von Davids Psalmen sind in ausdrucksstarke, israelische Melodien umgeschrieben worden. Um 1988 gab es fünf Bücher mit eigenständigen hebräischen Lobpreisliedern, die in Israel von den an den Messias Jesus Gläubigen herausgegeben wurden, und eine Anzahl professioneller Musikkassetten von israelischen Künstlern.

In den Vereinigten Staaten treten einige besonders begabte jüdische gläubige Künstler in Konzerten auf und produzieren außerdem noch Lobpreis- und Anbetungskassetten. Die Gruppe "Lamb" brachte 1991 ein Lied heraus, das unter den ersten zehn der christlichen Charts in Amerika rangierte. Marty Goetz, ein begabter und aussergewöhnlich gesalbter Sänger und Komponist, der auch eine ganze Reihe von Liedern für Debbie Boone geschrieben hat, trat bei einer großen Konferenz mit Billy Graham vor 400.000 Zuhörern in New York auf.

Während die Juden weltweit in das Königreich Gottes hineinkommen, steigt eine ständig wachsende Zahl von vollendet schönen Lobpreis- und Anbetungsliedern zu dem Heiligen Israels auf. Verglichen mit dem Klang, der in den kommenden Jahren erschallen wird, ist dieser noch recht leise, und es sind nur wenige, die ihn erklingen lassen. Die Wiederherstellung des Königreichs des Lobpreises ist wahrscheinlich noch das am wenigsten erkennbare Ereignis unter dem jüdischen Volk. Aber diejenigen, die den Zustand der Dürre in den vergangenen Jahrzehnten miterlebt haben, können nicht leugnen, daß eine Wiederherstellung schon im Gange ist.

Lieber HERR!

Stelle das Königreich Davids mit seinem Lobpreis und seiner Anbetung wieder her. Laß die musikalische Begabung deines Volkes allein deiner Ehre dienen. Laß doch einen himmlischen Klang zu deinem Thron heraufsteigen; fülle du den *Tempel der lebendigen Steine* mit der Wolke deiner Herrlichkeit! Und gib du auch, o HERR, daß ich ein Anbeter wie David werde. Amen.

19 DAS KÖNIGREICH DER STÄRKE

Vergleichen wir die militärische Stärke Israels zur Zeit Davids mit der des heutigen Israel, können wir ganz eindeutig eine große Ähnlichkeit feststellen. Es bestehen interessante Parallelen zwischen dem damaligen und dem heutigen Israel, bis hin zu den Wundern.

Befassen wir uns zunächst einmal mit der Macht Davids: Es ist für uns heute im 20. Jahrhundert nicht einfach, die gebräuchliche Kriegsführung vor 3.000 Jahren zu verstehen. Mit Ausnahme derjenigen, die mit "Langstreckenwaffen" ausgerüstet waren wie die Bogenschützen und die Steinschleuderer, fochten die Kämpfer Mann gegen Mann hautnah gegeneinander. Für einen längeren Kampf Mann gegen Mann in einer Waffenrüstung benötigte man eine gute körperliche Kondition, die trotz der unzähligen Fitness-Center heute nur sehr wenige erlangen. Äußerste Beweglichkeit, ein großes Maß an Kondition, Muskelkraft und eine hervorragende körperliche Konstitution waren notwendig, wenn ein Mann in seiner ersten Schlacht länger als eine oder zwei Stunden überleben wollte. Und so ein Mann war König David. Wir stellen uns David oft als einen kleinen, dünnen, fast noch kindlichen Jungen vor, weil wir noch die typischen Darstellungen der Kinderbücher vom kleinen David, der den riesigen Philister Goliath tötet, im Kopf haben. Doch diese Vorstellung entspricht keinesfalls der Wirklichkeit!

Als Schafhirte bewies David seine Furchtlosigkeit, indem er seine Schafe vor Löwen oder Bären beschützte:

"Wenn er aber auf mich losging, ergriff ich ihn bei seinem Bart und schlug ihn tot" (1. Sam 17,35).

Und als Hirte wird David auch von einem Diener des Königs Saul beschrieben, bevor er Goliath schlägt:

"Ich habe gesehen einen Sohn Isais, des Bethlehemiters, der ist (...) ein tapferer Mann und tüchtig zum Kampf" (1. Sam 16,18).

David wird hier als ein *"tapferer Mann und tüchtig zum Kampf"* beschrieben. Er war im Vergleich zu den Berufssoldaten offensichtlich noch recht jung; aber er war ganz sicher kein unreifes, kleines "Bürschchen" mehr. Nach der Bibel war der junge David überdurchschnittlich groß und gut gebaut. Daher wurde er auch kurz nachdem er Goliath getötet hatte, über Sauls Krieger gestellt:

"Und Saul setzte ihn über die Kriegsleute, und es gefiel allem Volk gut und auch den Großen Sauls" (1. Sam 18,5).

Saul war zwar nicht der weiseste aller Könige Israels, doch war er sicher nicht so dumm, einen unerfahrenen Jungen über seine Kriegsmänner zu stellen! Und so selbstverständlich, wie Saul David über seine *"Kriegsleute"* setzte, so führte David diese in den Kampf:

"Aber ganz Israel und Juda hatte David lieb, denn er zog aus und ein vor

ihnen her" (1. Sam 18,16).

David wurde zu einem großen Kämpfer und gab immer dem HERRN die Ehre für seine Tapferkeit:

"Er lehrt meine Hände streiten und meinen Arm den ehernen Bogen spannen" (Ps 18,35).

DAVIDS HELDEN

Davids Armee bestand aus ungewöhnlich tüchtigen Kriegsmännern, deren Anführer schon beinahe übernatürliche Kräfte und Fähigkeiten besessen haben müssen:

"... Jischbaal, der Hachmoniter, der Erste unter den Dreien; der schwang seinen Spieß über achthundert, die auf einmal erschlagen waren" (2. Sam. 23,8).

Es mag uns vielleicht ein wenig schwer fallen, uns vorzustellen, daß ein Mann 800 Feinde im Nahkampf in einer einzigen Schlacht getötet haben soll!

"Nach ihm war unter den drei Helden Eleasar, der Sohn Dodos, der Ahoachiter. Er war mit David in Pas-Dammim, als die Philister dort versammelt waren zum Kampf und die Männer Israels sich zurückzogen; er aber hielt stand und schlug die Philister, bis seine Hand müde war und am Schwert erstarrte. Und der HERR gab großes Heil an jenem Tage, so daß das Volk sich wieder umwandte hinter ihm her, um zu plündern" (2. Sam 23,9.10).

Israel hatte sich vor dem Feind zurückgezogen, doch ein einziger Mann, der um die Ehre seines Königs besorgt war, griff den Feind an, wobei er das Schwert nur mit einer Hand hielt! Wie einzigartig muß dieser Mann gekämpft haben! Die Philister griffen ihn von allen Seiten her an, und er tötete sie alle! Die Israeliten kehrten dann zum Schlachtfeld zurück, nur um die Toten auszuplündern.

"Und drei von den dreißig Helden kamen zu Beginn der Ernte hinab zu David, zu der Höhle Adullam, und das Lager der Philister lag in der Ebene Refaim. David aber war damals in der Bergfeste, und die Wache der Philister lag in Bethlehem. Und David gelüstete es, und er sprach: Wer will mir Wasser zu trinken holen aus dem Brunnen am Tor in Bethlehem? Da brachen die drei Helden in das Lager der Philister ein und schöpften Wasser aus dem Brunnen am Tor in Bethlehem und trugen's und brachten's zu David" (2. Sam 23,13 - 16).

David, der die Folgen seines Wunsches nicht bedachte, äußerte seinen Wunsch nach *"Wasser (...) aus dem Brunnen am Tor in Bethlehem"*, das in einiger Entfernung lag. Drei Männer liefen daraufhin nach Bethlehem und kämpften sich ihren Weg durch das ganze Lager der Philister, nur um etwas Wasser für ihren König zu holen. Nachdem sie es geholt hatten, erkämpften sie sich ihren Weg wieder zurück aus dem Lager und kehrten zu ihrer Festung zurück, um David das Wasser zu überreichen! Es gibt noch weitere Beispiele solcher Tapferkeit und solchen Mutes im selben Kapitel, dem auch diese Begebenheit entnommen ist. Aus all diesen Erzählungen können wir das Wesen und die Stärke der Kriegsmänner Davids besser verstehen lernen. Betrachten wir einmal *"die Zahl der zum Heeresdienst gerüsteten Männer"* aus allen Stämmen Israels (siehe 1. Chr 12, 24 - 38), so stellt sich heraus, daß es insgesamt 340.822 Männer waren, die Davids Königtum festigten. In jenen Tagen war dies eine relativ kleine Armee; diese wuchs jedoch sichtbar nach der Festigung seiner Macht an und wurde zu einer furchterregenden Kriegsmacht:

"Und Joab (...) gab David die Zahl des gezählten Volks an. Es waren von ganz Israel elfmal hunderttausend Mann, die das Schwert trugen, und von Juda vierhundertsiebzigtausend Mann, die das Schwert trugen" (1. Chr 21, 4.5).

Davids Armee, die zwar zu Beginn seiner Herrschaft noch recht klein war, erwies sich im Kampf jedoch als unschlagbar. Die Kampfkraft der Männer war so groß, daß die Armee gegen die vielen feindlichen Mächte an mehreren Fronten noch in verschiedene Einheiten aufgeteilt werden konnte und dennoch den vollständigen Sieg herbeiführte:

"Werden mir die Aramäer überlegen sein, so komm mir zu Hilfe; werden aber die Ammoniter dir überlegen sein, so will ich dir zu Hilfe kommen" (2. Sam 10,11).

Sogar vor 3.000 Jahren zwangen Syrien (die Aramäer) und Jordanien (die Ammoniter) Israel, an zwei Fronten gleichzeitig zu kämpfen. Davids Armee überwand alle Widerstände und machte Israel zu einer gewaltigen Militärmacht. Damit ebnete er den Weg für die Friedensherrschaft und den ungeheuren Reichtum unter seinem Sohn Salomo.

DAS KÖNIGREICH

Das Königreich, das David regierte, war für damalige Zeiten verhältnismäßig groß:

"Und er war ein Herr über alle Könige vom Euphrat an bis zu dem Land der Philister und bis zu der Grenze Ägyptens" (2. Chr 9,26).

David hatte viele "Königreiche" innerhalb seines Königreichs unter sich. Diese waren tributpflichtige Vasallenstaaten, die er unterworfen hatte. Es war nicht so, daß David gegen diese kleinen Reiche in den Krieg zog, um ein Großreich zu errichten. Er nahm sich lediglich das Land zurück, das den Israeliten schon in früheren Zeiten gehört hatte, dann jedoch von den Feinden Israels an sich gerissen worden war.

"David schlug auch Hadad-Eser, den Sohn Rehobs, den König von Zoba, als er hinzog, um seine Macht wieder aufzurichten am Euphratstrom" (2. Sam 8,3).

Wenn diese "Königreiche" erst einmal unterworfen worden waren, mußten sie David Tribut und Ehre zollen als Gegenleistung für seinen Schutz. Davids Reich erstreckte sich vom großen Euphratstrom im Norden bis hin zum Bach oder "Wadi" Ägyptens, der ägyptischen Grenze. Es beinhaltete das gesamte heutige Syrien, das heutige Jordanien, einen Teil des Gazastreifens und den südlichen Teil des heutigen Libanon.

DIE WIEDERKEHR DER FRÜHEREN MACHT

Erinnern wir uns an das 17. Kapitel, so wissen wir, daß die Wiederaufrichtung des Königreichs Davids für einen längeren Zeitraum nach der Himmelfahrt Jesu nicht würde möglich sein können. Ungefähr 100 Jahre nach seiner Himmelfahrt waren Tausende von Juden aus dem Land geflohen, und etwa drei Millionen waren durch Hunger oder Schwert umgekommen. Mehrere tausend waren außerdem in Gefangenschaft geraten, das Land war umbenannt und den Juden der Zutritt nach Jerusalem verwehrt worden. Israel war einige Jahrzehnte lang lediglich eine Erinnerung, und auch diese verblaßte im Laufe der Zeit allmählich. Israel wurde zu einer Hoffnung, zu einem Traum. Offensichtlich konnte ein erneuertes Königreich nur in einem wiederhergestellten Israel entstehen.

Am 29. November 1947 teilten die Vereinten Nationen Palästina zwischen Juden und Arabern auf. Und am 14. Mai 1948 war der neue Staat Israel geboren. Genau einen Tag nach der Ausrufung des Staates Israel griffen arabische Armeen den neuen Staat an, um ihn zu vernichten. Die Wiederherstellung des "Königreichs der Stärke" begann am Samstag, dem 15. Mai 1948, mit dem ersten Krieg, der gegen diesen neuen Staat geführt wurde. Es war die erste in einer langen Reihe von demütigenden Niederlagen für die Armeen der Feinde Israels.

Während des ersten militärischen Konflikts befand sich der neue Staat Israel in einem totalen Krieg gegen sieben arabische Nationen. Diese waren Syrien, Irak, Transjordanien, Libanon, Ägypten, Jemen und Saudi-Arabien. Die arabischen Armeen waren von den Briten ausgebildet und ausgerüstet worden. General Sir John Glubb hatte den Oberbefehl über die jordanische Armee gegen Israel, und auch einige syrische Einheiten standen unter dem Kommando britischer Offiziere. Die Briten gaben den Arabern ihre volle Unterstützung und ermutigten sie sogar zum Angreifen. Und so wie die Juden die Macht Roms bei mehreren Gelegenheiten herausgefordert hatten, so demütigten sie nun das britische Weltreich, indem sie dem englischen Löwen kräftig auf den Schwanz traten. In einem Versuch, den jüdischen Widerstand gegen ihre Herrschaft in Palästina zu stoppen und ebenso die Flut der ins Land geschmuggelten Juden einzudämmen, begannen die Briten, die Leiter der anwachsenden jüdischen Widerstandsbewegung zu erhängen. Die Juden gaben eine entsprechende Antwort, indem sie für jeden ihrer eigenen Leute, die hingerichtet worden waren, einen hochrangigen britischen Offizier hängen ließen. Sie sprengten außerdem das Hauptquartier der Briten, das sich im berühmten King David Hotel in Jerusalem befand, mit Dynamit in die Luft, wobei 80 britische Offiziere getötet und 70 verwundet wurden. Diese Art von Vergeltungsschlägen veranlaßte die Briten schließlich, ihr Mandat über Palästina an die UNO abzutreten. Dem britischen Stolz war eine empfindliche Wunde zugefügt worden, und während sie an dieser Wunde leckten, spiegelte die Zeitung *The New Statesman* die Gemütslage der britischen Nation in einem die ganze Titelseite umfassenden Leitartikel wider, der die Überschrift **"Krieg wegen des Weißbuches?"** trug. Darin hieß es unter anderem:

"... Bei der Bekämpfung der Juden besäße die Regierung die Unterstützung des BBC und wohl fast aller größeren Zeitungen, und es gäbe eine Flut von Berichten über anti-jüdische Greueltaten und von Zeitungsartikeln über **die Rechtmäßigkeit, die halsstarrigen Überlebenden von Hitlers Gaskammern zu beseitigen** [Hervorhebung vom Verfasser]."[1]

An dieser beleidigenden Feindseligkeit gegen die Juden, die hier von der britischen Presse offen ausgedrückt wurde, hat sich seit der Veröffentlichung dieses Leitartikels im Jahre 1946 nur wenig geändert. Der demütigende Schlag gegen den britischen Stolz während der Mandatszeit hat den Briten Anlaß genug gegeben, um die arabischen Armeen gegen den neugeborenen Staat Israel voll zu unterstützen.

... "Auf dem Papier hätten sie (die Araber) Palästina innerhalb einer Woche besiegt haben können; sie hatten reguläre Truppen, ausgebildet, gut organisiert, ausreichend versorgt, voll ausgerüstet, und sie hatten den ersten Schritt gemacht."[2]

Im Gegensatz dazu waren die jüdischen Kampfeinheiten größtenteils kaum ausgebildet, und ein großer Teil ihrer Gewehre war "Marke Eigenbau". Gegen die angreifenden arabischen Armeen hatten sie folgendes aufzubieten:

"Die Israelis stellten etwa 18.000 Männer mit 10.000 Gewehren, 3.600 halbautomatischen Maschinengewehren, vier alte Mörser, die aus Mexiko geschmuggelt worden waren, einige Panzerfäuste und zwei Panzer, die man aus einem britischen Depot 'entliehen' hatte ... ."[3]

Israel war hoffnungslos unterlegen; es besaß nicht einmal ausreichend Gewehre für jeden seiner Männer! Einer vollentwickelten gegnerischen Luftwaffe hatte Israel so gut wie gar keine Luftstreitmacht entgegenzusetzen: "Vier Flugzeuge stellten die gesamte israelische Jagdbomberstaffel dar."[4]

Und obwohl zwei ihrer Flugzeuge am ersten Tage vernichtet worden waren und trotz ihrer schlecht ausgerüsteten Männer, die an fünf Fronten kämpften, hatte Israel, als es der UNO gelang, einen Waffenstillstand zwischen den kämpfenden Parteien durchzusetzen, beinahe dreimal so viel Land unter seiner Kontrolle wie das, was ihm durch die Teilung zugesprochen worden war!

Wenden wir uns nun einer Bibelstelle zu, die in bezug auf das Land und den Staat zuvor schon einmal aufgeführt worden ist, zusammen mit dem nachfolgenden Vers:

"Wer hat solches je gehört? Wer hat solches je gesehen? Ward ein Land an einem Tage geboren? Ist ein Volk auf einmal zur Welt gekommen? Kaum in Wehen, hat Zion schon ihre Kinder geboren. Sollte ich das Kind den

Mutterschoß durchbrechen und nicht auch geboren werden lassen? spricht der HERR. Sollte ich, der gebären läßt, den Schoß verschließen? spricht dein Gott" (Jes 66,8.9).

Dieses Land ist durch eine Abstimmung geboren worden, die nur wenige Minuten in Anspruch nahm. Die Nation kam zur Welt, als das Land, das ihr durch diese Abstimmung zugeteilt wurde, als Staat Israel ausgerufen wurde. Der HERR sagt, daß er Israel nicht den Mutterschoß durchbrechen läßt, ohne daß es auch geboren wird. Er wird zum Zeitpunkt der Geburt den Schoß nicht verschließen und die Geburt nicht verhindern. Mit anderen Worten, der HERR sagt hier, daß er dafür sorgen wird, daß Israel als Nation in die Welt eintritt. Übertragen auf einen militärischen Angriff, erkennt man, daß diejenigen, die sich gegen Israel stellen, sich in Wahrheit dem HERRN in den Weg stellen. Daher konnte das schlecht ausgerüstete und zahlenmäßig unterlegene Israel die sieben Armeen schlagen, die sich gegen es aufgestellt hatten.

Im Juni 1967 brach der Sechs-Tage-Krieg zwischen Israel und den arabischen Nationen aus. Israel hatte ein weiteres Mal gegen größere und stärkere Armeen aus mehreren Nationen zu kämpfen. Israel schlug hart und schnell zu:

"Am Ende des ersten Kriegstages, am Montag abend, waren etwa 400 Kampfflugzeuge aus fünf arabischen Nationen vernichtet worden. Allein Ägypten hatte 300, Syrien 60, Jordanien 35, der Irak 15 und der Libanon mindestens eines verloren. Der Preis, den Israels 400 Kampfflugzeuge starke Luftwaffe bezahlen mußte, bestand aus 19 Flugzeugen und Piloten, die größtenteils durch Bodenfeuer abgeschossen worden waren."[5]

Nach sechs Kriegstagen, nachdem ein Waffenstillstand ausgehandelt worden war, befanden sich weite Teile des Landes im Besitz Israels. Israel hatte ganz Jerusalem, die Westbank, den Gazastreifen, die gesamte Sinai-Wüste und die Golanhöhen eingenommen. Wie 1948 hatte es nun erneut fast dreimal so viel Land wie vor dem Krieg! Und so wie David über Vasallenstaaten geherrscht hatte, herrschte Israel jetzt plötzlich über eine Million jordanischer, ägyptischer und syrischer Einwohner in den eroberten Gebieten.

1967 waren die arabischen Armeen durch Israel vernichtet worden. Mit Hilfe der Sowjetunion fingen die Araber wieder an, sich zu bewaffnen, und ließen sich unter den geschulten Augen sowjetischer Berater ausbilden. Im Jahre 1973 waren sie zu einem weiteren Krieg bereit, doch mußte auch der Zeitpunkt stimmen. Am 6. Oktober, am *Jom Kippur*, dem heiligsten Tag des jüdischen Jahres, schlugen die Araber zu. Die Juden hielten sich in den Synagogen auf und fasteten, in weiße Gewänder gekleidet. Es gab an diesem Tag weder Zeitungen, noch liefen Fernseher oder Radios. Niemand würde einen Telefonanruf annehmen, und die einzigen Fahrzeuge, die sich auf den Straßen befanden, waren Krankenwagen.

Die Araber überrannten die arglosen israelischen Truppen, die an diesem allerheiligsten Tag ihren Dienst versahen. Syrien führte seinen ersten Angriff mit 1.200 Panzern; das ist mehr, als Großbritannien und Frankreich zusammen besaßen, mehr, als Deutschland 1941 gegen Rußland geführt hatte, und mehr, als in der Schlacht von El Alamein eingesetzt worden waren. Ägypten griff, laut Abba Eban, mit 3.000 Panzern, 2.000 schweren Geschützen, 1.000 Kampfflugzeugen und 600.000 Soldaten an. Während der folgenden Tage stießen zu diesen zwei arabischen Nationen noch die Armeen Jordaniens, Saudi-Arabiens, Kuwaits, Jemens, des Iraks, des Sudans, Libyens, Marokkos, Algeriens und Tunesiens. Nord-Vietnam sandte Piloten nach Ägypten und Nordkorea nach Syrien.

Israel benötigte drei Tage für die Mobilmachung. Die einmarschierenden arabischen Truppen wurden innerhalb weniger Tage aus Israel vertrieben, jedoch nicht ohne furchtbare Verluste an Menschenleben auf israelischer Seite. Doch auch den arabischen Armeen sind ungeheure Verluste zugefügt worden. Nur 240 Panzer kehrten wieder nach Syrien zurück, und die Leiche des kuwaitischen Oberbefehlshabers wurde auf dem Schlachtfeld inmitten der vielen anderen Leichen aufgefunden. Die größte Panzerschlacht der Kriegsgeschichte fand am Freitag, dem 19. Oktober 1973, in der Wüste Sinai statt, wo es so viele Panzer gab, daß irgendwelche Manöver unmöglich waren. Wiederum wurde ein Waffenstillstand ausgehandelt, und ein weiteres Mal war Israel in den Besitz von weit mehr Land als zu Beginn des Krieges gekommen. Zum Zeitpunkt des Waffenstillstandes waren israelische Truppen gerade im Anmarsch sowohl auf Damaskus als auch auf Kairo!

Israel kämpft nicht wie andere Nationen für irgendeine Ideologie, sondern um sein blankes Überleben. Doch obwohl es den israelischen Truppen nicht bestimmt gewesen ist zu verlieren, ist es nicht ihre eigene Tapferkeit gewesen, die ihnen zum Sieg verholfen hat:

"Denn sie haben das Land nicht eingenommen durch ihr Schwert, und ihr Arm half ihnen nicht, sondern deine Rechte, dein Arm und das Licht deines Angesichts; denn du hattest Wohlgefallen an ihnen" (Ps 44,4).

Eine recht vorsichtige Einschätzung der arabischen Truppen, die sich im Jahre 1973 gegen Israel aufgestellt hatten, würde wahrscheinlich bei mehr als 1,2 Millionen Mann liegen. Der ägyptische Präsident Anwar Sadat, auf dessen Initiative hin der Krieg begonnen worden war, meinte, daß Ägypten dazu bereit gewesen wäre, eine Million Männer zu opfern! Die Zahl der israelischen Verteidigungstruppen ist niemals offiziell bekanntgegeben worden. Ein Bruder in Christus jedoch, der einzige Überlebende einer israelischen Elite-Einheit, die zu Beginn des Krieges auf den Golanhöhen vernichtet worden war, teilte mir mit, daß Israel ungefähr 300.000 Mann besessen hätte. Diese Aussage ist anhand von Berechnungen nachweisbar:

Die israelische jüdische Bevölkerungszahl betrug 1973 etwas unter 3 Millionen.

55 Prozent der Bevölkerung waren jünger als 18 Jahre, was das Mindestalter für die allgemeine Wehrpflicht ist.

Die Hälfte dieser 45 Prozent über 18 Jahren bestand aus Frauen, die nicht am

Kampfgeschehen teilnehmen (entgegen der im Ausland allgemein verbreiteten Annahme).

Die Hälfte der 22,5 Prozent der Männer war über 54 Jahre alt, was damals das Höchstalter für den Wehrdienst war.

Somit haben wir: 3.000.000 - 55% = 1.350.000 - 50% = 675.000 - 50% = 337.500

Geschätzte Kampfstärke Israels 1973: 337.500 Mann.
Davids Streitmacht zu Beginn seiner Herrschaft: 340.822 Mann.

Und so wie Davids Armee in den Jahren seiner Herrschaft stark angewachsen ist, hat sich auch Israels Armee entsprechend dem Bevölkerungszuwachs vergrößert. Das Höchstalter für die allgemeine Wehrpflicht liegt um beinahe zehn Jahre niedriger, verglichen mit dem Höchstalter zwei Jahrzehnte zuvor.

Und genau wie Davids Männer damals in außergewöhnlich guter körperlicher Verfassung waren, so sind es auch die Männer der IDF (Israel Defence Forces). Viele wollen in die "Elite der Elite"-Einheiten kommen, und diese Männer müssen angeblich 60 Kilometer ohne Unterbrechung in voller Kampfausrüstung laufen können, damit ihre Bewerbung überhaupt in die engere Wahl kommt! Singapur hat Israel beauftragt, seine Streitkräfte auszubilden; doch schon nach kurzer Zeit bat es darum, die Ausbildung leichter zu gestalten. Die Männer in Singapur waren nicht dazu imstande, das von Israel geforderte Niveau zu erreichen.

Jedes Mal, wenn Israel angegriffen wurde, hat es seine Grenzen ausdehnen und so einen weiteren Teil des Landes, das ihm vom HERRN gegeben worden ist und das sie unter Josua erobert hatten, wieder angliedern können. Eine weitere Prophetie findet ihre zweite Erfüllung in dem neuen Staat Israel:

"Aber ich will sie nicht in ***einem*** *Jahr ausstoßen vor dir, auf daß nicht das Land wüst werde und sich die wilden Tiere wider dich mehren. Einzeln nacheinander will ich sie vor dir her ausstoßen, bis du zahlreich bist und das Land besitzt" (2. Mose 23,29.30).*

Zuerst erfüllte sich diese Prophetie bei der ersten israelischen Eroberung. Die Eroberung Kanaans war innerhalb von fünf Jahren unter Josuas Führung beinahe beendet. Die Israeliten waren während dieser Zeit nicht so *zahlreich* geworden, daß sie das Land hätten *besitzen* können. Die zweite Eroberung dauert von 1948, als insgesamt ungefähr 650.000 Juden im Land lebten, bis heute, da die Zahl auf über fünf Millionen Juden angewachsen ist. *"Einzeln nacheinander"* haben sie das Land eingenommen und sich dort angesiedelt.

Davids Armee war zunächst eine kleinere Gruppe, bestehend aus unzufriedenen Männern (siehe 1. Sam 22,2), und wuchs dann zu einer mächtigen Streitmacht an (siehe 1. Chr 21,5). Die "Israel Defence Forces" nahmen ihren Anfang ebenso mit einer kleinen Gruppe unzufriedener Männer; solche, die sich nach "etwas besserem" ausstreckten. Sie wollten ein jüdisches Heimatland, weit weg von dem andauernden Antisemitismus der Welt. Und diese kleine Gruppe von kaum ausgebildeten, schlecht ausgerüsteten Männern hat sich als starke Streitmacht erwiesen:

"In ungefähr 30 Jahren haben sich die 'Israeli Armed Forces' augenscheinlich aus dem Nichts zu einer der leistungsfähigsten und kampferprobtesten Streitkräfte der ganzen Welt entwickelt, die zwar auch Rückschläge einzustecken hatte, jedoch niemals eine wirkliche Niederlage."[6]

ISRAEL WIRD HERAUSGEFORDERT

Israel muß sich nicht nur gegen die arabischen Nationen behaupten. So wie 1948, als die Briten die Feinde Israels unterstützten, muß Israel weiterhin gegen solche ankämpfen, die es gerne vernichtet sehen würden. In einer der seltenen Enthüllungen militärischer Aktivitäten in der Sowjetunion berichtete ein Artikel in einer sowjetischen Zeitschrift folgendes:

"Einheiten der sowjetischen Luftwaffe und Flugabwehrkräfte haben sich an bewaffneten Zusammenstößen zwischen Ägypten und Israel von Ende 1969 bis Anfang 1971 beteiligt (...) Sowjetischen Flugabwehreinheiten gelang es, mit Raketen eine Anzahl israelischer Skyhawk-, Mirage- und Phantom-Kampfflugzeuge abzuschießen, sie mußten jedoch auch schwere Verluste durch israelische Bombenangriffe hinnehmen."[7]

Israel war sicher, daß die Sowjets nicht nur die Feinde Israels bewaffneten, sondern selbst auch aktiv am Kampf gegen Israel teilnahmen. Der Artikel bestätigt dies. Daß dort "schwere Verluste" zugegeben werden, bedeutet, daß die Sowjets ihre Truppen zurückziehen mußten.

PLO-Terroristen haben bereits oft in Israel eindringen können und haben viele Israelis, größtenteils Frauen und Kinder, umgebracht. Das ständige Bombardement israelischer Grenzstädte mit *Katjuscha*-Raketen aus dem Süd-Libanon hat schon viele Opfer gefordert und einen großen Teil der Bevölkerung in Nord-Galiläa in Bunkern festgehalten. 1982 war Israel mit seiner Geduld am Ende, und am 6. Juni begann es, in den Libanon einzumarschieren, um so die Infrastruktur der PLO-Terroristen zu zerstören. Diese Operation wurde "Friede für Galiläa" genannt, und man beabsichtigte, eine "Sicherheitszone" mit israelischen Patrouillen im Süd-Libanon einzurichten, die die israelischen Grenzstädte außerhalb der Reichweite der *Katjuscha*-Raketen bringen würde. Die Israelis stürmten über die Grenze und trieben tage- und wochenlang die Terroristen aus allen Landstrichen, Dörfern und Städten und jagten die PLO systematisch vor sich her, bis diese schließlich in Beirut eingeschlossen war. Bevor Israel diese Sache zu Ende bringen konnte, wurde es durch Einmischung von außen daran gehindert, wie es auch in den anderen Kriegen der Fall gewesen war. Die PLO-Terroreinheiten wurden über den Seeweg evakuiert, wobei sie triumphierend ihre Waffen emporhielten, als ob sie selbst den Krieg gewonnen hätten.

Das Interessante am Libanonkrieg war nicht die Tatsache, daß Israel mit seinem Vorhaben Erfolg gehabt hatte, sondern daß es bei der Einnahme der libanesischen Stadt Sidon die Vorbereitung eines großangelegten, von der

Sowjetunion angeführten Einmarsches nach Israel aufdeckte. Bei ihren Bemühungen, die Terrororganisation PLO und ihre Waffendepots ausfindig zu machen, stießen die israelischen Truppen auf unterirdische Einrichtungen, zu denen auch U-Boot-Schächte gehörten, die noch Anzeichen einer kürzlichen Nutzung aufwiesen. Es war der hastige Versuch unternommen worden, Aufzeichnungen zu vernichten, doch Israel konnte noch eine große Zahl von nur teilweise verbrannten Dokumenten sammeln. Die israelische Regierung hat niemals Details über diese Informationen oder über die U-Boote veröffentlicht; doch durch die Teilnahme Tausender Soldaten konnte eine Geheimhaltung nicht von Dauer sein. Die Öffentlichkeit wurde lediglich darüber aufgeklärt, daß man ein riesiges Waffenlager ausfindig gemacht hatte. Die Ausbeute war so gewaltig, daß drei Monate dafür benötigt wurden, um die Waffen nach Israel zu transportieren. Es waren nicht genügend Armeefahrzeuge vorhanden, um den Abtransport im Pendelverkehr zu bewältigen; daher beschlagnahmte die Armee eine große Zahl Privatfahrzeuge, wozu sie in Notlagen berechtigt ist, um diese Aufgabe zu Ende zu bringen. Mit diesen **4.330 Wagenladungen**[8] voller Waffen, die man nach Israel brachte, hätten bei einem Angriff eine Million Männer ausgerüstet werden können, und diese Invasion hätte in nur geringer Entfernung von der israelischen Grenze begonnen! Der israelische Einmarsch in den Libanon stellt ein göttliches Eingreifen dar.

Am 6. Juni 1982, als die Israelis sich im Kampf mit den PLO-Terroristen im Libanon befanden, machte Syrien Israel seine Lufthoheit streitig. Syrische Einheiten begannen, vom strategisch günstig gelegenen *Beka'a*-Tal aus mit sowjetischen SAM-Raketen (**S**urface to **A**ir **M**issile / Boden-Luft-Raketen) auf israelische Flugzeuge zu schießen, von denen sie überflogen wurden, erzielten jedoch keinen Treffer. Am 9. Juni, drei Tage nach Beginn dieser Operation, griff die IAF (**I**sraeli **A**ir **F**orce / Israelische Luftwaffe) an, nachdem sie 72 Stunden lang die syrischen Raketenangriffe auf dem Radarschirm verfolgt hatte. In einer Angriffswelle nach der anderen trafen israelische Kampfflugzeuge die SAM-Batterien, die sie bereits am ersten Tag bis auf zwei vernichten konnten (sie wurden am darauffolgenden Tag zerstört). Während Israels erstem Angriff auf diese Raketen setzte die syrische Luftwaffe mit ihren russischen MiG-25 Jagdflugzeugen zur Gegenwehr an. Sie fielen den israelischen Piloten wie Flugenten bei der Entenjagd zum Opfer. Nachdem die Syrer schließlich 96 Flugzeuge verloren hatten, ohne auch nur ein einziges israelisches abgeschossen zu haben,[9] sahen sie von weiteren Angriffen auf die Israelis ab. Israel attackierte daraufhin die syrischen Bodenstreitkräfte, die nun vollkommen schutzlos waren. Ohne den Schutz aus der Luft oder jegliche andere Verteidigung gegen die von israelischen Kampfflugzeugen abgefeuerten Raketen mußten sich die syrischen Truppen vom Libanon bis hinter die syrische Grenze zurückziehen, wo sie dann bis zum Ende des Krieges verharrten.

"In einem Zeitraum von weniger als 24 Stunden hatten die Israelis mehr SAM-Batterien vernichtet als während des gesamten Jom-Kippur-Krieges 1973. Sie hatten sogar die syrische Luftwaffe aus der Luft vertrieben (...), ohne einen ihrer eigenen Leute zu verlieren."[10]

DIE SUPERMACHT

Im Jahre 1986 spielte Mordechai Vanunu, ein ehemaliger Techniker aus Israels Kernforschungszentrum in Dimona, der britischen Presse Informationen über das nukleare Arsenal seines Landes zu (gegen eine "Belohnung" von 60.000 Pfund).[11] Das, was viele jahrelang vermutet hatten, hatte sich als wahr herausgestellt: Israel besaß große Mengen an Atomwaffen.

Nur wenige Wochen nach dieser Enthüllung über Israels nukleare Fähigkeiten schoß es zur Probe einen Flugkörper mit dem Namen "Jericho II" ab, der eine größere Reichweite als die der zuvor entwickelten "Jericho"-Serie besaß. Die Sowjetunion verfolgte die Flugbahn dieses neuen Flugkörpers und stellte fest, daß er die Fähigkeit besaß, einen Atomsprengkopf in das Gebiet am Schwarzen Meer zu tragen, in dem die Sowjetunion große Mengen an militärischer Ausrüstung und Truppen hatte. Die Sowjetunion, die seit Jahrzehnten den Aufruhr im Nahen Osten genährt hatte, machte, als ihr der Ernst dieser neuen Bedrohung bewußt wurde, in einem ganzseitigen Zeitungsartikel einen Aufruf an Israel, in dem es unter anderem hieß:

"Wir drei Supermächte, die Sowjetunion, die Vereinigten Staaten und Israel, müssen uns zusammensetzen und miteinander reden."[12]

Israel war als Supermacht anerkannt worden! Und im Jahre 1987 sagte Leonard Spector von der Carnegie-Stiftung, daß Israel

"... genug Atomwaffen besitzt, um jede größere Stadt im Nahen Osten mit mehr als 100.000 Einwohnern dem Erdboden gleichzumachen."[13]

Und bezüglich der chemischen Waffen:

"Israel besitzt übrigens, nach Auskunft anerkannter Fachleute, ein weit größeres Arsenal an chemischen Waffen als der Irak und verfügt außerdem über die Mittel für weitaus wirkungsvollere Abschußvorrichtungen."[14]

Israel entwickelt weiterhin Waffen- und Verteidigunssysteme, doch sie in einem Land zu testen, das lediglich die Größe des amerikanischen Bundesstaates New Jersey hat, ist problematisch. Über jeden Waffentest wird sofort von der ausländischen Presse berichtet, da sich in Jerusalem unglücklicherweise die drittgrößte Anzahl von Journalisten auf der ganzen Welt befindet, gleich nach Washington und Moskau.

Israelische Quellen haben sich standhaft geweigert, technische Details über ihr Raketenabwehrsystem "Arrow" ("Pfeil") weiterzugeben, das vor kurzem entwickelt wurde. Dennoch gehen Berichte der ausländischen Presse, wie zum Beispiel *Janes' Defence Weekly*, davon aus, daß "Arrow"

"... imstande ist, feindliche Kurzstreckenraketen 90 Kilometer vom zu verteidigenden Ziel entfernt zu zerstören. Zu diesem Zweck ist sie in der Lage, eine Geschwindigkeit von 11.000 Stundenkilometern zu erreichen und auf eine Höhe von 30.000 Metern zu steigen. Es wird geschätzt, daß die einzelnen

Bestandteile, aus der die "Arrow"-Rakete zusammengesetzt ist, daher so beschaffen sind, daß sie Beschleunigungen bis zum 200-fachen der Erdanziehung aushalten können, um unter diesen Bedingungen einsetzbar zu sein."[15]

Während des Golfkrieges 1991 regneten die Raketen nur so auf Israel herab. Millionen von Israelis hielten sich mit angelegten Gasmasken in abgedichteten Räumen auf. Diese Raketen, die auf Israel herabgingen, bezeichnete US-General Norman Schwarzkopf äußerst unsensibel als

"... nicht schlimmer als ein Gewitter in Georgia."[16]

Die Antwort der israelischen Regierung auf diese Raketen fiel etwas anders aus:

"Wenn Tel Aviv noch einmal Raketen abbekommt, dann werden Damaskus und Bagdad ausgelöscht werden."[17]

Gemäß der amerikanischen Politik, beide Seiten des israelisch-arabischen Konfliktes zu bewaffnen, während der Rest der Welt die arabischen Nationen ausrüstet, besteht häufig Besorgnis darüber, ob Israel überhaupt imstande sei, in dem Rüstungswettlauf an der Spitze zu bleiben. Mosche Arens, der israelische Verteidigungsminister von 1988 bis 1992, gibt darauf folgende Antwort:

"Wir besitzen eine starke qualitative Überlegenheit. Dies kommt daher, daß unsere Verteidigungsindustrie es geschafft hat, Waffensysteme zu entwickeln, die in vielerlei Hinsicht weit fortschrittlicher sind als alle anderen. Wenn wir jetzt in den Krieg ziehen müßten, müßte der Feind sich auf technologische Überraschungen des IDF gefaßt machen, denn wir haben Waffensysteme, die den ihrigen weit überlegen sind und von denen sie sogar, so glaube ich, noch nie etwas gehört haben."[18]

DIE HELFENDE HAND DES HERRN

Israel hat in jedem Krieg, der gegen es geführt worden ist, gekämpft und gesiegt. Dies waren wichtige Kriege, in denen der Feind überaus große Vorteile besaß. Nur ein übernatürliches Eingreifen hat Israels Niederlage verhindern können. Der HERR hat an vielen Stellen geholfen, weil er um die Sicherheit des heranwachsenden Babys Israel kämpft, das er im Jahre 1948 zur Welt gebracht hat.

Es gibt viele Geschichten über Wunder, die auf dem Schlachtfeld geschehen sind. Zum Beispiel diese: Als zwei israelische Panzer 1967 während des Sinai-Feldzugs eine Sanddüne überquerten, sahen sie sich einer vollzähligen ägyptischen Panzereinheit gegenüber. Die Ägypter hielten an, öffneten ihre Geschütztürme und sprangen heraus. Sie zogen ihre Stiefel aus und rannten in die Wüste. Ägyptische Gefangene sagten später aus, daß dort "Hunderte von israelischen Panzern" gewesen seien! Wegen dieses Vorfalles fand Israel während des *Jom-Kippur*-Krieges im Jahre 1973 viele Ägypter, die in ihren Panzern angekettet worden waren. Dadurch wurde der völlig sinnlose Tod vieler Ägypter verursacht, da sie ihre brennenden Fahrzeuge nicht mehr rechtzeitig verlassen konnten.

Es gibt in der Bibel eine Parallele zu diesem Wunder. Als der König von Aram Krieg gegen Israel führte und die Stelle für sein Lager geplant hatte, teilte der HERR Elisa jedes Mal diesen Ort mit, der es dann wiederum dem König von Israel weitergab. Nachdem dies mehrere Male geschehen war, äußerte der König von Aram gegenüber seinen Leuten, daß es einen Verräter im Lager gäbe. Sie aber antworteten, daß es Elisa wäre, der wüßte, was der König sagte, sogar wenn es in seinem Schlafgemach geschähe! Der König von Aram befahl daraufhin die Gefangennahme Elisas und sandte viele Streitwagen und Männer aus, die Dothan, wo Elisa damals lebte, umzingeln sollten. Eines Morgens stand der Diener Elisas auf und sah, daß die aramäische Armee die Stadt belagerte, und er berichtete es Elisa voller Bestürzung. In der Antwort des Propheten finden wir nun die besagte Parallele:

"Er sprach: Fürchte dich nicht, denn derer sind mehr, die bei uns sind, als derer, die bei ihnen sind! Und Elisa betete und sprach: HERR, öffne ihm die Augen, daß er sehe! Da öffnete der HERR dem Diener die Augen, und er sah, und siehe, da war der Berg voll feuriger Rosse und Wagen um Elisa her" (2. Kön 6,16.17).

Ein großartiges Wunder fand auch zu Beginn des *Jom-Kippur*-Krieges statt. Syrien stürmte über die ungeschützten Golanhöhen vor und hätte die Stadt Haifa eigentlich innerhalb von 24 Stunden erreichen können. Die gesamte Armee hielt auf dem Bergkamm an, von dem aus man die Stadt Tiberias überblicken konnte, und blieb drei Tage lang dort. Das gab den Israelis die nötige Zeit, ihre Truppen zu mustern, gegen die Syrer in den Kampf zu ziehen und sie vernichtend zu schlagen. Warum blieben die Syrer auf dem Bergkamm stehen? Nach den Worten eines nichtreligiösen israelischen Generals

"... kam eine riesige, grau-weiße Hand aus dem Himmel und lag schwer auf den Syrern."

Ein glaubwürdiger Bruder, den ich persönlich kenne, berichtete, er habe 1973 mit Schrecken die roten Leuchtstreifen von heranfliegenden Geschossen auf sich zukommen sehen. Aber er sagte,

"... sie haben sich einfach geteilt und sind um mich herumgeflogen."

Ein anderer Bruder, zu dem ich ebenso persönlichen Kontakt habe, erzählte mir, wie er 1982 in Libanon um die Ecke eines Wohnblocks herumgegangen sei und plötzlich in den Maschinengewehrlauf eines PLO-Terroristen geblickt habe.

"Der Terrorist eröffnete das Feuer und führte seine Waffe in Form eines 'X' über meinen Körper, doch ich wurde nicht getroffen. Der Terrorist starrte mich mit weit geöffnetem Mund an, und ich nahm ihn mit meiner *Uzi* gefangen."

Viele solcher Erlebnisse sind unauslöschlich in die Herzen von Gläubigen aus der IDF eingeprägt, wobei man auch eine Parallele zwischen der frühen Gemeinde in Jerusalem und der des wiederhergestellten heutigen Israel feststellen kann. Der erste Historiker der christlichen Gemeinde, Eusebius, gibt in einem geschichtlichen Bericht an, es gäbe, was die schrecklichen Hungersnöte und die Zerstörung Jerusalems durch die Römer betrifft, "nicht den geringsten Hinweis darauf, daß auch nur ein einziger Christ in Jerusalem umgekommen ist."[19] Und genauso gibt es nach dem Wissen der Gemeinde der Gläubigen in Israel keinen Hinweis darauf, daß auch nur ein einziger Jesus-gläubiger Israeli während eines der Kriege seit der Gründung des jetzigen Staates getötet oder ernsthaft verletzt worden sei.

In Israel gibt es Wunder im Überfluß. Eine kleine Streitmacht, verteilt auf mehrere Fronten, vernichtet Armeen, die ein Vielfaches der eigenen Größe besitzen, vollständig. Israel ist eine Atommacht und als Supermacht anerkannt. In ausländischen Veröffentlichungen ist behauptet worden, daß "Israel vielleicht die beste Armee, Mann für Mann, auf der ganzen Welt hat"[20] und daß "sie die viertstärkste Kampfeinheit der Welt ist" (nach Amerika, Rußland und China).[21] Das Königreich der Stärke ist wieder da!

Ein Teil der Bestimmung Israels ist es, zu kämpfen, und zwar fortwährend zu kämpfen. Viele Christen können diese Berufung Israels wegen ihrer pazifistischen Denkweise nicht verstehen. Der HERR will, daß sich alle Augen der Welt auf diese eine winzige Nation richten und sich durch den Blick auf diese Nation die Aufmerksamkeit schließlich auf den konzentriert, dem sie eigentlich gebührt, nämlich auf ihn. Die arabischen Nationen sind Teil seines Planes, und einige von ihnen, wie Ammon und Moab (das heutige Jordanien), werden aufgrund ihrer kriegerischen Drohungen ausgelöscht werden:

"Wohlan, so wahr ich lebe! spricht der HERR Zebaoth, der Gott Israels: Moab soll wie Sodom und die Ammoniter wie Gomorra werden, ein Unkrautfeld und eine Salzgrube und ewige Wüste. Die Übriggebliebenen meines Volks sollen sie berauben, und der Rest von meinem Volk soll sie beerben. Das soll ihnen begegnen für ihre Hoffart, weil sie das Volk des HERRN Zebaoth geschmäht und gegen es großgetan haben. Heilig wird über ihnen der HERR sein; denn er wird alle Götter auf Erden vertilgen, und es sollen ihn anbeten alle Inseln der Heiden, ein jeder an seiner Stätte" (Zef 2, 9 - 11).

Aber es sind nicht nur die arabischen Nationen, die durch eine militärische Auseinandersetzung mit Israels Königreich der Stärke zu leiden haben werden:

"Denn siehe, in jenen Tagen und zu jener Zeit, wenn ich die Gefangenen Judas und Jerusalems zurückbringen will, da werde ich alle Nationen versammeln und sie ins Tal Josaphat hinabführen und daselbst mit ihnen rechten wegen meines Volkes und meines Erbteils Israel, weil sie es unter die Heiden zerstreut und mein Land verteilt haben (Joel 4, 1. 2; Schlachter).

Viele Nationen werden in dem Tal, das direkt vor der Altstadt Jerusalems liegt, gegen Israel heranziehen. Und die dafür festgesetzte Zeit liegt in nicht allzu ferner Zukunft: Nämlich *"wenn ich die Gefangenen Judas und Jerusalems zurückbringen will ..."*. Der HERR ist schon jetzt dabei, dies zu tun, und es wird ohne Zweifel noch einige Jahre dauern. Es ist dieses Zusammenkommen der Nationen gegen Israel, das die "Neue Weltordnung" von 1990 so gefährlich macht. Genau das könnte das Bündnis sein, das Israel in zukünftigen Zeiten entgegentreten wird, vielleicht sogar in dem Bemühen, es aus den "besetzten Gebieten", wie man sie heute nennt, zu vertreiben. Die obige Bibelstelle bringt ganz klar die Teilung des Landes des HERRN mit der Versammlung aller Nationen gegen Israel in Verbindung. Wann auch immer es zu dieser Konfrontation kommen wird, so wird die Feuerkraft, die während des Golfkrieges 1991 entfesselt wurde, im Vergleich dazu wie das Feuerwerk am Vierten Juli aussehen (Amerikanischer Unabhängigkeitstag - Anm. d. Übers.):

"Dies ist die Last, die der Herr ankündigt: Von Israel spricht der HERR, der den Himmel ausbreitet und die Erde gründet und den Odem des Menschen in ihm macht: Siehe, ich will Jerusalem zum Taumelbecher zurichten für alle Völker ringsumher, und auch Juda wird's gelten, wenn Jerusalem belagert wird. Zur selben Zeit will ich Jerusalem machen zum Laststein für alle Völker. Alle, die ihn wegheben wollen, sollen sich daran wund reißen; denn es werden sich alle Völker auf Erden gegen Jerusalem versammeln (...) Zu der Zeit will ich die Fürsten Judas machen zum Feuerbecken mitten im Holz und zur Fackel im Stroh, daß sie verzehren zur Rechten und zur Linken alle Völker ringsumher. Aber Jerusalem soll auch fernerhin bleiben an seinem Ort. Und der HERR wird zuerst die Hütten Judas erretten, auf daß sich nicht zu hoch rühme das Haus David noch die Bürger Jerusalems wider Juda. Zu der Zeit wird der HERR die Bürger Jerusalems beschirmen, und es wird zu dieser Zeit geschehen, daß der Schwache unter ihnen sein wird wie David und das Haus David wie Gott, wie der Engel des HERRN vor ihnen her. Und zu der Zeit werde ich darauf bedacht sein, alle Heiden zu vertilgen, die gegen Jerusalem gezogen sind" (Sach 12.1 - 3.6 - 9).

Es wird ein solches Schauspiel der Zerstörung geben, wie es noch keines auf einem Kriegsschauplatz der Geschichte gegeben hat. Der Ausgang ist schon vorherbestimmt. Israel wird gewinnen, und die übrigen Nationen werden verlieren. Israel ist, wie vorher Babel, eine vernichtende Waffe in der Hand des HERRN:

"Du, Babel, warst mein Hammer, meine Kriegswaffe; durch dich habe ich Völker zerschmettert und Königreiche zerstört" (Jer 51,20).

"Darum mache dich auf und drisch, du Tochter Zion! Denn ich will dir eiserne Hörner und eherne Klauen machen, und du sollst viele Völker zermalmen" (Mi 4,13).

Israel ist der Köder in einer Falle, die für die Nationen aufgestellt wird. Dieser Köder ist unwiderstehlich, und der HERR ist geduldig am Warten - er wartet geduldig darauf, die Falle für *"alle Völker auf Erden"*, klein und groß, zuschnappen zu lassen. Israel ist zwar der Köder, jedoch in den Augen des HERRN auch weiterhin äußerst wertvoll:

"Denn der Anteil des HERRN ist sein Volk, Jakob der Bezirk seines Erbguts" (5. Mose 32,9; Menge).

In Jakob, dem jüdischen Volk, liegt das Erbe des HERRN. Unter den Nationen der Welt und der Neuen Weltordnung herrscht offenbar eine leichtsinnige Unwissenheit über das, was in Zion auf sie wartet.

So wie Davids Eroberungen schließlich eine Friedensherrschaft unter Salomo eingeleitet haben, werden auch Israels Eroberungen letztendlich in das Königtum Jesu und in sein ewiges Friedensreich münden.

Lieber HERR!

Du hast dein Versprechen gehalten, das Königreich Davids im natürlichen Bereich wiederherzustellen. Du hast Israel wieder eine Machtstellung verschafft und eine Streitmacht entstehen lassen, um das Gericht über die Völker zu bringen. O HERR, im Zorn gedenke deines Erbarmens. Öffne du unseren politischen Führern die Augen, bevor es zu spät ist. *Und komme bald, Herr Jesus!* Amen.

20 DIE UNGETEILTE HAUPTSTADT

Die für unsere Themenstellung wichtige Geschichte Jerusalems beginnt mit der Einnahme der Stadt durch die Israeliten im Zuge der Eroberung des Landes Kanaan im Jahre 1407 vor Christus. Die Israeliten nahmen die *Festung Zion*, die ein befestigter Ort der Jebusiter war, jedoch nicht ein:

"Die Jebusiter aber wohnten in Jerusalem, und Juda konnte sie nicht vertreiben" (Jos 15,63).

Jeder Feldzug der Kinder Israel gegen die Jebusiter mit dem Ziel, diese zu verjagen, wurde abgewehrt, und die Befestigung schien uneinnehmbar zu sein. Die Jebusiter fühlten sich so sicher, daß sie die Kinder Israel sogar verspotteten. Etwa 400 Jahre nach der Eroberung des Landes Kanaan beschloß König David, der Kriegerkönig Israels, den gegenwärtigen Zustand zu ändern. Er marschierte mit seiner Armee nach Jerusalem und ließ die Befestigung belagern; doch die Männer von Jebus machten sich über ihn genau wie über andere vor ihm lustig. Die Jebusiter wußten jedoch nichts von der Kampfkraft und Beharrlichkeit, für die David und seine Kriegsleute berühmt waren. Darüber gibt die folgende Bibelstelle kurz und bündig Auskunft:

"Und David und ganz Israel zogen hin nach Jerusalem, das ist Jebus; denn die Jebusiter wohnten dort im Lande. Und die Bürger von Jebus sprachen zu David: Du wirst nicht hereinkommen. David aber eroberte die Burg Zion, das ist Davids Stadt" (1. Chr 11,4.5).

Keine Stadt und kein Heer konnte der Stärke und der Geschicklichkeit der Männer Davids standhalten. Die Burg wurde eingenommen, und David, der davon beeindruckt war, wie gut diese gegen Belagerungen gewappnet war, machte sie sich zum Hauptquartier:

"David aber wohnte auf der Burg, daher nennt man sie 'Stadt Davids' " (1. Chr 11,7).

Indem David mit Schwert und Bogen seine Macht und seinen Einfluß festigte, dehnte er sein Königreich immer weiter aus *"von Dan bis nach Beerscheba"* und *"vom Euphratstrom bis zum Philisterland und bis an die Grenze Ägyptens"*. Es wird berichtet, daß er Jerusalem etwa im Jahre 1000 vor Christus zur Hauptstadt seines Königreichs ernannte.[1] Und es war nicht nur David, der Jerusalem zu seinem Hauptquartier machte, sondern auch der HERR:

"Jerusalem habe ich erwählt, daß mein Name daselbst sei..." (2. Chr 6,6).

David, Israels berühmtester König, wird von den Juden eher aufgrund dreier seiner großen Errungenschaften in Friedenszeiten als wegen seiner vielen

Kriegstriumphe in Ehren gehalten: Er machte Jerusalem zur Hauptstadt des jüdischen Volkes, er brachte die Lade des HERRN in die Stadt, und er traf die Vorbereitungen für den Bau des Tempels und stellte die Mittel dafür zur Verfügung.

Aus Jerusalem wurde die *"Stadt Davids"*, der Sitz der politischen Herrschaft - und sie wurde *"die Stadt des großen Königs"*, der Sitz der religiösen Herrschaft. Und sie blieb Israels politische und religiöse Hauptstadt auch während des babylonischen Exils und der Jahre der Unterdrückung durch fremde Besatzungsmächte. Jerusalem hörte erst auf, die Hauptstadt des jüdischen Volkes zu sein, als die Römer es im Jahre 135 nach Christus in *Aelia Capitolina* umbenannten und die Juden aus ihm vertrieben.

DIE GETEILTE STADT

Während des Unabhängigkeitskrieges im Jahr 1948 war die Kontrolle über die Altstadt Jerusalems in die Hände Jordaniens gefallen, und die Jordanier vertrieben, nachdem die Araber um Frieden gebeten hatten und ein Waffenstillstand geschlossen worden war, daraufhin alle verbliebenen jüdischen Bewohner aus der Altstadt[2] und sprengten 58 Synagogen.[3] Sie verwehrten den Juden auch den Zutritt zu der heiligsten Stätte des Judentums, der Klagemauer, wodurch die ausgehandelten Waffenstillstandsabmachungen, in denen der freie Zugang garantiert worden war, gebrochen wurden.[4]

Israel besaß nach dem Krieg die Herrschaft über den Teil, der heute als die "Neustadt" bekannt ist: die an die Altstadt grenzenden Stadtgebiete mit moderneren Gebäuden sowie den Hauptgeschäftsstraßen. Die Stadt war völlig geteilt. Dennoch verlegte Israel seinen Regierungssitz dorthin und rief 1950 Jerusalem offiziell zur "Hauptstadt" des Staates Israel aus.

DIE WIEDERVEREINIGUNG

1967 wagte Jordanien zusammen mit vier weiteren arabischen Nationen einen weiteren Versuch, den Staat Israel auszulöschen, um so "das Land von der zionistischen Präsenz zu befreien". Israel besiegte die fünf angreifenden Armeen und errang seinen höchsten Kampfpreis: die Altstadt Jerusalems. Israel annektierte diesen Teil des eroberten Gebietes und rief 1980 die ganze wiedervereinigte Stadt Jerusalem als die "ungeteilte ewige Hauptstadt des jüdischen Volkes" aus.

Beinahe 3.000 Jahre zuvor hatten Davids Helden die nahezu uneinnehmbare Festung Zion überwunden und den Weg dafür geebnet, es zur Hauptstadt eines großen Königreichs machen zu können. Die IDF eroberte die von alten Mauern umgebene Stadt am 7. Juni 1967 und machte so den Weg frei für eine Wiederaufrichtung der alten Hauptstadt des Königs David. Jesus ist *"die Wurzel und das Geschlecht Davids"* (siehe Offb 22,16), und er wird bald wiederkommen, um in Jerusalem zu regieren und zu herrschen. Sein Königreich wird das größte aller Königreiche sein.

NEUN WIEDEREINSETZUNGEN

Jedes der neun wichtigen geschichtlichen Ereignisse in Israels Geschichte befindet sich heute in dem Prozeß der Wiederholung. Das Land wird nach und nach dem Volk wiedergegeben und das Volk dem Land. Das Volk wird ebenso auch dem HERRN allmählich wiedergegeben. Jerusalem gehört wieder zu Israel und hat auch seine alte Stellung als Hauptstadt zurückerhalten. Auch Davids Königreich kommt wieder. Wenn alles wiederhergestellt ist, wird Jesus, der Messias und König der Juden, zurückkommen. Die Zeit für diese Welt und ihre Bewohner geht ihrem Ende entgegen.

Lieber HERR!

Deine Stadt bereitet sich erneut darauf vor, ihren König zu empfangen. Ich sehne mich nach diesem Tag, HERR. Ich weiß, daß du bald kommen wirst. *"Amen, ja, komm, Herr Jesus!"* Und gib, daß auch ich bereit bin, dich zu empfangen. Amen.

Teil IV

FRIEDE ! FRIEDE !

"Weil sie mein Volk verführen und sagen: 'Friede!', wo doch kein Friede ist" (Hes 13, 10).

21 DER KONFLIKT

Der arabisch-israelische Konflikt hat großes Leid verursacht. Tausende von Menschen, sowohl Araber als auch Israelis, sind ums Leben gekommen. Ein bis zwei Millionen Juden und Araber haben ihren Besitz verloren. Eltern, Frauen und Geliebte trauern um ihre Lieben, und unzählige Kinder beweinen den Verlust ihrer Väter. Dieser Konflikt wütet schon seit Jahrzehnten, und die ständig stärker werdenden Wellen, die er schlägt, haben die Welt im Jahre 1973 an den Rand eines Atomkrieges gebracht. Jedes Jahr werden mehrere Millionen Tonnen der neuesten, noch ausgefeilteren Waffen mit noch verheerenderer Wirkung in den Konfliktherd importiert. Die einzigen, die daran verdienen, sind die Waffenhersteller und die Waffenhändler, die den Konflikt unterstützen, sowie die Zeitungen, Magazine und die Fernsehanstalten, die über den Konflikt berichten; andere sind die Leidtragenden. Millionen von Kugeln sind verschossen, Tausende von Artikeln sind gedruckt und Hunderte diplomatischer "Friedens"-Missionen sind unternommen worden; dennoch hält der Konflikt weiter an. Es wird Zeit, daß wir uns einmal ganz ernsthaft mit den folgenden zwei Fragen befassen:

1.) Was ist die Ursache dieses Konfliktes?
2.) Warum sind alle Versuche zur Beendigung dieses Konfliktes gescheitert?

1. DIE URSACHE

Würde man einmal eine Umfrage unter den Europäern, den Nationen des Westens, des Ostens und Asiens über die Ursache des arabisch-israelischen Konflikts machen, so wäre die überwältigende allgemeine Meinung, daß die umstrittene Eigentumsfrage des Landes die Ursache für alle Probleme dort sei. Dies ist ganz offensichtlich der Grund, und es vergeht kaum ein Tag, an dem die Nachrichtenmedien diese Argumentation nicht weltweit propagandaartig unter die Massen bringen. Keiner wird leugnen können, daß es zwischen Israel und den arabischen Nationen eine schwere Auseinandersetzung wegen des Landes gibt - des Landes, das der HERR Israel als Erbteil zugesprochen hat. Im zehnten Kapitel erbrachten wir den biblischen Nachweis dafür, daß der Eigentümer des Landes der HERR ist und daß Israel durch den Bund in den Besitz des Landes kam; das jedoch wollen die anderen Nationen nicht wahrhaben. Diejenigen, die diesen Bund nicht anerkennen, greifen den Teilhaber in diesem Bund an, aber auf diese Weise bewirkt die Teilhaberschaft an diesem Bund, daß er letztlich immer mehr von dem Land, das Gegenstand des Bundes ist, tatsächlich in Besitz nimmt.

Die Nachrichtenmedien der Welt veröffentlichen Interviews mit beiden Konfliktparteien. Der arabische Standpunkt lautet:

"Die arabischen Staaten wollen einen 'vollständigen Rückzug Israels' aus allen besetzten Gebieten, auch aus Jerusalem."[1]

Und die Sicht der Israelis:

"Wo gibt es auf der Welt ein Volk, das bereit ist, Gebietsteile seines eigenen Landes, seines Heimatlandes, aufzugeben?"[2]

Ohne zu zögern schließen wir nun daraus, daß der Streit um Land die offensichtliche Ursache dieses Konfliktes ist. Das scheint zwar naheliegend zu sein, ist jedoch nicht der wahre Grund. Die eigentliche Wahrheit ist nicht immer sichtbar oder erkennbar, besonders dann nicht, wenn sie geistlicher Natur ist.

Die arabischen Nationen besitzen ein Gebiet von 11,8 Millionen Quadratkilometern. Israel dagegen hat nur 88.000 Quadratkilometer einschließlich der eroberten Gebiete! Israel ist mit dem zufrieden, was es an Land besitzt, und würde keinen arabischen Staat angreifen, um das Land zurückzuerobern, das ihm Tausende von Jahren zuvor zugesprochen worden ist. Die arabischen Nationen hingegen sind keineswegs zufrieden damit, daß Israel in ihrer Mitte lebt, und nehmen es deswegen ständig unter Beschuß. Wenn wir uns einmal das Ergebnis der Kriege ansehen, können wir erkennen, daß der Streit um Gebiete lediglich der vom HERRN gewählte Weg ist, um Israel das ihm durch den Bund zugesprochene Land wiederzugeben.

Wenn sie eine wirkliche Beziehung zum HERRN haben, können sogar arabische Palästinenser den Streit um das Land verstehen, wie eine Veröffentlichung christlicher arabischer Palästinenser beweist:

"Israel wird sehr wahrscheinlich das nördliche Drittel des Königreichs Jordanien erobern und bis an den Euphrat nach Irak vordringen."[3]

Der HERR verfolgt jedoch noch mehr mit dem arabisch-israelischen Konflikt als nur die Wiederherstellung des Landes. Das wird aus dem folgenden ersichtlich.

Mit der Hilfe sowohl der Araber als auch der Juden eroberte Großbritannien im Dezember 1917 Palästina von den Türken. Das Land wurde im November 1947 zwischen Arabern und Juden aufgeteilt. Die Araber erhielten 77 Prozent Palästinas, während die Juden nur 23 Prozent bekamen, obwohl in vielen

Gebieten doppelt soviele Juden wie Araber lebten. Als die Juden zahlenmäßig stärker wurden, nahmen auch die Gewalttätigkeiten gegen sie zu. Ein Krieg brach jedoch erst einen Tag nach der Ausrufung des Staates Israel im Mai 1948 aus. Es gab in Palästina starken Widerstand gegen die jüdische Präsenz, doch ein echter Krieg brach erst aus, als der Staat ausgerufen wurde, weshalb wir davon ausgehen können, daß der Staat Israel selbst ein größerer Streitpunkt als das eigentliche Land ist. Verfolgen wir nun diesen Gedankengang anhand der berühmten Rede des Präsidenten von Ägypten, Anwar Sadat, der den *Jom-Kippur*-Krieg anfing:

"Ich verspreche, daß ich Israel zerschlagen und es wieder in die 'Erniedrigung und Armseligkeit', wie sie im *Koran* bestimmt ist, zurückführen werde."[4]

In diesem einen kurzen Satz finden wir die wahre Ursache für den arabisch-israelischen Konflikt - den *Islam*! Israel hat sein Haupt am 14. Mai 1948 ein weiteres Mal erhoben und muß nun wieder in die Erniedrigung und Armseligkeit zurück, so wie es der *Koran* vorsieht.

Anwar Sadat war ein gläubiger Moslem, der seine jungen Jahre in dem Dorf *Kuttab* in einer islamischen Schule verbracht hat,

"... wo er Lesen und Schreiben lernte und den *Koran* studierte. Das war der Beginn eines lebenslangen religiösen Glaubens, der in späteren Jahren das für Moslems charakteristische Mal auf seiner Stirn hinterließ, das durch das häufige Berühren des Bodens während des Betens entsteht."[5]

Die Moslems glauben, daß das Judentum vom Christentum und das Christentum vom *Islam* ersetzt worden sei. Sie glauben unter anderem auch, daß der *Koran* die endgültige und wahre Offenbarung Gottes ist und daß Mohammed sein Prophet sei. Etwas anderes zu behaupten, kommt in den Ländern unter der *Scharia*, dem islamischen Gesetz, einem Todesurteil gleich. Insbesondere Juden, aber auch Christen werden im *Koran* in entehrender Weise dargestellt, worin das Geheimnis des Konfliktes liegt.

Für den *Koran*, den die Moslems als die endgültige und wahre Offenbarung Gottes ansehen, existiert Israel nicht, und die Juden werden als heimtückische Menschen betrachtet, die man verachten und bestrafen muß. Auf der anderen Seite gibt die Bibel im Alten und im Neuen Testament die feste Verheißung für ein wiederhergestelltes, lebendiges Israel. Die Aussicht auf einen jüdischen Staat in Palästina, die während des britischen Mandats immer wieder drohend am Horizont auftauchte, erregte den Haß der Moslems gegen die Juden, wie die Aussagen arabischer Führer zeigen:

"Es ist die Pflicht der islamischen Welt, das Entstehen eines unabhängigen jüdischen Staates in ihrer Mitte zu verhindern."[6]

"Die Araber werden einen *Dschihad* ("Heiliger Krieg" - Anm. d. Übers.) führen, um die Bildung eines jüdischen Staates in irgendeinem Teil des 'heiligen Palästina' zu vereiteln."[7]

Der *Dschihad* begann, Schüsse wurden abgefeuert, Bomben explodierten, und in Palästina starben die ersten Juden. Ein Wirtschaftsboykott gegen die

Juden begann 1946 und dauert bis auf den heutigen Tag mit ständig wachsendem Druck an.

Die Entstehung des neugeschaffenen Staates Israel im Jahre 1948 war die entscheidende Herausforderung für die islamische Welt. Sie traf das Herz der islamischen Theologie und schwächte es. Diese Wiederherstellung Israels bedeutete, daß die Bibel recht hatte und die Lehre des *Koran* falsch war. Ein neu entstandenes Israel war nicht nur ein Schwertstich durch das Herz des islamischen Glaubens, sondern eine zusätzliche Beleidigung, da Israel mitten im Herzstück des islamischen Landes errichtet worden war! Die Größe des Staates Israel ist hierbei unbedeutend. Dieser winzige Fleck auf der Weltkarte stellt eine Beleidigung für den *Islam* dar, und kein wahrer Moslem wird ruhen, bis Israel ausgelöscht ist. Die Ehre *Allahs* war beschmutzt worden. Ein Teil von *Allahs* Land war enteignet worden. Israel muß vernichtet werden, um diese Ehre wiederherzustellen.

"Die arabischen Nationen sollten, falls nötig, bis zu zehn Millionen ihrer fünfzig Millionen Leute opfern, um Israel auszulöschen. Israel ist für die arabische Welt wie Krebs für einen menschlichen Körper. Das einzige Heilmittel ist, es herauszureißen."[8]

DIE ENTHÜLLUNG DES ISLAM

Viele Menschen vertreten die Meinung, daß *Jahwe*, der Gott der Juden und Christen, und *Allah*, der Gott der Araber, ein und derselbe ist; das stimmt jedoch nicht. *Jahwe* wird von Moslems sogar in Büchern für die Oberschule verspottet:

"Würdest du die Eigenschaften kennen, die sie ihrem Gott zuschreiben, solche, die sie sich von ihm wünschen und solche, mit denen sie ihn schmücken, wärest du sicherlich erstaunt. *Jahwe*, der Herr der Heerscharen, der Herr Israels, befiehlt ihnen, ihre Häuser mit Schafsblut zu beschmieren, um so ihre Söhne zu retten und die Ägypter umkommen zu lassen. Er ist ein Gott, der Reue empfindet darüber, daß er Adam geschaffen und Saul auf den Thron gesetzt hat. Er ist blutrünstig, wankelmütig, hart und habgierig (...), er ist schwatzhaft und liebt lange Reden leidenschaftlich."[9]

Wenden wir uns Arabien zu, dem Ursprungsland des *Islam*, so finden wir in Mekka in einem würfelförmigen Steingebäude, das die *Kaaba* genannt wird und - laut *Koran* - von Abraham erbaut worden sein soll, 360 *Dschinn* (Götzenbilder, Engel und Dämonen), von denen einer *Al-ilah* heißt. Mohammed war dem Glauben an *Al-ilah* von Kindheit an verfallen. Diese Gottheit befahl Mohammed, alle Götzen in der *Kaaba* zu vernichten, und *Al-ilah*, "der Gott", wurde zu *Allah*, "Gott", und so wurde der *Islam* (die "Unterwerfung" unter den Willen *Allahs*) geboren. Der *Islam* ist als die einzige nachchristliche Weltreligion heute die zweitgrößte weltweit. Außerdem ist er die derzeit am schnellsten wachsende Religion. Aber der Geist, der sich hinter ihm befindet, ist dämonischen Ursprungs.

Die heiligste Stätte der Moslems ist die Große Moschee in Mekka. Sie wurde um die *Kaaba* herumgebaut, in der sich ein okkulter "Schwarzer Stein" befindet, den Ismael vom Engel Gabriel erhalten haben soll. Die zweitheiligste Stätte ist die Moschee in Medina, die nach Mohammeds Tod im Jahre 632 nach Christus über seinem Haus gebaut worden ist. Der drittheiligste Platz auf der Welt ist die *Al Aksa*-Moschee, die man über den Ort der Halle Salomos auf dem Tempelberg in Jerusalem erbaut hat.

Dort, wo sich einst die Halle Salomos befand, lehrte Jesus damals seine Jünger; dort ist die christliche Gemeinde geboren worden, und dort wurden 3.000 Seelen am Pfingsttag gerettet:

"Und Jesus ging umher im Tempel in der Halle Salomos" (Joh 10,23).

"Als er sich aber zu Petrus und Johannes hielt, lief alles Volk zu ihnen in die Halle, die da heißt Salomos, und sie wunderten sich sehr" (Apg 3,11).

"Es geschahen aber viele Zeichen und Wunder im Volk durch die Hände der Apostel; und sie waren alle in der Halle Salomos einmütig beieinander" (Apg 5,12).

Die Bedeutung dieser Stätte für die islamische Welt kann nicht hoch genug eingeschätzt werden. Sie ist von solch außerordentlichem Wert für sie, daß die Moschee zum drittheiligsten Ort des *Islam* in der Welt geworden ist. Es gibt drei äußerst wichtige Gründe, eine Moschee für alle Welt sichtbar an dieser Stätte zu erbauen. Für die Moslems ist diese Moschee Zeugnis dafür, daß

a) Mohammed größer als Jesus ist,
b) der *Islam* die Christenheit geistlich abgelöst und
c) der *Islam* die Christenheit militärisch geschlagen hat.

Der viertheiligste Ort für die Moslems ist die Omaijaden-Moschee in Damaskus. Damaskus war eine wichtige christliche Stadt, bis Omar I. sie im siebten Jahrhundert unterwarf und die christlichen Byzantiner besiegte. In Antiochia in Syrien wurden die Jünger Jesu zum ersten Mal Christen genannt (siehe Apg 11,26). In den Jahren 526 und 528 nach Christus wurde Antiochia durch Erdbeben zerstört, wodurch Damaskus zur wichtigsten christlichen Stadt nach Jerusalem wurde. Daher zeugt auch der viertheiligste Ort des Islam, der über die Basilika von Johannes dem Täufer gebaut wurde, für die Moslems von der Überlegenheit des *Islam* über die Christenheit.

Die *Al Aksa*-Moschee steht in Jerusalem nur einige Meter von der Omar-Moschee entfernt, jener berühmten Moschee mit der goldenen Kuppel, besser als "Felsendom" bekannt. Es wird erzählt, daß Mohammed von dort auf seinem weißen Pferd in den Himmel aufgestiegen ist. Aber genau hier, unter der goldenen Kuppel, befindet sich auch der Felsen, auf dem Abraham bei seiner Gehorsamsprüfung seinen Sohn Isaak zu opfern bereit war. Durch Isaak, den Sohn der Verheißung, sollte die ganze Welt gesegnet werden. Es war auf diesem großen Felsen auf dem Berge Morija, auf dem diese Opferung beinahe stattgefunden hätte:

"... Nimm Isaak, deinen einzigen Sohn, den du lieb hast, und geh hin in das Land Morija und opfere ihn dort zum Brandopfer auf einem Berge, den ich dir sagen werde" (1. Mose 22,2).

"Und als sie an die Stätte kamen, die ihm Gott gesagt hatte, baute Abraham dort einen Altar und legte das Holz darauf und band seinen Sohn Isaak, legte ihn auf den Altar oben auf das Holz und reckte seine Hand aus und faßte das Messer, daß er seinen Sohn schlachtete" (1. Mose 22,9.10).

Der HERR prüfte Abrahams Gehorsam und hielt ihn von der Ausführung des Opfers ab, indem er stattdessen einen Widder zur Verfügung stellte. Aber das ist nicht die einzige Bedeutung dieses Felsens unter der goldenen Kuppel. Auf dem Höhepunkt der Macht König Davids ließ eine tödliche Krankheit die Menschen Israels dahinsiechen, und der Prophet Gad kam zu David mit dem Heilmittel:

"Und Gad kam zu David an jenem Tage und sprach zu ihm: Geh hinauf und errichte dem HERRN einen Altar auf der Tenne Araunas, des Jebusiters. Da ging David hinauf, wie Gad nach des HERRN Gebot gesagt hatte" (2. Sam 24,18.19).

Arauna sah den König kommen

"... und sprach: Warum kommt mein Herr, der König, zu seinem Knecht? David sprach: Um von dir die Tenne zu kaufen und dem HERRN einen Altar zu bauen, damit die Plage vom Volk weiche" (2. Sam 24,21).

"Und David baute dem HERRN dort einen Altar und opferte Brandopfer und Dankopfer. Und als er den HERRN anrief, erhörte er ihn durch das Feuer, das vom Himmel fiel auf den Altar mit dem Opfer" (1. Chr 21,26).

Der Felsen, auf dem Isaak beinahe geopfert worden wäre, war ein Teil der Tenne Araunas, die ihm David abkaufte, um so dem HERRN einen Altar bauen zu können. Nachdem David den Altar gebaut und die Opfer dargebracht hatte, antwortete der HERR ihm durch Feuer vom Himmel. Dies bedeutet, in Worten ausgedrückt, daß dies "die Stätte des HERRN" ist. Und weil der HERR mit Feuer antwortete, wurde dieser Ort für den Tempel ausgewählt:

"Und Salomo fing an, das Haus des HERRN zu bauen in Jerusalem auf dem Berge Morija, wo der HERR seinem Vater David erschienen war, an der Stätte, die David auf der Tenne Araunas, des Jebusiters, zubereitet hatte" (2. Chr 3,1).

Eine große Moschee über diesem Felsen zu erbauen ist von enormer Bedeutung für die islamische Welt. Abraham hatte einen Sohn mit Namen Ismael, den er von Hagar, der ägyptischen Magd seiner Frau, bekommen hatte. Dieser Sohn wurde nicht vom HERRN anerkannt, sondern allein Isaak, der von Sara, Abrahams Frau, geborene Sohn:

"... Nimm Isaak, deinen einzigen Sohn, den du lieb hast, und geh hin in das Land Morija ..." (1. Mose 22,2).

Die islamische Theologie lehrt jedoch, daß es Ismael und nicht Isaak war, durch den die Verheißungen Wahrheit werden sollten, und daß Ismael, und nicht Isaak, auf dem Felsen auf dem Berg Morija geopfert werden sollte! Das moslemische Fest *Id el-Adha*, das Fest des Opferns, ist ein Gedenktag an Abrahams Vorhaben, Ismael, nicht Isaak, zu opfern, und es ist das wichtigste Fest im islamischen Kalender. Der Besitz des Felsens verbürgt den Moslems, daß dies die Wahrheit ist. Die Stätte des jüdischen Tempels unter der goldenen Kuppel zu besitzen bedeutet für sie, daß das Judentum verdrängt wurde und der *Islam* ihm überlegen ist. Etwas, woran Christen wie Juden gleichermaßen glauben, ist das Kommen des Messias auf den Ölberg:

"Und seine Füße werden stehen zu der Zeit auf dem Ölberg, der vor Jerusalem liegt nach Osten hin. Und der Ölberg wird sich in der Mitte spalten, vom Osten bis zum Westen, sehr weit auseinander, so daß die eine Hälfte des Berges nach Norden und die andere nach Süden weichen wird" (Sach 14,4).

Die christliche wie die jüdische Tradition besagen, daß der Messias vom Ölberg durch das Goldene Tor auf den Tempelberg kommen wird. Das Goldene Tor ist von den Moslems zugemauert worden, da der *Islam* lehrt, daß Mohammed der größte und zugleich der letzte Bote Gottes war. Das Goldene Tor ist Anziehungspunkt vieler Christen; um sie daran zu hindern, in die Nähe des vermauerten Tores zu gelangen, wurde ein moslemischer Friedhof vor dem Tor angelegt, durch den der Zutritt unmöglich gemacht wurde, denn es ist jedem Nicht-Moslem bei Todesstrafe verboten, diesen Friedhof zu betreten, und es gibt bewaffnete Wächter auf der anderen Seite des Tores, die Nicht-Moslems davon abhalten, das Tor vom Tempelberg her zu erreichen. Für die Moslems ist dies die Bestätigung der Überlegenheit des *Islam* über den christlichen und jüdischen Glauben.

Dieser Glaube an die Überlegenheit des *Islam* zeigt sich in dem Bau von Moscheen auf den heiligen Stätten anderer Religionen. Allein in England sind über 100 Kirchen in Moscheen umgewandelt worden. 1989 fand in Neuseeland eine islamische Konferenz statt, an der 45 Nationen teilnahmen. Die Ausbreitung des *Islam* ist heute genauso stark wie im siebten Jahrhundert. Sprecher der weltweit eine Milliarde zählenden Moslems drücken das konkrete Verlangen nach einer islamischen Welt aus:

"Unser Ziel ist nicht ein islamischer Staat, sondern eine islamische Weltrepublik."[10]

"Die Regierungen der Welt sollten wissen, daß der *Islam* nicht besiegt werden kann. Der *Islam* wird sich in allen Ländern der Welt als Sieger erweisen, und der *Islam* und die Lehren des *Koran* werden auf der ganzen Welt die Oberhand gewinnen."[11]

Und dies kann allein durch den *Dschihad* - den heiligen Krieg - geschehen:

"Für die Sache *Allahs* in Wort oder Schrift oder mit dem Schwert zu kämpfen, ist *Dschihad*."[12]

Mit dem Schwert kann man schneller als mit Wort oder Schrift Resultate erzielen; daher kommt es praktisch überall, wo es eine große Anzahl von Moslems gibt, auch zu Gewalttaten: in Afghanistan, Armenien, Aserbeidschan, Ägypten, auf den Fidschi-Inseln, in Frankreich, Indien, Israel, Jordanien, dem

Libanon, Libyen, Marokko, auf den Philippinen, in Tunesien, der Türkei und in anderen Ländern. Unruhen gibt es sowohl innerhalb als auch außerhalb der islamischen Welt. Wenn es ein Gebiet gibt, das noch nicht unter dem *Islam* steht, wird ein *Dschihad* geführt, um es unter *islamische* Herrschaft zu bringen. Wenn es sich bereits unter dem *Islam* befindet, kämpfen die Fanatiker aus den islamischen Bruderschaften um eine noch strengere Form des *Islam*. Allein 1985 kam es international zu mehr als 800 Terroranschlägen, die 2.223 Opfer forderten. Die Untersuchungsergebnisse deuten an, daß die meisten von ihnen von fanatischen moslemischen Gruppen unterstützt worden waren.[13] Diesen Terror nennt man "das Schwert des *Islam*" wegen seiner wahnsinnigen Vorliebe für Krieg und Blutvergießen. Ayatollah Khomeini, jener fanatische Führer, der den Schah gestürzt hat und dann an seiner Stelle zum Führer des Iran geworden ist, sagte:

"Die reinste Freude des *Islam* ist es, zu töten und für *Allah* getötet zu werden."[14]

Er wandelt lediglich auf den Spuren Mohammeds, des Gründers des *Islam*, der sagte: "Einen Tag und eine Nacht an der Front zu kämpfen ist besser, als einen Monat lang zu fasten und zu beten." Stirbt ein Moslem um des *Islam* willen, so ist ihm der sofortige Eintritt ins Paradies sicher, was nichts anderes bedeutet, als:

"... sinnliche Vergnügungen im Überfluß, (...) fortwährender Luxus, Behaglichkeit, Essen, klares Wasser, Häuser, Diener, hübsche junge Mädchen und Jungfrauen."[15]

Dafür sind die meisten Moslems nur zu bereit zu sterben, besonders da die Mehrheit von ihnen nach westlichem Maßstab in Armut lebt.

2. DAS VERSAGEN

Warum sind alle Versuche fehlgeschlagen, diesem Konflikt ein Ende zu setzen? Weil diejenigen, die es versuchen, den Konflikt gar nicht begriffen haben! Schon am 8. Dezember 1947 wurde berichtet:

"In der letzten Woche hat die Generalversammlung der Vereinten Nationen nach langem ängstlichen Zögern den dreißigjährigen Streit um Palästina beigelegt. Sie haben mit 33 zu 13 Stimmen dafür gestimmt, Palästina in zwei Staaten, einen arabischen und einen jüdischen, zu teilen."[16]

So ging dadurch, daß der Konflikt überhaupt nicht verstanden worden war, eine recht vermessene Aussage um die ganze Welt. Und das Gegenteil trat ein, denn die Teilung Palästinas führte zu noch schlimmeren gewalttätigen Auseinandersetzungen. Weil wir die wahre Ursache des Konfliktes kennen, sind wir imstande zu verstehen, daß jegliche "Friedens"-Bemühungen, wie auch die "Internationale Friedenskonferenz" unter dem Vorsitz der Großmächte (derjenigen, die ungemein an dem ganzen Konflikt verdient haben), keinen anhaltenden Frieden schaffen können. Was die arabischen Staaten sich von der sogenannten "Friedenskonferenz" erhoffen, ist, daß Israel gezwungen wird, ihnen das Land, das sie während ihrer fehlgeschlagenen Kriege verloren haben, zurückzugeben. Könnte man den geplanten "palästinensischen" Staat neben ein winziges Israel setzen, das einen langen, schmalen Korridor mit einer Breite von nur 14 Kilometern haben würde, so könnte man Israel in einem Krieg schnell in zwei Hälften teilen, indem man es an diesem Korridor in die Zange nähme. Dies würde die Aussichten auf einen Sieg der Araber gegenüber der jetzigen Situation ungemein erhöhen.

Syrien hofft, die Golanhöhen zurückzugewinnen, doch Ägypten macht keinen Versuch, mehr Land zurückzuerhalten. Dies würde nur bedeuten, daß es den Gazastreifen mit einer weiteren Million Menschen, die ernährt werden müßten, erhielte, was nicht in seinem Interesse liegt. Israel selbst würde das Gaza-Problem liebend gern loswerden, doch als der Sinai, gemäß der Vereinbarung von Camp David, an Ägypten zurückgegeben wurde, weigerte Ägypten sich, auch den Gazastreifen zu nehmen, der sich vor 1967 unter seiner Kontrolle befunden hatte! Auch Ägypten spielt das "Friedensspiel" mit; so gab der ägyptische Verteidigungsminister vor einigen Jahren folgendes öffentlich bekannt:

"Israel ist unser wirklicher Feind, und wenn Syrien es angreift, werden wir es mit allen Mitteln unterstützen."

Diese Aussage brachte Ägyptens Präsident Hosni Mubarak, der zu dem Zeitpunkt gerade mit Präsident Reagan über größere Wirtschaftshilfen der USA verhandelte, in Verlegenheit, und er ließ sie in den Zeitungen widerrufen. Später gelobte Präsident Mubarak selbst jedoch - "Friedensvertrag" mit Israel hin oder her -

"... die Unterstützung jedes arabischen Staates im Krieg gegen Israel."[17]

Unbewaffnete israelische Touristen sind von ägyptischen Soldaten niedergeschossen worden, andere wurden von der ägyptischen Polizei verhaftet und geschlagen. Einige wurden durch Elektroschocks im Mund gefoltert, und es wurde ihnen wiederholt gesagt:

"Zwischen Israel und Ägypten gibt es keinen Frieden; ihr seid Juden und Dreck."[18]

Die Absicht der Araber in dieser "Friedenskonferenz" ist es, eine günstige Ausgangsposition für den nächsten Krieg gegen Israel zu gewinnen. Je mehr Land Israel zurückgeben muß, desto weniger muß im Kampf erobert werden. Das Verlangen, Israel zu vernichten, hat keineswegs nachgelassen; die Araber werden lediglich gerissener in ihren Kriegstaktiken. Die folgenden Aussagen spiegeln die gegenwärtige Einstellung der arabischen Moslems wider:

"Israel wird so lange weiter existieren, bis der *Islam* es zerstört hat, so wie er das zerstört hat, was davor war" (damit ist der Sieg über die Kreuzfahrer gemeint).[19]

"Das, was mit Gewalt entwendet worden ist, kann nicht anders als nur durch Gewalt zurückerlangt werden! (...) Wir sind (...) Prinzipien verpflichtet: keine Anerkennung Israels, kein Frieden mit Israel, keine Verhandlungen mit

Israel ... "[20]

"Wir werden uns niemals um einen Frieden auf der Grundlage von Verhandlungen bemühen oder einen solchen akzeptieren. Wir erkennen nur den Krieg - den *Dschihad*, den heiligen Krieg - an. Wir haben beschlossen, entweder die Erde von Palästina und Arabien mit dem Blut der Ungläubigen zu tränken oder den Märtyrertod zur Ehre *Allahs* zu erleiden."[21]

"Dies wird ein Vernichtungskrieg und ein bedeutendes Blutbad werden, von dem wie über die Gemetzel der Mongolen und der Kreuzfahrer gesprochen werden wird. Kein Jude wird dabei am Leben bleiben."[22]

"Die Juden in Palästina müssen ausgerottet werden. Für uns, die wir den Namen *Allahs* verehren, gibt es keine andere Wahl. Es wird nur noch den *Dschihad* geben."[23]

"Die zionistische Unterdrückung Palästinas ist für die Moslems eine schwere Beleidigung. Die kolonialistische Barbarei kann und wird nicht toleriert werden. Es wird keinen Kompromiß geben, solange nicht alle Juden tot und verschwunden sind."[24]

"Die gesamte jüdische Bevölkerung muß vernichtet oder ins Meer getrieben werden. *Allah* hat uns das seltene Vorrecht verliehen, das zu vollenden, was Hitler nur begonnen hatte. Fangt den *Dschihad* an. Tötet die Juden. Bringt sie alle um."[25]

Wie wahr sind doch die vom Psalmisten vor 3.000 Jahren niedergeschriebenen Worte:

" 'Wohlan!' sprechen sie, 'laßt uns sie ausrotten, daß sie kein Volk mehr seien und des Namens Israel nicht mehr gedacht werde!' " (Ps 83,5).

Seit der Schaffung des Staates Israel hat es bis jetzt fünf große Kriege gegeben. Wie schon zuvor angemerkt, war der Gebietskonflikt das Mittel, um Israel das verheißene Land zurückzugeben. Demzufolge werden auch zukünftig weitere Kriege stattfinden müssen, da Israel sich noch nicht im Besitz des gesamten Landes befindet, das ihm im 15. Kapitel des ersten Buches Mose zugesprochen wird. Aber der HERR verfolgt durch diesen Konflikt ein weit höheres Ziel als lediglich die Rückgabe des Landes.

Wie wir in Kapitel 19 festgestellt haben, hatte sich in jedem Krieg ein Vielfaches an arabischen Armeen gegen Israel zusammengerottet. In einem Krieg waren es 1,2 Millionen Soldaten, die Israels 300.000 gegenüberstanden. Israel hat den Feind in die Flucht geschlagen und alle Kriege gewonnen. Es wurde zu einer "vereinigten arabischen Armee für den Angriff auf Israel" aufgerufen. Solch eine vereinigte arabische Armee könnte bis zu fünf Millionen Soldaten umfassen. In der Tat eine furchterregende Zahl; doch auch wenn es dazu kommt, kann Israel des Sieges sicher sein, da der HERR diesen Konflikt gebrauchen will, um ein weiteres bestimmtes Ziel zu erreichen.

Wir dürfen niemals - auch nicht für einen Moment - denken, der HERR beabsichtige, die arabischen Nationen vollständig auszulöschen. Das entspricht absolut nicht der Wahrheit. Auch die arabischen Völker liegen dem HERRN sehr am Herzen. Er gebraucht lediglich die Umstände für seine eigenen Ziele, wie wir an folgendem Beispiel erkennen können:

"Und es begab sich, als Josua bei Jericho war, daß er seine Augen aufhob und gewahr wurde, daß ein Mann ihm gegenüberstand und ein bloßes Schwert in seiner Hand hatte. Und Josua ging zu ihm und sprach zu ihm: Gehörst du zu uns oder zu unsern Feinden? Er sprach: Nein, sondern ich bin der Fürst über das Heer des HERRN und bin jetzt gekommen. Da fiel Josua auf sein Angesicht zur Erde nieder, betete an und sprach zu ihm: Was sagt mein Herr seinem Knecht? Und der Fürst über das Heer des HERRN sprach zu Josua: Zieh deine Schuhe von deinen Füßen; denn die Stätte, darauf du stehst, ist heilig. Und so tat Josua" (Jos 5, 13 - 15).

Dieser Abschnitt ist aus mehreren Gründen interessant. Zunächst gibt es nur eine weitere Schriftstelle, in der jemandem gesagt wird, er solle sich die Schuhe von den Füßen ziehen:

"Als aber der HERR sah, daß er hinging, um zu sehen, rief Gott ihn aus dem Busch und sprach: Mose, Mose! Er antwortete: Hier bin ich. Gott sprach: Tritt nicht herzu, zieh deine Schuhe von deinen Füßen; denn der Ort, darauf du stehst, ist heiliges Land!" (2. Mose 3,4.5).

Auch Josua hatte, so wie Mose, in der Gegenwart Gottes gestanden. Zweitens ist diese Bibelstelle interessant, weil der Fürst über das Heer des HERRN nichts anderes zu Josua, dem Anführer des Heeres der Israeliten, zu sagen hatte, als daß er seine Schuhe von seinen Füßen ziehen sollte! Drittens wissen wir, daß der HERR versprochen hatte, alle Einwohner des Landes zu vertreiben und sie in die Hände der Kinder Israel auszuliefern, damit sie geschlagen werden (siehe 5. Mose 7,2.20.22 - 24). Und doch antwortete der Fürst des Heeres des HERRN, als Josua ihn - im unklaren darüber, wer er war - fragte, auf welcher Seite er stünde, ob auf israelischer oder arabischer Seite, mit "nein" (das hebräische Wort *lo* bedeutet "nein"; der heutigen Sprache eher entsprechend wäre jedoch die Übersetzung "weder - noch"), obwohl er gekommen war, um den Israeliten den Sieg zuzusichern! Wir sehen hier die Unparteilichkeit des HERRN in Situationen wie der Eroberung Kanaans und dem arabisch-israelischen Konflikt. Der HERR hatte die Absicht, den Israeliten zur Einnahme Kanaans zu verhelfen, und er hat auch die Absicht, den Israelis dabei zu helfen, die arabischen Nationen zu schlagen, **doch war er weder damals, noch ist er heute gegen die andere Seite!**

Der HERR gebraucht die Neugründung des Staates Israel, um eine Konfrontation von weit größerem Ausmaß herbeizuführen. Der Geist des *Islam* ist heute die stärkste Macht der Finsternis auf der Welt. Der Geist des auferstandenen Christus ist jedoch **die** größte Macht im gesamten Universum! Der Geist des *Islam* befindet sich auf Kollisionskurs mit dem Geist des auferstandenen Christus. Dabei müssen wir uns immer wieder eine Tatsache vor Augen halten: **Gott verliert niemals** in einer Konfrontation. Und durch den arabisch-israelischen Konflikt beabsichtigt der HERR, die islamische Welt zu sich hinzuziehen.

Einer der arabischen Führer, der Präsident Ägyptens, Anwar Sadat, war bereits der "nutzlosen Konfrontation" mit Israel müde geworden. Dennoch begann er 1973 den *Jom Kippur*-Krieg, der furchtbare Verluste auf israelischer Seite mit sich brachte. Und obwohl Ägypten in diesem Krieg geschlagen wurde und weitere Gebiete verlor, behauptete Anwar Sadat, daß es einen moralischen Sieg errungen hätte und Ägypten dadurch seine Selbstachtung wiedererlangt habe. Man hat an der Straße nach Kairo ein Museum erbaut, in dem die ersten Stunden des Oktoberkrieges, die Überschreitung der Bar-Lev Linie Israels durch die ägyptische Infanterie, dargestellt werden. Es werden originale Filmaufnahmen von toten oder fallenden Israelis in den Bunkern gezeigt. Ägypten kann sich so täglich die Überquerung des Suezkanals, seinen größten militärischen Sieg in seiner modernen Geschichte, wieder vor Augen führen. Das Museum macht eindeutig klar, daß eigentlich Ägypten den Krieg gewonnen hat! Anwar Sadat schloß, nachdem sein Stolz auf diese Weise einigermaßen wiederhergestellt worden war, am 26. März 1979 einen formellen Frieden mit Israel. Am 19. Oktober 1981 starb er in einem Kugelhagel aus den Gewehren der Moslemischen Bruderschaft: Er hatte dem *Islam* gegenüber Verrat begangen.

Andere arabische Führer waren ärgerlich über Ägyptens Friedensvertrag geworden, und sie beschuldigten Sadat des Verrats, weil er den Kampf gegen Israel aufgegeben hatte. Ägypten wurde aus der Arabischen Liga ausgeschlossen, und 18 arabische Nationen verhängten wirtschaftliche und politische Sanktionen über Kairo, von denen die meisten auch heute noch in Kraft sind. Der einzige arabische Führer, der Frieden mit Israel geschlossen hatte, starb durch Schüsse von Menschen seiner eigenen Nation. Ägypten lebt immer noch in "Frieden" mit Israel; es ist jedoch ein sehr zerbrechlicher Frieden, der nur bis zu einem günstigeren Zeitpunkt anhält. Nur der Friedefürst selbst kann dieser Region wahren Frieden bringen. Ein Gebietsaustausch wird zu keinem Frieden führen; es bedarf eines Austausches der Herzen. Der HERR ist geduldig, doch die Zeit und Stunde, die für die große Konfrontation festgesetzt ist, rückt mit jedem Tag näher.

Lieber HERR!

Ich verstehe deine Wege nicht, und ich bin dankbar dafür, daß ich das auch nicht muß. Deine Wege sind zu hoch für jemanden wie mich. Führe die Moslems aus der Dunkelheit in dein Licht, HERR. Wasche ihre Herzen rein von jeglichem Haß durch das Blut deines Sohnes Jesus. Schenke, daß diese beiden Cousins, die Juden und die Araber, sich schon bald in der Liebe des Messias, dem *"Lamm Gottes, das die Sünde der Welt wegnimmt"*, umarmen können. Amen.

22 DIE PALÄSTINA-FRAGE

Dieses Kapitel enthält einige der wichtigsten Informationen über Israel und das "Palästinenser-Problem", die Sie jemals gelesen haben. Es ist unbedingt notwendig, daß die heutige Christenheit das Wesen des "Palästinenser-Problems" versteht, denn sie kann erst in Wahrheit mit dem Herzen und den Absichten des HERRN eins werden, wenn sie dies erkannt hat. Der HERR will uns gebrauchen. Er will, daß wir beten. Es ist unsere Verantwortung, als Fürbitter in den Dienst des Gebets einzutreten. Mein Gebet ist daher, daß Sie das Folgende mit offenem Herzen lesen und der Heilige Geist Ihnen geistliches Verständnis schenkt.

Es kann nicht geleugnet werden, daß es heutzutage ein "Palästinenser-Problem" gibt. Wo immer wir auch leben, stürmen die Nachrichtenmeldungen über die Lage und die berechtigten Forderungen der "Palästinenser" auf uns ein. Wir werden im folgenden einige Auswirkungen dieses Problems erörtern. Ich möchte jedoch bereits an dieser Stelle behaupten, daß dies eher ein Krieg als ein "Problem" ist, ein Krieg, den dieses Mal die Araber gewinnen werden. Jedesmal, wenn die Araber zu ihren Waffen griffen, um gegen Israel zu kämpfen, waren sie klar geschlagen worden. Sie haben aus diesen Erfahrungen gelernt, und das Resultat davon war, daß sie im Dezember 1987 den Aufstand, der als *Intifada* (arabisch: "Abschütteln") bekannt wurde, begannen. Die Strategie der *Intifada* besteht darin, möglichst nachhaltig die Aufmerksamkeit der Weltöffentlichkeit zu erlangen, indem Frauen, Kinder und alte Leute ins Scheinwerferlicht gerückt werden, während gleichzeitig Hunderte von israelischen Zivilisten mit Gegenständen, die in israelischen Kriegsprotokollen als "leichte" Waffen eingestuft werden (Pistolen, Granaten, usw. gelten als "schwere" Waffen), getötet oder zu Krüppeln gemacht wurden. Zu den "leichten" Waffen gehören Steine, mit denen man einen Schädel zu Brei schlagen kann, Stöcke oder abgesägte Besenstiele, mit vielen scharfen Nägeln gespickt, die zum Zerschmettern von Gesichtern benutzt werden können, Benzinbomben, Äxte, Messer und anderes. Israelischen Soldaten und der Polizei war es bis zu einer entsprechenden Gesetzesänderung Ende 1992 nicht erlaubt, Gegenmaßnahmen zu ergreifen oder sich gegen "leichte" Waffen zu verteidigen. Sogar wenn ein Soldat oder ein Polizist von einem Messer oder Axt schwingenden Araber angegriffen wurde, mußte er zunächst zwei Warnschüsse in die Luft abgeben und durfte dann ausschließlich auf die Beine des Angreifers zielen. Auf diese Weise starben viele bewaffnete israelische Soldaten, Polizisten und Polizistinnen durch die Hände der Araber. Hätten die Araber herkömmliche Waffen gegen Israel verwendet, so hätte die *Intifada* innerhalb von einer Woche beendet werden können, statt daß sich die gewalttätigen Ausschreitungen über viele Jahre hinzogen.

Die bisher größte und wirkungsvollste Waffe, derer sich die "Palästinenser" während der *Intifada* (mit verheerender Wirkung) bedient haben, sind die ausländischen Nachrichtenmedien, denen Israel völlig hilflos ausgeliefert ist. Ich sagte bereits, daß sich in Jerusalem das drittgrößte Pressezentrum der Welt befindet. Das wiederum bedeutet, daß sich in Jerusalem die drittgrößte Anzahl von Journalisten weltweit aufhält, und alle sehen sich nach Geschichten um, die ihre Arbeitgeber bei Laune halten. In Kapitel 13 haben wir jedoch gesehen, wer diese Arbeitgeber sind und was alles unternommen wird, um Israel Schwierigkeiten zu machen. Die anti-israelisch eingestellten Medien haben sich daher mit den "Palästinensern" verbündet und fügen sich in ihrer Berichterstattung über das "Problem" fortwährend dem Diktat der "Palästinenser". Davon ist praktisch jede Nation auf der Welt beeinflußt worden, was viele dazu bewogen hat, sich noch weiter von Israel zu distanzieren. Doch jedesmal, wenn die israelischen Stellen diesem schädlichen Einfluß entgegenzuwirken versuchten, indem sie den Zutritt zu den "besetzten Gebieten" für Kamerateams einschränkten, händigten die großen amerikanischen Fernsehsender den "Palästinensern" selbst Super-8 Videokameras aus.[1] Man kann sich vorstellen, wie "sachlich und ausgewogen" die Nachrichten sind, die in die Häuser von Millionen von Amerikanern gesendet werden! Der amerikanische Journalist Jim Lederman, der über 20 Jahre Berufserfahrungen im Nahen Osten gesammelt und dort auch gelebt hat, schreibt:

"Die Berichterstattung der Nachrichtenmedien gleicht einem Marktplatz. Die Beteiligten verhalten sich nicht anders als Bauern, die jeden Donnerstag in die Stadt kommen, um dort ihre Produkte zu verkaufen oder als die Börsenmakler, die in der Wall Street beschäftigt sind. Jeder ist darauf aus zu kaufen, zu verkaufen, zu bitten, zu tauschen, etwas einzusetzen oder zu seiner eigenen Verteidigung oder seinem Gewinn zu stehlen."[2]

Es besteht bei den Fernsehzuschauern nur selten konzentrierte Aufmerksamkeit, wenn die Nachrichten etwas über gewaltsame Zusammenstöße zwischen "Palästinensern" und Israelis zeigen, und die Zahl der beteiligten Kinder, Teenager und Frauen entgeht fast jeglicher Wahrnehmung. Männer von Ende 20 bis Ende 50 werden nie gezeigt. Es sind die Frauen, Kinder und Jugendlichen, die Sympathien der Zuschauer für dieses "Problem" wecken.

Eine Amerikanerin hat kürzlich bezüglich der *Intifada* eine Beobachtung gemacht: "Ich habe dieselbe Araberin schon dreimal im Fernsehen gesehen!" Ursache dafür ist, daß einige Fernsehteams sich nicht schämen, die Weltnachrichten wie billige Bühnenproduktionen zu behandeln, indem sie willige "Schauspieler, Schauspielerinnen und Statisten" bezahlen, um die von ihren Arbeitgebern gewünschten "Nachrichten" zu drehen. Sie produzieren und führen Regie für ihre eigenen "Szenen gewaltsamen Protests":

"Zuerst gab es das *60 Minutes*-Team von CBS, einen sehr erfinderischen Haufen. In den siebziger Jahren, lange vor dem Ausbruch der Intifada, waren sie von der israelischen Polizei beschuldigt worden, arabische Jungen dafür bezahlt zu haben, daß sie Autoreifen für die Kameras anzündeten.

Während der Intifada wurden japanische Fernsehteams in Gaza gefaßt, als sie den Angriff von Steinwerfern auf vorbeifahrende Jeeps inszenierten. Sie bezahlten sogar mehr dafür als die deutschen Teams in Judäa und Samaria."[3]

Es wurde außerdem ein australisches Fernsehteam dabei beobachtet, wie sie junge "Palästinenser" baten, solange keine Steine zu werfen, bis sie ihre Kameras in Position gebracht hätten. Unzählige Teams aus aller Welt haben sich ähnlicher Dinge schuldig gemacht. Es wird jedoch keine Scham oder Verlegenheit darüber gezeigt; lediglich der berühmte Satz des Reporters ist zu hören: "Wir bringen die Nachrichten so, wie wir sie sehen."

Der Terrororganisation PLO ist diese Reklame, die die Medien für sie machen, bereits einige Milliarden Dollar wert gewesen, wodurch das "Palästinenser-Problem" die Titelseiten der bekanntesten Zeitungen der ganzen Welt beherrscht, ebenso wie die Nachrichtensendungen des Fernsehens während der Hauptsendezeiten. Der Weltbevölkerung wird ein fertig abgepackter, vorgekochter, leicht verdaulicher Einheitsbrei à la "armer Araber - böser Israeli" verabreicht, und die Aussage "tapferer David bringt riesigen Philister Goliath zu Fall" wurde in "jüdischer Schläger verprügelt arabisches Kind" umgewandelt!

Es ist allgemein bekannt, daß derjenige, der den größten Einfluß darauf hat, welche Informationen wir aufnehmen, auch unsere Ansichten und dementsprechend unsere Handlungen maßgeblich beeinflußt. Die Geschehnisse der letzten Jahre in Bezug auf Israel haben dies gezeigt. Doch die Isolierung und Verachtung Israels durch die Nationen spielen für den Plan des HERRN eine große Rolle, und während die Medien den "Palästinensern" zuarbeiten, um die Nationen zu beeinflussen, arbeiten die Nationen selbst wiederum dem HERRN in die Hände.

Das "Palästinenser"-Problem ist wirklich wesentlicher Bestandteil des Konfliktes, mit dem wir uns im vorherigen Kapitel befaßt haben. Es ist der unaufhörliche Kampf der Moslems für einen "Islamischen Staat", der dieses "Problem" verursacht. Die Mehrheit der Palästinenser, die während der *Intifada* umgekommen sind, ist von ihren eigenen Leuten und nicht durch Israel umgebracht worden:

"Über 80 Prozent der Morde [der *Intifada*] in diesen Gebieten sind von Palästinensern an anderen Palästinensern verübt worden."[4]

Die "Palästinenser" sind zu Hunderten durch die Hände ihrer moslemischen Brüder umgekommen. Radikale Moslems haben es als ihre Pflicht *Allah* gegenüber gesehen, das Land von Prostituierten, Kupplern und anderen unerwünschten Elementen zu reinigen. Einzelne haben jedoch auch die Gelegenheit, die sich ihnen durch die *Intifada* bot, wahrgenommen, im Streit zwischen Familien, Sippen oder aufgrund anderer Vergehen persönlich Rache zu nehmen:

"Ein 37 Jahre alter Araber hat die Polizei gebeten, ihn ins Gefängnis zu sperren. Dem Richter erzählte er, daß sein Haus niedergebrannt worden sei und ein maskierter Angreifer versucht hätte, ihn zu erstechen. Er sei auch schon gesteinigt worden und würde daher das Gefängnis einem Leben im Terror vorziehen."[5]

Israel wird zum Sündenbock für diese Morde. Alle diese Mordopfer sind unter der Bezeichung "Kollaborateure der Israelis" aufgeführt, und so wird die Schuld auf den zionistischen Feind geschoben. Es ist nicht die Absicht dieses Kapitels, dem islamischen Charakter des "Problems" zuviel Aufmerksamkeit zu widmen; wenn das "Problem" jedoch in einer Rubrik aufgeführt werden müßte, dann unter der Bezeichnung "*Islam*". Auch wenn wir von dem religiösen Aspekt absehen, ist die Situation immer noch verwickelt genug, und wir werden dieses "Problem" Stück für Stück bearbeiten.

PALÄSTINENSER?

Bisher habe ich die Bezeichnung "Palästinenser" absichtlich mit Anführungsstrichen versehen. Wir müssen dieses Wort nun aus den Anführungsstrichen herausschälen, indem wir verstehen lernen, was das Wort "Palästinenser" bedeutet. Wir gebrauchen diesen Ausdruck ständig, ohne überhaupt zu wissen, was wir damit eigentlich sagen. Zunächst einmal ist "Palästina" die heute gebräuchliche Form des lateinischen *Palaestina*, womit "Philistäa", das Land der "Philister", gemeint ist. Somit sagen wir eigentlich "Philister", wenn wir "Palästinenser" sagen. Zweitens ist das Wort "Palästinenser" ein vergleichsweise junger Begriff, der nun freimütig gebraucht wird, um unsere Aufmerksamkeit auf die Situation im Nahen Osten zu lenken.

Während des britischen Mandates wurden die Juden, die in Palästina lebten, von den Engländern immer ausdrücklich als "palästinensische Juden" bezeichnet. Dies geschah, um die Araber nicht zu kränken. Die Araber, die größtenteils aus Syrien, Ägypten und dem heutigen Jordanien kamen, verachteten diese Bezeichnung und wurden einfach nur "Araber" genannt. Nach der Gründung des Staates Israel im Jahre 1948 wurden die "palästinensischen Juden" zu "israelischen Juden", und der Name "Palästina" war beinahe gänzlich außer Gebrauch. Einige Araber nahmen die Bezeichnung "Palästina" dann zwar wieder auf, um so ihren Anspruch auf das Land zum Ausdruck zu bringen, was jedoch nicht sehr verbreitet war.

Während des Krieges im Jahre 1948 waren es die Araber des neugeschaffenen Staates "Transjordanien" - später umbenannt in "Haschemitisches Königreich Jordanien" -, die Israel von der sogenannten Westbank aus, um die heute gestritten wird, bekämpften. Die "Jordanier" hatten diesen Teil des Landes nach dem Krieg unter ihrer Kontrolle. Jordanien annektierte das Land 1950 und unterstellte es jordanischer Herrschaft, bis es im Jahre 1967 an Israel verlorenging. 1968 stellte König Hussein von Jordanien eine sehr berühmte Behauptung auf:

"Die Wahrheit ist, daß Jordanien Palästina und Palästina Jordanien ist."[6]

Hussein war nicht der einzige Araber, der solch eine Aussage gemacht hat. Jassir Arafat selbst, der Führer der Terrororganisation PLO und selbsternannter

"Präsident Palästinas", sagte 1974:

"Was Sie Jordanien nennen, ist in Wirklichkeit Palästina."[7]

Dann allerdings machte König Hussein, als der arabisch-israelische Konflikt weiter anhielt, in einem kurzen, ihm jedoch offensichtlich gelegen kommenden Anfall von Gedächtnisverlust im Jahre 1989 eine weitere Feststellung:

"Israel versucht, sein Problem zu lösen, indem es behauptet, Jordanien sei Palästina."

Diese Aussage ist von vielen, einschließlich der Medien, aufgegriffen und gebraucht worden, so als wären es ihre eigenen Gedanken, durch die ihre anti-israelische Haltung gerechtfertigt wird.

Tatsache ist jedenfalls, daß eben jene Menschen aus politischen Motiven und zu Zwecken der Propaganda plötzlich ihre Identität gewechselt haben, die als jordanische Bürger in jenen Teilen Jordaniens lebten, die dann von Israel erobert worden sind. Aus Jordaniern wurden plötzlich Palästinenser.

Der folgende Artikel aus einem Nachrichtenmagazin unterstreicht die Aussage dieses Buches. Der Verfasser zeigt ein ausgezeichnetes Verständnis der Situation:

"1920 machte der Völkerbund England zur Mandatsmacht in Palästina. Dieses Mandat trat 1922 in Kraft. Es sollte in Übereinstimmung mit der Balfour-Deklaration die Voraussetzungen zur Gründung einer jüdischen nationalen Heimstätte in ganz Palästina oder einem Teil desselben schaffen. Die Briten teilten, unter Verletzung der Balfour-Erklärung und des Mandates, das Land in zwei Teile auf. Sie sprachen das Gebiet östlich des Jordans den haschemitischen Stämmen zu, womit eine jüdische Besiedlung dort ausgeschlossen war. Sie reduzierten die nationale jüdische Heimstätte auf die 23 Prozent, die westlich des Jordans noch übriggeblieben waren.

Gegen eine überwältigende Übermacht schaffte es die gerade ins Leben gerufene Israelische Verteidigungsmacht während des Unabhängigkeitskrieges durch ein nahezu biblisches Wunder, fünf verbündete arabische Armeen zu schlagen. Dennoch konnte Transjordanien nach Westen über den Jordan vordringen und wurde zur Besatzungsmacht, als es Judäa und Samaria besetzte. Diese Besetzung dauerte bis 1967 an, als sie Israel angriffen und im Sechs-Tage-Krieg geschlagen wurden. Während der 19 Jahre dauernden Besetzung entfernte Transjordanien, das in Jordanien umbenannt wurde, systematisch alle Juden aus jenem Gebiet. Die heiligen Stätten der Juden wurden entweiht und zerstört.

Ein Heimatland für die Palästinenser? Natürlich haben sie Anspruch darauf. Sie haben bereits ein solches Land. Es ist Jordanien (77 Prozent des britischen Mandatsgebietes). Jordanien ist das arabische Palästina, so wie Israel das jüdische Palästina ist. In der Geschichte gab es zu keiner Zeit einen arabischen Staat in Judäa und Samaria, und sicherlich ist daran auch während der 19jährigen transjordanischen Besetzung nie ein Gedanke verschwendet worden. König Hussein selbst hat gesagt: 'Die Wahrheit ist, daß Jordanien Palästina und

Palestina Jordanien ist

Palästina Jordanien ist.' "[8]

Ich habe in dem Artikel nur einen Fehler entdecken können: Es wurden in Wirklichkeit sieben - und nicht fünf - arabische Nationen besiegt. Aus irgendeinem Grund berichten viele Geschichtsbücher nur von fünf statt richtigerweise sieben angreifenden Nationen. Zitate aus zwei maßgeblichen Quellen sollten jedoch jegliche Zweifel des Lesers ausräumen:

"14. Mai (...) Die ganze Welt hält den Atem an in Erwartung des Einmarsches von sieben arabischen Armeen in Palästina ... ."[9]

"Und als Israel sich an diesem Tag des Jahres 1948 seinen Gegnern gegenübersah, waren es sieben Nationen, die sich gegen es aufstellten ..."[10]

Um auf den Zeitungsartikel zurückzukommen: Ich stimme von ganzem Herzen mit dem Verfasser überein, daß ein "palästinensischer" Staat existiert und daß dieser Staat Jordanien ist. Und immer wenn es ihnen gepaßt hat, haben sowohl König Hussein als auch Jassir Arafat dies auch öffentlich ausgesprochen. Ich stimme ebenso zu, daß es niemals einen arabischen Staat auf dem Territorium gegeben hat, das von Israel als "Judäa und Samaria" bezeichnet wird und das die Welt "Westbank" nennt. Es gibt auch keine Zusage der Bibel darüber, daß dort jemals ein arabischer Staat gegründet werden wird; und wenn einer gewaltsam in Existenz gerufen werden sollte, wird er auch ebenso schnell wieder verschwinden müssen. Eine bekannte israelische Persönlichkeit fügt dieser Frage nach einem "palästinensischen" Staat noch einen eigenen Kommentar hinzu:

"Jordanien ist das einzige Palästina, das es jemals geben wird. Die Bewohner Jordaniens sind Palästinenser. Sie waren schon Palästinenser, bevor die Briten die Familie König Husseins über sie setzten; sie sind auch jetzt Palästinenser, die gleichen Familien, die wir in unseren arabischen Städten und auf dem Land haben - in Jenin, Ramallah, Nablus, Hebron und Bethlehem. Sie werden in Zukunft palästinensisch sein. Es ist wie mit Griechenland. Es bekam einen netten dänischen, deutschen, englischen König. Aber auch zuvor ist es Griechenland gewesen, es war Griechenland, als es diese prächtigen Könige hatte, und es ist auch heute noch Griechenland. Jordanien beinhaltet 77 Prozent des Palästina, das die Briten innehatten, bevor sie es in Transjordanien und das Gebiet, das heute unser Land ausmacht, zerteilten."[11]

Noch eine interessante Randbemerkung: Diejenigen, die einen arabischen Staat haben wollen, nennen sich selbst "Palästinenser" - "Philister". Es waren die Philister, gegen die König David am häufigsten kämpfen mußte. Sie waren für Israel ein ständiges Ärgernis, doch letztendlich mußten sie sich alle der israelischen Herrschaft unterstellen.

FLÜCHTLINGE

Genau wie es ein Palästinenser-"Problem" gibt, besteht auch ein Flüchtlings-"Problem". Und so wie das Palästinenser-Problem Teil der Gesamtstrategie im Krieg der Moslems gegen Israel ist, ist es auch das Flüchtlingsproblem.

Die ununterbrochene Berieselung durch eine extrem einseitige und verzerrte Berichterstattung über das "Elend" der palästinensischen Flüchtlinge formt die Meinung der Welt, und ihr Urteil fällt zugunsten der Palästinenser aus. Israel wird weiterhin Kritik und Drohungen ausgesetzt.

"Wenn die Welt von den unveräußerlichen Rechten der 590.000 Flüchtlinge spricht, die zwischen 1948 und 1967 aus Israel geflohen sind, dann vergißt sie unsinnigerweise die über 850.000 jüdischen Flüchtlinge, die zwischen 1948 und 1973 aus arabischen Nationen geflüchtet sind. Von den 850.000 jüdischen Flüchtlingen aus zehn arabischen Ländern ist nicht einem auch nur ein Pfennig für das unschätzbare Vermögen, das zurückgelassen werden mußte, erstattet worden. Während die Araber, die Palästina verlassen hatten, im großen und ganzen Bauern aus ärmlichen und unterentwickelten Gegenden waren, ließen einige der jüdischen Flüchtlinge großen Reichtum, ihre Geschäfte und ihren Landbesitz in den Ländern zurück, aus denen sie geflohen sind."[12]

Diese Angaben werden noch durch den Artikel eines Redakteurs der "Jerusalem Post" bestätigt. Diese Zeitung, die weit davon entfernt ist, voreingenommen zu sein, wurde in einer Hörfunksendung des BBC World Service Program "Große Zeitungen der Welt" im Sommer 1991 vorgestellt. Dort wurde die "Jerusalem Post" als eine der "führenden und einflußreichsten Zeitungen der Welt" bezeichnet. Der Artikel besagt folgendes:

"Die Verluste der enteigneten Juden, die die arabischen Länder verlassen mußten, waren nicht vorhersehbar und betrafen ihren gesamten Besitz; die Juden nahmen so gut wie nichts mit. Bei dem arabischen Exodus zogen die reichen Palästinenser zuerst aus und nahmen so viel von ihrem Besitz mit, wie sie konnten. Keiner wurde daran gehindert mitzunehmen, was er wollte.

Selbst den vorsichtigsten Schätzungen zufolge betrug der Wert an Häusern, Geschäften, Banken, Grundbesitz und anderem Wertbesitz der Juden allein aus dem Irak und Ägypten mehrere Milliarden Dollar. (1952 berechnete der Finanzexperte Dr. Edmund Roth im Auftrag der *Jewish Agency*, daß die Verluste der Juden allein in den Ländern des Mahgreb etwa sieben Milliarden Dollar betrugen, was heutzutage weit mehr ausmachen würde). Es gibt keine vergleichbare Aufstellung über die Eigentumswerte, die die Araber in den von den Kriegen betroffenen Gebieten in Israel aufgeben mußten (und die auch ordnungsgemäß von den zuständigen Behörden erfaßt worden wären)[13]."

Hieraus geht eindeutig hervor, daß ein unwiderruflicher "de facto"-Austausch der Bevölkerung stattfand, zum überwältigenden Vorteil für die arabischen Länder. Der arabische Angriff von 1948 ließ es gleichzeitig zu zwei Flüchtlingsproblemen kommen; aber durch die Schuld der westlichen Nachrichtenmedien scheint jeder auf der Welt nur etwas von arabischen Flüchtlingen zu wissen. Die Flüchtlinge strömten in zwei Richtungen, doch nur für die Araber wird Gerechtigkeit gefordert. Die arabische "Gerechtigkeit" fordert jedoch nicht nur, daß die Araber für ihren Besitzverlust entschädigt werden, sondern auch, daß Israel durch einen islamischen Staat ersetzt wird.

DIE BEHANDLUNG DER FLÜCHTLINGE

Was die Behandlung der Flüchtlinge betrifft, so werden wir wiederum ständig von Fernsehbildern und Fotos aus Zeitungen und Magazinen beeinflußt (von denen einige echt sind, andere jedoch nicht), die uns die erbärmlichen Lebensbedingungen der palästinensischen Flüchtlinge vor Augen führen wollen. Viele Flüchtlinge leben in der Tat in schmutzigen, von Ratten überschwemmten Lagern unter sehr elenden Bedingungen, was jedoch nicht die Schuld Israels ist. Zunächst einmal haben viele Araber im Nahen Osten wenig Sinn für Gesundheit oder Hygiene, und sie leben seit Generationen nur mit einer offenen oder auch gar keiner Kanalisation. Zweitens haben die Israelis diese Flüchtlingslager nicht gebaut, sondern die Araber. Drittens hat Israel schon wiederholt versucht, die palästinensischen Flüchtlinge unter besseren Bedingungen unterzubringen. Die folgenden Informationen wurden einer offiziellen Informationsschrift der israelischen Botschaft in Wellington, Neuseeland, von Januar 1988 entnommen:

"Die neuesten Vorkommnisse in den Gebieten haben die Aufmerksamkeit auf die ärmlichen Verhältnisse gelenkt, die in arabischen Flüchtlingslagern, besonders im Gazastreifen, herrschen. Als Israel 1967 in Judäa-Samaria und im Gazastreifen einmarschierte, stellte sich heraus, daß die Bewohner jener Lager nach 19 Jahren unter arabischer Herrschaft noch immer in demselben Schmutz und Elend wie 1949 lebten.

Seit 1970 hat sich Israel beständig darum bemüht, die Lebensbedingungen dort zu verbessern. Seit jenem Jahr wurden Pläne erstellt, und es wurden Schritte unternommen, um die Lage der Flüchtlinge zu verbessern und sie mit angemessenen Wohnmöglichkeiten und einem guten Dienstleistungssystem zu versorgen. Neun Wohnungsbauprojekte entstanden, durch die mehr als zehntausend Familien, die sich entschlossen hatten, das Lager zu verlassen, in neuen Wohnungen untergekommen sind. Jede Familie erhielt ein Stück Land, und über 70 Prozent der Familien konnten sich ihre eigenen Häuser entsprechend ihren Bedürfnissen und Wünschen bauen. Die neuen Nachbarschaftssiedlungen wurden auf staatseigenem Land in Gemeindebezirken in der Nähe der Lager gebaut, und jede wurde mit einer eigenen Strom- und Wasserversorgung, sanitären Einrichtungen, Straßen, Fußgängerüberwegen und einer erschlossenen Umgebung ausgestattet. Außerdem wurden in jeder dieser Nachbarschaftssiedlungen öffentliche Einrichtungen wie Schulen, Krankenhäuser, Einkaufszentren und Moscheen gebaut.

Und diese Politik wird fortgesetzt. Ein Flüchtling, der heute das Lager verlassen will, bekommt ein Stück Land, kann sich die Wohnform aussuchen, die ihm zusagt, und seinen Bauplan individuell erstellen. Er erhält eine Baugenehmigung von der für die Bauaufsicht zuständigen Behörde der Gemeinde und besitzt vollkommenes Eigentumsrecht, sobald das Gebäude fertig erbaut ist, und sein Besitz wird im Grundbuch eingetragen.

Israel ist aufgrund der begrenzten Mittel und Möglichkeiten, die ihm zur

Verfügung stehen, nicht imstande, dieses äußerst schwierige Problem allein zu lösen. Indem es jedoch die Initiative ergreift, versucht es mit der Durchführung dieses Flüchtlings-Rehabilitationsprogrammes zu zeigen, daß eine Lösung des Problems möglich ist.

Seit 1971 wird eine weithin unbekannt gebliebene UN-Resolution über den Gazastreifen Jahr für Jahr neu verabschiedet, das letzte Mal am 30. Oktober 1987. Sie lautet *unter anderem*:

'Die Vollversammlung (...) wiederholt ausdrücklich seine Forderung, daß Israel von der Rückführung und Wiederansiedlung von palästinensischen Flüchtlingen aus dem Gazastreifen absieht ...'.

Die diesjährige Abstimmung über die Resolution fiel folgendermaßen aus: 150 Mitglieder stimmten dafür; zwei (Israel, die Vereinigten Staaten) stimmten dagegen; drei (Costa Rica, Liberia, Zaire) enthielten sich.

Eine ähnliche jährliche Resolution über die Westbank, die gleichfalls am 30. Oktober 1987 erneut verabschiedet wurde, besagt *unter anderem*:

'Die Vollversammlung, in Sorge (...) über Israels Absicht, die palästinensischen Flüchtlinge aus der Westbank zurückzuführen und wieder anzusiedeln und ihre Lager zu zerstören, (...) fordert Israel erneut dazu auf, von jeglicher Handlung abzusehen, die die Rückführung und Wiederansiedlung von palästinensischen Flüchtlingen aus der Westbank zum Ziel hat ...'.

Die Abstimmung über diesen Beschluß ergab folgendes Ergebnis: 145 Mitglieder stimmten dafür; zwei (Israel, die Vereinigten Staaten) stimmten dagegen; sieben (Costa Rica, El Salvador, Äquatorial-Guinea, die Zentralafrikanische Republik, Elfenbeinküste, Liberia, Zaire) enthielten sich.

Ist es nicht ein Hohn, daß die meisten von denen, die immer die Notwendigkeit predigen, die Lage in den Lagern zu verbessern, wiederholt den UN-Resolutionen zugestimmt haben, durch die das Problem weiter fortbestehen würde, wenn man sich an sie hielte?"[14]

Die UNO möchte nicht die Flüchtlinge aus den Lagern, sondern Israel aus dem Land entfernen. Das Problem der palästinensischen Flüchtlinge ist politischer Natur. Es ist eine Waffe, die gegen Israel verwendet wird, und das Leid der Flüchtlinge kümmert diejenigen, die diese Waffe benutzen, keineswegs. Von Zeit zu Zeit haben die arabischen Führer Gewissensbisse gezeigt und ihren Anteil an dieser Verschwörung des Leidens zugegeben:

"Die arabischen Armeen marschierten in Palästina ein, um die Palästinenser vor der zionistischen Tyrannei [so wörtlich!] zu schützen; doch stattdessen gaben sie sie preis, zwangen sie dazu, zu fliehen und ihre Heimat zu verlassen, verhängten über sie eine politische und ideologische Blockade und trieben sie in Ghettos wie jene, in denen die Juden in Osteuropa lebten. Seit 17 Jahren verbreiten die Radiosender der Araber ihre Absicht, die Flüchtlinge zurück in ihre Heimat zu bringen. Sie warfen die Juden nicht ins Meer, noch brachten sie die Flüchtlinge zurück in ihre Heimat."[15]

"Seit 1948 sind wir es, die die Rückkehr der Flüchtlinge gefordert naben, und gleichzeitig waren wir es, die sie zur Flucht gezwungen haben. Wir haben sie zu Besitzlosen gemacht. Wir haben sie ans Betteln gewöhnt. Wir sind mitschuldig geworden an ihrem ethischen und sozialen Verfall. Dann haben wir sie dazu benutzt, Verbrechen wie Mord, Brandstiftung und Bombenanschläge auf Männer, Frauen und Kinder zu verüben."[16]

"Die arabischen Staaten haben palästinensische Araber dazu aufgefordert, ihre Wohnungen für kurze Zeit zu räumen, um so den arabischen Invasionsarmeen nicht im Weg zu stehen."[17]

Das arabische Volk weiß nur zu gut, wodurch das Flüchtlingsproblem entstanden ist:

"Für die Flucht sind unsere Führer verantwortlich. Sie entfachten Furcht und Schrecken in den Herzen der Araber Palästinas, bis sie schließlich flohen und ihre Häuser und ihren Besitz dem Feind überließen."[18]

Und auch die Flüchtlinge selbst wissen, warum sie in den Lagern sind:

"Wir, die Flüchtlinge, haben das Recht, uns an die Mitglieder der Arabischen Liga zu wenden und zu erklären: Wir haben unser Heimatland aufgrund falscher Versprechen der betrügerischen Führer von arabischen Staaten verlassen."[19]

Israel hat den Palästinensern wiederholt die Hand zur Hilfe gereicht:

"Fast zehn Prozent aller Araber, die 1948 geflohen sind, wurde im Rahmen des Familienrückführungsprogrammes erlaubt zurückzukehren, ebenso wie etwa 70.000 der schätzungsweise 200.000 Flüchtlinge von 1967. Diese Flüchtlinge kamen in benachbarte Grenzgebiete, in denen auch dieselbe Sprache, Religion, Kultur, Geschichte und Stammeszugehörigkeit - bis hin zur Blutsverwandtschaft - vorherrschten. Ihr Schicksal war es, daß man ihnen eine Wiederansiedlung verweigerte und sie stattdessen von ihren arabischen Brüdern in Lager verfrachtet wurden, und ihnen wurde - mit Ausnahme Jordaniens - das geringste Recht eines Staatsbürgers verweigert. Im Gegensatz dazu haben die etwa 200.000 Palästinenser, die sich entschieden hatten, weiter im jüdischen Staat zu bleiben, das Bürgerrecht bekommen und genießen weit mehr Rechte als die Einwohner arabischer Länder. Heute stellen sie mehr als 16 Prozent der wahlberechtigten Bevölkerung in unserer Demokratie. Währenddessen läßt man die Flüchtlinge völlig gleichgültig nach dem Willen der Araber in ihren Lagern verkommen, während man Israels Angebote, sie unter angemesseneren Umständen in Gaza anzusiedeln, ausgeschlagen hat."[20]

Israel hat den "Krieg der Worte" im Streit um die Flüchtlinge ständig verloren, und alle seine Bemühungen, die Situation erleichtern zu wollen, endeten in Enttäuschungen. Bezugnehmend auf das offen ausgesprochene Schuldeingeständnis durch die Araber selbst wandte sich ein israelischer Zeitungsartikel an James Baker, den Außenminister der Vereinigten Staaten unter der Bush-Regierung. Der Artikel macht den Vorschlag, er möge sich mit folgenden Worten an die arabischen Nationen wenden:

"Freunde, die elende Lage der arabischen Flüchtlinge ist durch euch entstanden;

und ihr habt sie, wie ihr selbst zugebt, so bestehen lassen:
durch eure ständige Weigerung, die Existenz des Staates Israel auf dem Territorium, das ihr als 'Wohnsitz des *Islam*' betrachtet, anzuerkennen;
indem ihr fünf Angriffskriege gegen Israel geführt und dann gefordert habt, daß es gerade jene Gebiete aufgeben sollte, von denen eure Angriffe ausgingen;
durch eure unmenschliche Weigerung, die Wiederansiedlung eurer arabischen Brüder zuzulassen, nur um ihre elenden Lebensbedingungen weiterhin als Waffe gegen Israel verwenden zu können. Ihr habt ihre bodenlose Verzweiflung, ihren Haß, ihren Fanatismus und Terrorismus ständig aufrechterhalten; und auch die Welt hat darunter gelitten.

Ihr habt nur einen sehr geringen Beitrag, im Jahre 1985 weniger als zwei Prozent, zu den Fonds der UNRWA zur Unterstützung von Flüchtlingen geleistet."[21]

"Es ist eine Tatsache, daß Israel größere Beträge an die UNO und andere Hilfsfonds gezahlt hat als Kuwait, Ägypten, Irak, Jordanien und Syrien."[22]

Es ist außerdem wahr, daß die große Mehrheit der 800.000 arabischen Bürger Israels eine israelische Regierung einer arabischen vorzieht. Sogar mitten in dem Wahnsinn der *Intifada* wählte dennoch über die Hälfte von ihnen lieber zionistische statt arabische Parteien , obwohl sie sowohl von PLO-Terroristen als auch durch radikale islamische Fundamentalisten eingeschüchtert wurden."[23]

Um den Widerspruch in der Darstellung der Nachrichtenmedien erkennen zu können, muß man einmal durch die "besetzten Gebiete" fahren. Man wird bei einigen von denen, die in Israel arbeiten, unglaublichen Wohlstand vorfinden. Viele große zwei-, drei- oder vierstöckige Häuser sind dort gebaut worden, wie sie sich nur die reichsten Israelis leisten könnten. Die große Zahl an Autos von Mercedes und BMW, die die Straßen zieren, straft die Darstellung der Nachrichtenmedien Lügen, alle, die in den von Israel verwalteten Gebieten leben, seien arm und unterdrückt. Ein arabischer Geschäftsmann äußerte mir gegenüber vor ungefähr zehn Jahren einmal:

"Unter den Türken war es schlimm, unter den Jordaniern war es nicht viel besser, aber unter den Israelis machen wir Geld."

Entgegen der Darstellung der Verhältnisse in der Presse hat Israel sogar während der *Intifada* und der wiederholten Ermordung von Juden in ihrem eigenen Land in vielfältiger Weise Mitleid gegenüber dem arabischen Volk bewiesen. Und angesichts der Bedrohung durch irakische Giftgas-Raketen hat Israel sogar an die Araber, die den Irak aufforderten, Israel anzugreifen und es "vollständig zu verbrennen", Gasmasken verteilt. Viele von denen, die Israelis umgebracht oder verwundet hatten, erhielten die Gasmasken sogar noch, bevor die Mehrzahl der Juden sie ausgehändigt bekam. Israel beweist einen stärkeren Sinn für Gerechtigkeit, als er je zuvor in arabischen Ländern gegenüber den Juden geübt worden ist:

"Die Geschichte der Juden in der arabischen Welt war je nach Land und Epoche unterschiedlich; doch eines blieb gewöhnlich gleich: Es gab niemals eine echte Gleichstellung von Juden und Moslems, weder in Theorie noch Praxis. Von den Juden wurde erwartet, daß sie ihre Unterlegenheit als Tatsache betrachteten. Wenn es zu Schwierigkeiten kam, dann gewöhnlich deshalb, weil die Araber glaubten, die Juden hätten sich über ihren niedrigen Rang erhoben. Es gab Zeiten in der Geschichte, in denen tyrannische arabische Herrscher Wege suchten und fanden, die Juden zu brandmarken. Ein Sultan befahl ihnen, schwarze Mäntel und Spitzhüte zu tragen; ein ägyptischer Herrscher zwang die Juden dazu, Holzklötze um den Hals zu tragen; in einigen Ländern mußten sie mit gesenktem Kopf gehen und niederknien, wenn sie mit einem Moslem sprachen. Der Schwur eines Moslems setzte automatisch den eines Juden außer Kraft, so daß er seinen feindlich gesinnten moslemischen Nachbarn immer auf Gnade oder Ungnade ausgeliefert war. Bevor der Staat Israel gegründet wurde, wurden die Juden in arabischen Ländern gelegentlich zur Zielscheibe des Volkszorns; nach 1948 jedoch wurden sie zu Geiseln. Immer wenn die Araber einen Rückschlag erlitten, mußten die Juden, die unter arabischer Herrschaft standen, den Preis dafür zahlen."[24]

LÜGEN: EIN LEBENSSTIL

Lügen sind Bestandteil der arabischen Kultur. Man lügt, um sein "Gesicht zu wahren", was für einen Araber äußerst wichtig ist. Und Lügen ist nicht nur Teil der Kultur, sondern etwas grundsätzlich Normales. Nur wenn ein Araber wirklich den Herrn Jesus Christus kennenlernt, fängt der Kampf gegen das ständige Lügen an. Sogar als wirklich "wiedergeborene" Christen haben die Araber Probleme damit, die Wahrheit zu sagen, weil es ihnen fremd ist. Es werden Geschichten erfunden und weiterverbreitet, weil die Araber es nicht mögen, wenn jemand sie für unterlegen hält, denn Unterlegenheit bedeutet, "das Gesicht zu verlieren". Statt Hebräisch wird Arabisch zur ursprünglichen Sprache der Bibel. Anstelle von Isaak wird Ismael zu dem Sohn, den Abraham opfern sollte. Denn wäre es nicht so, würde es bedeuten, daß die Araber als Nachkommen Ismaels den Juden, den Nachkommen Isaaks, unterlegen wären.

Ein klassisches Beispiel dafür ist die Behauptung, die Hanan Ashrawi, die palästinensische Sprecherin des "Verhandlungs"-Teams, während der Friedenskonferenz im Oktober 1991 in Madrid aufstellte. Um die Frage des Reporters eines christlichen Blattes abzuwehren, sagte sie:

"Ich bin eine palästinensische Christin, und ich weiß, was Christentum bedeutet. Ich stamme direkt von den ersten Christen der Welt ab, und Jesus Christus ist in meiner Heimat, in meinem Land geboren worden. Bethlehem ist eine palästinensische Stadt."[25]

Frau Ashrawi mag vielleicht eine ausgezeichnete Verhandlungsführerin sein oder auch nicht; auf jeden Fall ist sie sehr geschickt im Erzählen von Ammenmärchen. Die Behauptung, die sie aufgestellt hat, verrät große Unaufrichtigkeit:

a) Alle ersten Christen waren Juden. Die erste Gemeinde bestand ausschließlich aus Juden oder aus Heiden, die zum jüdischen Glauben übergetreten waren. Für beinahe ein Jahrzehnt blieb das auch so, bis Petrus dem römischen Zenturio Kornelius und seinem Hause (im jüdischen Cäsaräa) das Evangelium verkündigte und sie nach ihrer Bekehrung in die Gemeinde aufnahm (siehe Apg 10 ,24 - 48).

b) Bethlehem lag in "Judäa" (siehe Mt 2, 1). Judäa und Samaria (siehe Apg 1,8) sind die Namen der Bibel für die Teile Israels, die man heute "besetzte Gebiete" nennt.

c) Palästina gab es zur Zeit der ersten Gemeinde überhaupt noch nicht. Josef wurde befohlen, mit dem Knaben Jesus *"in das Land Israel"* zu ziehen (siehe Mt 2, 21.22). Die Römer hatten Israel noch nicht zu *Syria Palaestina* gemacht, was erst mehr als 100 Jahre nach der Auferstehung Jesu geschah, zu einem Zeitpunkt, als die gesamte damals bekannte Welt bereits evangelisiert worden war.

d) Die Araber sind erst in das Land gekommen, als der *Islam* das christliche byzantinische Reich 637 nach Christus erobert hatte.

Sogar Juden, die den Christen oder dem Neuen Testament keine Liebe entgegenbringen, erkannten die Unwahrheit dieser Aussage von Frau Ashrawi und spotteten:

"Es ist beinahe genauso schwierig, mit jemandem zu streiten, der den Anspruch erhebt, ein Nachkomme der 'ersten Christen der Welt' zu sein, wie über die Behauptung einer direkten Abstammung von Adam zu diskutieren. Und wir dürfen Frau Ashrawis Rechtschaffenheit vertrauen, daß ihr Prahlen mit ihrer jüdischen Abstammung mit der Absicht geschehen ist, eine Anleihe für ihre *Alija* [Einwanderung] von der Jewish Agency zu erhalten.

Man sollte ebenso hoffen dürfen, daß ihr Anspruch auf Vorfahren, die 600 Jahre vor der arabischen Eroberung in der Gegend von Bethlehem gelebt haben - eine Behauptung, die dem offenen Bekenntnis, sie sei nicht arabisch, gleichkommt - sie nicht in Schwierigkeiten mit den weniger toleranten unter ihren Kollegen bringt.

Aber es besteht die Chance, daß ihr vergeben wird. Ihre Genossen, die wie sie die PLO vertreten, wissen ja, daß ihre Familie, wie die meisten palästinensischen Araber auch, höchstwahrscheinlich aus Ägypten oder Syrien nach Palästina gekommen ist, nachdem die schrecklichen Zionisten Arbeitsmöglichkeiten in diesem Land geschaffen hatten."[26]

Frau Ashrawi ist nicht die einzige, die Jesus sein Judentum streitig und ihn je nach Belieben zu einem palästinensischen Araber machen will. Naim Ateek, der Kanonikus der St. Georges Kathedrale im arabischen Teil Jerusalems, erhebt denselben Anspruch in seinem Buch *"Justice and Only Justice: A Palestinian Theology of Liberation" ("Gerechtigkeit und nichts als Gerechtigkeit - eine palästinensische Befreiungstheologie")*:

"Jesus wurde in Bethlehem geboren, wuchs in Nazareth auf und wurde im Jordan getauft. (...) Daher waren die ersten Zeugen der Auferstehung

Palästinenser; die Kirche wurde in Palästina geboren, da die ersten Jünger und Nachfolger Jesu Palästinenser waren. (...) Die heutigen palästinensischen Christen sind die Nachfahren jener ersten Christen."[27]

Lügen, die oft genug erzählt werden, hält man schließlich für die Wahrheit, und die obige hat sich mittlerweile in der ganzen "christlich-arabischen" Bevölkerung des Landes ausgebreitet.

Ein weiterer palästinensisch-arabischer Christ, der griechisch-katholische Priester Gerrie's Khoury, hat ebenso ein Buch geschrieben mit dem Titel *"The Intifada of Heaven and Earth: A Palestinian Theology" ("Die Intifada des Himmels und der Erde - eine palästinensische Theologie").* In diesem Buch behauptet Khoury, daß die *Intifada*, die bis jetzt über 1.100 Tote und Tausende von Verletzten und Invaliden gefordert hat, göttlichen Ursprungs und von Gott sei. Seine "göttliche *Intifada*"-Lehre lautet *unter anderem*:

"Jeder Gläubige, der versucht, mit Hilfe seiner Theologie den religiösen Anspruch Israels auf Palästina zu rechtfertigen, ist ein Ungläubiger, der Gott und Christus verleugnet."[28]

Der anglikanische Priester Elias Khoury wurde für schuldig befunden, Sprengkörper in seinem Auto transportiert zu haben, durch die vor dem britischen Konsulat in Jerusalem und vor einem Supermarkt insgesamt zwei Menschen getötet und elf weitere Personen verletzt wurden.[29] Khoury ist jetzt Mitglied des Exekutivrates der Terrororganisation PLO in Amman, Jordanien.

Der griechisch-katholische arabische Erzbischof Hilarion Cappucci wurde beim Waffenschmuggel für die Terrororganisation PLO mit großen Mengen an Waffen und Sprengstoff erwischt, die er in seinem Mercedes versteckt hatte,. Cappucci sagte dazu: "Jesus Christus war der erste *fedajin* [Terrorist]. Ich folge lediglich seinem Beispiel."[30]

Ein bekannter "charismatischer" palästinensisch-arabischer Christ aus Jerusalem, der von Christen aus dem Westen unterstützt wird und an der Versöhnung zwischen Juden und Arabern mitarbeitet, äußerte während eines privaten Treffens im Hause des Verfassers ihm und seiner Frau gegenüber: "Terror ist die einzige Antwort auf Israel - wir werden euch am Ende schlagen!" Ähnliche Äußerungen sind sowohl öffentlich als auch privat von angesehenen, aktiven palästinensisch-arabischen Pastoren gemacht worden. Ägyptisch-, libanesisch- und syrisch-arabische Christen haben sich als sehr liebenswürdige Brüder gezeigt; doch sprechen die Lippen der meisten palästinensisch-arabischen Christen von Frieden, während ihre Herzen Gedanken des Krieges hegen. Wenn also schon die palästinensische Kirche nahe daran ist, einen Krieg zu befürworten, so sollte es niemanden überraschen, daß Araber im allgemeinen Israel hassen und über alles, was Israel betrifft, Lügen verbreiten.

JÜDISCHE MINDERHEIT?

Die Juden waren nie in dem Maße eine Minderheit im Lande, wie die arabischen Nationen immer behaupten. In den Städten waren die Juden den Arabern gegenüber weit in der Überzahl. In den Dörfern dagegen gab es weitaus mehr Araber als Juden. Bevölkerungsstatistiken für das ganze Land gibt es nicht; es ist jedoch umstritten, ob die Araber in der Mehrzahl waren. Bereits im Jahre 1889 berichtete eine amerikanische Zeitung folgendes:

"Von 40.000 Menschen in Jerusalem sind 30.000 Juden. Sie betreiben dort ihre Geschäfte und haben einen großen Teil des Handels in Jerusalem in ihrer Hand."[31]

Die große Mehrheit der Bevölkerung Jerusalems war jüdisch, und so wie die jüdische Präsenz in Palästina angewachsen ist, ist es auch die arabische. Sie kamen von nah und fern, wie Bienen vom Honig angelockt durch die Arbeitsmöglichkeiten, die durch die jüdische Tüchtigkeit in der Landwirtschaft, Industrie und Besiedlung entstanden waren. Erinnern Sie sich daran, wie Mark Twain über seine Reise durch das Land im Jahre 1889 geschrieben hatte, daß er auf dem ganzen Weg keinen einzigen Menschen gesehen hätte![32] Die Araber kamen nach Palästina und hängten sich an die jüdische Bevölkerung, um an den Errungenschaften teilzuhaben, die die Juden zu teilen bereit waren und noch sind.

LAND FÜR FRIEDEN ?

Es wird ungeheurer Druck auf Israel ausgeübt, um es dazu zu bewegen, Land im Austausch gegen "Frieden" zurückzugeben. Israel weiß jedoch, daß es nicht genügt, den Arabern einfach nur Land zu geben, um einen dauerhaften Frieden zu erlangen. Doch für Israel stellt sich heute das große Problem, daß es über eine Million Araber auf seinem Gebiet gibt, die die Möglichkeit, in Kriegszeiten zur "Fünften Kolonne" zu werden (eine Organisation, die in einem Land arbeitet, um die militärischen und politischen Ziele des Feindes zu fördern), zu einer großen, sehr realen Gefahr werden lassen. Es ist bereits auf höchster Ebene die Möglichkeit erörtert worden, nahezu das ganze Land als Teil eines geplanten militärischen Manövers zurückzugeben, um das Problem mit den Arabern endgültig loszuwerden.

Ein weiterer Krieg, der nach Rückgabe des Landes mit Sicherheit gegen Israel begonnen werden wird, würde es der israelischen Armee dann ermöglichen, eine Art "Bulldozer"-Operation durchzuführen und alles vor sich her auszutreiben. Das würde das Land von den Arabern befreien, und es würde somit fest in den Besitz Israels übergehen. Dies ist eine Strategie, die Israel bereits tatsächlich ins Auge gefaßt haben mag und die vor allem wohl Jitzchak Rabin, den damaligen israelischen Ministerpräsidenten umtrieb, der seit seiner Amtsübernahme im Juli 1992 förmlich von dem Gedanken eines Austausches von Land gegen Frieden besessen zu sein schien. Rabin war ein hoch angesehener General der IDF und ebenso Generalstabschef im Jahre 1967 während des brillant geführten Sechs-Tage-Krieges. Neben seinem Amt als Ministerpräsident war er gleichzeitig noch Verteidigungsminister.

Viele israelische Generäle sind unter allen Umständen dagegen, Land zurückzugeben; besonders nicht jenes, das mit dem Blut der Söhne Israels gewonnen wurde und das für die Verteidigung Israels als notwendig betrachtet wird:

"Israel zu drängen, daß es die Kontrolle über Judäa und Samaria aufgibt, von wo aus die Araber es schon dreimal angegriffen haben, ist wie eine Aufforderung zum Selbstmord."[33]

"Die Westbank ist ein äußerst wichtiger Faktor in Israels Reserve-Einberufungskalkulation. Die Entfernung von der Westgrenze des Irak mit Jordanien zur Westbank beträgt 210 Meilen [380 Kilometer]. Man schätzt, daß eine irakische Division diese Strecke in etwa 35 Stunden bewältigen könnte. Daher ist das Vorhandensein von israelischen Bodenstreitkräften in der Westbank entscheidend, um im Falle eines irakischen Angriffes die erste Verteidigungslinie halten zu können."[34]

Israel hat diese stark umkämpften Landesteile in den Kriegen eingenommen, die gegen es geführt wurden. Es hat nicht einen einzigen dieser Kriege vom Zaun gebrochen und somit dieses Land in einem Akt der Selbstverteidigung gewonnen. Ein ehemaliger Rechtsberater im US-Außenministerium schrieb dazu folgendes:

"Hat der Inhaber eines Gebietes sich das betreffende Gebiet rechtmäßig durch einen Akt der Selbstverteidigung angeeignet, so hat er gegenüber dem vorigen Inhaber das höhere Besitzrecht. Daher hat Israel, das sich in den Jahren 1948 und 1967 nur verteidigt hat, gegenüber seinen arabischen Nachbarn, die 1948 und 1967 die Angreifer waren, den größeren Besitzanspruch auf das Gebiet des ehemaligen Palästina - einschließlich ganz Jerusalem - als Jordanien und Ägypten."[35]

Dies ist die ausdrückliche Meinung eines Experten für internationale Gesetzesfragen. Nichtsdestoweniger versucht nahezu jede Nation, Israel in diesem Punkt unter Druck zu setzen. Wir wissen jedoch, daß genau dieses Land, auch wenn Israel unter extremem Druck gezwungen sein wird, Zugeständnisse zu machen, ihm irgendwann in naher Zukunft zurückgegeben werden wird. Hierzu zwei interessante Bibelstellen:

"So spricht Gott der HERR: Dies sind die Grenzen, nach denen ihr das Land den zwölf Stämmen Israels austeilen sollt; (...) denn ich habe meine Hand aufgehoben zum Schwur, dies Land euren Vätern zu geben, und so soll es euch als Erbteil zufallen" (Hes 47, 13. 14).

" Aber die Grenze gegen Osten: von Hazar-Enan, das zwischen dem Hauran und Damaskus liegt, der Jordan zwischen Gilead und dem Lande Israel bis hinab ans östliche Meer nach Tamar" (Hes 47,18).

Diese Schriftstelle bezieht sich auf eine zweite Teilung des Landes Kanaan. Diese Prophetie wurde Hesekiel gegeben, kurz bevor die Israeliten ins Exil nach Babylon gingen; der HERR wollte den Israeliten damit klarmachen, daß sie eines Tages in ihr Land zurückkehren würden. Hierbei ist für uns wichtig zu wissen, daß die neue Grenze nach Osten *"zwischen dem Hauran und*

Damaskus" liegen wird. In den in griechischer Sprache abgefaßten Schriften des jüdischen Historikers Josephus aus dem ersten Jahrhundert nach Christus wird erwähnt, daß die *"Gaulanitis"* (der Golan) ein Teil der *"Hauranitis"* (des Hauran) ist. Dies wiederum bedeutet, daß die Grenze Israels nach der erneuten Teilung zwischen Damaskus und dem Golan verlaufen wird, was genau die seit dem Krieg im Jahre 1967 bestehende Grenze ist!

Unsere Bibelstelle informiert uns auch darüber, daß die östliche Grenze des Landes entlang dem *Jordan* verlaufen wird, was wiederum exakt dem heutigen Stand der Dinge entspricht! Nach diesen Hinweisen bleibt lediglich unklar, ob Israel keine Zugeständnisse hinsichtlich der Golanhöhen und der Westbank machen wird oder ob es dazu gezwungen sein wird, Gebiete abzugeben, um sie dann zu einem späteren Zeitpunkt zurückzugewinnen. Der HERR allein weiß die Antwort darauf, und nur die Zeit wird es offenbar machen. Das Wichtigste ist jedoch, daß wir Israels Recht auf dieses Land und seine biblische Verbindung mit ihm erkennen, wenn wir jemals Israels jetzige oder seine zukünftige Stellung verstehen wollen.

Auch für Christen kann es weitreichende Folgen haben, wenn sie Israels rechtmäßigen Besitzanspruch auf das Land ablehnen. Alex Awad, ein sehr angesehener und äußerst liebenswürdiger christlich-arabischer Leiter, hat vor einigen Jahren während einer arabisch-israelischen Versöhnungsveranstaltung in Jerusalem eine kurze Botschaft übermittelt. Solche Veranstaltungen sollten dem Ziel dienen, arabische und jüdische Christen wieder zusammenzubringen, indem man sich bemühte, alle Dinge, durch die Trennungen verursacht worden waren, insbesondere bestimmte Lehren, zu überwinden. Die arabischen Christen glauben an die Lehre von der Gemeinde als dem "neuen Israel", die wir im vierten Kapitel behandelt haben, während die jüdischen Gläubigen fest daran glauben, daß der HERR Israel sein Land wiedergegeben hat. Alex las aus dem Buch des Propheten Jesaja einen Abschnitt vor, in dem es heißt, daß Israel wieder in sein Land zurückkehren würde. Während er diese Bibelstelle vorlas, wurde ihm die Bedeutung dessen, was er da las, bewußt, und er sah auf und sagte: "Ich muß euch sagen, daß ich darüber nicht glücklich bin."

Wäre dies nicht so tragisch gewesen, hätte man darüber lachen können. Alex erkannte, daß der HERR beabsichtigte, die Juden wieder in ihr Land zurückzubringen, und eine direkt vor ihm sitzende große Gruppe von Juden bezeugte die Wahrheit dessen, was er las. Aber aus Gründen, die wohl nur er selbst kennt, blieb Alex dennoch bei seiner alten Überzeugung und stellte sich gegen die Wahrheit, die der HERR ihm deutlich offenbart hatte. Innerhalb weniger Monate wurde er aufgrund einiger kleinerer Probleme, die er unter anderem mit der israelischen Militärverwaltung hatte und die er unbeachtet lassen wollte - trotz der Unterstützung und des Rates, die ihm von vielen von uns gegeben wurden - aus Israel, dem Lande seiner Geburt, ausgewiesen. Alex hatte die Offenbarung von Gott bekommen und schenkte ihr keinerlei Beachtung. Als Folge davon wurde er verstoßen, und zwar nicht nur als Leiter aus seinem Volk, sondern auch aus dem Land.

Israel ist dazu bereit, die Errungenschaften seiner Technologie und seinen höheren Lebensstandard mit dem ganzen arabischen Volk zu teilen. Ein im Jahre 1991 nach dem Golfkrieg aus Kuwait ausgewiesener Palästinenser löste einen Aufruhr aus, als er sagte:

"Es ist absurd (...); mehr als in allen arabischen Staaten fühlen wir uns hier [in Israel] am ehesten erwünscht. (...) Die schlimmsten Umstände hier sind immer noch besser als die besten in den arabischen Ländern."[36]

Israel hat außerdem Tausenden von Arabern die israelische Staatsbürgerschaft verliehen, die sie mit den gleichen Rechten wie die jüdischen Israelis ausstattet. Mit diesem Wissen müssen wir das folgende lesen:

"So spricht der HERR: Wider alle meine bösen Nachbarn, die das Erbteil antasten, das ich meinem Volk Israel ausgeteilt habe: Siehe, ich will sie aus ihrem Lande ausreißen und das Haus Juda aus ihrer Mitte reißen. Aber wenn ich sie ausgerissen habe, will ich mich wieder über sie erbarmen und will einen jeden in sein Erbteil und in sein Land zurückbringen. Und es soll geschehen, wenn sie von meinem Volk lernen werden, bei meinem Namen zu schwören: So wahr der HERR lebt!, wie sie mein Volk gelehrt haben, beim Baal zu schwören, so sollen sie inmitten meines Volks wohnen. Wenn sie aber nicht hören wollen, so will ich solch ein Volk ausreißen und vernichten, spricht der HERR" (Jer 12,14 - 17).

Wir haben an anderer Stelle festgestellt, daß der HERR das Eigentumsrecht auf das Land hat und daß er das Besitzrecht an dem Land dem Volk Israel verliehen hat. Der HERR wendet sich hier an seine "*bösen Nachbarn*", das sind die Nationen, die dieses Land umgeben. Und der HERR sagt, daß diese Nachbarn "*das Erbteil antasten*", das er Israel zugeteilt hat, womit er ganz offensichtlich das Land meint. Aufgrund der Tatsache, daß die Nachbarn sein Land an sich gerissen und es unter sich aufgeteilt haben, hat der HERR sie daraus ausgerissen und dadurch schwere Probleme im Nahen Osten verursacht. Der HERR sagt, daß er seinen Nachbarn wieder den Zutritt ins Land gewähren würde, "*wenn sie von meinem Volk lernen werden*". Den Palästinensern wird das Recht, auf Israels Boden zu leben, zugestanden, wenn sie von ihrem jetzigen Weg der Gewalt umkehren und dem Weg und den Bedingungen Israels folgen werden.

DIE ARABER UND DIE GEWALT

"Die Wortführer der Araber sagen den Menschen des Abendlandes: 'Wenn es die Israelis nicht gäbe, würden Friede und Harmonie im Nahen Osten herrschen.' Dies ist das moderne Gegenstück des Jahres 1990 zu den anti-englischen und anti-französischen Schmähungen, die sich amerikanische Diplomaten und Presseleute in den vierziger und fünfziger Jahren von arabischer Seite haben anhören müssen. Man muß kein Imperialist sein, um festzustellen, daß der Nahe Osten seit dem Abzug der Engländer und Franzosen weitaus deutlicher eine Region des Blutvergießens und der Unruhen geworden ist, als er es während ihres kurzen Aufenthalts dort war. Und man muß kein Zionist sein, um zu erkennen, daß die meisten der Putsche, Konflikte und Morde der letzten 40 Jahre in den arabischen Staaten und im Iran nicht im Zusammenhang mit Israel standen.

Seit 1950 hat es zu gewissen Zeiten Spannungen, verbunden mit Kämpfen oder gegenseitigen Drohungen, an fast jeder wichtigen innerarabischen Grenze gegeben: Syrien gegen Libanon, Syrien gegen den Irak, Saudi-Arabien gegen Oman, Saudi-Arabien gegen Jemen, Nord- und Südjemen, Libyen gegen Ägypten, Libyen gegen den Sudan, Libyen gegen Tunesien, Algerien gegen Marokko, usw. (...) Israel war weder an einem dieser Vorfälle noch an dem furchtbarsten Krieg im Nahen Osten, dem zwischen dem Irak und Iran, beteiligt. Und es hat auch nicht eingegriffen, als König Hussein von Jordanien seinen Sicherheitskräften befahl, palästinensische Aktivisten zu vernichten, die seine Regierung zu stürzen versuchten. Viele der Palästinenser flohen daraufhin nach Israel, weil sie ihre 'arabischen Brüder' weit mehr als die Juden fürchteten."[37]

Es besteht der weitverbreitete Glaube, daß das arabische Problem seine Wurzeln in der Verbindung zwischen Abraham und Hagar, der ägyptischen Magd von Abrahams Frau Sara, habe. Das entspricht nicht der Wahrheit; es werden heute Nationen als "arabisch" bezeichnet, die in Wirklichkeit keinesfalls arabisch sind. Der Name "Araber" bezeichnete die Menschen, die in Arabien lebten. Der Iran, ein ständiger Unruheherd, ist noch nicht einmal ein entfernter Verwandter. Der Iran ist das alte Persien; der *Islam* ist die einzige Gemeinsamkeit, die er mit den arabischen Nationen besitzt. Der Stammvater von Ägypten, dem Führer der sogenannten "arabischen" Nationen, war ein Enkel Noahs, ebenso wie die Stammväter Libyens, Kanaans und Äthiopiens (siehe 1. Mose 10,6). Es ist ganz offensichtlich, daß Ismael, der Sohn Abrahams, keinesfalls der Stammvater des ägyptischen Volkes geworden sein kann, da er eine Ägypterin zur Mutter hatte. Aus Ägypten (hebräisch: *Mizrajim*) stammen die Philister (siehe 1. Mose 10,14). Lot, der Neffe Abrahams (siehe 1. Mose 12,5), wurde in weinseligem Zustand durch Inzest zum Vater von Ammon und Moab (siehe 1. Mose 19,36 - 38), und das sind die Stammväter des heutigen Jordanien. Der Vater der Nation Jemen (hebräisch: *Teman*) war der Enkel von Jakobs Bruder Esau (siehe 1. Mose 36,11.34).

Anhand der Stammbäume können wir erkennen, daß die meisten Menschen, die im Nahen Osten leben, tatsächlich miteinander blutsverwandt sind. Aber es ist genauso falsch zu behaupten, das Problem sei durch Abraham verursacht worden, als zu sagen, alle diese Nationen seien arabisch. Ismael hatte zwölf Söhne, die zweifelsohne ihren Teil zu diesem Völkergemisch beigetragen haben, doch in den Tagen Nehemias waren die Araber Araber, die Jordanier Ammoniter und die Philister Aschdoditer:

"Als aber Sanballat und Tobija und die Araber und Ammoniter und Aschdoditer hörten, daß die Mauern Jerusalems ausgebessert wurden, weil die Lücken angefangen hatten sich zu schließen, wurden sie sehr zornig" (Neh 4,1).

Diese drei Nationen waren miteinander blutsverwandt. Dennoch wurde zwischen ihnen unterschieden, und sie lebten getrennt voneinander. Es verband sie jedoch schon damals der gemeinsame Haß auf Israel.

Ismaels Temperament hat wahrscheinlich die unbeständige Natur der Völker des Nahen Ostens beeinflußt:

"Der wird ein Mensch wie ein Wildesel sein: seine Hand gegen alle und die Hand aller gegen ihn, und allen seinen Brüdern wird er trotzig gegenüberstehen" (1. Mose 16,12; Menge).

"Ein Mensch wie ein Wildesel" heißt, daß er unbezähmbar, gesetzlos, rebellisch, schnellfüßig und unbeirrbar sein würde. Er sollte *"allen seinen Brüdern (...) trotzig gegenüberstehen"*, und die Wahrheit dieser Aussage findet man in der Geschichte bestätigt. In dem *Midrasch Rabbah*, einem berühmten alten jüdischen Kommentar zum hebräischen Alten Testament, kann man diesbezüglich eine interessante Anmerkung finden. Ismael wird dort als "Straßenräuber" bezeichnet. Ein Straßenräuber überfällt Leute mit gezogener Pistole, und viele Überfälle bis hin zu Flugzeugentführungen weltweit sind tatsächlich durch arabische Extremisten verübt worden.

Es gibt noch weitere Ursachen für die gewalttätige Natur des arabischen Volkes:

"Zu der Zeit und auch später noch, als die Gottessöhne zu den Töchtern der Menschen eingingen und sie ihnen Kinder gebaren, wurden daraus die Riesen auf Erden. Das sind die Helden der Vorzeit, die hochberühmten" (1. Mose 6,4).

Die Übersetzung des hebräischen Wortes *Nephilim* mit "Riesen" ist im Deutschen zwar üblich, aber nicht zutreffend. *Nephilim* ist die Pluralform des hebräischen Wortes *nephil*, das "Schläger" oder "Gewalttäter" bedeutet. Seine Stammform ist das hebräische Wort *naphal*, was "fallen" heißt, wovon wiederum *nephel* kommt, was "Fehlgeburt" bedeutet. So kann *Nephilim* wörtlich übersetzt folgendes bedeuten: "gefallene Gewalttäter, die das Ergebnis einer Fehlgeburt sind."

Das sind die "gefallenen Engel", die *"Gottessöhne"*, die zu den Töchtern der Menschen eingingen, wodurch Wesen "halb Fleisch - halb Geist" entstanden. Sie wurden die *"Helden der Vorzeit, die hochberühmten"*. Ist es daher verwunderlich, daß diese "Wesen" im Kampf stets die Überlegenen waren? Wir müssen uns darüber im klaren sein, daß das "Fleisch" abstirbt, der "Geist" jedoch am Leben bleibt und sich in Männern wie Abu Nidal, dem meistgesuchten Mann auf der ganzen Welt, manifestiert. Er ist ein Araber, für den Mord und Totschlag etwas völlig Normales sind und dem es nicht das Geringste ausmacht, vollbesetzte Jumbo-Jets in die Luft zu sprengen.

Es gibt noch weitere Abkömmlinge dieser biblischen "Helden", die in dem arabisch-israelischen Konflikt eine Rolle spielen:

"Und es erhob sich noch ein Krieg bei Gat. Da war ein langer Mann, der hatte sechs Finger an seinen Händen und sechs Zehen an seinen Füßen,

das sind vierundzwanzig an der Zahl, und auch er war vom Geschlecht der Riesen" (2. Sam 21,20).

Abu Fuchti, ein arabischer Moslem, zeigte mir die Stellen, an denen er seinen sechsten Finger an jeder Hand hatte wegoperieren lassen - absolut unverkennbar! Ein Schauer lief über meinen Rücken, als ich mich an die Bibelstellen über den Philister Goliath und seine Brüdern erinnerte. Abu Fuchti erzählte, daß auch seine Söhne und sein Vater sich die Finger hatten entfernen lassen, doch daß sein Großvater sie behalten hatte. Das Blut mag sich über die Generationen hinweg vielleicht vermischt haben und dadurch nicht mehr so stark sein; doch die Vorliebe für Gewalt und Streit hat sich im Laufe der Zeit nicht vermindert.

VERFLUCHT SEI KANAAN

Als die Kinder Israel aus Ägypten kamen, wurden sie von den Ammonitern und Moabitern, den Vorfahren der heutigen Jordanier, bekämpft, und es wurde ihnen jegliche Hilfe verweigert. Aus diesem Grund sollte Israel nie ihr Wohlergehen suchen:

"... weil sie euch nicht entgegenkamen mit Brot und Wasser auf dem Wege, als ihr aus Ägypten zogt, vielmehr gegen euch den Bileam dingten, den Sohn Beors aus Petor in Mesopotamien, daß er dich verfluchen sollte. Aber der HERR, dein Gott, wollte Bileam nicht hören und wandelte dir den Fluch in Segen um, weil dich der HERR, dein Gott, liebhatte. Du sollst nie ihren Frieden noch ihr Bestes suchen dein Leben lang" (5. Mose 23,5 - 7).

Wie der HERR den Fluch Bileams in Segen für Israel wandelte, so verwandelt er auch die heutigen Flüche der "bezahlten Propheten" in Segen für Israel. Und der HERR hat den Frieden mit ihnen verboten! Das sollte uns einen klareren Blick für den gegenwärtigen Aufruhr geben.

Die palästinensischen Araber traf ein schweres Los; sie wurden sowohl unter Josua als auch unter David zu *"Holzhauern und Wasserschöpfern"*. Heute beschäftigen wohlhabende arabische Unternehmer im wiedererstandenen Staat Israel ihre eigenen Brüder gegen einen geringen Tageslohn auf israelischen Baustellen. Wie wahr sind doch die Worte Noahs:

"Und er sprach: Verflucht sei Kanaan! Ein Knecht der Knechte sei er seinen Brüdern! Und er sprach: Gepriesen sei der HERR, der Gott Sems; und Kanaan sei sein Knecht!" (1. Mose 9,25.26; rev. Elberfelder).

Wir haben uns im achten Kapitel mit *arar*, dem hebräischen Wort für "Fluch" beschäftigt. Seine Auswirkungen haben sich über einen langen Zeitraum in erschreckender Art und Weise gezeigt. Kanaan dient immer noch den Nachkommen Sems; nicht freiwillig, sondern nach dem Ratschluß Gottes.

Das "Palästinenser"-Problem ist eine sowohl politische als auch militärische Waffe, die insbesondere zu dem Zweck geschaffen und getarnt eingesetzt wird, um Sympathien für die Araber zu gewinnen, die sich im offenen Kriegszustand mit Israel befinden. Die einzige Absicht der Araber besteht darin, die jüdische Präsenz im Nahen Osten vollständig und für immer auszulöschen.

Den palästinensischen Flüchtlingen werden von ihrem eigenen Volk grundlegende Menschenrechte zugunsten der Ideale und Ziele des *Islam* verweigert, und die Nachrichtenmedien tragen täglich ohne Scham zur falschen Darstellung der Tatsachen bei.

Lieber HERR!

Du allein weißt, zu welchem Ziel das Palästinenser-Problem führen wird. Laß dieses Volk an den Ort des Friedens und der Ruhe gelangen, HERR. Laß sie von deinem Volk Israel lernen, daß sie als Brüder in Einheit beieinander wohnen. Beschütze die Unschuldigen und wische alle Tränen aus ihren Augen. Amen.

Teil V

DIE FRUCHTLOSE GEMEINDE

"Nicht ihr habt mich erwählt, sondern ich habe euch erwählt und bestimmt, daß ihr hingeht und Frucht bringt und eure Frucht bleibt, damit, wenn ihr den Vater bittet in meinem Namen, er's euch gebe" (Joh 15, 16).

23 DIE ZEIT DES GROSSEN HASSES

Maurice Samuel hat den Antisemitismus als den "großen Haß" bezeichnet, und dieser "große Haß" existiert bei uns bereits seit Jahrhunderten. Als Vorbote des Leidens und der Qualen für das jüdische Volk liegt er unterschwellig in den Herzen vieler Männer und Frauen verborgen. Der Antisemitismus ist ein Ventil für die Enttäuschungen des Lebens und wird sich wohl bis zu dem Tage, an dem der HERR der Schöpfung selbst sein auserwähltes Volk trösten wird, unter uns halten:

"Und Gott der HERR wird die Tränen von allen Angesichtern abwischen und wird aufheben die Schmach seines Volks in allen Landen; denn der HERR hat's gesagt" (Jes 25,8).

Der schlimmste Ausbruch des Antisemitismus, der die moderne Welt treffen sollte, geschah während des Zweiten Weltkrieges. Dazu kam es, weil ein Mann namens Adolf Hitler von der wahnsinnigen Idee besessen war, die Welt von allen lebenden Juden zu befreien. Er erreichte sein Ziel glücklicherweise nicht; doch hat er unter bereitwilliger Mithilfe derer, die wie er vom Virus des Antisemitismus befallen waren, die Ermordung von sechs Millionen Juden, einem Drittel des gesamten Volkes, bewerkstelligt. Dieser systematische Mord, der von den Deutschen als "Endlösung" bezeichnet wurde, ist als "Holocaust" in die Annalen der Geschichte eingegangen. Während des Holocaust versanken die Deutschen, die zu Tausenden die Arbeit in den Konzentrationslagern verrichteten, in ungeahnte Abgründe der Barbarei. Sie lernten, die Lippen von Toten aufzureißen und geschickt die mit Gold gefüllten Zähne herauszuschlagen, und sammelten so viele Tonnen Gold[1] von den Ermordeten. Sie verarbeiteten das von den Köpfen der toten Frauen geschorene Haar zu Stoffen und Matratzenfüllungen[2] und begingen noch viele andere Verbrechen, die zu abscheulich sind, um von ihnen zu reden. Den gläubigen Christen erfüllt tiefe Pein bei jeder Erinnerung an die Überzeugung der Deutschen, sie seien die

Überlegenen, die vor allem in der anmaßenden Verachtung für Gottes auserwähltes Volk zum Ausdruck kam. Und zu diesem qualvollen Schmerz fügt folgende Notiz eine unsägliche Demütigung und Scham hinzu:

"Sechs Tage in der Woche arbeitete die neue Elite in den Konzentrationslagern. Am Sonntag ruhte sie aus, ging mit Frau und Kindern zur Kirche, und nach der Kirche ..."[3]

Es gibt einige Menschen, die leugnen, daß es den Holocaust überhaupt gegeben hat. Sie versuchen nicht nur, die Katastrophe herunterzuspielen, sondern zusätzlich ihr schlechtes Gewissen loszuwerden und mit der Behauptung, die Juden selbst hätten das Ganze nur erfunden, letztendlich den Antisemitismus weiter zu entfachen. Aber es ist unwichtig, wie liebend gerne einige Menschen das Geschehene unter den Teppich kehren möchten; man kann es nicht, denn unzählige große Druckwerke dokumentieren es. Das Magazin *National Geographic* berichtet beispielsweise:

"Früher gab es dort viele von ihnen; jetzt sind es nur noch wenige. Fast dreieinhalb Millionen Juden haben im Jahre 1939 in Polen gelebt, und in ihren Häusern, Synagogen und Schulen pulsierte jüdisches Leben in solcher Fülle, daß Polen ein Weltzentrum jüdischer Kultur war. Dann kam der Holocaust..."[4]

Wo immer die Nazis mit ihren Panzern, die jede Verteidigungslinie sprengten, in eine Stadt rollten, wurde die jüdische Bevölkerung vollständig ausgelöscht. Die polnischen Juden haben jedoch am stärksten gelitten; gegen Kriegsende waren fast drei Millionen von ihnen umgekommen. Der Krieg ging zu Ende und mit ihm der Holocaust, nicht jedoch der Antisemitismus. Einige polnische Juden überlebten, von denen einige wieder nach Polen zurückkehrten in der Hoffnung, ihre Familien dort wiederzufinden. Doch:

"In den folgenden Jahren hat der Antisemitismus Tausende wieder aus Polen vertrieben. Heute gibt es vielleicht noch 5.000 Juden, fast alles alte Leute, die wie trockenes Stroh über die polnischen Gebiete zerstreut sind. Die Überlebenden von damals tragen die eintätowierten Nummern und die furchtbaren Erinnerungen an die Todeslager mit sich herum. Nur wenige wollen noch etwas mit Fremden zu tun haben."[5]

Der Antisemitismus kehrt ebenso unaufhörlich wieder wie die Wellen, die sich an den Meeresküsten brechen. Wenn ein Sturm abflaut, herrscht oftmals Stille, doch jede Stille wird schließlich wieder von einem weiteren Sturm gebrochen.

Die jüdische Weltsicht ist sehr stark durch den Antisemitismus geprägt. Bis heute durchleben Tausende von Juden Nacht für Nacht wieder neu die Schrecken des Holocaust. Unaussprechliche Bilder verfolgen sie vor ihrem inneren Auge. Die Schreie der Sterbenden hallen schrill in ihren Ohren wider; und den größten Teil der Nacht verbringen sie schlaflos. Für die einen ist es schlimmer als für die anderen:

"Jonasz Stern entkam dem Tod am 20. Juli 1943. Es geschah in der Schlucht am Ende der Janowska-Straße, dem Ort der Massenhinrichtungen von Juden aus dem Lwower Ghetto. Vor einigen Monaten war seine Frau nach Auschwitz gebracht worden, wo sie sich in den elektrischen Zaun geworfen hatte. Nun war er an der Reihe.

Wie durch ein Wunder fiel er unverletzt zu Boden, als die Kugeln der SS die Menschenreihen trafen. Leichen bedeckten ihn. Er wurde ohnmächtig. Als er wieder zu sich kam, waren die Deutschen fort. Er blieb liegen, bis die toten Körper um ihn herum kalt und steif geworden waren. In der Nacht kroch er dann heraus. Mit dem Blut anderer Menschen beschmiert, rannte er tief in den Wald hinein und floh dann nach Ungarn. Nach dem Krieg zog er nach Krakau und wurde ein gefeierter Maler. Sein Werk, das größtenteils aus abstrakten Kompositionen besteht, für die er Fischskelette und Tierknochen verwendet, ist deutlich vom Tod beherrscht. Stern sagt dazu: 'Ein Mensch, der seinen eigenen Tod durchlebt hat, kann der Welt kaum etwas anderes erzählen.' "[6]

Ganze Bände wurden über die unmenschliche Behandlung der Juden durch die heidnischen Völker in den sogenannten "christlichen" Nationen geschrieben, und es könnten noch weit mehr geschrieben werden. Doch die Absicht dieses Kapitels besteht darin, unseren Blick vor allem auf den Antisemitismus innerhalb der Gemeinde zu richten. Der Antisemitismus in der Gemeinde hat sich den Absichten Gottes in den Weg gestellt und tut dies auch heute noch. Wir sollten jedoch zunächst den Tatbestand aufnehmen, bevor wir versuchen, den Schaden festzustellen oder eine Lösung anzubieten.

CHRISTLICHER ANTISEMITISMUS

Leider hat die Gemeinde einen unrühmlichen Anteil am Antisemitismus, dessen sich die Juden auf schmerzliche Weise bewußt sind, da er einen großen Teil ihrer ganz realen, historisch dokumentierten Geschichte ausmacht. Viele Christen, selbst jene, die eine hohe Bildung besitzen, sind sich dieser Sünden jedoch nicht im mindesten bewußt. So erklärt Edward Flannery, der führende Experte auf dem Gebiet des Antisemitismus:

"Sie wissen nichts darüber aus dem einfachen Grund, weil der Antisemitismus nicht in ihren Geschichtsbüchern zu finden ist. Es existieren Chroniken über das Mittelalter, ja, sogar über die Zeit der Kreuzfahrer, in denen das Wort "Jude" nirgends vorkommt, und es gibt katholische Wörterbücher und Enzyklopädien, die den Begriff "Antisemitismus" nicht aufgeführt haben. Das läßt nur den einen Schluß zu, daß jene Seiten, auf denen von den Juden die Rede ist, aus unseren Chroniken über das christliche Zeitalter ausgerissen worden sein müssen."[7]

Vielleicht werden die Seiten dieses Kapitels zumindest teilweise ein paar der Seiten ersetzen, die in unseren christlichen Geschichtsbüchern fehlen. Es ist notwendig, wenn nicht sogar lebenswichtig, daß wir uns mit diesem schmerzlichen Thema befassen, da es nicht nur ein Schlüssel zur vollen Wiederherstellung der Gemeinde, sondern auch zur erfolgreichen Evangelisierung der Welt ist. Wir sollten uns unterstehen zu behaupten, wie es einige Christen tun, daß das Alte vergangen sei und wir jetzt schließlich unter der Gnade lebten. Die Gnade Gottes wird für uns nur dann zur Wirklichkeit, wenn wir für unsere Sünden Buße tun; und die Gemeinde steht völlig nackt vor Gott, weil sie sich durch die Sünde des Antisemitismus seiner Gnade beraubt hat.

Bevor wir Buße tun können, müssen wir uns jedoch unserer Schuld bewußt geworden sein. Einige Akademiker haben in jahrelanger Arbeit eine vollständige Darstellung des Antisemitismus zusammengetragen, doch leider ist keines dieser Werke mehr erhältlich; sie werden nicht mehr gedruckt. Vor einiger Zeit hatte ich bei der gezielten Suche nach Unterlagen, mit denen ich die Ausführungen dieses Kapitels belegen kann, das Glück, über einen Experten im Aufspüren vergriffener Bücher ein Exemplar zu erwerben, das möglicherweise das Standardwerk über den Antisemitismus schlechthin darstellt. Es war eine signierte Erstausgabe von Edward H. Flannerys Buch *"The Anguish of the Jews"* (*"Die Qualen der Juden"*). Es war von einer Stadtbücherei in den Vereinigten Staaten zum Verkauf angeboten worden, da es in 26 Jahren nicht ein einziges Mal ausgeliehen worden war! Anhand dieser und anderer Quellen wird erkennbar, daß die Kirche beispielsweise ihre heiligen Feiertage geändert hat, um sich auf diese Weise von den Juden abzugrenzen, daß sie Lehren aufstellte, um die Juden aus dem Bund der Verheißung herauszudrängen, und wie sie die Juden von der Gnade ausgeschlossen hat, indem sie Hunderttausende, ja Millionen von ihnen getötet und gefoltert hat. Diese furchtbare Form des Antisemitismus hat die Juden auch daran gehindert, die Hoffnung in Jesus zu finden. Jesus ist für die Juden ein absolut unaussprechlicher Name; er ist der "Gott der Heiden" und der Gründer einer Religion, die ihr eigenes Volk verfolgt.

DIE KIRCHENVÄTER

Viele haben darauf verwiesen, daß diejenigen, die die Juden getötet und verfolgt haben, keine wahren Christen gewesen seien. Aber können wir wirklich behaupten, einige der berühmtesten Kirchenväter seien keine wahren Christen gewesen? Zum Beispiel wird Johannes Chrysostomos (347 - 407) von vielen für den größten christlichen Prediger aller Zeiten gehalten, sogar für größer als Spurgeon, der als "Fürst der Prediger" gilt. Chrysostomos besaß eine außergewöhnliche Sprachgewalt. Seiner Redegewandtheit verdankte er seinen Namen "Goldmund" (griech.: *"chrysostomos"*)[8] Er war der Bischof von Konstantinopel und einer der "Lehrer der Kirche,"[9] ein Titel, der nur sehr wenigen "christlichen Theologen von herausragender Leistung"[10] verliehen wird. Doch obwohl er als hervorragender Theologe, Prediger und Heiliger anerkannt war, war Chrysostomos ein fanatischer Antisemit! In der gesamten Kirchengeschichte steht Chrysostomos in seinem Haß gegen die Juden unvergleichlich da. Und mit Hilfe seiner hohen Stellung und der hervorragenden theologischen Werke, die seinem Namen zugeschrieben werden, gebrauchte er seine sprachliche Kraft, um den entscheidenden Grund für den zukünftigen

Antisemitismus der Kirche zu legen:

"Wie können es die Christen wagen, mit den Juden, den 'elendsten aller Menschen', die '...wollüstige, räuberische, habgierige, heimtückische Verbrecher' sind, 'auch nur den geringsten Umgang zu haben'? Sind sie nicht 'eingefleischte Mörder, Zerstörer, vom Teufel besessene Menschen', die aufgrund von [so wörtlich!] Ausschweifung und Trunkenheit die Natur von Schweinen und geilen Böcken angenommen haben? Sie kennen nur das eine, nämlich ihren Schlund zu befriedigen, sich zu betrinken, zu töten und andere zu verstümmeln..."[11]

"Die Synagoge? Sie ist nicht nur ein Theater und ein Haus der Unzucht, sondern auch eine Räuberhöhle, ein 'Lagerplatz der wilden Tiere', ein Ort der 'Schande und des Spottes, die Wohnstätte des Teufels, ebenso wie es auch die Seelen der Juden sind.' In Wahrheit beten die Juden den Teufel an; ihre Rituale sind 'verbrecherisch und unrein'; ihre Religion ist 'eine Krankheit'. Und wiederum: Ihre Synagoge ist 'ein Versammlungsort von Verbrechern, eine Mördergrube, eine Höhle der Teufel, ein Abgrund des Verderbens; ich hasse auch die Synagoge.' "[12]

"Gott haßt die Juden und hat sie schon immer gehaßt. Und ich hasse die Juden ebenso."[13]

Ist es da noch ein Wunder, daß Chrysostomos' "Herde" nach einigen seiner Predigten im Jahre 388 begann, die Synagogen niederzubrennen?[14] Was hat jedoch diesen starken Haß gegen die Juden in ihm hervorgerufen? Mit Chrysostomos' eigenen Worten:

"Für ihren abscheulichen Meuchelmord an Christus, für diesen Gottesmord kann es keine Nachsicht, keine Sühne und keine Vergebung geben; die Rache darf niemals aufhören."[15]

So hat Chrysostomos sein eigenes Zerrbild von den Juden als "Christusmördern" in die Herzen der Christen eingegraben. Seine antijüdischen Angriffe haben in der christlichen Kirche ein Feuer entfacht, in das andere danach ständig neues Öl gegossen haben. Augustinus, ein Zeitgenosse von Chrysostomos, sagte:

"Seit Christus ist das Judentum eine Fälschung; in der Tat ist 'Judas das Abbild des jüdischen Volkes'; ihr Schriftverständnis ist fleischlich; sie tragen die Schuld am Tode des Erlösers, denn durch ihre Väter haben sie den Christus getötet. Die Juden haben ihn festgenommen; die Juden haben ihn beleidigt, die Juden haben ihn gebunden, sie haben ihn mit Dornen gekrönt, ihn entehrt, indem sie ihn bespuckt haben, sie haben ihn gegeißelt, sie haben ihn mit Schmähungen überhäuft, sie haben ihn ans Holz gehängt, sie haben ihn mit einem Speer durchbohrt."[16]

Obwohl Augustinus ein großer Heiliger gewesen sein mag, weist sein Wissen bezüglich der Kreuzigung Christi einige traurige Mängel auf - ob aus Unwissenheit oder Absicht werden wir wohl nicht in Erfahrung bringen können. Es waren die Römer, die ihn "mit Dornen gekrönt" haben, und es waren die Römer, die ihn "gegeißelt", "mit Schmähungen überhäuft", "ans Holz gehängt" und "mit einem Speer durchbohrt" haben. Chrysostomos und Augustinus standen mit ihrem

Antisemitismus jedoch nicht allein. Andere große und bedeutende Männer hatten ihre eigene, persönliche Form des großen Hasses:

Ephraim der Syrer nannte die Juden:

"Beschnittene Hunde."[17]

Hieronymus brandmarkte die Juden, obwohl von ihnen um Unterricht in der hebräischen Sprache erhalten hatte, als

"... jüdische Schlangen, deren Vorbild Judas selbst war."[18]

Gregor von Nyssa sagte in einer Predigt über die Auferstehung von den Juden, sie seien

"... Widersacher der Gnade, Feinde Gottes, Fürsprecher des Teufels, Natternbrut, ein Sanhedrin von Dämonen."[19]

Die Liste führender antisemitischer Kirchenväter ist für unsere Zwecke an dieser Stelle zu lang. Es genügt zu sagen, daß man nur äußerst selten jemanden finden kann, der den Juden gegenüber wahres Mitgefühl empfand. Und das Wüten des christlichen Antisemitismus hat im Laufe der Zeit nicht nachgelassen. Ein Jahrtausend später stoßen wir auf einen Mann, der ungeheuren Einfluß auf die Kirche hatte: Martin Luther. Luther hat als Reformator nicht seinesgleichen. Als Antisemit war Luther nur wenig besser als Chrysostomos. Wie Chrysostomos das Feuer entfacht hatte, so heizte Luther es, als es zu verlöschen drohte, wieder neu an. Martin Luther (1483 -1546) warb um die Juden, nachdem er die Grundlagen seines neuen Glaubens gelegt hatte, in dem Vertrauen darauf, daß das Christentum, von allem "Pfaffen- und Mönchtum"[20] befreit, sie durch das "reine" Evangelium schnell zu Christus führen würde. Doch Luther, der in seinem Eifer für Christus und in den Verfolgungen, die er durch die Anhänger der Religion seiner Tage erlitt, an den Apostel Paulus erinnert, fehlte nicht nur die Geduld und der christusähnliche Geist dieses großen Apostels, sondern auch dessen prophetische Erleuchtung und Einsicht in Gottes Plan und Ratschluß für dieses einzigartige Volk. Weil die Juden sich nicht in Massen bekehrten und weiterhin dem Evangelium widerstanden, wandte sich Luther in der schlimmsten Art und Weise gegen die Juden:

"Er wütete gegen sie mit einer Sprache, die in ihrer Gewalttätigkeit allem, was davor oder danach gegen sie geäußert wurde, im mindesten ebenbürtig war. Mit beißendem Sarkasmus und gelegentlichen obszönen Beleidigungen brachte er erneut all die alten Anklagen der Vergangenheit gegen sie vor: Die Juden sind Giftmischer, Ritualmörder und Wucherer; sie sind die Parasiten der christlichen Welt; sie sind übler als die Teufel; es ist schwerer, sie zu bekehren als Satan selbst; sie sind zur Hölle verdammt. Sie sind wahrhaftig der Antichrist. Ihre Synagogen sollten zerstört und ihre Bücher beschlagnahmt werden; sie sollten dazu gezwungen werden, mit ihren Händen zu arbeiten; noch besser wäre es jedoch, wenn sie von den Fürsten aus deren Ländern vertrieben werden würden."[21]

In seiner letzten Predigt, die er nur wenige Tage vor seinem Tode hielt, forderte er die Vertreibung der Juden aus ganz Deutschland. Er hat die Juden mit großer Ausdauer und Bosheit angegriffen. Adolf Hitler gebrauchte in seinem Bestreben, das ganze Judentum auszurotten, gelegentlich einige Worte Luthers, um seine Maßnahmen zu rechtfertigen. Flannery schrieb über Martin Luther:

"Der Teufel, den der Reformator aus der Kirche austreiben wollte, schien voll von ihm Besitz genommen zu haben."[22]

DIE CHRISTLICHEN KONZILE

Das Christentum wurde im Jahre 312 nach Christus in Rom zur staatlich anerkannten Religion. Kaiser Konstantin blieb den Juden gegenüber ganze 13 Jahre tolerant. Im Jahre 325 trat das Konzil von Nizäa zusammen, und die mehr als 300 teilnehmenden Bischöfe schenkten der Kirche eine der schönsten Darstellungen des christlichen Glaubens, nämlich das Nizänische Glaubensbekenntnis, das hier ausschnittweise wiedergegeben ist:

"Wir glauben an (...) den einen Herrn Jesus Christus, Gottes eingeborenenSohn, aus dem Vater geboren vor aller Zeit: Gott von Gott, Licht vom Licht, wahrer Gott vom wahren Gott, gezeugt, nicht geschaffen, eines Wesens mit dem Vater... ."[23]

Auf diesem ersten Konzil in der Geschichte der Christenheit, das das wahrscheinlich großartigste Glaubensbekenntnis aller Zeiten hervorbrachte und der Kirche schenkte, wurde auch der Beschluß gefaßt, alle Verbindungen zu den Juden abzubrechen. Unter anderem sollte fortan das Datum für das Osterfest unabhängig vom jüdischen Kalender bestimmt werden. Konstantin rief die Bischöfe auf:

"Wir wünschen keine Gemeinsamkeiten mit diesem verhaßten Volk zu haben, denn der Erlöser hat uns einen anderen Weg gezeigt."[24]

Diese Beschlüsse des Konzils von Nizäa, die gegen die Juden gerichtet waren, waren die Vorläufer vieler Edikte von späteren Konzilen. Auf dem Konzil von Vienna im Jahre 1311 wurde folgendes angeordnet:

"'Es sollte keinem Juden Zutritt zu öffentlichen Badeeinrichtungen, Gasthöfen oder einem Haus guten Rufs für Reisende gewährt werden'; mit einem Wort, die Juden sollten gemieden werden wie 'jemand, der von einer Plage befallen ist und dessen Atem allein schon ansteckend wirkt, oder wie ein gefährlicher Verführer, dessen Worte das Gift des Zweifels und des Unglaubens in sich tragen.' "[25]

Das dritte und vierte Konzil von Orleans erließ Gesetze, nach denen es den Juden verboten war, während christlicher Feiertage auf die Straße zu gehen,

"... da ihre Gegenwart eine besondere Beleidigung für die Christenheit bedeuten würde."[26]

Der Höhepunkt dieses großen Hasses seitens der Kirche drückte sich im Laterankonzil von 1215 aus. Die gesamte westliche Christenheit wurde durch die anwesenden 71 Erzbischöfe, 412 Bischöfe, 800 Äbte und eine große Schar kirchlicher Würdenträger und Priester repräsentiert. Die Beschlüsse dieses

Konzils umfaßten 70 kanonische Vorschriften, von denen vier die Juden betrafen. Der Beschluß, der die schrecklichsten Auswirkungen für das verstreute Volk über Jahrhunderte hinweg hatte, war derjenige, der ihnen das Zeichen der Ächtung anheftete. Seit dieser Zeit waren alle Juden

"... in der gesamten christlichen Welt verpflichtet, zu jeder Zeit ganz bestimmte Kleidungsstücke oder andere Kennzeichen zu tragen."[27]

In einigen Ländern trugen sie ein Zeichen in Form eines Rades, das rot, gelb oder bunt war, an der Brust. In anderen Ländern war es ein gelber Spitzhut oder eine Kopfbedeckung in Form eines Hornes in rot, grün oder anderen Farben.

Als Folge davon "... krümmten sich überall die Juden in unterwürfiger Demut und mit sklavischem Geist; in ihrem Herzen jedoch wuchs die Bitterkeit gegen die Christen und auch die Feindschaft gegen das Christentum immer weiter an. Auf sich selbst gestellt, waren die Juden äußerst hilflos und wurden von den Führern der Christenheit als die Ausgestoßenen der Menschheit verdammt und dazu gezwungen, von aller Welt Verachtung und Haß, Plünderungen und Verbannung, Schläge und Morde zu ertragen. Besonders von dieser Zeit an wurde das jüdische Volk zur Nation der Märtyrer auf Erden und unter den Menschen; und seine Peiniger waren die Christen."[28]

Nach dem ersten Konzil von Nizäa folgten unbarmherzig weitere Beschlüsse. Am Ende ließen sie den Juden keinen Raum mehr. Eheschließungen zwischen Juden und Christen wurden mit der Todesstrafe belegt.[29] Die Juden wurden aus allen öffentlichen Ämtern ausgeschlossen.[30] Ihnen wurde nicht erlaubt, einen höheren Beruf auszuüben oder ein Handwerk, geschweige denn Landwirtschaft zu betreiben, da es ihnen verboten war, überhaupt Land zu besitzen.[31] In einigen Ländern waren Juden als Ärzte zugelassen, was jedoch oft eine recht gefährliche Beschäftigung sein konnte; wurde der Patient gesund, so hatte der Jude dies durch Zauberei bewirkt; starb der Patient, so hatte der Jude ihn vergiftet.[32] 300 Jahre lang wurde den Christen am Karfreitag gesagt, sie sollten Juden ins Gesicht schlagen als Vergeltung für die Kreuzigung.[33] Christen wurde verboten, ihr Eigentum an Juden zu verkaufen oder zu verpachten oder überhaupt mit ihnen Handel zu treiben.[34] Den Juden wurden Nahrung und Schutz und damit die lebensnotwendigsten Dinge verwehrt.[35]

Während der zwei ersten christlichen Kreuzzüge in das Heilige Land suchten die Juden in Deutschland und Italien Schutz bei Heinrich IV. und Konrad III. Die Krone machte sie zu "königlichen Leibeigenen" und setzte sie dadurch auf eine Stufe mit

"... einem frei verfügbaren Besitzstück, das gekauft, verliehen und wie jede andere Handelsware weiterverkauft werden konnte - und wurde."[36]

Weil den Juden jegliches Handwerk verwehrt wurde, beschränkte sich ihre Tätigkeit auf Geldverleih und das Zinsgeschäft, wodurch sie gezwungen wurden, zu Wucherern zu werden. Das war eine weitere Ursache ihres Verderbens, da sie von den Herrschenden oft wie ein Schwamm behandelt wurden, der, wenn er vollgesaugt war, ausgewrungen und danach dem Haß des Volkes übergeben wurde.[37] Durch die ihnen aufgezwungenen Lebensbedingungen wurde für sie Geld so wichtig wie das Leben selbst.

"Jeder Schritt und jede Handlung des täglichen Lebens eines Juden wurde mit einer Steuer belegt. Ein Jude mußte Geld bezahlen für sein Kommen und Gehen, für den An- und Verkauf, für die Inanspruchnahme seiner Rechte, für das gemeinsame Gebet, für Heirat, Geburt und sogar für jede Leiche, die er auf den Friedhof brachte."[38]

Kamen die Juden in irgendeinem Land durch den Handel oder das Geldgeschäft wirklich einmal zu Reichtum, so wurden sie oft aus dem Land vertrieben, und ihr Hab und Gut wurde von der Krone eingezogen. Eine derartige Vertreibung fand in Frankreich statt; doch nachdem die Staatsfinanzen durch den Wegfall jüdischer Steuern abzusinken begannen, wurden sie wieder zugelassen. Einige Jahre später wurden sie allerdings ein zweites Mal vertrieben und verloren erneut all ihre Besitztümer."[39]

Allzuoft war es leider so, daß "das Gift, das die Juden umbrachte, ihr eigener Besitz war", so Flannery.[40]

TAUFE ODER TOD

Eine der furchtbarsten Heimsuchungen, die für Juden noch schrecklicher als der Tod selbst war, war die Zwangstaufe. In vielen Teilen der Christenheit wurde sie von Zeit zu Zeit angewandt, und Tausende von Juden wählten lieber den Tod, als sich diesem Ritus zu unterziehen. Der Stadtrat von Toledo in Spanien bestimmte folgendes:

"Jeder, der durch Gewalt, Furcht und Folter zum christlichen Glauben geführt worden ist, erhält den Stempel des christlichen Glaubens und kann gezwungen werden, dem christlichen Glauben entsprechend zu leben."[41]

In der gesamten christlichen Welt wurden die Juden gefoltert und verstümmelt in dem Bemühen, ihnen den "wahren Glauben" aufzuzwingen; die Folgen waren katastrophal:

"Jüdische Mütter nahmen ihre kleinen Kinder in die Arme, beluden sich selbst mit Steinen und sprangen von der Brücke [über die Mosel] in den sicheren Tod."[42]

"... Jüdische Frauen töteten sich selbst und ihre Kinder aus Furcht vor dem, was auf sie zukommen würde. Überall lagen tote Juden in ihrem eigenen Blut."[43]

In Portugal erließ man ein Gesetz, wonach jedes jüdische Kind unter 14 Jahren vor oder am Ostersonntag des Jahres 1497 getauft werden mußte. Das furchtbare Leid, das dadurch den jüdischen Eltern angetan wurde, ist unbeschreiblich:

"Einige töteten ihre Kinder, andere warfen sie in Flüsse oder Brunnen, um das zu verhindern, was sie für schlimmer als den Tod ihrer Kinder ansahen. Viele Kinder und Eltern wurden mit Geißeln und Ruten gewaltsam voneinander getrennt; dann wurden die armen Kinder an ihren Haaren zum Taufbecken gezogen und danach den Christen übergeben, damit sie als Christen aufgezogen wurden."[44]

Es geschah im Jahre 1648 in Tulzin in Polen:

"... 1.500 Juden wurden erschlagen, weil sie die Taufe nicht empfangen wollten; zehn Rabbis wurden am Leben gelassen, um so womöglich ein Lösegeld von ihren Gemeinden erpressen zu können."[45]

In Homel ereignete sich in jener Zeit folgendes:

"Die Juden wurden nackt in die Felder gejagt, und 1.500 Männer, Frauen und Kinder, die sich nicht taufen lassen wollten, wurden auf barbarische Art und Weise getötet. Tausende von Juden kamen auch in zahlreichen anderen Städten um. An einem Ort wurden 100 jüdische Kinder getötet und dann den Hunden vorgeworfen."[46]

DIE MARRANEN

Die Zwangstaufe war nicht nur ein kurzlebiges Phänomen, sondern zog sich über viele Jahrhunderte hin. In Spanien war sie im 15. Jahrhundert so weit verbreitet, daß Tausende von Juden gewaltsam und gegen ihren Willen "bekehrt" wurden. Viele bereuten diesen Schritt und praktizierten weiterhin ihren jüdischen Glauben entweder im Geheimen oder auch offen. Dies verärgerte die spanische Kirche, die sie wegen ihrer Doppelmoral verachtete, und die Neubekehrten wurden *marranos* - "Schweine" - genannt. Die Kirche erhob sich gegen diese *Marranen*, und die Inquisition nahm ihren Anfang. Sie betraf Spanien, Portugal und deren Kolonien, wo die *Marrano*-Juden über Jahre hinweg so lange terrorisiert wurden, bis sie aus diesen Gebieten vertrieben waren. Es wurde eine Liste mit 37 Kennzeichen veröffentlicht, anhand derer man die "Judaisierenden" ausfindig machen konnte. Dazu gehörte das Versäumnis, am Sonntag die beste Kleidung zu tragen oder das Weglassen des *Gloria Patri* bei den Gebeten.[47] Baron zitiert den Jesuiten-Historiker Mariana:

"Insgesamt fielen der Inquisition im ersten Jahr ihrer Durchführung 2.000 *Marranos* zum Opfer, die bei lebendigem Leibe verbrannt wurden, und 17.000, die mit dem Verlust ihres Besitzes und ihrer Bürgerrechte oder mit Kerkerhaft bestraft wurden."[48]

Anfang des Jahres 1492 wurde in Granada von König Ferdinand und Königin Isabella von Spanien ein Erlaß unterzeichnet, demzufolge alle Juden Spanien, Sizilien und Sardinien innerhalb von vier Monaten verlassen mußten, andernfalls würden sie sterben. Ihnen wurde erlaubt, ihren Besitz mit Ausnahme von Gold, Silber, Münzgeld und anderer Dinge, die nicht ausgeführt werden durften, mitzunehmen. Dies war praktisch die Konfiszierung ihres Besitzes:

"... ein Kleidungsstück wurde für einen Weinberg und ein Esel für ein Haus angeboten."[49]

Die Juden boten dem König, der in dem Ruf stand, geldgierig zu sein, eine riesige Geldsumme an. Als Ferdinand seine Entscheidung noch einmal überdachte, erschien Torquemada, der erste und grausamste Generalinquisitor, und schrie, ein Kreuz in die Höhe haltend:

"Judas Iskariot hat Christus für 30 Silberstücke verkauft; wollen Eure Majestäten ihn nun für 300.000 Dukaten verkaufen? Hier ist er, nehmt ihn und verkauft ihn."[50]

Dieser Ausbruch brachte den König dazu, an seiner Entscheidung festzuhalten. Die Juden verließen das Land, in dem sie 1.500 Jahre lang gelebt hatten.

AUFGEZWUNGENE PREDIGTEN

Seit dem neunten Jahrhundert gibt es Beispiele für die erzwungene Teilnahme von Juden an Gottesdiensten, was im Jahre 1278 zum Gesetz wurde durch einen Erlaß des Papstes Nikolaus III., der Regeln für das Halten von Predigten festlegte. Die Reformatoren behielten diese Praxis bei, bis sie schließlich im Jahre 1848 abgeschafft wurde. Flannery schreibt:

"Man kann sich die geringe Zahl von Bekehrungen vorstellen, die diese aufgezwungenen Predigten hervorgebracht haben, und ebenso den Verdruß des widerstrebenden Zuhörers, dem mancherorts die Ohren nach Wattebäuschchen abgesucht wurden, die sich dort aus ganz offensichtlichen Gründen befunden haben könnten. Manche forderten, daß man ihnen irgendein Reizmittel geben solle, das sie während der manchmal bis zu zwei Stunden dauernden Ausführungen über die Wahrheit des Christentums und den Irrtum des Judentums wachhielte."[51]

KINDER

Neben den bürgerlichen und religiösen wurden auch die elterlichen Rechte der Juden verletzt. Wie schon zuvor erwähnt, wurden Bestimmungen aufgestellt, nach denen ungetauften Juden die Kinder weggenommen und christlich aufgezogen werden konnten. Damit begann man schon in den ersten nachchristlichen Jahrhunderten, und man setzte - laut Flannery - diese Praxis über 1.500 Jahre lang fort, wovon es sogar im 19. und 20. Jahrhundert noch Beispiele gibt. Die Repräsentanten der Kirchen rechtfertigten das jüdischen Familien zugefügte Leid mit ihrer Überzeugung, daß die Zwangstaufe die Kinder zu Christen machen würde.

"Wer seinen Widerstand gegen die Taufe nicht spätestens im Augenblick ihrer Erteilung offen bekannte, war nicht wirklich gezwungen worden - selbst wenn dieser Widerstand den Tod bedeutet hätte - und war somit rechtskräftig getauft und dazu verpflichtet, alle Rechte und Pflichten eines christlichen Lebens einzuhalten. Getaufte Kinder waren (...) sowohl im bürgerlichen als auch im geistlichen Sinne unter der Herrschaft der Kirche."[52]

DIE KREUZFAHRER

Das Jahr 1096 war ein schicksalhaftes Jahr für die Juden. Es markierte den Beginn der Kreuzzüge, die allesamt furchtbare Auswirkungen für sie hatten. Schwärme von Rittern, Edelleuten, Mönchen und schlecht ausgerüsteten Bauern machten sich in jenem Jahr auf den Weg, um das Heilige Land von den Moslems zu befreien; doch die Anführer der Kreuzfahrer sagten:

"Wir wollen die Feinde Gottes im Osten bekämpfen. Dabei haben wir sie doch hier vor uns - nämlich die Juden, eine Rasse, die sich [so wörtlich!] mehr als jede andere in Feindschaft gegen Gott befindet. Wir ziehen die ganze Sache von hinten auf."[53]

Die Kreuzfahrer wandten sich gegen die Juden, und mit den Worten "Gott will es" auf den Lippen, metzelten sie sie nieder und vernichteten ihre Gemeinden zusammen mit denen der Moslems kreuz und quer in Europa, als sie durch die Lande zogen, um das Heilige Land zu befreien. Kein einziger Teilnehmer dieses ersten Kreuzzuges erreichte je Jerusalem; sie alle waren entweder durch Krankheiten oder durch das Schwert der Moslems umgekommen. Der zweite und der dritte Kreuzzug ähnelten dem ersten, man ging zwar mit demselben Schlachtruf auf den Lippen, jedoch nicht genauso grausam gegen die jüdischen Gemeinden vor. Als Ansporn, der die Kreuzzüge rekrutieren helfen sollte, wurden jedem, der sich einschreiben ließ, alle Schulden bei Juden erlassen. Viele unterschrieben nur, um von ihren Hypotheken und anderen Schuldverschreibungen freizuwerden, und sehr viele Juden wurden dadurch finanziell ruiniert. Der zweite Kreuzzug hatte kaum mehr Erfolg als der erste. Ein Überrest erreichte noch Damaskus, konnte jedoch die Moslems dort nicht verjagen, und der Kreuzzug fand so sein Ende. Der dritte Kreuzzug wurde von Gottfried von Bouillon angeführt, und etwa ein Fünftel der Kreuzfahrer erreichte diesmal sein Ziel:

"Am Ende der Reise in Jerusalem im Jahre 1099 fanden die Soldaten Gottfried von Bouillons die Juden in einer Synagoge versammelt und setzten sie in Brand."[54]

Danach begaben sich die Kreuzfahrer zum Heiligen Grab und dankten Gott für ihren großartigen Sieg. Sie hatten die Moslems aus dem Heiligen Land und die Juden noch weiter von Christus weggetrieben.

HOSTIENSCHÄNDUNG

Wenn die Kirche die Juden nicht tötete, so verleumdete sie sie. Neben den üblichen Beschuldigungen des Ritualmordes und der Kreuzigung christlicher Kinder, die gewöhnlich durch das Auffinden eines ertrunkenen Kindes, einen unerklärlichen Todesfall oder eine vermißte Person entstanden, wurde den Juden auch noch die "Schändung der Hostie" (der Abendmahlsoblate) vorgeworfen. Wegen ihres Glaubens an die Verwandlung der Oblate in den wirklichen Leib Christi entbrannte der Zorn der Christen gegen die Juden, als das Gerücht verbreitet wurde,

"... die Juden hätten die Hostie gestohlen und geschändet. Es war tatsächlich beobachtet worden, daß, 'als sie die Oblate im Mörser zerstießen, Blut aus ihr herausspritzte.' "[55]

Diese falsche Behauptung diente zusammen mit dem eingeimpften Haß auf die Juden als Rechtfertigung, um Synagogen in Kirchen zu verwandeln, Juden zu terrorisieren und zu töten und ihren Besitz einzuziehen. Wieder lesen wir von jüdischen Müttern, die erst ihre Kinder und dann sich selbst umbrachten, um auf diese Weise nicht in die Hände des "von Dämonen besessenen" Pöbels zu fallen.[56] Und in Frankreich wurde die ganze jüdische Gemeinde einer Stadt auf dem Scheiterhaufen verbrannt.[57]

DAS GHETTO

In dem Maße, wie die kirchlichen Verordnungen zunahmen, wurden die Juden immer stärker als Schädlinge angesehen, und in einigen Ländern wurden sie von der christlichen Bevölkerung getrennt und in Ghettos verdrängt:

"Indem man die jüdische Bevölkerung auf den engen Raum eines Ghettos beschränkte, dessen Größe sich nicht änderte, obwohl die darin lebenden Familien anwuchsen, und hinter dessen Toren sie jede Nacht eingeschlossen wurden, wurden sie wie ein wildes Tier im Käfig gehalten, das nach Belieben abgeschlachtet werden konnte; und immer wenn ein Jude gezwungen war, diesen Ort zu verlassen, bezeichnete ihn die gelbe Marke sofort als Objekt für Beleidigungen und Gewalt."[58] Für die Christen war das Ghetto ein Ort, an dem das verhaßteste aller Völker unter angemessenen Bedingungen verwahrt werden konnte. Für die Juden wurde es, trotz der äußeren Bedingungen, ein Zufluchtsort vor dem gewalttätigen Pöbel.

ANTISEMITISCHE LITERATUR

Wie einige Christen früher Schmähschriften gegen Juden verfaßt haben, so veröffentlichen einige Christen auch heutzutage antisemitische Artikel. Kürzlich sind sogar radikal antisemitische Videos produziert und unter Tausenden von Pastoren in den Vereinigten Staaten verbreitet worden. Es gibt auf jeden Fall ein erwähnenswertes antisemitisches Buch, das sich in mehreren Ländern unter Christen wie auch Nichtchristen gleicher Beliebtheit erfreut hat: *Die Protokolle der Weisen von Zion*. Dieses Werk russischer Antisemiten des 20. Jahrhunderts ist "Der Schwindel des Jahrhunderts" genannt worden.[59] Die *Protokolle* stellen eine Reihe von 24 angeblichen Vorträgen der "Ältesten" dar, die die jüdischen Pläne zur Unterwerfung der ganzen Welt genau beschreiben. Dieses Buch, das in mindestens sieben Sprachen übersetzt worden ist, hat einen enormen Einfluß sowohl vor als auch nach seiner Bloßstellung als "plumpe Fälschung" im Jahre 1921 genommen. Laut Flannery sind drei Ausgaben in Amerika erschienen, wo es dank Henry Fords Schrift *The Dearborn Independent*, die eine Auflage von 700.000 Exemplaren hatte, am weitesten verbreitet war. Sogar nachdem erwiesen war, daß es sich bei den *Protokollen* um eine Fälschung handelte, machte Ford auch weiterhin von ihnen Gebrauch und machte den Schaden voll, indem er sein gesamtes antisemitisches Material in vier Bänden noch einmal herausgab.[60]

Ford leugnete formal die Echtheit der *Protokolle*, als er 1927 durch eine gerichtliche Klage zur Rechenschaft gezogen wurde. Er gab seinem Bedauern darüber Ausdruck und äußerte die Absicht, Schadenersatz zu leisten; doch der angerichtete Schaden konnte nicht mehr behoben werden. So konnte Carey

McWilliams sagen:

"In gewisser Hinsicht hat Hitler dort angesetzt, wo Ford aufgehört hat."[61]

Charles E. Coughlin, ein bekannter amerikanischer Priester, der in den dreißiger Jahren mit seinen Radiosendungen etwa 3,5 Millionen Menschen erreichte und großen Einfluß besaß, vertrat im Laufe der Jahre immer stärker antisemitische Standpunkte. Er nahm den Fall der *Protokolle der Weisen von Zion* wieder auf und meinte, daß deren Zuverlässigkeit unwichtig sei, denn

"... wir können die Aktualität ihres bemerkenswert prophetischen Charakters nicht übersehen."[62]

Die Protokolle der Weisen von Zion sind in Amerika immer noch weit verbreitet, was in letzter Zeit noch durch das sichtbare Anwachsen des Antisemitismus zugenommen hat.

SÜNDENBÖCKE

Im fünften Kapitel wurde gesagt, daß die Juden für jedes Unglück, das ein Land traf, als Sündenböcke herhalten mußten. Es ist historisch nachweisbar, daß man meinte ,

"... wenn eine Krankheit überhand nahm, dann hatten die Juden die Brunnen vergiftet; wurde ein christliches Kind vermißt, so war es bei einer jüdischen Zeremonie gekreuzigt worden; war ein Kirchendiener nachlässig gewesen, dann waren es die Juden, die die Hostie vom Altar gestohlen hatten, um sie während der Zeit des Passafestes mit Messern zu durchbohren. In fast jedem Land wurden die Juden bei vielen Anlässen, wer auch immer sich versündigt hatte oder leiden mußte, für alles angeklagt, was sofort zum Anlaß für Übergriffe genommen wurde, bei denen zum Teil Hunderte oder Tausende Juden umgebracht wurden."[63]

Es ist erschreckend zu sehen, daß die Situation heute kaum besser ist als damals, besonders im Hinblick darauf, daß den Juden noch immer für die Tragödien des Lebens die Schuld gegeben wird.

Diese bösartige antisemitische Tradition in der Christenheit kann man bis ins vierte Jahrhundert zurückverfolgen, als einige Kirchenväter, insbesondere Chrysostomos, einzelne Aussagen der Bibel im Sinne einer göttlichen Strafe für Israels Sünden interpretierten. Folgendes ist daher, schaut man einmal in christliche Chroniken und Geschichtswerke, nicht weiter überraschend:

"Kein Zeichen des Mitleids, kein Wort der Entrüstung kann in ihren Berichten über die Ausschreitungen gegen Juden gefunden werden. Viele der geistlichen Chronisten drücken sogar deutlich ihr Wohlgefallen daran aus. So berichtet der Mönch von Waverley beispielsweise in triumphierendem Ton über das Blutbad in London während der Krönung von Richard I., das ohne jeglichen Anlaß seitens der Juden stattgefunden hatte, und schließt mit dem Ausruf: 'Gepriesen sei der Herr, der die Gottlosen überantwortet hat.' "[64]

Welche Auswirkungen hat das alles auf die Juden unserer Zeit? Baron zitiert einen namhaften deutschen Theologen, Franz Delitzsch:

" 'Gehe nach Jerusalem', schrieb der verstorbene Franz Delitzsch, 'und da kannst du es sehen. An der südwestlichen Seite des Tempelberges, wo die ungeheuren Ruinen des Vorhofs des Tempels Salomos stehen, ist der Klageort der Juden! Wie ihre Väter vor alters an den Wassern zu Babylon, so trauern die Ältesten der Tochter Zions hier an jedem Freitag, wobei sie ihre greisen Häupter tief in den Staub der zerbröckelnden Tempelmauer legen und ihre Tränen in Strömen auf die aufgeschlagene Seite des Buches der Klagelieder fallen, das sie in ihren zitternden Händen halten. Jünglinge benetzen, auf ihren Angesichtern liegend, die Bußpsalmen Davids mit ihren Tränen. Jungfrauen mit aufgelösten Haaren beugen ihre Häupter zu Boden, küssen die alten Steine und weinen über das Unglück ihres Volkes' "[65]

So wie Delitzsch habe auch ich persönlich die Tränen der Juden an der Klagemauer und an anderen Plätzen gesehen - ein sehr erschütterndes Erlebnis.

ZUSAMMENFASSUNG

Der Antisemitismus der Christen liegt in der Erwählung der Juden als dem allein für Gottes Absichten *"ausgesonderten Volk"* begründet. Flannery sagt, daß die Isolierung der Juden "von dem Gefühl ihrer göttlichen Auserwählung, ihrer Hingabe an das Gesetz und ihrer Verehrung *Jahwes* herrührt."[66] Die Juden haben beständig an ihrer einzigartigen Auserwählung als gesamte Nation festgehalten, und dies, zusammen mit ihren Begabungen auf zahlreichen Gebieten, hat ihnen den Zorn der Nationen eingebracht. **Christlicher Antisemitismus hat seine Wurzeln in der Ablehnung der Juden als des von Gott auserwählten Volkes.** Und genau diese Ablehnung bildet die Grundlage für die weitverbreitete, aber dennoch gotteslästerliche Lehre, die Israel verwirft und es durch die Gemeinde ersetzt.

Das Leiden und Sterben, von dem in diesem Kapitel die Rede war, gibt uns nur einen kleinen Einblick in das, was die Juden durch die Kirche erlitten haben. Flannery trifft am Ende seines gewaltigen Werkes folgende Feststellung:

"Für den gläubigen Christen endet diese Horrorgeschichte in den entlegensten Kammern des Geistes. Die Sünde des Antisemitismus ist neben vielem anderen letztendlich **die Verleugnung des christlichen Glaubens, das Versagen christlicher Hoffnung und die Krankheit der christlichen Liebe**. Es ist auch keine geringfügige Sünde. Der Todeskampf der Juden ist nach Jacques Maritain ein Kampf, an dem Christus teilhat. Und war das nicht der größte Abfall: daß diejenigen, die in der christlichen Geschichte am grausamsten und kontinuierlichsten verfolgt worden waren, gar nicht diejenigen waren, denen der Meister Verfolgung vorhergesagt hatte (siehe Joh 16,2 - 4), sondern das Volk, von dem er abstammte? Maritain erkannte dies sehr klar, als er schrieb: **'Das Leiden Israels nimmt immer klarer die Gestalt des Kreuzes an'** [Hervorhebung vom Verfasser]."[67]

Wie wir nach diesen wenigen Seiten feststellen müssen, gibt es Ereignisse in der Kirchengeschichte, über die wir Christen uns zu Recht nur schämen können. Meine Hoffnung und mein Gebet ist, daß in den Herzen der Leser ein neues Verständnis und Mitgefühl für die Juden erwacht. Dem jüdischen Volk ist unsere Geschichte in qualvoller Weise bewußt; und sogar als Saddam Hussein 1991 angedroht hatte, "halb Israel zu verbrennen", hat Israel ihn lediglich mit der Christenheit, mit ähnlichen Gesinnungsgenossen wie Chrysostomos, Luther und anderen großen Männern, verglichen.[68]

Die Gemeinde muß Buße tun für ihre antisemitischen Sünden. Wir haben sie nicht persönlich begangen und können sie auch niemals wiedergutmachen, doch wir können und müssen dafür Buße tun. Der HERR wird uns zur Rechenschaft ziehen:

"Was gewesen ist, das war längst da, und was werden wird, ist längst gewesen. Gott denkt auch an das, was in Vergessenheit geraten ist" (Pred 3,15; Bruns).

Im nächsten Kapitel werden wir uns mit drei gerechten Männern - Esra, Nehemia und Daniel - befassen, die sich mit den Sünden ihres Volkes identifiziert haben. Wir müssen diesen Männern nacheifern und ihrem Beispiel der Buße folgen. Das jüdische Volk ist immer noch die von Gott auserwählte Nation, denn *"Gottes Gaben und Berufung können ihn nicht gereuen" (Röm 11,29).* Sie sind immer noch *"Geliebte um der Väter willen" (Röm 11,28).* Und wir, die christliche Gemeinde, haben uns auf die widerlichste Art und Weise an ihnen vergangen.

Lieber HERR,

Schenke mir die Gnade, für die Sünden meiner Kirche oder Gemeinde Buße zu tun. O HERR, was für Greueltaten haben wir in deinem Namen begangen; welches unbeschreibliche Leid haben wir deinem Volk zugefügt. Rotte den Antisemitismus aus der Gemeinde aus, HERR. Stoße ihn in den Abgrund der Verdammnis, wo er hingehört. Reinige uns, HERR, reinige uns durch das kostbare Blut Jesu. Wasche unsere Schande von uns - wasche unsere Schmach ab. Gib uns Liebe, wahre Liebe für dein jüdisches Volk, und hilf mir, die furchtbaren Sünden, die an ihm begangen wurden, auf irgendeine Art und Weise wieder ein wenig gutmachen zu können. Amen.

24 DIE WURZEL DES PROBLEMS

Die Wichtigkeit der Rolle, die Israel in bezug auf die Weltereignisse spielt, kann weder überschätzt noch überbetont werden. Israel ist der Schlüssel für jedes größere Ereignis in den Plänen und Ratschlüssen Gottes. Wir haben im sechsten Kapitel anhand des griechischen Originaltextes festgestellt, daß "das Heil von den Juden ausgeht und in ihnen vollendet ist". Dieses Thema muß weiter ausgearbeitet werden, um die Rolle, die Israel in der Weltevangelisation spielt, sowie die Notwendigkeit des richtigen Verhältnisses der Gemeinde zu Israel erkennen zu können.

Über Jahrhunderte hinweg befand sich die christliche Gemeinde in dem festen Glauben, daß ihre Lehre richtig sei, und erwartete, daß die Welt ihr jeden Moment zu Füßen fallen würde. Doch nach fast 2.000 Jahren ist die Gemeinde in schockierendem Maße zerspalten. Sie wird von innen und außen angegriffen, und ihre Überlegenheit wird von einer jüngeren und militanteren Religion herausgefordert. Wenn die christliche Gemeinde im Besitz des wahren Wortes Gottes und Jesus tatsächlich der Sohn Gottes ist, der den Tod überwunden hat und die Schlüssel des Todes und der Hölle in der Hand hält, und wenn der Heilige Geist wirklich zu Pfingsten auf die Erde gekommen ist, um uns mit Vollmacht zu versehen, damit wir alle Völker zu Jüngern machen können, warum haben wir das dann nicht auch getan? Irgend etwas stimmt ganz offensichtlich nicht!

In der Gemeinde herrscht allgemein die Überzeugung vor, daß sie Israels Platz eingenommen hat und zum Licht der Welt geworden ist; diese Annahme ist jedoch falsch. In ihrem Wüten gegen die Juden hat sie sich durch eine falsche Schriftauslegung antisemitischen Überzeugungen angepaßt. In ihrer Überzeugung, das "neue, wahre Israel" zu sein, hat die Gemeinde mit ihrer Überlegenheit über das jüdische Volk, dem "natürlichen Israel", geprahlt und dabei geflissentlich übersehen, daß es Israel ist, das die Gemeinde trägt:

"Wenn aber nun einige von den Zweigen ausgebrochen wurden und du, der du ein wilder Ölzweig warst, in den Ölbaum eingepfropft worden bist und teilbekommen hast an der Wurzel und dem Saft des Ölbaums, so rühme dich nicht gegenüber den Zweigen. Rühmst du dich aber, so sollst du wissen, daß nicht du die Wurzel trägst, sondern die Wurzel trägt dich" (Röm 11, 17. 18).

Die *ausgebrochenen Zweige* sind das im Unglauben verharrende jüdische Volk. Aber nicht alle waren ungläubig, und die Heiden sind als *"wilder Ölzweig (...) in den Ölbaum"*, also in Israel, den natürlichen Ölbaum, *"eingepfropft worden"*. Es ist äußerst wichtig für uns zu erkennen, daß die Heiden in die Juden hineingepfropft worden sind, und nicht umgekehrt. Der gläubige Überrest Israels ist die *"Wurzel"*, die die Gemeinde *"trägt"*. Die Gemeinde ist in die gleiche Falle gelaufen wie Elia , der glaubte, daß er der einzige sei, der an den HERRN glaubt:

"Gott hat sein Volk nicht verstoßen, das er zuvor erwählt hat. Oder wißt ihr nicht, was die Schrift sagt von Elia, wie er vor Gott tritt gegen Israel und spricht (1. Könige 19, 10): 'Herr, sie haben deine Propheten getötet und haben deine Altäre zerbrochen, und ich bin allein übriggeblieben, und sie trachten mir nach dem Leben'? Aber was sagt ihm die göttliche Antwort? (1. Könige 19, 18): 'Ich habe mir übriggelassen siebentausend Mann, die ihre Knie nicht gebeugt haben vor dem Baal.' So geht es auch jetzt zu dieser Zeit, daß einige übriggeblieben sind nach der Wahl der Gnade" (Röm 11, 2 - 5).

Die Bibel sagt eindeutig: *"Gott hat sein Volk nicht verstoßen"*. Er hat sich einen Überrest übriggelassen, und dieser Überrest ist es, den Paulus als *"Wurzel"* bezeichnet. Wie wir bereits gesehen haben, gebraucht Paulus dieses Bild von der *"Wurzel"* für den *Überrest* mehrere Male im elften Kapitel des Römerbriefes. Er schrieb diesen Brief in erster Linie für die Heidenchristen und kommt dabei zu einer wichtigen Feststellung:

"Ist die Erstlingsgabe vom Teil heilig, so ist auch der ganze Teig heilig; und wenn die Wurzel heilig ist, so sind auch die Zweige heilig" (Röm 11, 16).

Die *"Erstlingsgabe"*, von der der Apostel hier spricht, ist jene Gruppe von Juden, die als erste an Jesus Christus glaubten. Dadurch, daß diese *Heiligen* miteinander verbunden sind, bilden sie den *"Teig"*, der die *"Wurzel"* ist. Eine *heilige Wurzel*, so Paulus, bringt *heilige Zweige* hervor. Betrachten wir einmal, wie Paulus die Stellung der Juden und Heiden in Ephesus behandelt:

"... damit wir zum Preise seiner Herrlichkeit seien, die wir vorher schon auf den Christus gehofft haben. In ihm seid auch ihr, nachdem ihr das Wort der Wahrheit, das Evangelium eures Heils, gehört habt und gläubig geworden seid, versiegelt worden mit dem Heiligen Geist der Verheißung" (Eph 1, 12. 13; rev. Elberfelder).

Daß mit *"wir"* die Juden gemeint sind, dürfte klar sein. Die erste Gemeinde war ausschließlich jüdisch. Diese Juden haben *"vorher schon"*, das heißt, vor allen anderen, an Christus geglaubt. Erst als Petrus etwa acht Jahre nach der Himmelfahrt Jesu im Gehorsam gegen eine himmlische Vision in das Haus des römischen Zenturios Kornelius ging, gelangte das Evangelium auch zu den Heiden. Von dem *"wir"* der ersten jüdischen Gläubigen geht Paulus zu dem *"auch ihr"* über, das sich an die Gläubigen aus den Heiden richtet. Das wird an dem vorangehenden Vers deutlich:

"Darum denkt daran, (...) ihr, die ihr von Geburt einst Heiden wart und Unbeschnittene genannt wurdet von denen, die äußerlich beschnitten sind ..." (Eph 2, 11).

Der Punkt, um den es mir geht, ist der, daß die *"Wurzel"* der *Überrest* ist, das *wahre Israel* von Römer 9, 6. Der Gedanke des Paulus, daß der *Überrest* die

"Wurzel" ist, war nichts Neues. Paulus war ein sehr bibelkundiger Rabbi, und er gebrauchte prophetische Aussagen des Alten Testamentes, die den *Überrest* als *"Stumpf"* oder *"Wurzel"* bezeichnen. Im Buch Jesaja wird gezeigt, daß der HERR Bestrafung und Zerstörung über Israel beschlossen hat. Er verheißt jedoch, daß ein Teil des Volkes übrigbleiben wird:

"Auch wenn nur der zehnte Teil darin bleibt, so wird es abermals verheert werden, doch wie bei einer Eiche und Linde, von denen beim Fällen noch ein Stumpf bleibt. Ein heiliger Same wird solcher Stumpf sein" (Jes 6, 13).

Der *"zehnte Teil"* ist der *Überrest*, der *"Stumpf"* ist ein *"heiliger Same"*. Der *"zehnte Teil"* wird also aus dem babylonischen Exil zurückkehren und wiederum *"verheert"* werden, was durch die römische Eroberung, die nahezu alle Israeliten vernichtet hat, geschehen ist. Zehn Stämme kehrten nach dem Ende des babylonischen Exils nicht mehr zurück; nur der Stamm Juda kam wieder in das Land:

"Denn die Erretteten vom Hause Juda und was übriggeblieben ist, werden von neuem nach unten Wurzeln schlagen und oben Frucht tragen" (Jes 37, 31).

Nach der Rückkehr aus dem Exil wurde der Tempel wieder aufgebaut, und es gab wieder einen *heiligen Überrest* von wahren Gläubigen im Land. Nachdem einige Zeit vergangen war, fiel der größte Teil des Volkes jedoch wieder vom HERRN ab, und so war es erneut an der Zeit, es zu züchtigen. Wir wissen, daß der folgende Abschnitt die Zerstörung durch die Römer voraussagt, da dieses prophetische Wort sich auf Jesus bezieht und sein erster Teil in der Nacht, in der er verraten wurde, in Erfüllung ging (siehe Mt 26, 31):

"Schwert, mach dich auf über meinen Hirten, über den Mann, der mir der nächste ist! spricht der HERR Zebaoth. Schlage den Hirten, daß sich die Herde zerstreue; und ich will meine Hand wenden gegen die Kleinen. Und es soll geschehen in dem ganzen Lande, spricht der HERR, daß zwei Teile darin ausgerottet werden sollen und untergehen, und nur der dritte Teil soll darin übrigbleiben. Und ich will den dritten Teil durchs Feuer gehen lassen und läutern, wie man Silber läutert, und ihn prüfen, wie man Gold prüft. Die werden dann meinen Namen anrufen, und ich will sie erhören. Ich will sagen: Es ist mein Volk; und sie werden sagen: HERR, mein Gott!" (Sach 13, 7 - 9).

Die Geschichte gibt uns keinen Anhaltspunkt über die genaue Zahl der während der langen Zeit römischer Kriege, Unterdrückung und Besetzung umgebrachten Juden. Wir wissen jedoch, daß während des großen Aufstandes, der mit der Zerstörung Jerusalems im Jahre 70 nach Christus endete, und des Bar-Kochba-Aufstandes zusammen mehr als drei Millionen Juden getötet wurden. Insgesamt wurde der größte Teil der jüdischen Bevölkerung im Lande durch die Römer vernichtet. Der *"dritte Teil"* sollte übrigbleiben, und diese Überlebenden sollten - wie Jesaja sagt - durchs Feuer gehen und wie Gold geläutert werden. Der HERR sagt, er werde seine Hand *"gegen die Kleinen"* wenden. Das bedeutet nicht, daß er seine Hand gegen die Kleinen in zerstörerischer Weise wenden wird. Im Hebräischen wird ein Ausdruck des Schutzes, nicht der Zerstörung verwandt. Die Hand des HERRN wird wieder *über den Kleinen* sein wie ein Schutzschild. Mit den *"Kleinen"* sind zweifellos die mehr als 60.000 Gläubigen gemeint, die beim Ausbruch der Feindseligkeiten gegen die Römer nach Arabien flohen und dort in Pella und dessen Umgebung Zuflucht fanden. Jesus gebot seinen Jüngern im 24. Kapitel des Matthäusevangeliums, auf die Berge zu fliehen, und die Geschichte berichtet:

"Die Christen, die durch diese Vorhersagen gewarnt worden waren, flohen von Jerusalem nach Pella und an andere Orte jenseits des Jordan; so gibt es nicht den geringsten Hinweis darauf, daß auch nur ein einziger Christ in Jerusalem umgekommen ist."[1]

Der *"dritte Teil"* waren die überlebenden Juden, die dann durch das *"Feuer"* des weltweiten Antisemitismus gehen mußten, das seinen Höhepunkt im Holocaust fand. Wie in allen Generationen gibt es auch heute einen *Überrest* von "heiligen" Juden, die gläubig sind. Und die Verheißung lautet, daß jeder überlebende Jude den Messias Jesus erkennen wird: *"Ich will sagen: Es ist mein Volk; und sie werden sagen: HERR, mein Gott!"* Der heutige *Überrest* ist die *heilige Wurzel*, in die die Heidenchristen eingepfropft sind. Der gläubige *Überrest* Israels ist die *"Wurzel"*, die die Heiden trägt und ihnen Anteil am *"Saft des Ölbaums"* gibt:

"Wenn aber nun einige von den Zweigen ausgebrochen wurden und du, der du ein wilder Ölzweig warst, in den Ölbaum eingepfropft worden bist und teilbekommen hast an der Wurzel und dem Saft des Ölbaums, so rühme dich nicht gegenüber den Zweigen. Rühmst du dich aber, so sollst du wissen, daß nicht du die Wurzel trägst, sondern die Wurzel trägt dich" (Röm 11, 17. 18).

Wir werden nicht im unklaren darüber gelassen, von welcher *"Wurzel"* und welchem *"Ölbaum"* hier die Rede ist:

"Denn wenn du aus dem Ölbaum, der von Natur wild war, abgehauen und wider die Natur in den edlen Ölbaum eingepfropft worden bist, wieviel mehr werden die natürlichen Zweige wieder eingepfropft werden in ihren eigenen Ölbaum" (Röm 11, 24).

Mit *"du"* sind wiederum die Heiden gemeint. Sie sind die *wilden Ölzweige*, die *"eingepfropft"* sind in den *"edlen Ölbaum"*, der der gläubige *Überrest* Israels ist. Die Juden sind die *"natürlichen Zweige"*, und der *edle Ölbaum* ist *ihr eigener*. Die Wichtigkeit, diese Lehre zu erkennen, kann nicht überbetont werden. Sie ist für das Wohlergehen der christlichen Gemeinde lebensnotwendig, wie wir gleich noch sehen werden. Paulus schreibt, daß *"einige von den Zweigen"* ausgebrochen wurden, und zwar *"um ihres Unglaubens willen"* (siehe Röm 11, 17. 20). Weiter sagt er:

"Jene aber, sofern sie nicht im Unglauben bleiben, werden eingepfropft

werden; denn Gott kann sie wieder einpfropfen" (Röm 11, 23).

Wenn das jüdische Volk nicht im Unglauben bleibt, wird es wieder in seinen eigenen Ölbaum eingepfropft werden. Im elften Kapitel haben wir anhand von Jeremia 31, 33 gesehen, daß der HERR dem gesamten Haus Israel einen neuen Bund verheißt. Bei Jeremia heißt es weiter:

"Und es wird keiner den andern noch ein Bruder den andern lehren und sagen: 'Erkenne den HERRN', sondern sie sollen mich alle erkennen, beide, klein und groß, spricht der HERR" (Jer 31, 34).

Ganz offensichtlich wird das jüdische Volk nicht *"im Unglauben"* bleiben, und sie werden zu einem gewissen Zeitpunkt, in der vorbestimmten Stunde, wieder *"eingepfropft werden in ihren eigenen Ölbaum"*.

VON DER WURZEL ABGESCHNITTEN

Im vorigen Kapitel haben wir uns mit der Rolle der Gemeinde in bezug auf den Antisemitismus beschäftigt. Der Haß, der sich tief in den Herzen sogar von bekennenden, "wiedergeborenen" Christen findet, wurde für die Juden zu einem langen und angstvollen Alptraum. Der HERR hatte die Absicht, den Heiden seine Erlösung zu schenken, um so die Juden zur Eifersucht zu reizen und sie dahin zu bringen, daß sie sich nach ihm ausstrecken:

"Ich sage nun: Sind sie etwa gestrauchelt, damit sie zu Fall kämen? Das sei ferne! Sondern infolge ihrer Verfehlung ist das Heil zu den Heiden gekommen, um sie zur Nacheiferung zu reizen" (Röm 11, 11; Zürcher).

Man beachte, daß die Juden nicht *"zu Fall"* gekommen, sondern lediglich *"gestrauchelt"* sind.

"Sie haben sich gestoßen an dem Stein des Anstoßes, wie geschrieben steht (Jesaja 8,14; 28,16): 'Siehe, ich lege in Zion einen Stein des Anstoßes und einen Fels des Ärgernisses; und wer an ihn glaubt, der soll nicht zuschanden werden' "(Röm 9, 32. 33).

"Sie haben sich gestoßen an dem Stein des Anstoßes", der der Herr Jesus Christus ist, aber sie sind keineswegs so gefallen, daß sie nicht wieder aufstehen könnten. Weil sie *"gestrauchelt"* sind, ist das Heil auch den Heiden zuteil geworden. Gottes Absicht war es, daß die heidenchristliche Gemeinde so leben und handelt sollte, daß das jüdische Volk zur Eifersucht gereizt werden würde. Ihre Eifersucht angesichts der Tatsache, daß die Heiden angenommen worden sind, sollte die Juden dazu anstacheln, den HERRN zu suchen, ihn zu finden und so das größte aller Ereignisse, das zweite Kommen des Herrn Jesus, einzuleiten:

"Denn wenn ihre Verwerfung die Versöhnung der Welt ist, was wird ihre Annahme anderes sein als Leben aus den Toten!" (Röm 11, 15).

Die Wahrheit ist jedoch, daß die Juden durch die heidenchristliche Gemeinde nicht zur Eifersucht gereizt wurden, sondern von ihr verfolgt, gefoltert, verstümmelt und umgebracht worden sind, was sie nur noch tiefer in den *"Unglauben"* trieb. Die Auswirkungen, die der Antisemitismus der Gemeinde mit sich gebracht hat, werden im folgenden deutlich erkennbar werden.

Die Gemeinde wird meistens in dem Bild eines "fruchtbringenden" Baumes dargestellt. Hier ein Beispiel:

"Eine jede Rebe an mir, die keine Frucht bringt, wird er wegnehmen; und eine jede, die Frucht bringt, wird er reinigen, daß sie mehr Frucht bringe" (Joh 15,2).

Um Früchte zu bringen und sie vor allem auch zur Reife bringen zu können, muß ein Baum ein gesundes Wurzelsystem haben. Die Baumwurzeln verleihen einem Baum nicht nur seine Standfestigkeit, sondern gewinnen die für ihn notwendige Nahrung aus dem Boden, in den er gepflanzt ist, und lassen sie mit Hilfe des Saftes bis in die Zweige gelangen. Wird der Saft durch Krankheit oder durch Eingriffe in das Wurzelsystem des Baumes am Fließen gehindert, so ist das Ergebnis eine Mischung aus verkümmerten und vertrockneten Früchten, die von den Zweigen fallen.

Nachforschungen von verschiedenen Gliedern der Gemeinde bezüglich Evangelisation haben einige bestürzende Tatsachen ans Licht gebracht:

a) Seit 1968 hat die Gemeinde in der westlichen Welt zahlenmäßig ständig abgenommen.[2]
b) Von mehr als 4.000 Entscheidungen für Christus, die in nahezu 200 Gemeinden in Amerika registriert worden sind, blieben nach wenigen Monaten weniger als drei Prozent übrig, die tatsächlich zu einer Gemeindemitgliedschaft führten.[3]
c) Von 18.000 registrierten Entscheidungen durch den Dienst des größten Evangelisten unserer Tage[4], der unter den großen Missionswerken den höchsten Prozentsatz an bleibenden "Bekehrten" verzeichnen kann, waren nach einigen Monaten weniger als sieben Prozent Mitglieder einer Gemeinde.[5]

Die Mehrzahl der Pastoren im Westen erlebt das gleiche Phänomen. Der größte Teil ihrer Neubekehrten kommt nicht sehr weit voran auf dem christlichen Weg, bevor er abfällt, was gewöhnlich nach wenigen Wochen oder bestenfalls nach einigen Monaten der Fall ist.

Die Wahrheit der in diesem Kapitel aufgestellten These bestätigt sich also. Der *Überrest* des wahren Israel, das gläubige jüdische Volk, ist die *"Wurzel"*, die die Gemeinde *"trägt"*. Durch ihren Antisemitismus, zu dem auch die verschiedenen Spielarten der Lehre von der Gemeinde als dem "neuen Israel" gehören, schneidet die Gemeinde sich selbst von der *"Wurzel"* ab, aus der der *"Saft"* kommt, wodurch sie bewirkt, daß die Frucht vom Baum abfällt. Der eingeschränkte Fluß dieses Saftes ist möglicherweise der Hauptgrund dafür, daß es einen solchen Überfluß an schwachen und kränklichen "Gemeindemitgliedern" gibt.

Die Gemeinde läßt sich außerdem Dienste, die eher "evang*elastisch*" als evangelistisch sind, zuschulden kommen. Wir "strecken" die Wahrheit und behaupten, in der Welt "im Sturm" voranzukommen. Die von vielen westlichen

Christen angegebene Zahl von 100 Millionen Chinesen, die in China den christlichen Glauben angenommen haben, ist von chinesischen Christen widerrufen worden. Sie schätzen die Zahl auf 40 Millionen. Das gleiche gilt auch für Korea. Im Westen spricht man davon, daß 30 Prozent der Gesamtbevölkerung Koreas christlich sind. Laut Angaben koreanischer Pastoren sind es lediglich 20 Prozent oder weniger. Man hört wiederholt davon, daß etwa 64.000 Menschen täglich in das Reich Gottes hineingeboren werden. Auch wenn dies der Wahrheit entspräche: Was bedeutet dies im Vergleich zu einem weltweiten Bevölkerungszuwachs von neun Menschen pro Sekunde? An nur einem Tag wächst die Weltbevölkerung um 777.600 Menschen an. Ziehen wir davon unsere angenommene Zahl von 64.000 ab, so bleiben immer noch 713.600 Menschen unerreicht. Zählen wir diese Zahl täglich zu den Milliarden hinzu, die wir bisher zu erreichen versäumt haben, so beweist das nur, daß wir angesichts der gegenwärtigen Erfolgsquote keinerlei Chance haben, diese Welt für Christus zu gewinnen. Und wir dürfen uns bezüglich der 64.000 Bekehrungen pro Tag auch nichts vormachen. Diese 64.000 Menschen mögen sich vielleicht bekehrt haben, doch wie viele von ihnen bleiben tatsächlich im Glauben?

Ich persönlich habe bei Evangelisationen auf fünf Kontinenten, unter anderem in Australien, Neuseeland und auf den Pazifischen Inseln mitgearbeitet. Die Rückfallquote unterscheidet sich in diesen Gebieten nur wenig von der in Amerika. Nach kürzlich durchgeführten Nachforschungen liegt der Anteil derer, die am Glauben festhalten, im Durchschnitt unter 6,5 Prozent. Angenommen, wir vervierfachen diese Zahl sehr großzügig auf 26 Prozent, so erhalten wir doch nur eine Gesamtzahl von weniger als 17.000 Seelen, die täglich zur Gemeinde hinzugefügt werden, und von dieser Zahl müssen wir noch die wachsende Zahl derer abziehen, die auch als gemeindlich etablierte Christen irgendwann abfallen! Die Gemeinde wächst um weit weniger als 17.000 Menschen täglich, während die ungläubige Welt täglich einen Zuwachs von mehr als 750.000 Menschen zu verzeichnen hat. Die Kluft zwischen den Erretteten und den nicht Erretteten wird immer größer. Die Gemeinde muß viel realistischer werden und den Ernst der Lage, in der sie sich befindet, erkennen.

Einige prominente christliche Optimisten verkünden, daß angesichts der momentanen Zuwachsrate Ende dieses Jahrzehnts nahezu die ganze Welt christlich sein wird. Doch in Wahrheit zeigt sich, daß nach dem jetzigen Stand der Dinge in der weltweiten Gemeinde die Gefahr besteht, daß das Christentum Ende des Jahrzehnts zur Religion einer Minderheit geworden sein wird. Überall in Amerika wird behauptet, daß ein enormes Gemeindewachstum stattfindet. Die Aussage einer Forschergruppe besagt jedoch:

"80 Prozent des gesamten Gemeindewachstums in den Vereinigten Staaten setzt sich aus "Gemeinde-Überweisungen" zusammen - Menschen wechseln von einer Gemeinde in eine andere, anstatt daß Menschen von außen in die Gemeinde kommen."[6]

Trotzdem ist noch nicht alles verloren, und die Rate des weltweiten

Gemeindewachstums muß nicht auf ihrem jetzigen Stand stagnieren, doch eine Veränderung der Herzenshaltung Israel gegenüber ist unbedingt notwendig. Auch was die christliche Lehre hinsichtlich Israels Stellung im Gesamtplan Gottes betrifft, ist eine Korrektur dringend erforderlich und ebenso die Rückbesinnung darauf, daß es der jüdische *Überrest* ist, der die heidenchristlichen "Massen" trägt. Sieht die Gemeinde erst einmal Israel in der richtigen Perspektive, wird sich auch die Evangelisierung beschleunigen, und die Resultate werden von beständiger und nicht nur von vorübergehender Natur sein.

IN DER SCHULD DER JUDEN

Die Bibel sagt, daß die Heidenchristen den Juden zu Dank verpflichtet sind, und sie ermutigt die Heiden dazu, es als ihre "Pflicht" anzusehen, daß sie den Juden mit materiellem Segen dienen als Entgelt für den geistlichen Segen, den sie durch sie erhalten haben:

"Denn es hat Mazedonien und Achaja wohlgefallen, eine Beisteuer zu leisten für die Bedürftigen unter den Heiligen, die in Jerusalem sind. Es hat ihnen nämlich wohlgefallen, auch sind sie ihre Schuldner. Denn wenn die Nationen ihrer geistlichen Güter teilhaftig geworden sind, so sind sie verpflichtet, ihnen auch in den leiblichen zu dienen" (Röm 15, 26. 27; rev. Elberfelder).

Bevor die Heiden zum Glauben an den Herrn Jesus gekommen waren, befanden sie sich in keiner beneidenswerten Lage:

"Darum denkt daran, daß ihr, die ihr von Geburt einst Heiden wart (...), daß ihr zu jener Zeit ohne Christus wart, ausgeschlossen vom Bürgerrecht Israels und Fremde außerhalb des Bundes der Verheißung; daher hattet ihr keine Hoffnung und wart ohne Gott in der Welt" (Eph 2, 11. 12).

Die Heiden waren einst *"ausgeschlossen"* von *Christus* und *Israel*. Sie waren *"ohne Gott"* und hatten *"keine Hoffnung"*.

Die Gemeinde sollte zu keiner Zeit von Israel unterschieden oder getrennt werden. Die Gemeinde war auch nicht dazu berufen, Israel zu ersetzen oder abzusetzen. Die Gemeinde ist in die Bundesbeziehung, die Israel mit Gott hat, **mit aufgenommen** worden, indem sie *in den Überrest eingepfropft* wurde, und sie sollte daher am geistlichen Segen teilhaben. Der *Überrest* Israels ist der "Stamm", auf den die Gemeinde aufgepfropft wurde. Der materielle Segen, den der *Überrest* als Gegengabe erhält, hilft nicht nur, die Schuld zurückzuerstatten, sondern auch die Evangelisierung des jüdischen Volkes voranzutreiben. Daher sollten Heidenchristen sich ein judenchristliches Glaubenswerk in Israel suchen, das sie im Gebet und finanziell unterstützen. Vor allem sollte dem gesamten jüdischen Volk echte christliche Liebe entgegengebracht werden, denn sie sind die Geliebten Gottes. Dies sollte aus einem reinen Herzen geschehen ohne etwaige Hintergedanken; und wie wir aus dem achten Kapitel ersehen konnten: *Wenn wir segnen, werden wir auch gesegnet werden.*

UMKEHR

Sowohl die gesamte christliche Gemeinde als auch jedes einzelne ihrer Glieder muß von ganzem Herzen für die Sünde des Antisemitismus Buße tun, die in solchem Maße Teil ihrer Geschichte geworden ist und sich auch heute noch in ihr findet. Es ist dabei unbedeutend, ob sich jemand persönlich durch seine antisemitische Haltung versündigt hat oder nicht. Wenn wir zur Gemeinde gehören, so haben wir sowohl an den Sünden als auch an den Segnungen der Gemeinde teil.

Esra war genau wie Nehemia und Daniel ein vollkommen rechtschaffener Mann, und doch hat sich jeder dieser drei heiligen Männer mit den Sünden seines Volkes identifiziert und Buße getan:

ESRA: *"Und um das Abendopfer faßte ich mich und stand auf in meinem zerrissenen Kleid und Mantel, fiel auf meine Knie und breitete meine Hände aus zu dem HERRN, meinem Gott, und sprach: Mein Gott, ich schäme mich und scheue mich, meine Augen aufzuheben zu dir, mein Gott; denn unsere Missetat ist über unser Haupt gewachsen, und unsere Schuld ist groß bis an den Himmel" (Esr 9, 5.6).*

NEHEMIA: *"Laß doch deine Ohren aufmerken und deine Augen offen sein, daß du das Gebet deines Knechtes hörst, das ich jetzt vor dir bete Tag und Nacht für die Israeliten, deine Knechte, und bekenne die Sünden der Israeliten, die wir an dir getan haben; und ich und meines Vaters Haus haben auch gesündigt" (Neh 1, 6).*

DANIEL: *"Ich betete aber zu dem HERRN, meinem Gott, und bekannte und sprach: Ach, Herr, du großer und heiliger Gott, der du Bund und Gnade bewahrst denen, die dich lieben und deine Gebote halten! Wir haben gesündigt, Unrecht getan, sind gottlos gewesen und abtrünnig geworden; wir sind von deinen Geboten und Rechten abgewichen. Wir gehorchten nicht deinen Knechten, den Propheten, die in deinem Namen zu unsern Königen, Fürsten, Vätern und zu allem Volk des Landes redeten" (Dan 9, 4 - 6).*

Diese großen Männer dienen uns als Vorbild. Die Sünden, die sie bekannten, haben sie selbst niemals begangen, aber sie gehörten dem Volk Israel an und identifizierten sich daher nicht nur mit dem Volk, sondern auch mit dessen Sünden. Und in gleicher Weise müssen auch die Christen für die Sünden, die von der Gemeinde an dem jüdischen Volk begangen worden sind, Buße tun. Wenn wir dies nicht ernstnehmen und tun, wird die Evangelisation der Welt weiter hinausgezögert werden.

Unser Leben und Handeln als Christen, die sich an die Wahrheit der Bibel halten, wozu wir ja berufen sind, wird die Rückkehr des Herrn Jesus von selbst beschleunigen:

"... wie müßt ihr dann dastehen in heiligem Wandel und frommem Wesen, die ihr das Kommen des Tages Gottes erwartet und erstrebt" (2. Petr 3, 11. 12).

DECKEN DER VERSTOCKUNG

"Das Heil kommt von den Juden." Diese Aussage ist heute noch genauso wahr wie zu der Zeit, als sie von Jesus ausgesprochen wurde. Der HERR verfolgt eine einfache Strategie, um die Weltbevölkerung mit dem Evangelium zu erreichen - nämlich die Rückgewinnung der Juden! Gewinnen wir die Juden, so haben wir die Welt ebenfalls gewonnen. Wir wissen, daß vor den Herzen der Juden eine *Decke der Verstockung* hängt:

"Aber ihre Sinne wurden verstockt. Denn bis auf den heutigen Tag bleibt diese Decke unaufgedeckt über dem Alten Testament, wenn sie es lesen, weil sie nur in Christus abgetan wird. Aber bis auf den heutigen Tag, wenn Mose gelesen wird, hängt die Decke vor ihrem Herzen. Wenn Israel aber sich bekehrt zu dem Herrn, so wird die Decke abgetan" (2. Kor 3, 14 - 16).

Die *"Decke"* wird *"in Christus abgetan"*. Es war und ist immer noch die Absicht Gottes, daß die Heiden die Juden zur Eifersucht reizen und sie zu Christus bringen. Wenn in den Herzen der Christen Liebe für die Verlorenen ist, und wenn ihr Anliegen die Evangelisierung der ganzen Welt ist, so ist es äußerst wichtig, daß sie begreifen, daß zuerst die Juden Christus kennenlernen müssen, bevor die Heiden wirksam erreicht werden können. Denn nicht nur die Herzen der Juden sind von einer *Decke der Verstockung* bedeckt:

"Und er wird (...) die Hülle wegnehmen, mit der alle Völker verhüllt sind, und die Decke, mit der alle Heiden zugedeckt sind" (Jes 25, 7).

Die *"Decke"*, von der hier die Rede ist, ist ein "Schleier der Unwissenheit". Diese *"Decke"* oder *"Hülle"* ist ein Bild für die geistliche Blindheit der Heiden wie die *"Decke"* vor dem Herzen Israels. Und so, wie die *"Decke"*, die vor den Herzen der Juden hängt, *"in Christus abgetan wird"*, so wird auch die *"Decke, mit der alle Heiden zugedeckt sind"*, *"in Christus abgetan"* werden. Die Juden werden von den Heiden, die sie zur Eifersucht reizen, gewonnen werden. Die Welt wird durch die Juden und Heiden, die in der Liebe Christi miteinander verbunden sind, eingenommen werden. Es ist nicht möglich, die Welt zu evangelisieren, wenn man dabei die Juden außer acht läßt, und alle Versuche dieser Art haben bislang nur wenig Frucht eingebracht.

Lieber HERR!

Danke, daß du mir die Wurzel des Problems deutlich gemacht hast. Hilf mir nun, in die richtige Beziehung zu dem heiligen Stumpf Israels, der mich trägt, zu kommen. Laß mich in Verbindung mit der Wurzel kommen, damit ich von ihrem Saft genährt werde. O HERR, wir haben gesündigt und dein Volk schlimm behandelt. Wir tun Buße darüber und bitten, daß dein Friede über dem Israel Gottes sein möge. Amen.

25 DER ZERSTÜCKELTE LEIB

Es gibt zwei Hauptursachen dafür, daß die Gemeinde im Laufe von 2.000 Jahren nicht die ihr von Gott zugeteilte Aufgabe ausgeführt hat. Auf die eine Ursache, den Antisemitismus, sind wir bereits eingegangen. Die andere ist das mangelnde Verlangen des Durchschnittschristen, seinen Glauben wirklich ernst zu nehmen. Es hat schon immer Menschen gegeben, die dem Herrn Jesus völlig hingegeben waren, und es wird sie auch weiterhin geben. Andererseits gibt es viele, die in ihrem Glauben nur *lauwarm* sind (siehe Offb 3,16), und dann sind da noch diejenigen, die mehr den "Dienst für den HERRN" in Programmen und Projekten als den Herrn selbst sehen; und obwohl alle diese Aktivitäten gut und wichtig sein mögen, so bleibt das "Gute" doch immer der Feind des "Besten". Wir brauchen die grundlegende Offenbarung, daß der christliche Glaube sich um das "Sein", nicht um das "Tun" dreht, und das ist die lebendige Beziehung zu einem lebendigen Erlöser.

In einem weiteren biblischen Bild wird die Gemeinde als der Leib des Herrn Jesus Christus beschrieben:

"Und er ist das Haupt des Leibes, nämlich der Gemeinde" (Kol 1,18).

Jeder Mensch, ob Jude oder Heide, ob schwarz, weiß, rot, braun oder gelb, der Jesus sein Leben gibt, wird zu einem Glied des Leibes, dessen Haupt Christus ist.

Viele moderne Gemeinden betreiben Evangelisation, um "Entscheidungen" für Christus zu erzielen. Doch wie wir im vorigen Kapitel gesehen haben, sind viele dieser "Entscheidungen" von der gleichen Art wie die guten Vorsätze für das neue Jahr: Sie halten meist weniger als einen oder zwei Monate. Allgemein wird versucht, das Evangelium auf so ansprechende Art und Weise zu präsentieren, daß die Unbekehrten lieber Jesus als die Welt "wählen". Es wird den Menschen außerhalb der Gemeinde sogar vorgeschlagen, Jesus doch einmal "auszuprobieren". Aber nur wenn wir Jesus Christus als den gekreuzigten Sohn des lebendigen Gottes predigen, entsteht bleibende Frucht. Wenn wir Jesus als den ewigen Sohn erhöhen, der gestorben und am dritten Tage von den Toten auferstanden ist und den Weg für die Menschheit geebnet hat, damit sie wieder wie im Anfang eine Beziehung zu ihrem Schöpfer bekommt, so wirkt der Heilige Geist bleibende Resultate, die Gott verherrlichen. Der Heilige Geist wird die Darstellung Jesu als desjenigen, der an unserer Stelle gestorben ist, damit wir in den Himmel kommen, nicht bestätigen, da dies lediglich eine Karikatur des Evangeliums ist: Gottes Erlösungstat für die Menschheit ist so viel wunderbarer und umfassender. Werbewirksame Darstellungen von Jesus sind nicht notwendig, und der Vorschlag, Jesus "auszuprobieren", ist eine Beleidigung des Sohnes Gottes. Nicht er steht vor dem Richter, sondern wir. Und Jesus zu "erwählen" ist genauso unbiblisch wie der Ausdruck, sich für ihn zu "entscheiden":

"Nicht ihr habt mich erwählt, sondern ich habe euch erwählt und bestimmt, daß ihr hingeht und Frucht bringt und eure Frucht bleibt, damit, wenn ihr den Vater bittet in meinem Namen, er's euch gebe" (Joh 15,16).

Wir selbst sind von Jesus erwählt worden, nicht umgekehrt. Und wir sind auch dazu bestimmt, Frucht zu bringen; und diese Frucht soll bleiben und heranreifen. Diese Frucht ist das natürliche Ergebnis eines Lebens in Christus und gleichzeitig eine Voraussetzung für Gebetserhörungen. Der Durchschnittschrist *bleibt* nicht in Christus (siehe Joh 15,4) und schneidet sich folglich von Christus ab (siehe Joh 15,2).

Antisemitische Handlungen und Lehren haben dazu geführt, daß die Gemeinde von der *Wurzel* abgeschnitten wurde, und wenn der einzelne Christ nicht an Jesus, dem *Haupt* des Leibes, bleibt, so wird er von ihm abgeschnitten. So ist der durchschnittliche Christ von der *Wurzel*, die ihn trägt und nährt, abgetrennt und ebenso vom *Haupt*, das ihn unterweist.

Der Leib Christi ist größtenteils wegen unterschiedlicher Lehrmeinungen gespalten und zerteilt, und meist kann keine gemeinsame Grundlage für eine Verständigung gefunden werden. Üble Nachrede, Verleumdungen und gegenseitige Beschimpfungen sind heute sogar innerhalb derselben Konfession oder Bewegung an der Tagesordnung. Der Leib Christi ist ein zerstückelter Leib, in dem lebensnotwendige Glieder und Organe voneinander getrennt worden sind. Kein *Haupt* ist imstande, dem, was nicht mit ihm verbunden ist, Befehle zu erteilen oder Anweisungen zu geben.

Wiedergeborene Christen werden wieder zur Einheit finden, wenn sie sich auf Jesus konzentrieren, wenn sie mit ihm verbunden sind und sich radikal und absolut mit ihm identifizieren.

IST JESUS DER HERR?

Aus der lebendigen, pulsierenden ersten Gemeinde ist größtenteils und ganz besonders im Westen ein "Christentum der Bequemlichkeit" geworden. Der auferstandene Jesus der Bibel - der die Kranken geheilt, die Blinden sehend gemacht, die Toten auferweckt, Tausende gespeist und den Wind und das Meer zum Schweigen gebracht hat - ist heute ein "Gebetszimmer"-Jesus. Und es gibt unter den relativ wenigen Christen, die dieses Gebetszimmer betreten, sogar einige, die solche Bitten vorbringen, die eher mit einer Einkaufsliste zu vergleichen wären. Die Gemeinde ist meines Wissens der einzige Leib, der seinem Haupt, seinem eigenen Gehirn, Aufträge und Anweisungen gibt.

Die erste Gemeinde hatte sich dem lebendigen Christus auf radikale Weise hingegeben, und so geschahen praktisch überall, wo das Evangelium gepredigt wurde, auch Zeichen und Wunder. Der heutige Durchschnittschrist, der persönlich niemals solche Wunder erlebt hat, glaubt an die Lehre, daß die Wunder mit dem Ableben der Apostel aufgehört haben. Es ist wahr, daß die Wundertaten, die Gott durch die Glieder seiner Gemeinde wirkt, in erschreckender Weise zurückgegangen sind; doch die Ursache dafür liegt bei den Menschen, nicht bei Gott. Der HERR sagt ganz klar: *"Ich, der Herr, wandle mich nicht" (Mal 3,6)*. Außerdem können wir sicher sein, daß sein Sohn, der Herr Jesus Christus, das Haupt der Gemeinde, *"gestern und heute und derselbe auch in Ewigkeit"* ist (siehe Hebr 13, 8). Nein, Gott hat sich nicht verändert! Es sind die Menschen, die sich verändert haben!

Der Glaube des Durchschnittschristen beruht auf Erfahrungen, auf dem, was er mit seinem Verstand erfassen kann, und nicht auf dem, was die Bibel sagt. Seine Hingabe an den Herrn und seine Abhängigkeit von ihm sind sehr gering. Vielmehr hat er sich für die Abhängigkeit von sozialen Wohlfahrtsprogrammen der Regierung, von seiner Rentenversicherung und anderen Versicherungen, von Bürgschaften, Krankenhäusern, Ärzten, usw. entschieden. Diese Dinge an sich sind nicht verkehrt, doch die Abhängigkeit der Christen konzentriert sich zu sehr darauf und nicht mehr auf Jesus, der ihr Allversorger ist. Der normale Christ verläßt sich in hohem Maß auf weltliche Mittel, um sich selbst, seine Gesundheit, sein Hab und Gut, eben all das, was rechtmäßig dem übernatürlichen Königreich gehört, zu bewahren. Dieser Besitz wird aber normalerweise auch auf übernatürliche Weise geschützt, wenn der entsprechende Glaube vorhanden ist, da er ja für den übernatürlichen Bereich zur Verfügung stehen soll. Millionen von Christen schütten viele Milliarden Dollar in die Schatztruhen der weltlichen Versicherungsgesellschaften, obwohl sie, wenn sie auch nur ein wenig Glauben hätten, solche Versicherungen gar nicht bräuchten und stattdessen den Frieden bekämen, den ihnen nur Jesus, nicht aber die Welt geben kann (siehe Joh 14,27). Dieser innere Frieden kann anders als der Friede, den Versicherungen und Bürgschaften geben, für diejenigen, die Jesus noch nicht als Sieger kennen, sehr heilsam sein; die christlichen Versicherungsmakler jedoch, die andere Christen anwerben, verkaufen sich selbst.

Der normale Christ ist recht zufrieden damit, Christ zu sein, vorausgesetzt natürlich, dies wirkt sich nicht allzu störend auf seinen Lebensstil aus. Sein Verhalten unterscheidet sich kaum von dem eines Nichtbekehrten, und seine Kinder werden nach den gleichen niedrigen Maßstäben erzogen. Einige christliche Jugendorganisationen haben eine Untersuchung über das Verhalten von Jugendlichen in Auftrag gegeben; die Ergebnisse machten deutlich, daß der **einzige** größere Unterschied zwischen christlichen und nichtchristlichen Jugendlichen nur in **Worten** besteht: "Die Christen antworten mit 'nein', wenn sie gefragt werden, ob sie lügen, betrügen, stehlen oder mit jemandem ins Bett gehen würden, während die nichtchristlichen Jugendlichen sagen: 'Natürlich, wenn es zu meinem Vorteil ist.' " Die Aufgabe der Gemeinde besteht nicht darin, im Lichtschein christlicher Versammlungen zu leuchten, sondern in einer von Sünde verdunkelten Welt.

Der Durchschnittschrist ist inzwischen ebenfalls von dem Streben nach einem Leben im Wohlstand eingeholt worden: Häuser, Autos, Wohnwagen, Boote, Fernseher, Videogeräte - die Liste läßt sich beliebig fortsetzen. Was früher als Luxus galt, ist nun zur Notwendigkeit geworden. Bezüglich seines Besitzes muß er wirklich mit der Taufe des Verlustes getauft werden. In den meisten Fällen haben die Dinge, die wir besitzen, uns in Besitz genommen, und wir sind zu Sklaven unseres eigenen Besitzdenkens geworden. Auch wenn die Gemeinde ihre Lehre über Israel heute korrigieren würde, so wäre sie doch immer noch viel zu beschäftigt mit ihrem eigenen Wohlbefinden, um sich ernsthafte Gedanken um die Milliarden von Menschen zu machen, die auf dem Weg in die Hölle sind. Es ist an der Zeit, daß wir aufhören, den Teufel dafür verantwortlich zu machen, und anfangen, die Schuld dort zu suchen, wo sie tatsächlich liegt, nämlich bei uns selbst:

"... und die Sorgen der Welt und der betrügerische Reichtum und die Begierden nach allem andern dringen ein und ersticken das Wort, und es bleibt ohne Frucht" (Mk 4,19).

Dieser Vers ist Teil der Auslegung des Gleichnisses vom Sämann, das Jesus seinen Jüngern erzählt hat. Wir können daraus ersehen, daß wir persönlich dafür verantwortlich sind, wenn wir selbst ohne Frucht bleiben. Wir werden von den *"Sorgen der Welt"* eingeholt, statt auf Jesus zu vertrauen. Der *"betrügerische Reichtum"* verführt uns, und wir sind voller *"Begierden nach allem andern"*, außer nach Jesus. Wir sind so sehr damit beschäftigt, nach einem Leben in vergänglichem Wohlstand zu streben, daß wir keine Zeit mehr für den Einen übrig haben, den wir unseren Herrn nennen. "Ich habe keine Zeit" ist der Aufschrei von Pastoren, Ältesten, Diakonen und normalen Gemeindemitgliedern in der gesamten Christenheit. Der HERR wird den Menschen nicht mehr Zeit geben; wir haben bereits alles, was davon da ist, bekommen. Wir finden Zeit für unsere Lieblingsbeschäftigungen, nicht jedoch für Gott. Für die Dinge, die uns am wichtigsten sind, werden wir immer Zeit finden; und alles, was Vorrang vor dem Herrn Jesus bekommt, ist letztlich unser wirklicher Gott.

Auf einer Konferenz wurde eine Umfrage unter den anwesenden Christen gemacht. Jedem Teilnehmer wurde ein Bogen gegeben, und er wurde gebeten aufzuschreiben, wieviel Zeit er täglich in seiner ganz persönlichen Andacht mit dem Herrn verbringt. Diese Christen sollten ebenfalls angeben, ob sie geistliche Leiter oder einfache Gemeindeglieder sind. Das Ergebnis dieser Umfrage: Ein Pastor verbringt im Durchschnitt zehn Minuten pro Tag mit dem Herrn, ein normales Gemeindemitglied lediglich fünf Minuten. Ich habe Umfragen dieser Art unter im Dienst stehenden Missionaren durchgeführt, aus denen hervorging, daß viele von ihnen nur fünf, zehn oder 15 Minuten täglich in Gebet und persönlicher Andacht mit dem Herrn Jesus verbringen. Da Gott vieles nur als Antwort auf Gebet tut, ist es nicht weiter verwunderlich, daß die Gemeinde so schwach und unfähig ist. Wir verkünden laut in unseren Liedern "Jesus ist Herr", und wir reden untereinander ständig von dem "Herrn", doch damit betrügen wir uns nur selbst. Wenn wir dem Sohn Gottes lediglich fünf, zehn, 15 oder 20 Minuten täglich widmen und uns den ganzen Rest der 1.440 Minuten jedes Tages nur mit unseren eigenen Sorgen und Interessen beschäftigen, wie kann er dann unser Herr sein? Würden wir unseren Glauben, unsere Taten und Motive einmal selbstkritisch untersuchen, so könnten wir in uns selbst den größten Betrüger der Welt erkennen. Und mal ganz im Ernst, wenn es so wäre, daß es uns materiell in dem Maße in allen Dingen gut geht, wie es unserer Seele gut geht (siehe 3. Joh 2), so würden viele von uns unter der Armutsgrenze leben!

Gott hat in dieser Welt keine Lieblinge. In seinen Augen sind Juden und Heiden, Männer und Frauen gleich; jeder spielt eine besondere Rolle, doch stehen alle auf der gleichen Ebene vor ihm. Jesus war nicht der Lieblingssohn Gottes, sondern sein geliebter Sohn. Der HERR antwortet denen, die ihn suchen, und einige lernen ihn in einer Art und Weise kennen wie andere wiederum nicht. Der Unterschied liegt bei jedem ganz persönlich, nicht bei Gott. Die persönliche Offenbarung Gottes in unserem Leben ist nicht von Gottes, sondern von unserem Charakter abhängig.

Der Durchschnittschrist sucht nach der Arbeit Entspannung in weltlicher Unterhaltung und füllt seinen Kopf mit ungöttlichen Bildern und Klängen, die innerhalb relativ kurzer Zeit eine vielfache Ernte hervorbringen. Ich möchte Sie einmal auffordern, einen ganzen Monat lang kein Fernsehen, keine Videos und keine Filme anzusehen und außerdem während dieser Zeit nichts anderes als die Bibel zu lesen. Die Zeit, die Sie normalerweise mit christlichen oder weltlichen Fernsehsendungen, christlichen oder weltlichen Zeitschriften und mit Zeitungen zubringen, soll in dieser Zeit ausschließlich zum Bibellesen und Beten da sein. Ich verspreche Ihnen große Veränderungen in ihrem geistlichen Leben, sowie im emotionalen und körperlichen Bereich und auch im Leben derjenigen, mit denen Sie Kontakt haben. Ich bin der festen Überzeugung, daß das Fernsehen heutzutage die Ursache Nummer eins dafür ist, daß die Christen ein Leben in der Niederlage führen. Es nimmt den Platz Gottes in einem christlichen Heim ein und wirkt sich negativ auf den Lebensstil jedes einzelnen Familienmitglieds aus. Das Fernsehen vermittelt den Christen bestimmte Vorstellungen über Verhaltensnormen, Beziehungen, Karriere, Finanzen und Ehe, über das Verhalten der Kinder, über ihre Schulbildung und vieles, vieles mehr.

Was wir am dringendsten brauchen, ist, daß wir in Wahrheit wiedergeboren werden müssen. Wir sind mit Adams Natur zur Welt gekommen, die ihr Recht fordert. Wir müssen von oben her wiedergeboren werden aus dem sündlosen Wesen Gottes, das das Wohl der anderen sucht. Wir können das Fleisch, die Welt und den Teufel nur durch die Kraft unserer Liebe zu Gott, die all unsere Leidenschaften im Zaum hält, überwinden. Wir müssen unsere neue Natur ernähren, aber das kann nicht dadurch geschehen, daß wir uns vor den Fernseher setzen oder indem wir unseren eigenen Vergnügungen nachgehen. Wir müssen notwendigerweise wieder mit dem *Haupt* in Verbindung kommen. Wir müssen lernen, dem König den Zehnten sowohl von unserer Zeit als auch von unseren Finanzen zu geben. Nur wenn wir still in seiner Gegenwart warten, werden wir auch seine Stimme hören und seine Anweisungen empfangen können. Gott ist ein Gott der Stille, und er kann nur in einer Umgebung der Stille gefunden werden. Das ist die Zeit für Lobpreis und geistliche Lieder, für

Bibelstudium und betende Betrachtung eines Bibelabschnittes und auch die Zeit für stille, andächtige Anbetung, in der wir uns einfach nur auf Gott konzentrieren und auf ihn warten. Wir müssen allein mit Gott sein und erkennen, wer er ist und wer wir sind. Wenn unser Sinn und unsere Umgebung still sind, dann wird der HERR anfangen, zu uns zu reden. Lassen Sie Ihr Herz beständig zu ihm sagen: *"Rede,HERR, denn dein Knecht hört" (1. Sam 3,9)*.

Lieber HERR!

Ich habe gegen dich gesündigt, weil ich meine Beziehung zu dir vernachlässigt habe. Ich habe mich selbst von dem Haupt des Leibes, von dem ich ein Teil bin, abgeschnitten, und ich bitte dafür um Vergebung. Bitte vergib mir, Vater, und hilf mir, in diesem Moment neu anzufangen. Ich will dich kennenlernen. Ich will dir dienen, doch ich weiß nicht, wie ich dir dienen soll. Ich will dich lieben, doch weiß ich nicht, wie ich dich lieben soll. Höre auf den ehrlichen Schrei aus einem ehrlichen Herzen, Vater. Schenke mir Zeiten allein mit dir, in denen alles andere still wird und schweigt. Weise mich zurecht, wenn ich diese Zeiten ausfallen lassen möchte, um mich um andere "Dinge" zu kümmern. Hilf, daß meine Seele nach dir schreit *"wie der Hirsch lechzt nach frischem Wasser"* in einem trockenen und dürren Lande. Amen.

Teil VI

DER EWIGE RATSCHLUSS

"Denn Er ist unser Friede, der aus beiden eines gemacht hat und den Zaun abgebrochen hat, der dazwischen war, nämlich die Feindschaft. Durch das Opfer seines Leibes hat er abgetan das Gesetz mit seinen Geboten und Satzungen, damit er in sich selber aus den zweien einen neuen Menschen schaffe und Frieden mache und die beiden versöhne mit Gott in einem Leib durch das Kreuz, indem er die Feindschaft tötete durch sich selbst. Und er ist gekommen und hat im Evangelium Frieden verkündigt euch, die ihr fern wart, und Frieden denen, die nahe waren" (Eph 2, 14 - 17).

26 DER EINE NEUE MENSCH

Eines der Hauptziele der Weltevangelisation ist, die Juden zur Eifersucht zu reizen und so die Erlösung Israels voranzutreiben. Bevor das jüdische Volk nicht seinen jüdischen Messias erkannt hat, wird die Gemeinde das Endziel der Erlösung der ganzen Welt nicht erfüllt sehen. Die Gemeinde wird ihre Träume heute genausowenig erfüllen können, wie sie es gestern konnte.

Aufgrund des Verhaltens der Christen gegen die Juden von den ersten Tagen der Gemeinde an stellt Jesus für das jüdische Volk keine "Alternative" dar. Ein Jude wird in seinem eigenen Volk toleriert, wenn er glaubt, daß es keinen Gott gibt, ja sogar dann, wenn er zum Beispiel Buddhist oder Hindu wird. Es wird jedoch kein Jude akzeptiert, der sich zu Christus bekennt, und zwar einfach aufgrund all dessen, was im Namen Christi geschehen ist. In den Seelen der Juden herrscht eine große Leere, und ich erinnere hier noch einmal an die Statistiken aus dem 13. Kapitel, nach denen 50 bis 70 Prozent aller Mitglieder religiöser Sekten oder okkulter Gruppen Juden sind. Die Juden haben immer nach etwas gesucht, um das Vakuum in ihrer Seele auszufüllen. So äußert sich der schmerzerfüllte Schrei ihrer Seele nach Gott.

Berühmte jüdische Geistesgrößen, wie unter anderem Albert Einstein, fühlten sich zu Jesus hingezogen:

"Ich bin Jude, aber ich bin fasziniert von der leuchtenden Gestalt des Nazareners. Jesus ist zu gewaltig für die Feder der Phrasendrescher, wie kunstvoll sie auch immer sein mögen. Kein Mensch kann das Christentum mit einem *'Bonmot'* abtun. Es kann niemand die Evangelien lesen, ohne nicht klar die Gegenwart Jesu zu empfinden. Seine Persönlichkeit pulsiert in jedem Wort."[1]

Was für tiefe Gedanken, geäußert von dem vielleicht bedeutendsten wissenschaftlichen Kopf, der jemals gelebt hat! Auch andere jüdische Denker fühlen sich von der "leuchtenden Gestalt" Jesu angezogen, fühlen sich jedoch von seinen Nachfolgern abgestoßen. Die Juden fragen nicht nach Jesus wegen all des Leids, das ihrem Volk von denen angetan worden ist, die behaupteten, seine Jünger zu sein. Für die Juden stellt Jesus die Hauptursache für 2.000 Jahre jüdischen Leidens dar.

DAS WORT IN GERADER RICHTUNG SCHNEIDEN

Es ist für die Gemeinde wichtig, die Bibel in der Weise zu lesen, wie Gott es vorgesehen hat; und wir werden ermahnt, wie jemand zu sein,

"... der das Wort der Wahrheit in gerader Richtung schneidet" (2. Tim 2,15; rev. Elberfelder).

Wir sollen das Wort Gottes kennen und richtig austeilen oder erklären. Konzentrieren wir uns auf Gottes Sicht der Dinge, so können wir sie auch durch die Augen des HERRN sehen. Es ist absolut notwendig, daß Gott und die Gemeinde miteinander auf demselben Weg gehen; das können wir aber nur, wenn wir als erstes in Übereinstimmung mit Ihm kommen:

"Können etwa zwei miteinander wandern, sie seien denn einig untereinander?" (Am 3,3).

Der HERR verfolgt eine bestimmte Absicht mit der Gemeinde. Um ihrer Bestimmung nachkommen zu können, muß die Gemeinde Gottes Absichten als ihre eigenen annehmen. Seine Absicht hat er bereits mitgeteilt, nämlich

"... daß er die zwei, Frieden stiftend, in sich selbst zu einem neuen Menschen schüfe, und die beiden in einem Leibe mit Gott versöhnte" (Eph 2,15.16; nicht revidierte Elberfelder).

Gottes ewiger Ratschluß war es, daß er uns *"in sich selbst"*, das heißt in *"seinem Leib, das ist die Gemeinde" (Kol 1,24)*, *"zu einem neuen Menschen schüfe"*, nämlich Juden und Heiden, die in der Liebe Christi gemeinsam Gott anbeten. Und durch diesen *einen neuen Menschen*, durch diesen versöhnten Leib, wollte Gott die Versöhnung der Welt herbeiführen.

Tragischerweise hat die Gemeinde den Absichten Gottes fast 2.000 Jahre lang zuwidergehandelt und fast eher danach getrachtet, das am Kreuz von Golgatha vollbrachte Werk ungeschehen zu machen:

"Denn Er ist unser Friede, der aus beiden eines gemacht hat und den Zaun abgebrochen hat, der dazwischen war, nämlich die Feindschaft. Durch das Opfer seines Leibes hat er abgetan das Gesetz mit seinen Geboten und Satzungen, damit er in sich selber aus den zweien einen neuen Menschen schaffe und Frieden mache und die beiden versöhne mit Gott in einem Leib durch das Kreuz, indem er die Feindschaft tötete durch

sich selbst" (Eph 2,14 - 16).

Jesus hat *"aus beiden eines gemacht"*, nämlich aus den Juden und den Heiden. Jesus hat sie eins miteinander gemacht, doch die Gemeinde hat die Juden und die Heiden so weit, wie der Morgen vom Abend entfernt ist, voneinander getrennt. Jesus hat *"den Zaun abgebrochen (...), der dazwischen war, nämlich die Feindschaft"*, doch die Gemeinde hat neue Zäune aufgestellt und ihre eigenen Mauern der Feindschaft gebaut. Es war Jesus, der die *"Feindschaft tötete"*, die Gemeinde hat sie wieder ins Leben gerufen. Das, was die Absichten Gottes in Erfüllung bringen sollte, ist zu einem unüberwindlichen Hindernis geworden:

"... damit er (...) schaffe (...) durch das Kreuz" (Eph 2,15.16).

Der HERR wollte für Juden und Heiden *"durch das Kreuz"* Versöhnung stiften. Heute wird das Kreuz von vielen Heiden als Schmuckstück - als Zeichen der Liebe Gottes - getragen; doch für die Juden ist es das Symbol für die Verfolgung ihres Volkes, ein verachtetes und verhaßtes Zeichen.

WÜRDIG WANDELN

Die Rolle, die Gottes ewiger Ratschluß den Gläubigen aus den Heiden zugedacht hatte, war, die Juden zur Eifersucht zu reizen. Wie dieser Auftrag ausgeführt werden kann, lehrt uns der Apostel Paulus:

"Ich bin allen alles geworden, damit ich auf alle Weise einige rette" (1. Kor 9,22).

Er ermahnte die ersten Gemeinden wiederholt bezüglich des täglichen Wandels, und dieselben Ermahnungen gelten auch heute für diejenigen, die den Namen Christi anrufen:

"So ermahne ich euch nun, ich, der Gefangene in dem Herrn, daß ihr der Berufung würdig lebt, mit der ihr berufen seid" (Eph 4,1).

"Wandelt nur würdig des Evangeliums Christi" (Phil 1,27).

"... daß ihr des Herrn würdig lebt" (Kol 1,10).

"... euer Leben würdig des Gottes zu führen, der euch berufen hat" (1. Thess 2,12).

Wäre die heidenchristliche Gemeinde in einer Weise gewandelt, die ihrer Berufung, des Evangeliums Christi und des Namens, nach dem sie benannt wurde, würdig ist, so hätte sie die besondere Aufgabe, für die sie bestimmt ist, ausführen können. Sie hätte die Juden zur Eifersucht reizen und die Erlösung Israels und damit letztendlich die Erlösung der ganzen Welt bewirken können. So aber werden die meisten Juden Jesus nicht annehmen, bis sie ihn (das heißt seinen Leib, die Gemeinde) wieder am Kreuz für sie sterben sehen.

Der *eine neue Mensch*, den der HERR im Sinn hat, ist nichts anderes als das "neue Israel". Der Unterschied zwischen dem "neuen Israel" Gottes und dem "neuen Israel" der Gemeinde besteht darin, daß der HERR darin den Juden eine sehr wichtige und aktive Rolle zugedacht hat.

Nach fast 2.000 Jahren Verfolgung durch die Christen sind die Juden von allen Völkern am schwersten für Christus zu gewinnen. Aber sie können gewonnen werden, und es geschieht bereits durch diejenigen, die sie wahrhaftig mit der Liebe Jesu lieben. Diese *Liebenden* sind *"für Gott ein Wohlgeruch Christi" (2. Kor 2,15)* und leben seines Namens würdig. Obwohl die Gemeinde ihr Fundament, welches Christus ist, verlassen hat, und trotz ihres früheren und jetzigen Antisemitismus hat sich Gottes Absicht nicht im geringsten geändert. Wir müssen uns vergegenwärtigen, daß der HERR als der Baumeister der gesamten Schöpfung auch ihr Herrscher ist. Er mag zulassen, daß wir einen Strick zur Hand nehmen, der lang genug ist, um sich damit erhängen zu können; doch läßt er nicht zu, daß seine Pläne vereitelt werden:

"Der HERR Zebaoth hat geschworen: Was gilt's? Es soll gehen, wie ich denke, und soll zustande kommen, wie ich's im Sinn habe" (Jes 14,24).

"Wie ich's gesagt habe, so lasse ich's kommen; was ich geplant habe, das tue ich auch" (Jes 46,11).

Dies sind nur zwei von vielen Beispielen aus der Bibel, die Gottes Souveränität bezüglich seiner Pläne aufzeigen, *"...damit er in sich selber aus den zweien einen neuen Menschen schaffe."* Da sich seinen Plänen nichts entgegenstellen kann, wird es diesen *"einen neuen Menschen"* mit Sicherheit eines Tages geben; doch müssen wir uns folgendes bewußt machen:

"Ein jegliches hat seine Zeit, und alles Vorhaben unter dem Himmel hat seine Stunde" (Pred 3,1).

Es ist unbedeutend, was die Gemeinde in der Vergangenheit oder Gegenwart an Herrlichkeit zu sehen bekommen hat; alles zusammengenommen wird niemals mit der Herrlichkeit der Gemeinde zu vergleichen sein, wenn sie als der *eine neue Mensch* triumphieren wird. Machen Sie sich das einmal klar! Juden und Heiden, die erbittertsten Feinde auf der ganzen Welt, mit Gott und untereinander versöhnt! Das ist die Gemeinde, die der HERR vorhersieht, und in dieser Gemeinde wird folgende Schriftstelle ihre Erfüllung finden:

"... dem sei Ehre in der Gemeinde" (Eph 3,21).

Dem Herrn Jesus wird die Ehre in der Gemeinde erwiesen werden, denn es ist so vorherbestimmt. Momentan geht die Ehre in der Gemeinde mehr an die Menschen als an Jesus selbst. Auch wenn man einmal vom Antisemitismus absieht, gibt es in der Gemeinde einen beträchtlichen Anteil an Götzendienst, rassistischem und lehrmäßigem Fanatismus, Unzucht, Habsucht, Neid, Eifersucht, Lügen, und vielem anderen. Außerdem haben sich viele Gemeindeleiter, anstatt Hirten ihrer Herde zu sein, in Wirklichkeit geistliche Mißhandlung und Körperverletzung zuschulden kommen lassen - *"als Herren über die Gemeinde" (1. Petr 5,3)*. Meist zeigt sich in solchen Gemeinden eher ein "weltlicher" als der "Heilige" Geist; und das, was wir erkennen, wenn wir auf die Welt schauen, sieht Gott, wenn er auf die Gemeinde blickt. Aber ein neuer Tag ist angebrochen; und wie wir an Israel gesehen haben, arbeitet der HERR bereits mit großer Energie an der Ausführung seiner Pläne, ohne daß viele es überhaupt bemerken:

"Der HERR hat getan, was er vorhatte; er hat sein Wort erfüllt, das er längst zuvor geboten hat" (Klgl 2,17).

So wie der HERR seine Zusagen an die Nachkommen Abrahams, Isaaks und Jakobs erfüllt, so tut er es auch für die Gemeinde, den *einen neuen Menschen*. Das folgende Kapitel wird uns über ein neues und aufregendes Handeln Gottes informieren. Wir werden erkennen, daß ein neuer Tag für die Gemeinde angebrochen ist. Eine neue Epoche hat für diese Welt begonnen.

Lieber HERR!

Vergib uns, daß wir nicht deinem großen Namen entsprechend würdig wandeln. Vergib uns, daß wir deinen Plänen zuwiderhandeln. Vergib uns unseren falschen Eifer und unsere weltliche Gesinnung. O Gott, wasche den religiösen Schmutz vergangener Generationen von uns ab. Reinige du uns, so sind wir rein; rette du uns, so sind wir gerettet. Tu es, HERR, zur Verherrlichung deines Namens. Amen.

27 EINE NEUE EPOCHE BEGINNT

Aufgrund meiner Kenntnis der Geschichte des alten Israel sehe ich es als ganz offensichtlich an, daß das jüdische Volk wegen seiner Halsstarrigkeit zu keiner Zeit die ihm zugedachte Bestimmung erreicht hat. Das einzigartige Überleben der Juden und die beispiellose Neugründung des jüdischen Staates in ihrer alten Heimat bezeugen jedoch, daß ihre Bestimmung noch immer auf sie wartet.

Wenden wir unsere Aufmerksamkeit der Gemeinde zu, so ist es ebenso offensichtlich, daß auch sie aufgrund ihrer Halsstarrigkeit die ihr zugedachte Bestimmung nicht erfüllt hat. Die Gemeinde des ersten Jahrhunderts wurde vornehmlich von jüdischen Aposteln und Evangelisten geleitet, und mit Ausnahme von Lukas (der jedoch schon früher zum Judentum übergetreten sein könnte) waren es Juden, die das Neue Testament geschrieben haben. Während einer Zeitspanne von etwa 70 Jahren wurde das Evangelium in der ganzen damals bekannten und bewohnten Welt verkündigt - und dann erhob der Antisemitismus sein schändliches Haupt. Heute besteht die Gemeinde nur noch in einer schwachen und verhältnismäßig wirkungslosen Form und wird auf allen Fronten sowohl durch die Welt als auch durch eine jüngere Religion herausgefordert. Die heutige Gemeinde ist in ihren besten Teilen nur noch ein schwacher Schatten der apostolischen Gemeinde des ersten Jahrhunderts, und von ihrer schlechtesten Seite zeigt sie sich als eine rein soziale Einrichtung unter der Schirmherrschaft Gottes. Daß die Gemeinde bis heute überlebt hat, beweist, daß auch ihre Bestimmung noch auf sie wartet.

Eine Aufzählung der Parallelen zwischen dem alten Israel und der Gemeinde bezüglich der ihr verliehenen Herrlichkeit, aber auch ihres Götzendienstes, ihrer Hurerei, ihres Mangels an Glauben, ihres Fanatismus' und ihrer korrupten und habgierigen Leiterschaft würde ein ganzes Buch füllen, was jedoch nicht Gegenstand dieses Werkes ist. Es gibt allerdings zwei Parallelen, die in unsere Betrachtung gehören. Die erste ist die, daß es immer einen heiligen Überrest gegeben hat:

"Und ich will übriglassen siebentausend in Israel, alle Knie, die sich nicht gebeugt haben vor Baal" (1. Kön 19,18a).

Und so wie der HERR sich in Israel einen Überrest an treuen Seelen übriggelassen hat, hat er es auch mit gottesfürchtigen Männern und Frauen in der Gemeinde getan. Aus diesem Überrest Israels gingen die "Retter" hervor, die Israel zu dem HERRN zurückgeführt haben. Und aus dem Überrest der Gemeinde kamen die "Kämpfer", die Erweckungen herbeibeteten und herbeipredigten und so die Erneuerung bewirkten.

Die zweite Parallele, die in diesem Zusammenhang von Bedeutung ist, ist die der Zeit. Israel und die Gemeinde haben für einen genau gleich langen Zeitraum die "Exklusivrechte" am HERRN gehabt, obwohl keiner von beiden seine Bestimmung je erfüllt hat.

Für die Gelehrten ist es so gut wie unmöglich, das genaue Jahr der Geburt Abrahams festzulegen, doch das Jahr 2111 vor Christus liegt ungefähr in der Mitte ihrer Schätzungen. Wir wissen, daß Isaak geboren wurde, als Abraham 100 Jahre alt war (siehe 1. Mose 21,5), und Jakob wurde geboren, als Isaak 60 Jahre alt war (siehe 1. Mose 25,26). Jakob wurde der Vater der zwölf Stämme Israels. Wir wissen ebenso, daß Jesus nicht im Jahre 1 unserer Zeitrechnung, sondern 4 oder 5 vor Christus geboren worden ist. Der Tod und die Auferstehung Jesu fallen sehr wahrscheinlich in sein 34. Lebensjahr, was das Jahr 28 oder 29 nach Christus ergibt. Daher können wir folgende Rechnung aufstellen:

$$2.111 - 100 - 60 + 28 = 1.979$$

Das ist die Zeitspanne, die Israel den HERRN als seinen persönlichen Gott in seinem ausschließlichen "Besitz" hatte: von dem Zeitpunkt der Geburt Jakobs an bis zur Auferstehung Jesu Christi - 1.979 Jahre.

Die Gemeinde bestand in Wirklichkeit bereits vor Pfingsten, doch zu Pfingsten kam die Kraft des Heiligen Geistes, um ausschließlich in der Gemeinde zu wohnen. Wir können daher folgendes berechnen:

$$1.996 - 28 = 1.968$$

Dies ist der Zeitraum, in dem bis jetzt die Gemeinde den HERRN als ihren persönlichen Gott in ihrem ausschließlichen "Besitz" hatte - 1.968 Jahre von Pfingsten an bis einschließlich 1996.

Die Differenz von elf Jahren zwischen dem Zeitraum, den das alte Israel den HERRN "besaß" und dem der Gemeinde kann hierbei vernachlässigt werden, insbesondere, da wir nicht mit Sicherheit sagen können, wann genau Abraham geboren wurde, und natürlich kann Jakob erst einige Jahre nach seiner Geburt den HERRN wirklich persönlich gekannt haben. Dennoch ist die Zeitspanne, während der Israel den HERRN genossen hat, eine Epoche. Die Zeit, in der die Gemeinde ihn genoß, ist eine weitere. Wir sind heute am Ende dieser Epoche angelangt, während zu gleicher Zeit eine neue eingeleitet wird.

AM SCHNITTPUNKT ZWEIER EPOCHEN

Die Geburt der christlichen Gemeinde rief ein neues Zeitalter für die Menschheit ins Leben. In den ersten Jahren, als sich die gute Nachricht von der Erlösung und Versöhnung über die ganze damals bekannte Welt verbreitete, machten Nationen und Kulturen große Wandlungen durch. In dem Maße, wie die heidnischen Völker in den Bereich der Gnade Gottes hineinkamen, bewegte sich das jüdische Volk aus ihm heraus und damit in seine längste und schlimmste Leidenszeit hinein.

Heute gibt es einen modernen, neugeschaffenen Staat Israel, in den der HERR den zerstreuten Überrest der Nachkommen des alten Israel sammelt.

Der HERR wirkt außerdem tagtäglich Wunder, durch die er Israel wieder zu einem Volk, zu einer Nation und zu einer starken Militärmacht werden läßt. Im Gegensatz dazu erleben viele heidnische Nationen heute wirtschaftlichen Zusammenbruch und in ständig steigender Zahl Morde, Gewaltverbrechen und andere Delikte, zunehmend Fälle von Euthanasie, Drogenmißbrauch, Unmoral, Abtreibung, durch sexuelle Kontakte übertragene Krankheiten, Aids und verschiedene andere schreckliche Krankheiten. Und jedes dieser Übel nimmt in der Häufigkeit seines Auftretens und in seiner Schwere noch zu.

Ganz offensichtlich treten die Juden wieder in den Bereich der Gnade Gottes ein, während sich die heidnischen Nationen aus ihm herausbewegen. Wir befinden uns am Schnittpunkt zweier Epochen, am Ende der einen und am Beginn der anderen. Es ist offensichtlich, daß für die Juden und die Nation Israel vor einigen Jahren ein neuer Tag angebrochen ist. Wir müssen uns auf wirtschaftliche und andere ganz reale Katastrophen in einigen der heidnischen Nationen gefaßt machen, einfach aufgrund des im fünften Kapitel behandelten Fluches, denn Gott steht deutlich im Streit mit jenen Nationen. Und ebenso können wir große und dramatische Veränderungen auf der ganzen Welt erwarten, wenn der HERR alle Nationen, die großen und die kleinen, in ihre Ausgangsstellung für die letzte und entscheidende Konfrontation rückt, deren Zeitpunkt er allein kennt.

In dieser neuen Epoche wird mehr geschehen, als daß lediglich das jüdische Volk in die Gnade zurückgebracht wird. Wie schon erwähnt, hatten die Juden und die Gemeinde je eine Epoche zur Erfüllung ihrer Bestimmung zugeteilt bekommen, und beide haben versagt. Die neue Epoche wird diejenige sein, in der sich die Bestimmung von beiden erfüllen wird. Israel wird die Aufmerksamkeit der Welt gewinnen und auf den HERRN lenken, und die Gemeinde wird die riesige Ernte triumphierend einholen.

In mehreren Kapiteln dieses Buches haben wir erkennen können, was Gott heute mit Israel tut und was er in Zukunft zu vollenden beabsichtigt. Die Augen der Nationen sind bereits auf Israel gerichtet. Alles weitere ist nur noch eine Frage der Zeit. Der HERR hat ebenso bereits angefangen, die Bestimmung der Gemeinde in Erfüllung gehen zu lassen. Für einige Menschen ist Gottes Vorgehen bereits ziemlich deutlich sichtbar, doch die meisten können es nicht erkennen. Daher möchte ich nun die Grundlagen legen, um dem Leser zu helfen, diese neue Bewegung in der Gemeinde zu erkennen.

ZEICHEN

Das jüdische Volk fragte für gewöhnlich nach einem "Zeichen" zur Bestätigung eines Propheten oder einer geistlichen Lehre:

"Was tust du für ein Zeichen, damit wir sehen und dir glauben?" (Joh 6,30).

Jahrtausende sind inzwischen vergangen, nicht jedoch das Verlangen der Juden nach "Zeichen". Sie suchen immer noch nach ihnen, und die Heiden versuchen noch immer, alles mit Hilfe ihrer "Intelligenz" zu begreifen:

"Denn die Juden fordern Zeichen, und die Griechen fragen nach Weisheit" (1. Kor 1,22).

Meistens gab der HERR ein "Zeichen", um damit ein ganz bestimmtes Ziel zu erreichen. Der Zweck eines "Zeichens" war, die Aufmerksamkeit des Volkes zu erlangen, sie das "Zeichen" hinterfragen und darüber nachdenken zu lassen. Der HERR hat Israel viele verschiedene "Zeichen" gegeben:

"Darum wird euch der HERR selbst ein Zeichen geben: Siehe, eine Jungfrau ist schwanger und wird einen Sohn gebären, den wird sie nennen Immanuel" (Jes 7,14).

"Gleichwie mein Knecht Jesaja nackt und barfuß geht drei Jahre lang als Zeichen und Weissagung ... " (Jes. 20,3).

"... und du sollst deine Schulter vor ihren Augen beladen und hinausziehen, wenn es dunkel wird! Dein Angesicht sollst du verhüllen, damit du das Land nicht siehst. Denn ich habe dich für das Haus Israel zum Wahrzeichen gesetzt" (Hes 12,6).

Oft waren diese "Zeichen" so eindeutig, daß sie den Israeliten eine Reaktion entlockten und der Prophet eine aufmerksame und aufnahmebereite Zuhörerschaft vor sich hatte:

"Und das Volk sprach zu mir: Willst du uns nicht erklären, was das für uns bedeutet, was du tust?" (Hes 24,19).

Sogar bis auf diesen Tag hat das jüdische Volk seine Suche nach "Zeichen" nicht aufgegeben, und der HERR hat sich die besondere Freiheit vorbehalten, sie ihnen zu gewähren.

Während des letzten Jahrzehntes, als der HERR vieles im Lande geistlich in Bewegung brachte und der israelische Teil des Leibes Christi entstand und wuchs, hatten die jüdischen Gläubigen in Israel einen außergewöhnlich starken Drang, Heidenchristen zu heiraten. Dies scheint nur auf Israel zuzutreffen und wird verhältnismäßig selten unter jüdischen Gläubigen außerhalb Israels angetroffen. Viele Juden außerhalb Israels haben Heiden geheiratet, als sie noch nicht errettet und dem Glauben gegenüber gleichgültig waren; diejenigen jedoch, die den Messias erkannt hatten, als sie noch ledig waren, haben gewöhnlich ganz besonders darauf geachtet, ebenfalls einen jüdischen Ehepartner zu finden. Der HERR hat nicht nur Israel als Nation, sondern auch der Gemeinde als solcher das "Zeichen" gegeben, daß dies tatsächlich das "neue" oder "wahre" Israel ist: Juden und Heiden vereint, die in Liebe und Harmonie zusammenleben. Das soll jedoch kein "Zeichen" dafür sein, daß Heiden Juden heiraten sollten, oder für irgend etwas anderes in dieser Richtung. Es steht als "Zeichen" dafür, daß der *eine neue Mensch*, wie im 26. Kapitel beschrieben wird, in Erscheinung tritt. Junge nichtjüdische Christen reisen nach Israel, weil sie Israel und das jüdische Volk lieben. Manche von ihnen führen die niedrigsten Aufgaben für Israelis als Beweis für die Echtheit ihrer Liebe aus. Der HERR hat einen großen Teil dieser Menschen in eine Art

Bundesbeziehung zu seinem Volk gebracht, damit sie für diese Generation ein "Zeichen" sind. Im 26. Kapitel erkannten wir Gottes Plan, *"in sich selber"*, das heißt, in seinem *"Leib, das ist die Gemeinde"*, den *"einen neuen Menschen"* zu schaffen. Der eine neue Mensch besteht aus den Juden und Heiden, die zusammen in der Liebe Christi Gott anbeten, und zwischen denen jeder *"Zaun"* abgebrochen und jede *"Feindschaft"* getötet ist. Der Beginn einer neuen Epoche hat den Anbruch eines neuen Tages für die Gemeinde herbeigeführt.

VON JERUSALEM

Im vorigen Abschnitt wurde erwähnt, daß die jüdischen Gläubigen in Israel dazu neigten, Heidenchristen zu heiraten. Diese Wahrheit findet ihre Bestätigung durch die Tatsache, daß die Eheschließungen in den Glaubensgemeinschaften größtenteils gemischt waren. Es gibt heute einige israelische Ehepaare, die als Lehrer, Evangelisten und Missionare auf Reisen gehen. Sie bereisen die deutschsprachigen Länder, Europa, die Ostblock-Staaten, Skandinavien, Nordamerika, Mexiko, Asien, Australien, Neuseeland und den südpazifischen Raum. Bis heute haben allein meine Frau und ich aus über 40 Ländern Einladungen zum Predigen bekommen. Das Außergewöhnliche an diesen Ehepaaren, einschließlich meiner Frau und mir, ist, daß wir alle ausnahmslos aus einem jüdischen und einem nichtjüdischen Ehepartner bestehen, und daß wir alle von Jerusalem ausgehen. Es ist der *eine neue Mensch*, durch den *"des HERRN Wort von Jerusalem"* ausgehen wird. Der HERR richtet das natürliche Israel auf, um das geistliche wiederherzustellen:

"Aber der geistliche Leib ist nicht der erste, sondern der natürliche; danach der geistliche" (1. Kor 15,46).

Ich habe im elften Kapitel berichtet, wie das Evangelium von Jerusalem ausging, bis es die Stadt Christchurch in Neuseeland, das Ende der Erde, erreicht hat. Ich habe das prophetische Wort von der Rückkehr der "Olympischen Fackel" erwähnt, das uns in Christchurch gegeben wurde, und danach erzählt, wie diese "Fackel" schließlich im Jahre 1986 nach Jerusalem zurückkam.

Die Gemeinde wurde in Jerusalem geboren. Und letzten Endes ist es die Stadt Jerusalem, durch die die Welt die gute Nachricht von dem Herrn Jesus Christus empfing. Und es ist Jerusalem, das heute die größten Gemeinden des *"einen neuen Menschen"* in der Welt hat, und von Jerusalem wird auch das kommende Handeln Gottes ausgehen:

"Denn von Zion wird Weisung ausgehen und des HERRN Wort von Jerusalem" (Jes 2,3).

Der *eine neue Mensch* ist als Zeichen erschienen und wird *"ausgehen (...) von Jerusalem"* und das Wort des HERRN zu den Nationen bringen. Dieses Zeichen macht deutlich, daß Gott an der ganzen Gemeinde handeln und die Herzen der Juden und der Heiden im Geist miteinander verbinden wird. Die Wachstumsrate des israelischen Teils des Leibes Christi von über 2.000 Prozent innerhalb der letzten Jahre scheint anzudeuten, daß der HERR bald vieles in Bewegung setzen wird.

Ganz offensichtlich ist der HERR dabei, mit und durch Israel etwas Neues auf dieser Erde in Gang zu bringen, doch die Gemeinden - traditionelle, evangelikale und charismatische - wenden Israel immer deutlicher den Rücken zu. In naher Zukunft werden wir in der Gemeinde wahrscheinlich eine klare Trennung zwischen denen erkennen können, die auf der Seite Israels stehen, und denjenigen, die gegen Israel sind. Jeder Gemeindeleiter und jedes Gemeindeglied muß sich für eine der beiden Seiten entscheiden - für die Seite des *Segens* oder für die Seite des *Fluches*. Der HERR hat seine Wahl bereits getroffen und steht wie vorzeiten auf der Seite seines Volkes:

"Ich werde segnen, die dich segnen, und die verfluchen, die dich gering achten" (1. Mose 12,3a; wörtliche Übersetzung aus dem Hebräischen).

Prüfen Sie das gegenwärtige Handeln Gottes an Israel, so wie es in diesem Buch geschildert wird. Denken Sie darüber nach, beten Sie und entscheiden Sie sich dann, ob Sie es annehmen oder ablehnen wollen. Hoffentlich wird Ihre Entscheidung so ausfallen, daß Sie sich den Plänen des HERRN für Israel und die Gemeinde anschließen. Es geht bei dieser Frage sehr wohl um Ihr Überleben. Wir wissen, daß die *Gemeinde* keinen *"Flecken oder Runzel oder etwas dergleichen"* haben wird (siehe Eph 5,27). Auf welche Art und Weise der HERR seine *Braut* reinigen wird, bleibt abzuwarten; aus einem Teppich bekommt man Falten jedoch am besten heraus, indem man ihn auf den Boden legt und andere Menschen darüber hinweggehen läßt.

Lieber HERR!

Danke, daß wir einer neuen Epoche entgegengehen, einer Zeit, in der du dich in der Gemeinde verherrlichen wirst. Und danke dafür, daß dein Ratschluß in Erfüllung gehen wird und Juden und Heiden zusammengefügt werden, um den *"einen neuen Menschen"* zu bilden. Danke, daß du das *Natürliche* wiederherstellst, damit schließlich das *Geistliche* in Erscheinung treten kann. Bitte laß mich, meine Gemeinde und meine Gemeindeleiter an diesem entscheidenden Zeitpunkt auf deiner und Israels Seite stehen. Amen.

28 ABSCHLIESSENDE AUSWERTUNG

Wir haben im fünften Kapitel begonnen, uns mit der Geschichte Israels, wie der HERR sie Mose vor mehr als 3.500 Jahren vorhergesagt hat, zu befassen. Sie besteht aus sechs Hauptbereichen, in denen die Ereignisse stattfinden sollten. Sie alle sind bereits eingetreten oder vollziehen sich gegenwärtig.

Im neunten Kapitel haben wir uns mit den neun wichtigsten Ereignissen aus der Vergangenheit des alten Israel befaßt, die sich vor dem zweiten Kommen des Herrn Jesus Christus ein zweites Mal ereignen müssen. Auch das ist bereits geschehen, beziehungsweise findet gegenwärtig seinen Abschluß.

Auch Gottes ewiger Ratschluß für die Gemeinde ist im Begriff, in Erfüllung zu gehen, wobei Israel ebenfalls eine entscheidende Rolle spielt. Israel ist in der Tat eine "Uhr", von der wir die biblische "Zeit" ablesen können, und die Zeit ist bereits ausgesprochen weit vorgerückt.

In Israel gehen täglich biblische Prophezeiungen in Erfüllung, offensichtlich ohne daß es bewußt wahrgenommen wird. Da der HERR sich in dieser Zeit so stark mit Israel befaßt, erfüllen sich heute viele Prophetien geradezu in rasantem Tempo. Abgesehen von allen bisher erwähnten wollen wir uns nun mit einigen Prophetien befassen, deren gegenwärtige Erfüllung deutlich erkennbar ist.

Die Prophetie, die sich wahrscheinlich am eindeutigsten erfüllt hat, ist die über die hebräische Sprache:

"Ich werde die Sprache meines heimkehrenden Volkes wieder in reines Hebräisch verwandeln, so daß sie alle gemeinsam den Herrn anbeten können" (Zef 3,9; deutsche Wiedergabe der an dieser Stelle vom Verfasser benutzten englischen Bibelübersetzung [The Living Bible]).

Von der Zeit des ersten Exils an ist die hebräische Sprache vielen Veränderungen unterworfen gewesen. Es sind ständig Worte und Ausdrucksweisen aus den Sprachen jener Völker, die über Israel herrschten, hinzugefügt worden. Dennoch blieb Hebräisch die Sprache der Religion; und sogar heute noch sprechen viele orthodoxe Juden hebräisch ausschließlich dann, wenn sie biblische Themen erörtern. Sie versuchen, die hebräische Sprache "heilig" zu halten, indem sie *Jiddisch* oder andere Sprachen aus ihrem Exil für die allgemeine Kommunikation benutzen. In den ersten Jahrhunderten nach Christus während des zweiten Exils wurde Hebräisch immer seltener gesprochen, da die Juden in nach Christus während der Diaspora die Sprachen ihrer Exilländer annahmen. Das Lesen und die richtige Aussprache der Worte der Heiligen Schrift und der Gebetbücher wurde zunehmend schwieriger. Im siebten Jahrhundert entwickelten die jüdischen Schriftgelehrten, die in der Stadt Tiberias lebten und die *Masora* studierten (die *Masora* ist die gesammelte jüdische Überlieferung des korrekten hebräischen Textes des Alten Testaments), ein System von Vokalpunkten, die *nikud* (Punkte) genannt werden. Die Masoreten, wie diese Schriftgelehrten genannt werden, versahen gewissenhaft jeden Buchstaben der hebräischen Heiligen Schrift und der Gebetsbücher mit den *nikud*. Durch dieses Vokalsystem ist die korrekte Aussprache des Hebräischen erhalten geblieben, und der bis heute am häufigsten verwandte hebräische Text für Bibelübersetzungen ist der sogenannte "Masoretische Text".

Obwohl die jüdischen Masoreten die Aussprache des Hebräischen für die Nachwelt erhalten haben, blieb Hebräisch auf den Gebrauch im Synagogengottesdienst und in den Gebeten beschränkt. Hebräisch war zu einer "toten" Sprache geworden, und der aufkommende Antisemitismus bewirkte, daß eine immer größer werdende Zahl von Juden ohne die geringste Kenntnis sogar der hebräischen Schrift aufwuchs.

Elieser Ben Jehuda, der Sohn eines litauischen Rabbiners, der an akuter Tuberkulose litt, hatte während seines Studiums in Paris den Gedanken, die hebräische Sprache wieder ins Leben zu rufen. Er reiste sofort nach Palästina und ließ nach seiner Ankunft im Jahre 1881 eine junge Frau mit Namen Deborah, die Tochter seines reichen Gönners, zu sich kommen. Bevor er sie heiratete, nahm er ihr das Versprechen ab, niemals eine andere Sprache als Hebräisch zu sprechen. 1882 bekam Deborah einen Sohn, Ben Zion, das erste von vier Kindern, die sie zusammen mit Elieser hatte. Ben Zions Muttersprache war hebräisch - wie die seiner Brüder und Schwestern -, und Deborah war die "erste hebräische Mutter nach nahezu 2.000 Jahren".[1]

Ben Jehuda war von seiner Aufgabe regelrecht "besessen". Er stand täglich punkt 4.00 Uhr morgens auf und arbeitete bis Mitternacht. Er erlaubte seinen Kindern niemals, mit anderen Kindern zu spielen oder sich zu ihnen zu gesellen aus Furcht, sie könnten etwas von den Sprachen des Exils annehmen. Alle, die Ben Jehuda und seine Familie besuchen wollten, mußten vorher ihr Einverständnis geben, ausschließlich Hebräisch zu sprechen; und wenn sie kein Hebräisch konnten, hatten sie zu schweigen.

Im Jahre 1891 starb Deborah an Tuberkulose, die sie sich durch ihren Mann zugezogen hatte; im Jahre 1892 heiratete Elieser Hemda, Deborahs jüngere Schwester, mit der er noch fünf weitere Kinder hatte (fünf der elf Kinder Ben Jehudas starben an verschiedenen, für jene Gegend typischen Krankheiten und Entbehrungen). Elieser lebte nicht lange genug, um seinen Traum vollständig in Erfüllung gehen zu sehen. Er starb 1922, nachdem er lediglich die ersten sechs Bände seines hebräischen Wörterbuchs herausgegeben hatte. Elf weitere Bände wurden nachträglich aus seinen Notizen und Tausenden von kleinen Zetteln zusammengestückelt, die man sogar in den Taschen seiner im Schrank hängenden Kleidung gefunden hatte. Das heute 17 Bände umfassende *Ben-Jehuda-Hebräisch-Wörterbuch* soll jedes hebräische Wort enthalten und ist sein Vermächtnis an die Nation Israel. Elieser ging von der hebräischen Heiligen Schrift aus und bearbeitete die einzelnen Wörter, um daraus Tausende moderner Wörter zu formen, die nie zuvor existiert hatten. Beispielsweise ist das hebräische Wort *chaschmal* (Elektrizität) aus dem Wort für "blinkendes Kupfer" oder "Bronze" hergeleitet, wie es der Prophet Hesekiel in einer Vision gesehen hatte (siehe Hes 1,4). Die Familie Ben Jehuda hat hebräisch gelebt, gegessen und geschlafen und das wahrscheinlich reinste Hebräisch gesprochen, das überhaupt gesprochen werden kann. Der HERR hat einen völlig nicht-religiösen Mann zum Vater der modernen hebräischen Sprache gemacht. Hunderte von *Ulpanim* (Sprachschulen) sind in ganz Israel zu finden, in denen Millionen von Einwanderern aus über 140 Nationen die Sprache der hebräischen Bibel lernen, so daß sie durch eine gemeinsame Sprache - die Sprache der alten Propheten - vereint werden.

Der Verfasser betrachtet es als sein persönliches Vorrecht, nicht nur im Besitz eines vollständigen Ben-Jehuda-Wörterbuches zu sein, sondern auch die besondere Ehre genossen zu haben, von Dola, Ben Jehudas berühmter Tochter (dem letzten noch lebenden Mitglied der Familie, sie selbst ist Witwe) als Privatschüler zur Vertiefung seiner hebräischen Sprachkenntnisse angenommen worden zu sein. Damals war sie bereits 86 Jahre alt und doch noch mindestens genauso aktiv wie jemand, der 30 Jahre jünger ist.

Um die Erfüllung der folgenden Prophetie in vollem Masse erfassen zu können, müssen wir zunächst wissen, daß weite Gebiete Israels einst von dichtem Wald bedeckt waren:

"Und der Kampf breitete sich dort aus über die ganze Gegend, und der Wald fraß an diesem Tage viel mehr Volk, als das Schwert fraß" (2. Sam 18, 8).

In der Bibel wurde jedoch bereits vorausgesagt, daß diese Wälder auf eine sehr kleine Anzahl von Bäumen reduziert werden würden:

"Und die Herrlichkeit seiner Wälder und Gärten soll zunichte werden mit Stumpf und Stiel und wird vergehen und dahinschwinden, daß die Bäume seiner Wälder, die übrigbleiben, gezählt werden können, und ein Knabe kann sie aufschreiben" (Jes 10,18.19).

Die großen Wälder wurden durch die Türken des osmanischen Reiches zerstört. Die Türken führten ein Steuersystem ein, das auf der Anzahl der Bäume beruhte, die auf dem jeweiligen Stück Land wuchsen. Demzufolge wurden alle Bäume gefällt, deren Ertrag geringer war als die für sie geforderte Steuer, damit für sie keine Steuer mehr gezahlt werden mußte. Die Zahl der Bäume war zur Zeit des britischen Mandates so gering, daß die Briten tatsächlich jeden einzelnen Baum registrierten, der im Land wuchs!

Bäume spielen natürlich eine wichtige Rolle für den Niederschlag, die Reinigung der Luft sowie für die Lebensmittelversorgung eines Landes. Eine prophetische Aussage der Bibel über die Rückkehr des jüdischen Volkes lautet:

"Aber ihr Berge Israels sollt wieder grünen und eure Frucht bringen meinem Volk Israel, denn bald sollen sie heimkehren" (Hes 36,8).

Die unfruchtbaren Berge sollten grünen und Frucht für den wiederhergestellten

Staat hervorbringen. Seit 1947 hat Israel mehr als 700 Millionen Bäume angepflanzt, wodurch diese Prophetie im wahrsten Sinne des Wortes erfüllt worden ist.

Palästina war nach Mark Twains Beschreibung aus den neunziger Jahren des letzten Jahrhunderts

"... ein verödetes Land, (...) eine stille, düstere Weite."[2]

Es war eine verlassene Einöde, fast ohne Bäume und Einwohner, ein fruchtloses Land, das auf sein Volk wartete. Doch die Bibel gibt uns eine weitere Zusage:

"Die Wüste und Einöde wird frohlocken, und die Steppe wird jubeln und wird blühen wie die Lilien" (Jes 35,1).

Die Israelis trockneten die malariaverseuchten Sümpfe aus, befreiten sich so selbst von der ansteckenden Krankheit und machten das fruchtbare Schwemmland der ehemaligen Sumpfniederungen für ihre Landwirtschaft nutzbar. Und durch den bahnbrechenden Einsatz und die Entwicklung des berühmten "Tröpfel-Bewässerungs-"Systems ist die einstige Einöde und Sandwüste zu einer üppig grünen Pflanzenwelt geworden. Heute werden hohe Erträge an Früchten und Blumen auf diesem Land erzielt, und als Bestätigung für die Verheißung *"... ich will dich zum großen Volk machen (...), und du sollst ein Segen sein" (1. Mose 12,2)*, die Abram vom HERRN empfangen hatte, exportiert und installiert Israel seine "Tröpfel-Bewässerungsanlagen" heute in vielen Ländern der Welt. So verschiedene Länder wie Australien, die Fidschi-Inseln, Neuseeland, Asien und einige afrikanische Staaten verwandeln ihr einst trockenes Land in fruchtbare Oasen und steigern die Fruchtbarkeit in Gebieten mit vormals geringer Ertragsfähigkeit.

Nach dem Zusammenbruch der Sowjetunion haben sogar einige islamische Staaten der GUS die Israelis darum gebeten, Bewässerungsanlagen auf ihren Anbauflächen zu installieren. Usbekistan, das Baumwolle anbaut, war einer der Staaten, die die Israelis um die Installation einer "Tröpfel-Bewässerungsanlage" baten. Für die Baumwollgewinnung benötigt man große Mengen an Wasser, und die Israelis behaupteten, daß ihr "Tröpfel-Bewässerungssystem" den Wasserverbrauch reduzieren und gleichzeitig die Baumwollerzeugung steigern würde. Usbekistan nahm sie beim Wort, wenngleich mit einigen Zweifeln, wie sie der usbekische Landwirtschaftsminister laut Bericht in der israelischen Presse einem israelischen Unternehmer gegenüber zum Ausdruck brachte:

" 'Wir bauen seit über 2.000 Jahren Baumwolle an und ihr erst seit 40 Jahren. Was könnt ihr uns darüber beibringen?'

Dennoch unterschrieben die Usbeken einen Vertrag, und ein israelisches Team, das sich größtenteils aus Mitarbeitern aus dem Kibbuz Beit Hashita zusammensetzte, begann Anfang letzten Jahres auf einem etwa 1.000 Hektar großen Stück Land mit der Arbeit.

Das Ergebnis verblüffte die Usbeken: Die Baumwollerzeugung stieg um 40 Prozent, der Wasserverbrauch wurde um zwei Drittel reduziert, und man brauchte 10 bis 20 Prozent weniger an Dünge- und Schädlingsbekämpfungsmitteln.

Tausende von Beamten und Landwirten strömten aus ganz Zentralasien an diesen Ort, um sich die sensationelle Größe der Baumwollkapseln anzusehen und Statistiken zu studieren. Verträge für ähnliche Projekte wurden daraufhin im folgenden Jahr mit Kasachstan, Tadschikistan (...) und erneut mit Usbekistan unterzeichnet."[3]

Der HERR hat das jüdische Volk mit außergewöhnlichen Gaben ausgestattet und der gesamten Welt folgendes vorhergesagt:

"Es wird einst dazu kommen, daß Jakob wurzeln und Israel blühen und grünen wird, daß sie den Erdkreis mit Früchten erfüllen" (Jes 27,6).

"Jakob" (das jüdische Volk) verändert das Angesicht der Erde durch sein fachliches Können in der Bewässerung und erfüllt es buchstäblich mit Früchten. Und *Jakob* selbst hat in seiner alten Heimat *gewurzelt* und es in solcher Hülle und Fülle zum Blühen und Grünen gebracht, daß speziell dafür konstruierte Transportflugzeuge Blumen, Früchte und Gemüse täglich, außer am Sabbat, auf die Märkte der Welt bringen. Das Land am Ufer des Toten Meeres, des tiefsten Punktes der Erde, ist entsalzt worden; und selbst wenn Europa unter einer dicken Schneedecke begraben liegt, werden Erzeugnisse aus diesem natürlichen "Gewächshaus" auf die Märkte in Übersee geflogen. Israel ist heute eine der weltweit führenden Nationen im Obst- und Blumenexport, es exportiert sogar Tulpen nach Holland!

Ein hervorragendes Bibellexikon lobt die Bemühungen der Israelis mit der folgenden Bemerkung:

"Diese entschlossenen Siedler haben den bemerkenswertesten Fortschritt in der Bebauung der Wüste seit der Zeit der Römer hervorgebracht, und sie überbrücken somit Jahrhunderte der Mißwirtschaft und Vernachlässigung."[4]

Dieser "bemerkenswerteste Fortschritt in der Bebauung (...) seit der Zeit der Römer" deutet ganz klar auf die Erfüllung folgender Voraussage hin:

"Ja, der HERR tröstet Zion, er tröstet alle ihre Trümmer und macht ihre Wüste wie Eden und ihr dürres Land wie den Garten des Herrn ..." (Jes 51,3).

"Das verwüstete Land soll wieder gepflügt werden, nachdem es verheert war vor den Augen aller, die vorüberzogen. Und man wird sagen: Dies Land war verheert, und jetzt ist's wie der Garten Eden ..." (Hes 36,34.35).

Aber dieser "bemerkenswerteste Fortschritt in der Bebauung" ist nicht in erster Linie durch die Arbeitskraft der Israelis erreicht worden. Gott sagt in seinem Wort,

"... daß ich der HERR bin, der da baut, was niedergerissen ist, und pflanzt, was verheert war" (Hes 36,36).

Es gibt einige, die behaupten, daß das heutige Israel aus dem Fleisch und nicht aus Gott entstanden ist. Aber denken wir daran, daß Jesus vor fast 2.000 Jahren verworfen und gekreuzigt worden und auferstanden ist. Die Tatsache, daß viele nicht an seine Auferstehung glauben wollen, macht in keinster Weise die Realität dieses Ereignisses zunichte. Israel ist ebenfalls verworfen, gekreuzigt und auferweckt worden, und dafür läßt sich der Beweis erbringen. Es steht nicht zufällig geschrieben, daß

"... ein Tag vor dem Herrn wie tausend Jahre ist und tausend Jahre wie ein Tag" (2. Petr 3,8)

Israel wurde sowohl von der Welt als auch von der Gemeinde vor 2.000 Jahren verworfen und gekreuzigt. Jetzt ist es auferweckt worden, und wir haben das Zeugnis der Bibel:

"Er macht uns lebendig nach zwei Tagen, er wird uns am dritten Tage aufrichten" (Hos 6,2).

Nach zwei Tagen - das sind 2.000 Jahre - hat der HERR Israel wieder lebendig gemacht und es am dritten Tage wiederauferweckt.

DIE WASSER NOAHS

Das jüdische Volk rückt wieder zurück an seinen Platz in der Gnade Gottes. Diese Zeit ist für Israel eine Zeit der Wiederannahme und des Trostes. Für den HERRN ist es wie die Zeit der Wasser Noahs:

"Denn der dich gemacht hat, ist dein Mann - HERR Zebaoth heißt sein Name -, und dein Erlöser ist der Heilige Israels, der aller Welt Gott genannt wird. Denn der HERR hat dich zu sich gerufen wie ein verlassenes und von Herzen betrübtes Weib; und das Weib der Jugendzeit, wie könnte es verstoßen bleiben! spricht dein Gott. Ich habe dich einen kleinen Augenblick verlassen, aber mit großer Barmherzigkeit will ich dich sammeln. Ich habe mein Angesicht im Augenblick des Zorns ein wenig vor dir verborgen, aber mit ewiger Gnade will ich mich deiner erbarmen, spricht der HERR, dein Erlöser. Ich halte es wie zur Zeit Noahs, als ich schwor, daß die Wasser Noahs nicht mehr über die Erde gehen sollten. So habe ich geschworen, daß ich nicht mehr über dich zürnen und dich nicht mehr schelten will. Denn es sollen wohl Berge weichen und Hügel hinfallen, aber meine Gnade soll nicht von dir weichen, und der Bund meines Friedens soll nicht hinfallen, spricht der HERR, dein Erbarmer. (...) Und alle deine Söhne sind Jünger des HERRN, und großen Frieden haben deine Söhne" (Jes 54,5 - 10.13).

Der HERR hat geschworen, daß er nicht mehr über die Nation Israel *"zürnen"* will. Er ist ihr *"Mann"* und ihr *"Erlöser"*. Er wird die Nation Israel sammeln, sie in sein Land einpflanzen und den Bund, von dem er im 31. Kapitel des Buches Jeremia gesprochen hat, aufrichten; und dann werden alle Kinder Israels *"Jünger des HERRN"* sein.

Jesus ist Gott, im Fleisch geoffenbart. Er hat die Fleischwerdung mit einem bestimmten Ziel gewählt: nämlich die gesamte Menschheit dorthin zurückzubringen, wo sie nach Gottes Plan sein sollte. Israel ist "im Fleisch geoffenbart", weil es an der Verwirklichung dieses Zieles teilhat. Die Nationen, die sich gegen Israel versammeln werden, sind vom HERRN nicht gesandt, um das Gericht an Israel zu vollziehen, sondern damit das Gericht an ihnen selbst vollzogen wird. Jede Nation, die sich gegen Israel stellt, wird wegen Israel fallen; und einige der Leser dieses Buches oder einige ihrer Verwandten und Bekannten werden vielleicht tatsächlich im Kampf auf israelischem Boden sterben.

DIE VEREINIGTEN STAATEN

Israel geht weiter auf seinem vorherbestimmten Weg. Es führt seine eigenen Pläne aus und erfüllt zugleich die Prophetien der Bibel. Mehrere Nationen sind auf unterschiedliche Art und Weise darin einbezogen, abhängig davon, wie ihre früheren Beziehungen zu Israel waren oder wie ihre jetzige Haltung ihm gegenüber ist. Insbesondere eine Nation spielt eine bedeutende Rolle in der Frage, wie der weitere Gang der Ereignisse sein wird: die Vereinigten Staaten von Amerika. Wir sahen im zehnten Kapitel, daß die Vereinigten Staaten alles daran setzen, um als Sieger aus dem Kampf um das Öl hervorzugehen. Indem sie bewußt einige Schritte unternahmen, um sich den arabischen Nationen anzunähern und sich zugleich von Israel zu distanzieren, haben sie nicht nur Partei für Israels Feinde, die Israel verklagen, genommen, sondern sie haben dabei in Wahrheit sogar die Initiative ergriffen. Die Regierung von Präsident Bush hat sogar eine noch härtere Sprache bei der Verurteilung Israels benutzt als die PLO![5] Es ist zu hoffen, daß folgende Feststellung eines Journalisten nicht auf dem Grabstein der Vereinigten Staaten zu finden sein wird:

"... Bush und James Baker (...) bildeten die israelfeindlichste Regierung der Vereinigten Staaten seit den Tagen des Eisenhower-Dulles-Duos in den fünfziger Jahren."[6]

Die gesamte Wirtschaft und öffentliche Wohlfahrt der Vereinigten Staaten befindet sich in einem rasanten Sturzflug aufgrund der anti-israelischen Haltung der Bush-Regierung. Dennoch hat Präsident Bush Mitte 1992 eine bemerkenswerte Verbesserung in den Beziehungen der USA zu Israel herbeigeführt, jedoch nicht, wie uns viele glauben machen wollen, weil Israel einen neuen Ministerpräsidenten bekommen hat, sondern weil Bush und Baker dringend die Stimmen der amerikanischen Juden für die Wahlen im November benötigten, um weiterhin im Amt bleiben zu können. Bush selbst hat gesagt, er werde "alles tun, um wiedergewählt zu werden"; und die Tatsache, daß James Baker von seinem Amt als Außenminister zurücktrat und den Nahost-Friedensverhandlungen den Rücken zukehrte, um die Leitung des Wahlkampfes für Präsident Bush zu übernehmen, deutet an, wie verzweifelt dieses Paar versuchte, sich seine Führungsrolle in der "Neuen Weltordnung" zu erhalten.

Eine grundlegende Fehleinschätzung der Bush-Regierung betraf die Größe und Stärke der Vereinigten Staaten. Mit einer an Arroganz grenzenden Selbstsicherheit hatten sie begonnen, Israel mit der großen Keule zu drohen. Doch je mehr sie gegen Israel angingen, desto bedenklicher wurde ihre eigene

Lage. Das Haushaltsdefizit der Vereinigten Staaten übertrifft gegenwärtig alles Vorangegangene, und das ganze Finanzgefüge gleicht einem Kartenhaus, das nur noch auf den einen "Hauch" von Gottes Atem zu warten scheint, um in sich zusammenzufallen. Die ehemalige Sowjetunion, die über die größten Ölvorkommen und die stärkste Militärmaschinerie der Welt verfügte und deren Bevölkerung um 17 Prozent größer als die der Vereinigten Staaten war, hatte sich den Absichten des HERRN mit seinem Bundesvolk entgegengestellt und wurde zertrümmert. Wenn sich unter Präsident Clinton die Einstellung der Vereinigten Staaten gegenüber Israel nicht drastisch von der seines Vorgängers unterscheidet, wird ihr Ableben unerwartet früh und so gewiß wie das der Sowjetunion eintreten. Die gefährlichste Bedrohung für die Vereinigten Staaten ist gegenwärtig nicht Japan, ihr unausgeglichener Staatshaushalt oder Aids - es ist der Gott Israels.

DIE ERNTE

Die meisten Christen glauben, daß die Zahl der Menschen im Himmel im Vergleich zu denen in der Hölle gering sein wird. Diese Lehrmeinung entmutigt die Christen nicht nur, sondern entehrt gleichzeitig den HERRN:

Erstens war es der HERR, der Satan geschaffen hat, und er hat ihn auch aus dem Himmel herausgeworfen. Zweitens kann Satan nur in dem Umfang wirken, der ihm vom HERRN bemessen ist (siehe Hiob 1,6 - 2,7; Lk 22,31.32). Drittens ist der HERR der uneingeschränkte Herrscher über Himmel und Erde, und *"nichts"*, was er sich *"vorgenommen"* hat, ist ihm *"zu schwer"* (siehe Hiob 42,2). Viertens leben heute mehr Menschen als von Adam an bis in die Gegenwart zusammengenommen!

Eine einzige große, von Gott in Gang gesetzte Bewegung würde heute die Hölle ins Hintertreffen geraten lassen, auch wenn sich alle Menschen, die bisher auf Erden gelebt haben, in ihr befinden sollten, was aller Wahrscheinlichkeit nach nicht der Fall ist. Und als Jesus als der im Fleisch geoffenbarte Gott in der Zeit zwischen seiner Kreuzigung und der Auferstehung in die Hölle hinabgestiegen ist und *"den Geistern im Gefängnis"* gepredigt hat (siehe 1. Petr 3,19), wird er sie leer zurückgelassen haben.

Die Bibel sagt, daß Gott auf diese Erde gekommen ist

"... in der Gestalt des sündigen Fleisches und um der Sünde willen und verdammte die Sünde im Fleisch" (Röm 8,3).

Gott erschien *"um der Sünde willen"* und *"verdammte die Sünde im Fleisch"*. Er hat das Urteil über die Sünde gesprochen, und als er am Kreuz hing, rief er:

"Es ist vollbracht!" (Joh 19,30).

"Es ist vollbracht!" Was für eine Aussage! Es war nicht nur der Anteil des Werkes Jesu in der Geschichte, der *"vollbracht"* worden war. Das ganze Werk der Erlösung war vollbracht! Es gibt nichts mehr, was Gott noch tun müßte! Die ganze Menschheit wurde erlöst! Aber nur ein kleiner Bruchteil ist wiedergeboren worden. Alles weitere liegt nun völlig in der Hand jedes

einzelnen Menschen. Gott hat die volle Verantwortung für die Sünde übernommen und sie am eigenen Leibe hinweg an das Kreuz getragen und so den Weg für uns freigemacht, so daß wir an den Ort der Gemeinschaft mit Gott zurückkehren können, die die Menschen vor dem Sündenfall genossen hatten. Es ist nicht der Glaube daran, der uns befreit; aber er ermöglicht uns zu erkennen und anzunehmen, daß wir bereits befreit worden sind! Wenn wir sein Sühnopfer annehmen und unser Leben, das heißt unser "Recht an uns selbst", Jesus übergeben, so werden wir auf Grund dessen in Gottes Heil eintreten.

Der HERR möchte, daß die Mehrheit der Menschheit und nicht nur eine kleine Minderheit ihn erkennt:

"Wendet euch zu mir, so werdet ihr gerettet, aller Welt Enden; denn ich bin Gott, und sonst keiner mehr. Ich habe bei mir selbst geschworen, und Gerechtigkeit ist ausgegangen aus meinem Munde, ein Wort, bei dem es bleiben soll: Mir sollen sich alle Knie beugen und alle Zungen schwören" (Jes 45,22.23).

Der HERR wird seine ganze Macht einsetzen, um zu bewirken, daß jeder einzelne freiwillig seine Knie in Anbetung vor ihm beugt. Die Decke der Verstockung, die vor den Herzen der Juden hängt, wird in Christus abgetan werden wie auch die Decke der Verstockung, die die Nationen bedeckt. **Alle** Welt soll ihn anbeten:

"Ob der Größe deiner Macht schmeicheln dir deine Feinde. Alle Welt bete dich an und lobsinge dir, lobsinge deinem Namen!" (Ps 66,3.4; Schlachter).

"Sie werden nicht schaden und nicht verderben auf dem ganzen Berge meines Heiligtums; denn die Erde wird erfüllt mit Erkenntnis des HERRN, wie die Wasser den Grund bedecken" (Jes 11,9; Schlachter).

Der Mensch wird zwar noch fähig sein, Schaden und Verderben anzurichten, doch wird er es nicht mehr tun, denn *"die Erde wird erfüllt mit Erkenntnis des HERRN"*. Alle Welt betet ihn an. Der HERR wird seinen Geist auf **alles Fleisch** ausgießen:

"Und alles Fleisch wird (...) kommen, um vor mir anzubeten, spricht der HERR" (Jes 66,23)

"Und nach diesem will ich meinen Geist ausgießen über alles Fleisch, und eure Söhne und Töchter sollen weissagen, eure Alten sollen Träume haben, und eure Jünglinge sollen Gesichte sehen. Auch will ich zur selben Zeit über Knechte und Mägde meinen Geist ausgießen" (Joel 3,1.2).

Sein Geist wird auf alles Fleisch ausgegossen werden und auch über Gottes *"Knechte und Mägde"*, womit die Gemeinde gemeint ist! Dies wird vor und nicht nach der Auferstehung aus den Toten geschehen! Und die Gemeinde wird tatsächlich zur wahren Einheit kommen:

"Ich bitte aber nicht allein für sie, sondern auch für die, die durch ihr Wort an mich glauben werden, damit sie alle eins seien. Wie du, Vater, in mir bist und ich in dir, so sollen auch sie in uns sein, damit die Welt glaube, daß du mich gesandt hast" (Joh 17,20.21).

Der Herr Jesus hat niemals ein Gebet gesprochen, daß nicht erhört worden wäre! Dieses Gebet ist bereits Wort für Wort erhört worden. Wir können es jetzt vielleicht noch nicht erkennen, aber in einigen wenigen Jahren werden wir es sehen. Wir leben in der wahrscheinlich aufregendsten Zeit der Menschheitsgeschichte, wenngleich am Horizont bereits Unheil droht.

DIE ZEIT DER ENTSCHEIDUNG

Lassen Sie sich heute nicht durch die Gedanken an morgen in Unruhe versetzen. Lassen Sie das, was morgen sein wird, los im Vertrauen auf Gottes Kraft. Das, was gestern war, ist vergangen und kann nicht zurückgeholt werden - es gibt keine Straße dorthin zurück. Der morgige Tag ist noch nicht geboren, und Sie können seiner noch nicht einmal sicher sein. Nur das Heute gehört uns. Wenn Ihnen die Ewigkeit lieb ist, sollten Sie das Heute nutzen, solange es noch heute ist.

" 'Heute, wenn ihr seine Stimme hören werdet, so verstockt eure Herzen nicht, wie es bei der Verbitterung geschah' " (Hebr 3,15).

Felix, der Statthalter in Cäsarea, hörte zu, als der Apostel Paulus über den Glauben an Christus sprach; doch dann wurde er plötzlich unruhig:

"Als aber Paulus von Gerechtigkeit und Enthaltsamkeit und von dem zukünftigen Gericht redete, erschrak Felix und antwortete: Für diesmal geh! Zu gelegener Zeit will ich dich wieder rufen lassen" (Apg 24,25).

Wenn Sie eine Entscheidung treffen müssen, was den Glauben an Christus betrifft oder den Platz, den Israel in Ihrem Herzen oder in Ihren lehrmäßigen Anschauungen einnehmen soll, so treffen Sie sie jetzt - heute. Wenn Sie diese Entscheidung auf morgen oder *eine gelegene Zeit* verschieben wollen, so haben Sie bereits *Ihr Herz verstockt*.

Wie wir in diesem Buch gesehen haben, ist Israel ein Werkzeug in der Hand des HERRN - ein Werkzeug des Kampfes und ebenso eines des Heils. Wer Israel liebt, ist *gesegnet*, und wer es verachtet, ist *verflucht*. Israel wurde durch den Ratschluß Gottes berufen, damit er sein Heil bis an die Enden der Erde ausbreiten kann:

"Das ist der Ratschluß, den er hat über alle Lande, und das ist die Hand, die ausgereckt ist über alle Völker. Denn der HERR Zebaoth hat's beschlossen, - wer will's wehren? Und seine Hand ist ausgereckt, - wer will sie wenden?" (Jes 14,26.27).

Es ist nicht zu übersehen, daß ein Sturm aufzieht. Die Bibel verkündet es, und die täglichen Nachrichten senden es. Der HERR ist der Hort unseres Heils (siehe Ps 95,1), und wir können in seinem Schatten ruhen. Wenn wir jedoch die grausam sengende Sonne dieser Welt dem erfrischenden Schatten des Felsens vorziehen, so werden wir uns verbrennen. Es gibt eine feste Verheißung für jeden wahren Gläubigen:

"... will auch ich dich bewahren vor der Stunde der Versuchung, die kommen wird über den ganzen Weltkreis, zu versuchen, die auf Erden wohnen" (Offb 3,10).

Wenn wir eine enge, lebendige, persönliche Beziehung zu Jesus haben und seinen Geboten gehorsam sind, so wird er uns *"bewahren vor der Stunde der Versuchung, die kommen wird über den ganzen Weltkreis"*. Sehnen wir uns nach etwas anderem als Jesus, so werden wir Leid und Enttäuschung erleben. Jesus wird uns kein "Überwinderleben" geben, aber er wird uns Leben schenken, wenn wir überwinden. Halten Sie an ihm fest, und er wird Sie sicher durch den Sturm führen.

Der HERR sucht nach Männern und Frauen, die mit ihm wandeln und zusammenarbeiten und mit seinen Absichten eins sind; in den zeitlosen Worten von Oswald Chambers ausgedrückt:

"Das Leben eines einzelnen Menschen kann für Gottes Absichten von unschätzbarem Wert sein, und das könnte dein Leben sein."

Gott sucht nach Männern und Frauen, die zwischen dem heiligen Gott und dem sündigen Menschen stehen und Fürbitte leisten. Und er wartet darauf, daß jeder einzelne es selbst wagt, hinter den zweiten Vorhang zu treten und die erhabene Herrlichkeit, die dort zu finden ist - die Majestät und Herrlichkeit, die Gott der Allmächtige selbst ist - anzuschauen. Vielleicht sind Sie einer dieser Menschen.

Lieber HERR!

Ich komme heute zu dir mit dem Glauben eines kleinen Kindes, in dem Vertrauen darauf, daß du so bist, wie du sagst, daß du bist: der allmächtige Schöpfer, der HERR des Himmels und der Erde - mein himmlischer Vater, der mich unendlich liebt. Ich komme vor dich, meinen Vater, und tue Buße für meine Sünde und dafür, daß ich für meine eigenen Wünsche gelebt habe. Ich komme zu dir und bitte dich, daß du mir meine ganze Schuld vergibst und mich reinwäschst in dem Blut deines lieben Sohnes Jesus, der am Kreuz gestorben ist, damit ich leben kann, und der von den Toten auferstanden ist, damit auch ich an jenem Tage auferstehe.

Ich komme vor dich, lieber Vater, mit dem Versprechen, daß ich mit deiner Hilfe und mit meiner ganzen Kraft von dieser Stunde an nur für dich leben werde. Vater, bitte lehre mich, dich mehr als mich selbst zu lieben. Danke, daß du mich liebst. Danke, daß du so geduldig mit mir bist; und danke, daß du mich so annimmst, wie ich bin. Amen.

"HERR, dein Name währet ewiglich, dein Ruhm, HERR, währet für und für" (Ps 135,13).

ANMERKUNGEN

Kapitel 2

1. Richard Wurmbrand in *The Voice of the Martyrs: Christ to the Communist World*, August 1990.
2. Die sachlichen Angaben dieses Abschnittes wurden verschiedenen Nachschlagewerken einschließlich der *Encyclopedia Britannica, Grolier's Illustrated Encyclopedia* und *The World Book* entnommen.
3. Die meisten Zahlen wurden auf die nächsthöhere Stelle gerundet.
4. "Voyage of the Century", *National Geographic*, Bd. 178, Nr. 2, August 1990.
5. "Spacecraft launched", *The Jerusalem Post*, Mittwoch, 4. Oktober 1990.
6. "Voyage of the Century", *National Geographic*, Bd. 178, Nr. 2, August 1990.
7. ebd.
8. "Galactic Birth?", *Time Magazine*, 11. September 1989.
9. Readers Digest *"Atlas of the World"* (Toucan, London 1990).
10. Thomas von Kempen: *Nachfolge Christi* (15. Jh.).

Kapitel 4

1. *Thompson Chain-Reference Bible* (Kirkbride, Indianapolis 1988).

Kapitel 8

1. Elmer A. Josephson: *Israel: Key to World Redemption* (Bible Light Publications, Kansas 1978).
2. Im englischen Original nach *Webster's New Universal Unabridged Dictionary* (Simon & Schuster, New York 1989).

Kapitel 10

1. *NIV Study Bible*, Anmerkungen zu 1. Mose 15,17 (Zondervan, Michigan 1985).
2. *The Oxford English Dictionary, Zweite Ausgabe* (Oxford University Press, New York 1989).
3. *Complete Works of Flavius Josephus* (Kregel, Michigan 1980).
4. ebd.
5. ebd.
6. Mark Twain: *The Innocents Abroad.*
7. Die Balfour-Deklaration, London 1917.
8. Hafis al-Assad, Präsident von Syrien.
9. Hafis al-Assad, Zitat aus dem Artikel "Syria: War with Israel to last forever", *The Bangkok Post*, Samstag, 10. März 1990.
10. "Study tracks $163 billion in arms sold to Mideast", *The Cedar Rapids Gazette*, Montag, 6. Mai 1991.
11. "American military aid to Israel", *The Jerusalem Post*, Freitag, 19. Oktober 1990.
12. "Favoring Arabs", *The Leaf-Chronicle*, Samstag, 18. Januar 1992.
13. "Study: Anti-Semitism low, but potential for increase exists", *Nashville Banner*, Freitag, 17. Januar 1992.

Kapitel 11

1. Inoffizielle Schätzung der *Messianic Jewish Alliance of America*, Oktober 1988.
2. ebd.

Kapitel 12

1. Aus einer Sendung von Mittwoch, dem 16. September 1992, über die Ankunft des 750. jüdisch-russischen Kindes unter 10 Jahren, das zur Behandlung seiner durch die radioaktive Strahlung verursachten körperlichen Schäden nach Israel kam, in *The Voice of Israel Radio.*
2. "Chernobyl fires spread radiation", *The Tennessean*, Dienstag, 5. Mai 1992.

3. "Soviets seek $1.5 billion emergency grain credit", *The Cedar Rapids Gazette*, Freitag, 19. April 1991.
4. ebd.
5. "In Moscow, panic buying and non-stop baking", *USA Today*, Donnerstag, 14. November 1991.
6. ebd.
7. ebd.
8. "Russians fuming over gas prices", *The Tennessean*, Dienstag, 21. April 1992.
9. "In Moscow, panic buying and non-stop baking", *USA Today*, Donnerstag, 14. November 1991.
10. "In Soviet Union, even Santa's sack is empty", *The Bangkok Post*, Dienstag, 25. Dezember 1990.
11. "Soviet Union is finished", *The Cedar Rapids Gazette*, Freitag, 6. September 1991.
12. "Mopping up after the cold war", *U.S. News & World Report*, Montag, 27. April 1992.
13. "This is how it feels to come home after 2,000 years", *The New York Times*, Montag, 25. Juni 1990.
14. "Thousands of Soviet Jews flood into Israel", *The Bangkok Post*, Samstag, 22. Dezember 1990.
15. ebd.
16. "A Million Immigrants by 1992?", *Dispatch from Jerusalem*, 4. Quartal 1991, Bd. 16, Nr. 4.
17. Steve Lightle und Eberhard Mühlan: *Der zweite Exodus* (deutsche Ausgabe: Verlag Klaus Gerth, Asslar 1983)

Kapitel 13

1. Steven Katz, Professor für jüdische Studien an der Cornell University, in: "Talking to God: An Intimate Look at the Way We Pray", *Newsweek*, 6. Januar 1992.
2. "Special Editions: Ex-Israel extras at Time and Newsweek", *The New Republic*, 8. Oktober 1990.
3. ebd.
4. ebd.
5. ebd.
6. ebd.
7. ebd.
8. ebd.
9. *Battle Lines: The American Media and the Intifada* (Henry Holt, New York 1992).
10. "TV news fabrication", *The Jerusalem Post*, Freitag, 12. Oktober 1990.
11. Zitat aus einem Brief von Teddy Kollek an den Herausgeber des *Commentary* im April 1991.
12. " '60 Minutes' & the Temple Mount", *Commentary*, Februar 1991.
13. ebd.
14. "Faking it with pictures", *The Jerusalem Post*, Freitag, 21. August 1992.
15. Alan Ray: "That Mideast Peace", *The New Leader*, Montag, 29. Oktober 1990.
16. ebd.
17. "Foreign media dance to piper-payer's tune", *The Jerusalem Post*, Freitag, 4. September 1992.
18. ebd.
19. ebd.
20. ebd.
21. David Bar-Illan in seiner Antwort auf einen Brief von Jonathan Ferziger, den verantwortlichen Redakteur von UPI, die am Freitag, dem 23. Oktober 1992, in der *Jerusalem Post* veröffentlicht wurde.
22. "The Myth of UN Fairness to Israel", *Dispatch from Jerusalem*, 3. Quartal 1991, Bd. 16, Nr. 3.
23. "Commentary", Dispatch *from Jerusalem*, 3. Quartal 1991, Bd. 16, Nr. 3.
24. "The Myth of UN Fairness to Israel", *Dispatch from Jerusalem*, 3. Quartal 1991, Bd. 16, Nr. 3.

25. "Visiting Team", *The New Republic*, 5. November 1990.
26. "Temple Mount, Haram Sharif, and the UN", *National Review*, 5. November 1990.
27. "Visiting Team", *The New Republic*, 5. November 1990.
28. "Anatomy of a dangerous leak" von William Seamans, zitiert in *The Jerusalem Post* (William Seamans hat bald darauf seine Stellung als ABC-Fernsehkorrespondent gekündigt).

Kapitel 14

1. Nach Angaben des israelischen Einwanderungsministeriums von 1985.
2. ebd.
3. ebd.
4. "14,400 joyful Ethiopian Jews reach Israel", *The Miami Herald*, Sonntag, 26. Mai 1991.
5. "This is how it feels to come home after 2,000 years", *The New York Times*, Montag, 25. Juni 1990.
6. "14,400 joyful Ethiopian Jews reach Israel", *The Miami Herald*, Sonntag, 26. Mai 1991.
7. "Albanian Jews land in Israel", *The Cedar Rapids Gazette*, Freitag, 12. April 1991.
8. ebd.
9. ebd.
10. "A new chapter in Israel-China relations", *In Jerusalem*, Freitag, 2. Oktober 1992.
11. Zahlenangabe der Jewish Agency, zitiert nach: *Christian Friends of Israel: Watchman's Prayer Letter*, September 1992.
12. Angabe aus "U.S. maintains world's highest living standard", *The Cedar Rapids Gazette*, Samstag, 21. September 1991.
13. Nach einem Bericht in *Dispatch From Jerusalem*, 4. Quartal 1991, Bd. 16, Nr. 4.
14. Die Anti-Defamation League, nach einem Bericht in *The Birmingham News*, Freitag, 7. Februar 1992.
15. Die Jewish Agency, nach einem Bericht in *The Voice of Israel Radio*, Dienstag, 7. Juli 1992.
16. Edward H. Flannery: *The Anguish of the Jews* (Macmillan, New York 1965).
17. Simcha Dinitz, Leiter der Jewish Agency, in: *The Jerusalem Post*, internationale Ausgabe, 11. Januar 1992.

Kapitel 15

1. "State of Israel", *Time magazine*, 19. April 1948.
2. "Israel at War", *Time magazine*, 16. Juni 1967.

Kapitel 16

1. *Complete Works of Flavius Josephus* (Kregel, Michigan 1980).
2. "State of Israel", *Time magazine*, Montag, 24. Mai 1948.
3. Saddam Hussein in einer Rede im *Radio Bagdad* am 27. Januar 1991, zitiert nach *The Jerusalem Post*, internationale Ausgabe, 6. April 1991.

Kapitel 18

1. "Alan Copeland Dies", *The Cedar Rapids Gazette*, Donnerstag, 12. September 1991.

Kapitel 19

1. "War for the White Paper?", *The New Statesman*, Samstag, 22. Juni 1946, nachgedruckt in *The Palestine Post*, Sonntag, 23. Juni 1946.
2. Ian V. Hogg: *Israeli War Machine: The Men; The Machines: The Tactics* (Hamlyn, London 1983).
3. ebd.
4. ebd.
5. "Israel at War", *Time magazine*, 16. Juni 1967.
6. Ian V. Hogg: *Israeli War Machine: The Men; The Machines: The Tactics* (Hamlyn, London 1983).
7. Aus dem *Ekho Planety* Magazin, zitiert in *The Jerusalem Post*, 7. Juli 1989.
8. *A History of Israel, Volume II: From the Aftermath of the Yom Kippur War* (Oxford University Press, New York 1987).

9. ebd.
10. ebd.
11. *The London Sunday Times.*
12. *The Jerusalem Post* 1986.
13. "Dropping the Big One", *The Nation*, 10. September 1990.
14. ebd.
15. "Successful First Flight of Arrow missile defense system", *Innovation*, November 1990.
16. Norman Schwarzkopf, zitiert in *The Jerusalem Post*, internationale Ausgabe, 18. Januar 1992.
17. "A trauma unlike previous traumas", *The Jerusalem Post*, internationale Ausgabe, 18. Januar 1992.
18. Mosche Arens in einem Interview der *Jerusalem Post*, Freitag, 21. September 1990.
19. Eusebius, *Ecclesiastical History*, zitiert in *Barnes' Notes* (Baker, Michigan, Nachdruck der Ausgabe von 1884)
20. *Battle Lines: The American Media and the Intifada* (Henry Holt, New York 1992).
21. *Tishrei*, Bd. 1, Nr. 1, Herbst 1992.

Kapitel 20

1. "Jerusalem", *The Software Toolworks [Grolier] Illustrated Encyclopedia* 1990.
2. "City of Peace, hornet's nest", *U.S. News & World Report*, 26. März 1990.
3. Aus einem Brief von Teddy Kollek, dem Bürgermeister von Jerusalem, an den Herausgeber des *Commentary* im April 1991.
4. "City of Peace, hornet's nest", *U.S. News & World Report*, 26. März 1990.

Kapitel 21

1. *The Boston Globe*, 25. Oktober 1991.
2. Jitzchak Schamir, zitiert in *The Cedar Rapids Gazette*, 25. Juli 1991.
3. Dr. Anis A. Shorrosh, zitiert in: *Anis Shorrosh Evangelistic Association, Progress Report*, Winter 1991.
4. Anwar Sadat, 25. April 1972. Zitiert in David Berger: *History and Hate: The Dimensions of Anti-Semitism* (The Jewish Publication Society, New York 1986).
5. "He Changed the Tide of History", *Time magazine*, 19. Oktober 1981.
6. Assam Pascha, Generalsekretär der Arabischen Liga 1946, zitiert in George Grant: *The Blood of the Moon* (Wolgemuth & Hyatt, Tennessee 1991).
7. Großmufti Amin Husseini 1946, zitiert in George Grant: *The Blood of the Moon* (Wolgemuth & Hyatt, Tennessee 1991).
8. König Abdul Asis Ibn Saud, zitiert in *New Dimensions Magazine*, Januar 1991.
9. *Weltgeschichte, Antike und mittelalterliche Zivilisationen* (Lehrbuch des Haschemitischen Königreiches Jordanien für den Kunstunterricht im zweiten Oberschul-Jahrgang).
10. Zitiert in *Signs Following*, dem offiziellen Freundesbrief der Mahesh Chavda Ministries International, Frühling 1988.
11. Ayatollah Khomeini, zitiert in George Grant: *The Blood of the Moon* (Wolgemuth & Hyatt, Tennessee 1991).
12. Aus *Islam at a Glance*, einer in Birmingham, England, im Juli 1985 verteilten Broschüre.
13. Nach Angaben der Abteilung für Terrorismusbekämpfung des Außenministeriums der Vereinigten Staaten, zitiert in: Dr. Anis A. Shorrowski: *Islam Revealed: A Christian Arab's View of Islam* (Thomas Nelson, Nashville 1988).
14. Ayatollah Khomeini, zitiert in: Dr. Anis Shorrosh: *Islam Revealed: A Christian Arab's View of Islam* (Thomas Nelson, Nashville 1988).
15. Dr. Anis A. Shorrosh: *Islam Revealed: A Christian Arab's View of Islam* (Thomas Nelson, Nashville 1988).
16. "State of Israel", *Time magazine*, 8. Dezember 1947.
17. "Syria: Back to the Military Option?", *Middle East Intelligence Digest*, 12. Juni 1992.
18. "Egypt frees four Israelis", *The Jerusalem Post*, internationale Ausgabe, 16. Mai 1992.
19. Imam Hassan al-Bana, ehemaliger Führer der ägyptischen islamischen Bruderschaft, zitiert in David Dolan: *Holy War for the Promised Land*, (Thomas Nelson, Nashville 1991).

20. Gamal Abdel Nasser, zitiert in *Time Magazine*, 1. Dezember 1967.
21. König Abdul Asis Ibn Saud, zitiert in George Grant: *The Blood of the Moon* (Wolgemuth & Hyatt, Tennessee 1991).
22. Assam Pascha, Generalsekretär der Arabischen Liga 1946, zitiert in: George Grant: *The Blood of the Moon* (Wolgemuth & Hyatt, Tennessee 1991).
23. König Faruk von Ägypten, zitiert in: George Grant: *The Blood of the Moon* (Wolgemuth & Hyatt, Tennessee 1991).
24. König Idris von Libyen, zitiert in: George Grant: *The Blood of the Moon* (Wolgemuth & Hyatt, Tennessee 1991).
25. Hadsch Amin el Husseini, islamischer Mufti von Jerusalem 1946, zitiert in: George Grant: *The Blood of the Moon*, (Wolgemuth & Hyatt, Tennessee 1991).

Kapitel 22

1. *Battle Lines: The American Media and the Intifada* (Henry Holt, New York 1992).
2. ebd.
3. "Senseless, mind-blowing journalistic punditry", *The Jerusalem Post*, Freitag, 11. September 1992.
4. "Herzog: Amnesty report not credible", *The Jerusalem Post*, Freitag, 10. Juli 1992.
5. "Unusual Request", *A Word From Jerusalem*, Juli/August 1992.
6. Zitiert in "Judea and Samaria (the West Bank)", *Cahera*, Februar 1990.
7. Zitiert in *The New Republic* und nachgedruckt in "Senseless, mind-blowing journalistic punditry", *The Jerusalem Post*, Freitag, 11. September 1992.
8. "Judea and Samaria (the West Bank)", *Cahera*, Februar 1990.
9. *A History of Israel: From the Rise of Zionism to Our Time* (Alfred A. Knopf, New York 1991)
10. William L. Hull: *The Fall and Rise of Israel* (Zondervan, Michigan 1954)
11. Ariel Sharon, "Never! Never! Never!", *Time magazine*, 17. April 1989.
12. "Handbook of the Israeli-Arab conflict: Jewish Refugees", *Maoz*, Texas, Mai 1988.
13. *The Jerusalem Post*, internationale Ausgabe, 11. Januar 1992.
14. Informationsabteilung der *Israelischen Botschaft* in Wellington, Neuseeland, Januar 1988.
15. Abu Masen, zitiert in *Falastin al-Thawra*, dem offiziellen PLO-Journal, März 1976.
16. Khalid el-Assem, ehemaliger syrischer Ministerpräsident, in seinen Memoiren, 1973.
17. The Jordanian daily, *Falastin*, 19. Februar 1949.
18. The Jordanian daily, *Al-Urdun*, 9. April 1953.
19. The Jordanian daily, *Falastin*, 30. Mai 1955.
20. *The Jerusalem Post*, internationale Ausgabe, 11. Januar 1992.
21. *The Jerusalem Post*, internationale Ausgabe, 6. April 1991.
22. *The Jerusalem Post*, internationale Ausgabe, 11. Januar 1992.
23. "Pull this racist show out of the Knesset", *The Jerusalem Post*, internationale Ausgabe, 28. November 1992.
24. Bernard Dineen, Redakteur der *Yorkshire Post*.
25. "A Palestinian version of the New Testament", *The Jerusalem Post*, internationale Ausgabe, 18. Januar 1992.
26. ebd.
27. Zitiert in *Dispatch from Jerusalem*, 1. Quartal 1992.
28. Nach einem Bericht im *Middle East Intelligence Digest*, Bd. 3, Nr. 4, Oktober 1992.
29. ebd.
30. ebd.
31. *Pittsburgh Dispatch*, 15. Juli 1889.
32. Mark Twain: *The Innocents Abroad*.
33. *The Jerusalem Post*, internationale Ausgabe, 6. April 1991.
34. *Israel Defense Forces Journal*, Januar/Februar 1991.
35. Stephen Schwebel: *American Journal of International Law*, Mai 1970.

36. "350 Palestinian Deportees and the World is Silent", *Dispatch From Jerusalem*, 1. Quartal 1992.
37. "The Old Villain", *The New Leader*, 29. Oktober 1990.

Kapitel 23

1. Max I. Dimont: *Jews, God and History* (Simon & Schuster, New York 1962).
2. ebd.
3. ebd.
4. "Remnants: The Last Jews of Poland", *National Geographic*, Bd. 170, Nr. 3, September 1986.
5. ebd.
6. ebd.
7. Edward H. Flannery: *The Anguish of the Jews* (Macmillan, New York 1965).
8. *The Oxford Dictionary of the Christian Church* (Oxford University Press, New York 1990).
9. ebd.
10. ebd.
11. Flannery: *The Anguish of the Jews.*
12. ebd.
13. ebd.
14. David Baron: *The Shepherd of Israel: A Solution of the Enigma of Jewish History* (Morgan & Scott, London 1915).
15. Flannery: *The Anguish of the Jews.*
16. ebd.
17. Baron: *The Shepherd of Israel.*
18. ebd.
19. ebd.
20. Flannery: *The Anguish of the Jews.*
21. ebd.
22. ebd.
23. deutsche Wiedergabe nach: *Evangelisches Gesangbuch* (Verlagsgemeinschaft Friedrich Wittig Verlag Hamburg und Lutherische Verlagsgesellschaft Kiel, 2. Auflage 1995)
24. Eusebius: *Ecclesiastical History* (Baker, Michigan 1991).
25. Baron: *The Shepherd of Israel.*
26. ebd.
27. ebd.
28. ebd.
29. ebd.
30. ebd.
31. ebd.
32. Flannery: *The Anguish of the Jews.*
33. Baron: *The Shepherd of Israel.*
34. ebd.
35. Flannery: *The Anguish of the Jews.*
36. ebd.
37. Baron: *The Shepherd of Israel.*
38. Flannery: *The Anguish of the Jews.*
39. ebd.
40. ebd.
41. ebd.
42. Baron: *The Shepherd of Israel.*
43. ebd.
44. ebd.
45. ebd.
46. ebd.

47. Flannery: *The Anguish of the Jews.*
48. Baron: *The Shepherd of Israel.*
49. ebd.
50. Flannery: *The Anguish of the Jews.*
51. ebd.
52. ebd.
53. ebd.
54. ebd.
55. Baron: *The Shepherd of Israel.*
56. ebd.
57. ebd.
58. ebd.
59. Flannery: *The Anguish of the Jews.*
60. ebd.
61. ebd.
62. ebd.
63. Baron: *The Shepherd of Israel.*
64. ebd.
65. ebd.
66. Flannery: *The Anguish of the Jews.*
67. ebd.
68. *The Jerusalem Post*, internationale Ausgabe, 6. April 1991.

Kapitel 24

1. Eusebius: *Ecclesiastical History*, zitiert in *Barnes' Notes* (Baker, Michigan, Nachdruck der Ausgabe von 1884).
2. A.L. Johnston: *The Advancing Church* (Broadway Press, Birmingham 1988).
3. John Wimber und Kevin Springer: *Vollmächtige Evangelisation* (deutsche Ausgabe: Projektion J Verlag, Hochheim 1986).
4. Billy Graham, nach Angaben aus: *Vollmächtige Evangelisation* von John Wimber und Kevin Springer (deutsche Ausgabe: Projektion J Verlag, Hochheim 1986).
5. John Wimber und Kevin Springer: *Vollmächtige Evangelisation* (deutsche Ausgabe: Projektion J Verlag, Hochheim 1986).
6. Die Barnea-Forschergruppe, zitiert im: *National & International Religion Report*, 13. Januar 1992.

Kapitel 26

1. Albert Einstein, zitiert in: *The Saturday Evening Post*, Samstag, 26. Oktober 1929.

Kapitel 28

1. Robert St. John: *The Tongue of the Prophets* (Wiltshire, Hollywood 1952)
2. Mark Twain: *The Innocents Abroad.*
3. "Israel's benign, business-oriented march into Central Asia", *The Jerusalem Post*, Freitag, 21. August 1992.
4. *The Zondervan Pictorial Encyclopedia of the Bible*, Bd. 4 (Zondervan, Michigan 1976)
5. "What Aridor should have said", *The Jerusalem Post*, internationale Ausgabe, 18. Januar 1992.
6. "For referendum on the territories", *The Jerusalem Post*, Freitag, 18. September 1992.

VERZEICHNIS AUSGEWÄHLTER LITERATUR

Baron, David:
The Shepherd of Israel: A Solution of the Enigma of Jewish History.
Morgan & Scott, London 1915.

Berger, David:
History and Hate: The Dimensions of Anti-Semitism.
The Jewish Publication Society, New York 1986.

Dimont, Max I.:
Jews, God and History. Simon & Schuster, New York 1962.

Dolan, David.
Holy War for the Promised Land. Thomas Nelson Publishers, Nashville1991.

Eusebius, Pamphilus:
Ecclesiastical History. Baker, Michigan 1991.

Flannery, Edward H.:
The Anguish of the Jews. Macmillan, New York 1965.

Grant, George:
The Blood of the Moon: The Roots of the Middle East Crisis.
Wolgemuth & Hyatt, Tennessee 1991.

Hogg, Ian V.:
Israeli War Machine: The Men; The Machines: The Tactics. Hamlyn, London 1983.

Hull, William L.:
The Fall and Rise of Israel. Zondervan, Michigan 1954

Das "Insight"-Autorenteam der *Sunday Times.*
Insight on the Middle East War. André Deutsch, London 1974.

Johnston, A.L.:
The Advancing Church. Broadway Press, Birmingham 1988.

Josephson, Elmer A.:
Israel: Key to World Redemption. Bible Light Publications, Kansas 1978.

Josephus, Flavius:
Complete Works of Flavius Josephus. Kregel, Michigan 1980.

Lederman, Jim:
Battle Lines: The American Media and the Intifada. Henry Holt, New York 1992.

Lightle, Steve und Mühlan, Eberhard:
Der zweite Exodus. Deutsche Ausgabe: Verlag Klaus Gerth, Asslar 1983.

Pritz, Ray A.:
Nazarene Jewish Christianity: From the end of the New Testament period until its disappearance in the fourth century. Magnus, Jerusalem 1992.

Sachar, Howard M.:
A History of Israel: From the Rise of Zionism to Our Time.
Alfred A. Knopf, New York 1991.

Sachar, Howard M.:
A History of Israel, Volume II: From the Aftermath of the Yom Kippur War.
Oxford University Press, New York 1987.

Shorrosh, Anis A.:
Islam Revealed: A Christian Arab's View of Islam.
Thomas Nelson Publishers, Nashville 1988.

Wimber, John und Springer, Kevin:
Vollmächtige Evangelisation. Deutsche Ausgabe: Projektion J Verlag, Hochheim 1986.